북한 연출가들의 연극 제작법

: 해방 이후부터 1960년대까지

이 책은 2020년 정부(과학기술정보통신부)의 재원으로 한국연구재단의 지원을 받아 수행된 연구임(No. 2020S1A5A8042619).
This work was supported by the National Research Foundation of Korea(NRF) grant funded by the Korea government(MSIT) (No. 2020S1A5A8042619).

북한 연출가들의 연극 제작법

: 해방 이후부터 1960년대까지

김정수 지음

경진출판

딸이라는 이유로
항상 응원하시는
김영찬 장로님께 바칩니다.

　오늘날 북한 연극의 대표적 공연양식은 김정일이 주창한 '성황당식 혁명연극'이며, '성황당식 혁명연극'은 북한 연극과 동의어가 되었다. 그러나 성황당식 연극은 북한 연극사에서 1970년대부터 시작된 하나의 공연양식일 뿐이다.

　해방 이후부터 1960년대까지 북한 연극계에는 '성황당식'이라는 획일화된 공연양식이 아닌 다양한 연극적 논의와 연극제작법이 존재했다. 김정일은 1964년 대학을 졸업하고 수습과정을 거친 후 1969년 선전선동부 부부장으로 승진하였기에, 해방 이후부터 1960년대까지는 김정일이 북한 연극계에 영향을 미칠 수 없었다. 이 시기 북한 연출가들은 스타니슬랍스키의 연극론을 수용하면서 자신의 연출법을 구상했다. 이 책은 그와 같은 점에 집중하여 해방 이후부터 1960년대까지 북한 연출가들의 연극제작 원리와 무대화의 실제를 분석했다.

　해방 이후부터 1960년대까지 연구대상으로 선정한 북한 연출가는 주영섭, 라웅, 고기선, 안영일, 김덕인, 한백남, 리서향, 김순익, 정리일, 김인, 리철홍으로 11인이다. 선정 기준은 북한 당국이 문헌을 통해 성과작으로 언급한 작품을 연출하고, 북한 문헌에 연출 관련 기록이 있는 연출가이다. 이에 따라 신고송은 해방 직후부터 북한에서 활발히 활동한 연극인이지만 직접 연출한 작품이 발견되지 않기에 선정에서 제외했다. 또한 11인의 북한 연출가들이 스타니슬랍스키의 연극론에 토대로 둔 것은 사실이지만, 스타니슬랍스키를 중심에 두고 북한 연출가들의 연극제작법을 분석하지 않았다. 북한 연출가들이 그들의 언어를 통해 구축한 연극제작법이 무엇인가에 초점을 두는 내재적 접근법을 선택했다.

주영섭과 라웅에서는 사회주의적 사실주의에 토대를 둔 연출법을 탐색했다. 주영섭과 라웅은 스타니슬랍스키를 연극의 선생으로 언급했지만, 그들의 언어로 표현된 연극제작법에 초점을 두어 그들이 지향하는 조선의 연극을 밝혀보았다.

고기선은 북한에서 '인간 심리분석에 능숙하여 인물들을 복잡하고 입체적으로 구현하는데 타의 추종을 불허한다'고 평가받는 연출가이다. 그럼에도 불구하고 고기선은 연출은 숨어야 한다고 믿으며, 음악 음향과 같은 무대 요소가 전경화되어 관객과 소통해야 한다고 주장한다. 북한 연극계가 시적 연출가로 평가하는 고기선의 연출적 희곡분석, 입체적 인물 구축, 무대 요소의 조화를 분석하였다.

안영일은 부교수이자 연출가로서 북한 연극의 토대를 세운 연출가이다. 그는 사회주의적 사실주의의 계승자이면서 면밀한 희곡분석 작업을 가장 중시하였다. 북한에서 세련되고 노숙한 연출로 인정받는 그의 사실주의적 연출법을 희곡분석, 인물구축, 무대구도의 측면에서 살펴보았다.

김덕인은 북한에서 2세대로 분류되는 러시아 유학파이며, 스타니슬랍스키의 후기 작업인 신체적 행동법을 적극적으로 도입한 연출가이다. 그는 탁상 연습(리딩작업)에서 연출안을 제시하며, 주요한 에피소드를 취하여 에튜드(즉흥극)를 활용하여 작품을 분석한다. 자신의 연출 수기를 남긴 김덕인의 연출법을 탁상연습과 행동연습으로 나누어 분석하였다.

한백남은 창작극과 번역극을 오가며 활발한 작품활동을 한 연출가이며, 북한 연극계의 연습 방식을 기록으로 남긴 이론가이다. 행동분석법을 적극적으로 활용한 그의 연출법을 희곡의 창조적 분석과 유기적 훈련방식의 측면에서 구명하였다.

리서향은 탁상분석과 행동분석을 혼용한 연출가이다. 초과제, 관통행동 등 스타니슬랍스키의 연출법을 수용하면서, 배우에게 강압적으로 연기를 요구하지 않고 유도하는 것으로 알려져있다. 그의 희곡의 연극적 분석과 행동 분석법의 적용을 분석하였다.

김순익은 스타니슬랍스키를 발전적으로 적용한 연출가이다. 그는 희곡분석에서는 초과제, 관통행동, 기본사건을 중요시하며 인물과 연기에서는 소원, 공감, 초상의 용어를 활용하며 작품을 구축한다. 김순익의 작업을 그가 사용하는 용어를 중심으로 살펴보았다.

정리일은 공동창작을 통해 연극성의 실현을 시도한 연출가이다. 작가와 함께 현장에 나가 실제의 인물을 관찰하며 줄거리를 창작하고, 원형을 통해서 인물을 구축하며, 스펙터클을 강화한 그의 연극제작법을 구명하였다.

김인은 '시대 정신에 대한 예리한 감각과 생활에 토대한 예술적 구상을 통하여 박력과 진취적이며 격정 높은 기백으로 형상을 심화시키는 연출가'로 북한에서 평가받는다. 그는 특히 체험 연기를 중요시하며 내면 연기를 '교묘히 가장한 아무것도 없는 연기'로 폄하한다. 문학분석과 행동분석을 조율하는 그의 연극제작법을 살펴보았다.

리철홍은 공동연출로 연극의 풍성함을 실현한 연출가이다. 그는 무대 도면을 보며 배우들이 어디에서 어떻게 움직여야 할지를 꼼꼼히 선으로 기재하는 계획적 연출가이다. 그의 연출법을 성격, 행동, 구조, 장치로 나누어 분석하였다.

북한 연출가들의 연극제작법을 분석하는 과정은 즐거움 그 자체였다. 11인의 연출가들은 이론과 현실 사이에서, 기존 제작법과 새로운 제작법 사이에서 진지하게 고민하며 자신의 연출법을 구상했다. 그들은 때로 실패하고 성공하면서 그들의 길을 걸었고, 연극인의 소명이라고 믿은 것들을 이루어갔다. 그래서 이 글이 북한 연출가들의 전기가 아니라, 그들이 들려준 이야기를 글로 옮긴 작업이 되기를 바란다.

이 즐거운 작업에서 감사할 분들이 많다. 하늘에서 땅에서 항상 응원하시는 최민숙, 안민수, 최대석 선생님, 당신의 딸이 무엇을 하든 응원을 이미 준비하시는 부모님, 같이 걸어가는 통합과 문화아카데미 연구위원들, 늘 옆에서 웃어주는 친구들, 일방적 부탁으로 연구의 동반자가 되어 주신 경진출판 양정섭 대표님, 이분들은 존재 자체로 과분한 '선물'이다. 지면을 통해서 감사와 사랑을 전해드린다.

수리산 연구실에서
김정수

차례

주영섭

: 조선의 연기, 본질의 구현

주영섭은 해방 이전부터 시인, 시나리오 작가, 연출가로 활동했으며 북한에서는 연극 연출가와 평론가로 활동했다. 북한에서 주영섭의 연출 활동은 1948~1949년이며[1] 이 시기 연출 작품에는 〈홍경래〉(남관만 작, 1946~1947),[2] 〈춘향전〉(김승구 각색, 1946~1947), 〈투쟁의 노래〉(임화 작, 1948~1949), 〈푸른대지〉(한성 작, 1948~1949) 등이 있다. 그의 연출 작품은 크게 주목받지는 못한 것으로 보인다. 신고송이 〈홍경래〉와 〈춘향전〉을 고평한 바 있지만, 다음 〈홍경래〉에 대한 강진의

---

* 이 글 '주영섭' 편은 김정수, 「해방기 북한의 사실주의 연극론 연구: 주영섭과 라웅의 연극론을 중심으로」, 『드라마연구』 제71호(드라마학회, 2023), 331~358쪽을 수정·보완한 것임.

1) 조선중앙통신사, 『조선중앙년감』(평양: 조선중앙통신사, 1949~1960); 조선예술사, 『빛나는 우리 예술』(평양: 국립출판사, 1960); 국립출판사, 『생활과 무대』(평양: 국립출판사, 1956).

2) 강진, 「당과 인민 주권의 품 안에서 개화 발전하여 온 연극예술(1)」, 『조선예술』 8호(1957), 32~34쪽.

글을 보면 주영섭의 작품을 성과작으로 보기는 어렵다.

　　력사극 ≪홍경래≫에서는 관객의 모든 사고와 의지를 인민 대중이 량반 통치 계급에 대항할 수 있으며 그들의 가혹한 착취와 억압의 쇠사슬을 능히 끊어 버릴 수 있다는 자신감을 복돋아주는 데 집중시켰다. 그러므로 국립 연극 극장 창조 집단은 량반 통치 계급에 대한 홍경래의 증오를 곧 인민들의 량반 계급에 대한 증오의 가장 높은 형태의 표현으로 형상하는 데 노력하였다.
　　그러나 평화적 건설 시기 력사극 형상에서 력사 발전의 기본 동력인 인민 대중의 역할과 애국적 명장의 조직-령도자적 역할을 보다 유기적으로 통일시킴이 부족하였다.[3]

〈홍경래〉에서 양반 통치에 저항한다는 주제는 평가할 수 있지만, 연극적으로는 대중과 지도자의 결합과 통일이 부족하다는 평가이다. 희곡의 주제가 연극으로 잘 드러나지 못한 것으로 보인다. 이외 주영섭 연출 작품에 대한 언급을 거의 발견할 수 없는 것을 보면 주영섭은 연출가보다는 이론가로 더 평가받았던 것으로 추측된다. 한국전쟁 이후부터 1956년까지는 그의 글만이 발견되는 것은 이를 뒷받침한다. 1950년대 후반 숙청된 것으로 알려진 주영섭은 짧은 연출 활동을 했고 연출 활동에서 큰 성과를 거두지는 못했다고 하겠다. 그러나 주영섭은 해방 직후 북한 연극계에서 사실주의 연극을 지향하며 이름을 남긴 연출가임은 분명하다. 그의 글 「스따니슬라흐스끼와 그의 배우 수업」[4]과 「연출과 사실주의」[5]는 비교적 사실주의에 대한 체계적 설

---

3) 위의 글.

명을 담고 있으며 해방기 북한에서 주영섭의 위상을 잘 말해준다.
이제 그의 글을 통해 주영섭의 연출 세계를 살펴보기로 한다.

1. 사실주의와 체험

1) 체계적 시스템

해방 직후부터 1950년대까지 북한 연극인들은 '사실주의'를 창작의
모범으로 삼았다. 특히 주영섭은 사실주의 연극에 있어서 스타니슬랍
스키의 추종자였으며 「스따니슬라흐스끼와 그의 배우수업」을 『문학
예술』에 기고한 바 있다. 주영섭은 무엇을 말하고 싶었을까? 이 글을
자세히 분석한다면 주영섭이 지향하는 연출법을 포착할 수 있을 것이
다. 주영섭은 먼저 스타니슬랍스키의 생애부터 꼼꼼히 소개한다. 당
시에는 이런 방식이 관행인 것으로 보인다.

쓰따니쓸라흐끼는 1863년 8월5일에 모쓰크바에서 탄생하였다. 그는 2,3
세부터 가정극단무대에 등장하였으며 청소년 시절에는 많은 소인극단에
참여하였다. 드디어 1897년 6월 21일 네미로비취 단체코와 함께 사실주의
인민예술의 수립을 위한 새로운 극단을 조직할데 대한 합의를 보고 다음해
인 1898년 10월27일에 모스브카 예술극장은 창립공연을 가지었다. 여기서
부터 그의 사실주의 연극의 길은 열리어졌다.6)

---

4) 주영섭. 「스따니쓸라흐스끼와 그의 배우수업」, 『문학예술』 12호(1949), 110~112쪽.
5) 주영섭, 「연출과 사실주의」, 『문학예술』 2호(1948), 40~43쪽.
6) 주영섭. 「스따니쓸라흐스끼와 그의 배우수업」, 앞의 책.

당시 북한은 정치적으로 러시아와 긴밀한 관계를 유지했고 그에 따라 러시아는 정치·경제뿐 아니라 사회·문화 전반에서도 북한의 모범이 되었다. 주영섭이 스타니슬랍스키가 '모쓰크바 예술극장 창립 10년을 전후하여 자기의 연극씨스템을 수립하기 시작'했고, '이것이 유명한 쓰따니쓸라흐쓰끼-연극시스템의 출발'이라고 밝혔듯이, 북한 연극인들은 스타니슬랍스키 시스템을 연극 시스템의 출발로 보았다.

위대한 사회주의 10월 혁명은 모쓰크바 예술극장의 토대를 반석위에 놓아주었으며 무한한 전망은 약속되었다. 레닌은 일찍이 말씀하시었다. 『과거의 극장들에서 우리가 반드시 구원하여야 하고 보관하여야 할 극장이 있다면 그것은 오직 모쓰크바 예술극장일 것이다. 모하트는 국가로부터 막심· 고리끼의 이름을 가진 모쓰크바 아카데미 예술극장이란 영광 있는 칭호를 받게 되었다』.[7]

주영섭은 정치와 예술이 분리될 수 없음을 강조한다. 정치적 혁명이 예술극장의 토대를 마련하기 때문이다. 혁명, 정치, 레닌, 러시아는 당시 북한과 주영섭에게 '선생'의 위치였던 것이다. 이어서 주영섭이 주목한 제작 방식은 연출가와 극작가의 협동작업, 극장을 중심으로 한 고정배우의 활동이다.

쓰따니쓸라흐쓰끼-와 네미로비취 단체코의 협조의 지도밑에 므하트는 꾸준히 발전하였으며 수많은 배우 연출가 예술지도원들이 배출되어 모쓰브바를 비롯하여 각 가맹공화국의 극장들에서 일하고 잇다. 므하트는 레

---

7) 위의 글.

닌훈장 로력적기훈장을 수여받았고 많은 공연작품들이 쓰달린상의 영예를 차지하엿다. 므하트는 쏘베트 로씨야 진보적 연극예술의 령도자로 되었다.

므하트는 자기의 레퍼-토리속에 로씨야의 위대한 극작가들 그리브에또브 고-골리 오쓰또로브쓰끼-똘스또이 체호브 고리끼-그리고 현대작가로 뜨레뇨브 이와노브 레오노브 까다예브 꼬르네이츄끄 씨모노브 등 위대한 작가들을 포용하고 있으며 섹스피어를 위시한 외국의 우수한 극작품들을 포함하고 있다. 따라서 이 작품들은 쓰따니쓸라흐쓰끼-의 연기 연출 예술 지도를 통하여 므하트의 무대위에 가장 옳은 형상으로 구상되었다.[8]

국립극장 중심의 '연출가-극작가-배우'의 공동작업은 현재의 시점에서 보면 특이하지 않을 수 있다. 그러나 해방 이전 우리 연극계의 상황을 고려할 때, 작업의 근거지인 극장을 보유한다는 것은 모든 연극인의 꿈이었다. 보유한 극장에 상주하는 극작가와 배우는 곧 즉흥적이고 고정된 연기양식을 벗어날 수 있는 계기가 되기 때문이다. 이 같은 토대를 기점으로 주영섭이 지향한 연극양식이 '사실주의'라는 것을 다음 글에서 보기로 한다.

스따니쓸라흐쓰끼는 로씨야 사실주의의 전통을 올바르게 제시하고 발전시키었다. 그의 예술은 어디까지나 사실주의에서 출발하였으며 사실주의에 립각하였으며 사실주의를 발전시켰다. 이곳에 그의 예술의 위대한 힘이 있다. 메이엘홀리드와 같은 선생의 문하에서 나온 연극인 이 일시는 사실주의를 반대하고 형식주의 연극을 고창하였지마는 그것은 즉시로 소

---

8) 위의 글.

멸되고 말았다. 사실주의는 깊고 넓은 대지에 뿌리를 박은 큰 나무와도 같다. 그 나무는 언제나 부르르며 언제나 자라나며 말라버릴때가 없을 것이다.[9)]

이 글은 사실주의에 대한 지나친 상찬으로 보이기도 한다. 또한 메이어홀드의 연극적 실험을 '즉시 소멸'한 양식으로 인식한 것은 연극사적 사실과도 차이가 있다. 당시 북한에서는 다양한 연극양식에 대한 이해가 부족했던 것으로 보인다. 그럼에도 불구하고 주목할 것은 주영섭이 사실주의를 연극의 모범으로 삼으며, '사실주의'와 '스타니슬랍스키 시스템'을 동일어로 간주했다는 점이다. 이제 주영섭이 파악한 스타니슬랍스키의 연출론을 보기로 한다.

2) 체험하는 연기

주영섭의 관점에서 스타니슬랍스키는 사실주의를 발전시킨 '선생'이다, 그는 사실주의만이 넓은 대지에 뿌리를 박은 큰 나무이기 때문에 소멸되지 않는 유일한 방식이며, 메이어홀드의 연출법은 사실주의와 반대되는 형식주의로 즉시 소멸된 양식으로 보았다. 이와 같은 스타니슬랍스키에 대한 주영섭의 추종은 곧 「배우수업」으로 이어진다. 다소 길지만 다음 주영섭의 글을 보기로 하자.

『배우수업』은 연극예술 배우예술의 최량의 교과서다. 이 저서는 리론을 위한 리론의 책이 아니오 어디까지나 실천을 위한 실험을 통한 리론의

---

9) 위의 글.

책이다. (…중략…)

실로 그가 반생을 두고 연구하고 노력하고 실험하고 완성한 선진적 연극이론이다. 연극예술의 력사가 장구한만치 그동안 수많은 연극리론이 세상에 나왔지마는 그 중에서도 "배우수업"은 가장 높고 가장 진실하고 가장 정곡을 얻은 가장 친절하고 적절한 연극예술의 산 지도서다. 이 책을 통하여 배우와 연출가는 물론이요 전체 연극인은 배우예술의 본질을 파악할 수 있을 것이며 그의 형상방법을 체득할 수 있을 것이다. 또한 이것은 비단 연극인뿐만 아니라 모-든 종합예술인에게 긴요한 책인 것이다. 연극인 영화인 무용가 오페라 예술가는 물론이요 독창가 독주가 독무가에게까지도 필요한 책이다. 쓰따니쓸라흐쓰기- 연극체계의 핵심인 "체험하는 예술" "감독하는 예술"은 모든 예술창조의 근원이 되는 것이다. 예술가는 자기가 창조하려는 인간의 감정을 자기가 감독하고 자기가 창조하려는 인간의 생활을 자기가 경험하지 않고는 정당히 인간형상을 창조할수 없을 것이다. 이것은 무대 예술뿐 아니라 문학 미술 조각예술에서도 마찬가질 것이다. 우리는 이런 의미에서 이 책을 연극인은 물론이오 전체예술가들에게 권고하는 바이다. (밑줄-필자)10)

주영섭은 당시 지식인에 속하므로 스타니슬랍스키의 「배우수업」을 직접 읽었을 가능성이 크다. 위의 글은 『배우수업』에 대한 주영섭의 인상 정도로 볼 수 있는데, 여기에서 포착할 것은 주영섭이 '배우는 자신이 연기하는 인물의 감정과 생활을 직접 경험'해야 한다고 주장한 대목이다. 주영섭은 스타니슬랍스키의 다음을 지향하는 것이다.

---

10) 위의 글.

배우가 이런 모든 내적 과정을 택해서, 재현하고 있는 인물의 정신적 신체적 삶에 적응시킬 때, 배역을 생활한다고 부른다. 이는 창조 작업에서 가장 중요한 일이며 배역을 생활하면, 영감을 작동시키기 위한 통로가 열릴 뿐만 아니라, 배우가 자신의 주된 목표를 달성하는 데도 도움이 된다. 배우는 단지 인물의 외형적 삶만을 재현하는 것이 아니라 자신의 인간적 자질을 다른 사람의 인생에 맞추어야 하며 그 속에 자신의 모든 영혼을 쏟아부어야 한다. 배우 예술의 근본 목표는 이처럼 인간 정신의 내적 삶을 창조하고, 그것을 예술적 형태로 표현하는 것이다. (…중략…) 배우는 매일, 매번 역할 창조의 과정을 반복할 때마다, 역할과 유사한 여러 느낌들을 실제로 체험함으로써, 배역을 생활해야 한다.[11]

주영섭에 의하면 스타니슬랍스키는 배우가 극중 인물이 처한 상황을 실제로 체험하라고 권한다. 그런데 배우가 맡은 역을 실제로 체험하는 것이 가능할까? 북한에서는 가능했다. 해방기 북한 연극의 주요 인물들은 농부, 어부, 광부, 군인 등의 노동자였다. 북한 당국은 노동력의 확장을 위해 해방 직후부터 현재까지 문화예술인들의 현장체험을 필수요소로 강조했다. 이에 북한의 많은 연극인들은 현장에 나가서 낮에는 노동자의 일손을 돕는 것이 일반적이었다. 주영섭은 북한 당국의 강령을 연출론과 연결시켰고 주영섭에게 '체험하는 예술'은 핵심이 되었다.

---

11) 스타니슬랍스키, 신겸수 역, 『배우수업』(예니출판사, 2001), 28쪽.

2. 우리의 말과 몸짓

주영섭의 연출법의 이해를 위해 그 다음 살펴볼 글은 「연출과 사실주의」이다.12) 이 글은 주영섭의 연출론을 조금 더 구체적으로 알 수 있게 한다. 주영섭은 우리 연극에서 연출의 기능이 충분히 발휘될 수 없었던 것은 우리 연극의 역사가 짧았고 일제 강점기에서 우리 연극인들이 창의력을 마음껏 발휘하지 못했기 때문으로 본다. 그런데 해방된 조국에서는 연극의 체계를 세울 수 있고, 세워야 한다는 것이다. 물론 주영섭에게 연극 체계의 기본은 사실주의이다. 주목할 것은 그가 '연출에 있어서 고상한 사실주의 수법을 확립(確立)하기 위해, 연출가는 과거의 온갖 낙후(落後)되었든 잔재를 완전히 청산해야' 한다고 주장하며, 이를 위해 '연출가는 과거의 온갖 잔재들을 소청(蕭淸)하는데 냉혹(冷酷)하고 용감(勇敢)해야' 한다고 주장한다는 점이다.13) 그렇다면 주영섭이 청산해야 할 항목으로 제시한 것은 무엇일까? 하나씩 살펴보기로 하자.

첫째로 일제잔재의 청산작품에 있어서는 물론이오 연극창조과정에 있어서나 무대형상에 있어서 일절(一切) 일제적 잔재를 연출가 자신이 소탕(掃蕩)하는 동시에 연극인전체에 대하야도 철저(徹底)하게 이것을 연출가가 주동적으로 소탕(掃蕩)시켜야 할 것이다. 연출가는 배우에 대하여 강력자가 되어서는 아니되고 관료(官僚)주의자가 되어서는 아니된다. 연출자는 배우는 물론이오 무든 협동예술가의 의견을 옳게 받어드리고 나아가서

---

12) 주영섭, 「연출과 사실주의」, 앞의 책.
13) 위의 글.

는 인민대중의 의사를 정당하게 접수(接受)하는 동시에 그것을 올바르게 지향(指向)발전(發展)시켜야 할 것이다.14)

주영섭은 사실주의 연극의 첫 번째 조건으로 일제 잔재의 청산을 주장한다. 이 청산에 무엇보다 연출가가 앞장서야 하며 모든 연극인이 동참해야 한다는 것이다. 그렇다면 일제 잔재란 무엇일까? 일제 잔재와 사실주의 연극은 무슨 관계일까? 이를 위해서는 일제 강점기 우리 연극의 실체를 반드시 살펴보아야 한다. 주영섭의 '연극창조 과정에서 연출가가 강력자가 되지 말고, 관료주의자도 되지 말아야 한다'는 언급을 단서로 일제 강점기 연출과 배우의 관계 또는 연극제작 방식을 살펴보기로 한다.

일제 강점기 우리 연극제작 방식은 구찌다데 공연방식이었다. 구찌다데 공연방식은 '소정된 각본 없이 어느 정도 연극의 내용과 배역의 성격만을 알아서 각자 요령껏 상대방에 응하는 방식'이며 '동작도 일정한 연출가의 지도가 없이 각자 요령껏 적당한 위치와 움직임을 취하는 것이다'.15)

임성구가 그 김소랑이 전부 모아놓고 이렇게 모아 놓구서, "야 이번에 연극 이런 거 하자. 니가 육혈포강도 복면을 하구 권총 가지구서 도둑, 강도짓을 하는 것을 해. 나는 형사를 할께. 너는 전당포 주인을 해. 넌 전당포 주인 마누라를 해. 그래서 처음에는 육혈포 강도가 복면을 하고 들어와 가지고 권총을 대구서 돈 내놔 그렇게 해" 그런 식으로.. 입으로

---

14) 위의 글.
15) 변기종, 「연극오십년을 말한다」, 『연극원보』 제8집(1962), 49쪽.

말로.. 그 플롯을 만드는 거야. 희곡을 쓸 줄 몰라. (…중략…) 즉 쓰는 것이 아니고 지금 얘기하고 있는 강도가 되고 전당포 주인 되라 어째라 그래노면은 연극을 시작을 하면은 어떤 때는 40분에 끝나고 어떤 때는 한 시간도 더 가. 그냥 막 떠들어 대구서 안 끝내면은 한 시간도 더 돼. 그래 관객이 좋아하면 쓸데없이 소리 막 하고 막 끌어대구. 그게 구찌다데식이야.16)

일제 강점기 우리 대중극에서는 일반적으로 고정된 대본이 없었다. 연출과 배우가 희곡을 분석하거나 희곡을 토대로 서로의 해석을 공유하는 방식이 아니었다. 이런 연극방식에서 배우는 연출가의 지시에 따르게 된다. 무엇보다 전개될 내용을 연출이 가장 잘 알기에, 배우들은 연출가를 따를 수밖에 없는 것이다. 음악, 음향, 조명, 의상 등에서도 연출가의 지시가 최우선이다. 주영섭이 언급하는 '관료주의'라는 것은 연출의 일방적 지시이며, 이러한 지시방식을 지양하는 것이 주영섭 연출법의 첫 요건이다. 이제 다음을 보기로 한다.

　셋째로 상업주의적 잔재의 청산
　- 과거 일제하에 있어서는 연출가자신도 일종 상품화했었다. 연출가는 신파연극에 있어서는 스타-와 함께 포스타-발류-를 높이기 위한 한 개의 상품으로 되었고 신극에서 겨우 그 명맥을 보존하여왔다. 오늘의 연출가는 이런 경향(傾向)을 일소하는 동시에 스타-씨스템을 솔선(率先)하야 배격(排擊)타파(打破)해야 할 것이다. 명배우를 낳는 것은 명연출가요 인민배우를 낳은 것은 인민대중이다. 배우는 그의 세계관 예술관을 토대로 한 연기력의 심도(深度)에서 우수(優秀)한 연기를 창조하는 것이고 그의 미모

---

16) 김정수, 『화술로 읽는 우리 연극』(경진출판, 2019), 30~33쪽 참조.

(美貌)로 명우가 되는 것은 아니다.[17]

주영섭의 세 번째 주장은 스타시스템의 배격이다. 스타시스템은 그 자체가 긍부정의 대상이 아니다. 서구 낭만주의 연극이 스타시스템이었듯이 스타시스템은 하나의 연극 양식일 뿐이다. 다만 주영섭의 주장은 앞서 언급한 구찌다데 방식처럼 관객이 좋아하는 장면을 즉흥적으로 늘리는 것을 배격하자는 것이다. 완성된 희곡을 철저하게 분석하여 희곡의 주제/사상을 전달하는 연기를 추구하자는 주장이다. 보다 주목할 지점은 주영섭이 청산대상으로 언급한 네 번째이다.

넷째로 신파적 잔재의 청산
야비(野卑)하고 저속(低俗)하고 영합(迎合)적이며 퇴폐적(頹廢的)인 일초 신파적 경향을 일소해야 할 것이다. 실로 우리 연극예술에 있어서 신파에서 얻을 것은 아무것도 없다. 조선연극유산에 있어서 가면극 인형극 구극 신극 프롤레타리아연극에서 계승(繼承)섭□할것은 많지만 신파에서 계승할 것은 없다.[18]

주영섭은 청산대상으로 신파적 양식을 분명히 언급한다. 그는 신파적 경향의 연극을 야비하고 저속하며 퇴폐적이라고까지 주장하는데, 이 신파적 연극이 무엇인지를 규명하기 위해 좀 더 시간을 거슬러 올라가보기로 한다. 다음은 일제잔재−신파에 대한 기록과 증언이다.

---

17) 주영섭, 앞의 글.
18) 위의 글.

정말 같으면 아이고 라고 울지마는 일본식으로 우는 소리를 짜 낸다.
(홍해성)19)

그 과백(科白)이 부자연하고 과백의 음조가 우리의 과백의 음조가 아니
며... 과백의 어음(語音)의 흐름이 흡사히 불쌍한 돼지 짐승, 목에 칼을 받을
때 부르짖음 같다. (홍해성)20)

일본어의 억양에 한국말을 대입시킨 화술21)

이와 같이 '신파적' 연기는 가부키식의 몸짓과 화술, 일본어의 억양
에 우리말을 대입시킨 화술이다. 서연호가 지적하듯 "강약과 완급,
투박함과 섬세함, 거침과 부드러움을 적절하게 조화시키는 가부키나
신파의 연기(일종의 定型)에 대하여 한국 신파는 자신을 드러내기 위한
과장된 연기와 즉흥성이 점차 체질화"된 연기이다.22) 배우 오현경이
이 시연한 대사를 악보로 옮겨보기로 한다.23)

〈그림 1〉 그림제작-필자

오현경과 이원경은 신파 연기에 대해 증언한 바 있는데, 두 원로

19) 기사, 「눈물연극을 견한 내지부인의 감상(2)」, 『매일신보』, 1914년 6월 27일.
20) 홍해성, 「극예술 운동과 문화적 사명: 조선 민족과 신극운동」, 『동아일보』, 1929년 10월
20일.
21) 김정수, 「한국연극 연기에 있어서 화술표현의 변천양태연구: 1900년대부터 1970년대까지」,
동국대학교 박사논문(2007), 32쪽.
22) 서연호, 『한국연극사: 근대편』(연극과인간, 2004), 110~111쪽.
23) 김정수, 『북한연극을 읽다』(경진출판, 2019), 230쪽.

연극인에 의하면 우리 연극 배우들은 일본식 억양에 한국말을 대입시킨 화술을 전개했다고 한다.[24] 1920년대 홍해성이 우리 신파연기에 대해 '그 과백이 부자연하고 과백의 음조가 우리의 과백의 음조가 아니며'라고 했듯이 우리 말의 억양과 음조에 일본적 억양과 음조가 침투했고 배우들도 이를 피할 수 없었다.[25] 일제 강점기 우리 배우들의 화술에 일본적 억양이 섞여 있었던 것이다. 북한 연극계에서도 해방 직후부터 '사실주의'를 연극의 모범으로, '스타니슬랍스키'를 연극의 선생으로 삼았지만 관습은 쉽게 사라지지 않았다. 주영섭은 그와 같은 몸짓과 억양에 극도의 혐오감을 표현한다. 그에게 사실주의 연극이란 우리의 말과 몸짓에 맥이 닿아 있는 것이다.

3. 본질 구현의 무대

주영섭은 무대에 있어서도 '사실주의'를 전제로 한다. 이를 위해 그는 먼저 '자연주의'를 다음과 같이 설명한다.

둘째로 자연주의적 잔재의 청산(淸算) – 과거 일제시에 남아있는 자연주의적 경향을 일소(一掃)해야 할 것이다.

현실을 발전(發展)하는 과정에서 보지 못하고 전형적(典型的)인 사건 전형적인 성격을 그리지 못하고 사건의 꼬랑지를 쫓아다니는 낡은 창작방법을 일소(一掃)해야 할 것이다. 무대 위에 자연 그대로의 건축(建築)이

---

24) 김정수, 「한국연극 연기에 있어서 화술표현의 변천양태연구」, 앞의 책, 32쪽 참조.
25) 홍해성, 앞의 글; 김정수, 『북한 연극을 읽다』(경진출판, 2019), 230~231쪽 참조.

나오고 고물상(古物商)같이 소도구를 나열(羅列)해야 충실(忠實)한 연극으로 아는 경향(傾向)을 연출가부터 청산(淸算)해야 할 것이다.

무대상 입체감(立體感)은 거창한 실물에서 나오는 것이 아니라 간략(簡略)한 재료로써 입체감 원근(遠近)감을 보여주는데 장치(裝置)의 임무가 있고 연기에 있어서 소박(素朴)한 자연주의 체계-사물의 본질을 보지 못하고 □末적인 부분을 과장(誇張)하는 것으로 일삼는 연기체계를 버려야 할 것이다. 이것은 조명(照明), 효과(効果), 소도구, 의상에 있어서도 마찬가지다.26) (□은 독해 불가-필자)

주영섭은 사실주의 연출론의 두 번째 요소로 자연주의적 잔재의 청산을 주장한다. 이 역시 일제 강점기의 잔재라는 것이다. 그렇다면 자연주의란 무엇일까? 주영섭은 자연주의를 무대 위에 실제 그대로의 건축을 세우는 것, 소도구를 고물상같이 나열하는 것으로 본다. 또한 연기에 있어서도 '부분을 과장하는 것'을 든다. 주영섭의 이 관점이 연극사적 '자연주의'에 부합한 것인지는 논외로 한다. 주영섭이 언급하는 '자연주의'를 이해하는 것이 중요하다. 주영섭에게 자연주의는 '무대 위에 자연 그대로의 건축이 나오는 것'이다. 예를 들면 무대 위에 집이나 나무를 표현할 때, 집 한 채를 그대로 무대에 세우거나 실제 나무를 무대 위에 세우는 것이 '자연주의'인 것이다. 그렇다면 해방 이후 북안의 연극무대를 살펴볼 필요가 있다. 다음은 『인민희곡집』에 실린 〈30년만의 외출〉의 무대 밑그림이다.27)

---

26) 주영섭, 앞의 글.
27) 국립예술극단 편, 『인민희곡집』(평양: 문화전선사, 1947), (원본에 쪽 표기 없음-필자).

〈그림 2〉 30년만의 외출(출처: 『인민희곡집』)

위의 그림은 무대의 밑그림이다. 집과 담을 최대한 사실적으로 표현했는데 이와 같은 무대는 육중하여 장면전환이 자유롭지 못하다. '무대를 꾸미는데 사용하는 도구로써 버팀 버팀쇠 꺽쇠등 3종이 필요' 하다는, '꺽쇠는 무대장치의 한 장면을 꾸미는데 있어 간단한 장치면 50~60개 복잡한 장치라고 하면 백개 이상 150개 정도가 필요'하다는 말은 이 상황을 잘 설명해준다.[28] 주영섭은 이에 반대하며 본질을 포착하는 무대구현을 주장한 것이다. 무대에 대한 주영섭의 논의를 더이상 찾아볼 수 없기에, 주영섭이 지향하는 사실주의 무대가 구체적으로 어떤 것인지 말할 수 없지만, 적어도 실물이 그대로 무대에 올라오는 육중한 무대는 아닐 것이다. 주영섭의 사실주의 무대는 상황에 따라 몇 가지의 상징적 도구로 표현하는, 그의 표현을 빌리면 '본질 구현의 무대'인 것이다.

이제 주영섭 연출법의 핵심을 정리해보기로 하자. 스타니슬랍스키

---

28) 북조선총동맹군중문화부, 『군중문화총서: 연극써-클원의 수첩』(평양: 북조선직업총동맹 군중문화부, 1949), 208~210쪽.

의 사실주의를 중심에 놓고, 주영섭의 연출법을 논하는 것은 무의미해 보인다. 그보다는 주영섭이 진실로 무엇을 무대에 구현하고자 했는지에 집중하기로 하자. 주영섭은 무엇보다 신파에서 벗어나고자 했고, 무대 위에 조선의 말과 몸짓이 구현되기를 바랐다. 또한 무대 장치는 사물의 복사가 아니기를 원했다. 이를 위해 배우가 철저히 연구하기를, 무대 디자이너는 장치의 본질을 찾기를 원했다. 주영섭은 일제 잔재의 청산이라는 자장 안에서 사실주의를 지향한 연출가라 하겠다.

라웅※

: 분석하는 연출, 체험하는 연기

라웅은 해방 이전 카프 활동을 하며 연기자와 연출가로 활동했다. 다수의 영화에서는 주연급 배우로도 활동했고 직접 영화를 감독하기도 했다. 해방 이후 북한에서는 연극 연출가로 활동했으며 주요 연출작에는 〈뢰성〉(1945~1947), 〈인민은 조국을 지킨다〉(송영 작, 1945~ 1947), 〈갱도〉(박태영 작, 3막, 평양시립극장 창립공연, 1947),[1] 〈원동력〉(류기

〈사진 1〉 부교수 연출가 라웅
(출처: 『조선예술』 10호, 1965)

※ 이 글 '라웅' 편은 김정수, 「해방기 북한의 사실주의 연극론 연구: 주영섭과 라웅의 연극론을 중심으로」, 『드라마연구』 제71호(드라마학회, 2023), 331~358쪽을 수정·보완한 것임.

1) 황철은 〈갱도〉에 대해, "조선의 혁명적 민주 기지인 북반부를 정치 경제적으로 강화하기 위한 사업에서 주도적인 력량으로 장성된 조선 로동 계급의 투쟁을 보여줌으로써 우리 로동자들이 애국적 열의를 가지고 생산 혁신과 증산 투쟁에 헌신적으로 궐기하도록 교양을 주었다"고 평가한다. 국립출판사, 『생활과 무대』(평양: 국립출판사, 1956), 14쪽.

홍작, 국립극장배우집단창조, 1947), 〈리순신장군〉(김태진 작, 5막 8장, 1948, 1960), 〈로씨야 사람들〉(번역극, 씨모노브작, 평양시립극장배우집단 창조, 1948), 〈외과의 크레체트〉(번역극, 코르네츄크작, 국립극장, 1949), 〈흑인소년 눈송이〉(번역극, 1950~1951), 〈강화도〉(송영 작, 개성시립극장 배우집단 창조, 1953~1954),2) 〈우리는 언제나 함께 싸웠다〉(황남도립예 술극장, 1955),3) 〈백두산은 어데서나 보인다〉(1956)4) 등이 있다. 이 중

---

2) 리령은 〈강화도〉에 대해 "정전 직전에 평양 시립 극장에서 상연한 연극 ≪강화도≫(5막 6장)는 1870~71년 소위 ≪신미의 양요≫로 알려진 력사적 사실을 웅대한 규모로써 진실하 게 반영하였다. (…중략…) 외적을 물리치는 데서 이룩한 우리 선조들의 애국적 투쟁 모습 을 궁지 드높이 구가하면서 작품의 기본 사상에 대하여 어재윤의 입을 빌어 다음과 같이 강조한다. ≪너희들 잘 싸웠다. 우리 군병들은 물론이지만 팔도에서 모여든 모든 백성들의 남녀 로소가 모두들 잘 싸웠다. 미국 오랑캐들은 제 맘대로 못하고 쫓겨갔다. 아니 우리들 이 쫓아 버렸다. 우리들은 우리 선조들이 피로써 지킨 우리의 아름다운 강토를 훌륭하게 지켰다. 우리들은 그리고 후손들도 언제 어느때나 우리 강토를 더럽히지 않을 것이다. 이러한 설한풍에도 우리 나라는, 우리 나라 백성들은 흔들리지 않는다(…중략…) 그러나 우리들은 피를 흘렸다. (…중략…) 우리들은 이 피값을 헛되이 말자.. 오늘 아침 바다는 유난히 아름답고자 우리 나라 바다는 언제나 아름다우리! 아름다우리!≫ (…중략…) 작가 및 연출가는 력사적 진실 속에 깊이 파고 들어 어제'날의 투쟁에서 오늘을 감촉케 하며 또한 태일을 명확히 내다보게 하였다. 여기에 이 연극이 도달한 현대성의 참다운 높이가 있다. 연극 ≪강화도≫는 우리 인민들에게 미제에 대한 최대의 증오심을 격발시켰으며 전쟁의 종국적 승리에 대한 확고한 신념을 가지게 하였다"고 설명한다. 조선예술사, 『빛나 는 우리 예술』(평양: 조선예술사, 1960), 68~70쪽.
　　또한 강진은 "력사극 ≪강화도≫는 1871년 강화도에 침습해들어 왔던 5척의 미국 함대를 애국적 조선 인민들의 의병들과 수비군의 헌신적 투쟁으로 쳐 물리친 력사적 사실에 근거 하여 우리 선조들의 애국주의적 전통을 형상화한 작품이다. 평양 시립 극장 배우 집단은 외래 침략자들과의 싸움에서 마지막 피 한방울까지 바쳐 싸워 빛나는 승리를 쟁취한 연극 의 기본 빠포스를 옳게 살려 의용군 및 수비군의 전투 모습과 후방 인민들의 애국적 투쟁 모습을 통하여 인민들의 대중적 영웅주의에 대하여 훌륭한 회답을 주었다. 동시에 미 제국주의자의 침략적 본질과 그들의 내부 갈등과 종교의 허위성 그리고 매국노남 익상의 형상적 특질을 사실적으로 형상하였다. 연출가는 연극의 굵직한 주선을 일관시키면서 지선들에 이르기까지 세심한 주의를 돌리고 그것을 주선에 유기적으로 합류시켰으며 더욱 이 무대 처리에 곤난한 력사 전투극을 조화 있게 통일시켰다. 연기면에 있어서도 쩨운 안쌍불속에서 진실하고 박력있는 성격들을 창조함으로써 력사극 형상에서 한 계단 더 높은 경지를 개척하였다."고 설명한다. 강진, 「당과 인민 주권의 품안에서 개화 발전 하여 온 연극 예술(2)」, 『조선예술』 9호(1958), 8~14쪽.
3) 리령이 〈우리는 언제나 함께 싸웠다〉에 대해 전한 것을 요약하면 다음과 같다. ① 잘 쩨인

〈갱도〉는 1947년 평양 시립 극장의 창립 공연이었으며 평론가들의 호평을 받았다.5) 신고송에 의하면 라웅의 번역극 역시 상당한 성과를 거둔 것으로 보인다.

같은 씨모노브의 "로씨야사람들"의 시립극장공연은 위대한 조국전쟁때에 표시된 쏘베트인민들의 영웅적 투쟁의 양자와 그들의 승리에 대한 확신과 백난을 겪고 나아가는 고귀한 희생정신을 알게 되었다.6)

이와 같이 라웅은 창작극과 번역극에서 호평을 받으며 해방 직후부터 1960년대까지 북한에서 다수의 작품을 연출한다. 그는 자신의 연극론을 「사실주의 연출 연기 수립을 위하여」에서 밝힌 바 있는데,

무대 안쌈블과 진지한 연기로써 조중 인민의 국제주의적 친선관계를 설득력 있게 해명하였다. ② 프롤로그의 마지막 장면에서 "어머니, 김일성 장군이 내려 오셨어" "너희들도 좋으냐? 그래 어서 커서 저 빨찌산 어른들처럼 일본놈들을 때려 부셔야 한다" ③ 창조 집단은 작품의 이러한 구성과 슈제트의 특성을 옳게 살려 외부적인 ≪사건성≫이나 ≪연극성≫의 강조에로 나간 것이 아니라 그 내부에 명백히 흐르고 있는 생활적 진실과 필연성을 심오히 천명하는데 창작적 정열을 기울였다. ④ 창조 집단은 조중 인민의 친선을 어떤 단순한 정치적 개념에 귀착시킨 것이 아니라 그것을 깊은 인도주의-인간 륜리에 안받침된 것으로 보여 주었으며 또한 그것을 매우 개성적, 심리 정서적으로 재현함으로써 그의 불패의 힘을 생동하게 확인하였다. ⑤ 이 연극은 구 소박성과 진실성으로 하여 사실주의 연극의 참다운 극적 매력을 과시한 그러한 성과작이었다. 조선예술사, 앞의 책, 82~83쪽.

4) "1956년에 황남 도립 예술 극장에서 창조한 연극 ≪백두산은 어데서나 보인다≫(일명 ≪애국자≫)는 혁명 전통을 형상한 그때까지의 연극 중 획기적인 성과작의 하나였다. (…중략…) 작가는 주인공의 전형적 성격을 심오하게 천명하기 위하여 복잡하고 심각한 정황들을 제시하였으며 주인공으로 하여금 매우 착잡한 갈등에 놓이게 한다. (…중략…) 연출자는 시종 일관 굵직한 선과 큰 파동으로써 연극 무대를 강렬한 애국적 빠포스로 출렁이게 하였고 모든 연기자들은 등장 인물들의 내적 세계를 진지하게 재현하였다. (…하략…)" 위의 책, 87~88쪽.

5) "이 집단은 해방후 새 제도에서 관산의 주인이 된 로동자들이 어떻게 증산 투쟁을 전개하고 있으며, 낡은 보수주의와의 완강한 투쟁 속에서 어떻게 새로운 발파법을 대담히 적용하여 승리하는가를 락관적으로 보여주었다." 위의 책, 31쪽.

6) 신고송, 「쏘베트 연극에서 우리는 무엇을 배우는가」, 『문학예술』 9호(1949), 64~69쪽.

이 글에서 라웅은 처음부터 북한의 연극 양식이 '사실주의'를 지향해
야 한다고 강조한다.

오늘의 연극예술은 민주건설의 업적(業績)과 민주제도의 승리(勝利)의
반영(反映)이다. 레알리즘은 혁명적 예술정신이다. 엄숙한 우리 조국의 건
설과 강성과 구국투쟁에서 새로운 인간적 자각을 가지게 하였으며 또 가지
게 할 전투적 예술정신이다. 오늘의 조선인민의 특성은 끊임없는 혁명적
자각이며 무한히 확대되어가는 정치적 문화적 전망이며 개인의 이해보다
국가의 이해에 헌신하는 입장에서 창발적 노동정신에 뿌리박은 심원한
애국주의 사상인 것이다.[7]

라웅은 사실주의를 혁명적 예술정신으로 보았다. 그는 연이어 리얼
리즘이 '정지할 줄 모르며 현실의 반영뿐이 아니라 현실의 혁명적
발전에 대한 진실하고도 구체적인 형상을 요구함으로써 인민이 어떻
게 살아야 하며 어떻게 투쟁해야 하는지를 가르쳐주는' 예술이라고
주장한다.[8] 이제 라웅의 「사실주의 연출 연기 수립을 위하여」를 중심
으로 그의 연출법을 분석하기로 하자.

---

7) 라웅, 「사실주의적 연출 연기 수립을 위하여」, 『문학예술』 9호(1949), 30~63쪽.
8) 위의 글.

1. 분석, 관찰, 선택

1) 인물과 장면의 목표 분석

라웅의 사실주의 연출법을 이해하기 위해 먼저 라웅이 연출의 결함으로 언급하는 글을 보기로 한다. 라웅이 지적하는 결함의 반대가 그가 추구하는 연출법의 단서가 될 수 있다. 다음은 1948년 8.15 3주년 기념예술축전 작품에 대한 라웅의 평이다.

8.15 3주년 기념예술축전에서는 연출자의 커다란 성장을 시위(示威)하였으나 허다한 결점도 내포하고 있었다.

총결보고 가운데 나온 연출상의 결점으로 1)희곡에 가진 정치적 오류(誤謬)와 예술적비속성을 극복하지 못한 점, 연출지도에 있어서 2)레알리즘체계에 대한 명확한 기준이 서있지 못하며 그 지도에 미숙(未熟)하였을 뿐 아니라 3)연기자의 오류(誤謬)를 시정하지 못한 점 4)상연작품을 무대에 조소(彫塑)하는데 있어서 강조점이 뚜렷치 못한 점, 5)인물성격분석이 평판적(平板的)이고 6)무대구성과 조명의 배려(配慮)가 부족한 점들이 지적되었다.

이러한 결점은 연극에 있어서 예술적 통일과 창조 조화를 주는 연출가가 자기 사업의 능수가 되지 못하였다는 것을 말한다. 연출가는 상연희곡을 작자와 동등한 수준에서 해석하고 분석할 줄 아러야하며 희곡이 나온 현실에 대한 깊은 인식과 또 그 작품이 누구에게 무었을 왜 보여주는가 하는 상연의의를 천명(闡明) 할 줄 아러야 한다. 뿐만 아니라 그 표현을 위한 연기 미술 건축 조각 음악 등 모든 연극적 요소를 구사하는데 있어 어떠한 방법과 수단을 채택할까 하는 희곡과 상연의 관련한 복잡한 문제해결을 위한 과학적 계획을 세울줄 알아야 하며 그것을 세울 뿐만 아니라 그 결정을 정확히 실천할 수 있는 능수가 되어야 한다. 그러므로 연출계획은 실현가능한 구체성가운데서 현실과 유리되지 안은 정치적 경제적 극장조건을 반드시 고려(考慮)하여야 하며 연출가의 개인 취미(趣味)로 공중 누각(樓閣)을 짓는 형식주의에 빠지지 말아야 하며 또는 아모런 플란이 없는 즉흥적 연출식인 경험주의도 극복하여야 한다. (번호와 밑줄―필자).9)

라웅은 8.15 축전 작품의 결함을 지적하며 그 이유를 조목조목 6가지로 설명한다. 핵심은 연출가의 역량 부족, 특히 희곡분석의 부족을 든다. 연출가는 작가와 동일한 수준으로 희곡을 분석해야 하며 누구를 위해, 왜 보여주는가를 고민해야 하는데 그 점이 부족하다는 것이다. 또한 라웅은 연출가는 계획이 있어야 한다고 주장한다. 연출가는 어떤 계획도 없이 순간적으로 좋아보이는 것을 선택하지 말아야 한다는 것이다. 다음의 표를 보면 라웅이 무엇을 지향하는지 보다 구체적으로 알 수 있다.10)

〈표 1〉 기존 연습법 연습 일정

		기존연습법	
X	날'자	련습내용	단계구분
1	1월 3일	탁상 련습(1장)	문학 분석 및 희곡과 역에 대한 전반적 분석, 배우의 과제 설정
생략	생략	생략	
13	15일	탁상 련습(관통)	

---

9) 위의 글.

10) 표는 북한의 최순길이 1960년대 행동분석법을 주장하면서 기존의 연습법을 언급한 것이다. 김정수, 「스타니슬라브스키 행동 분석법의 적용」, 『북한 연극을 읽다』(경진출판, 2019), 314쪽 참조.

		기존연습법	
14	16일	행동 련습(1장)	역의 행동 분석, 배우의 과제 확정
생략	생략	생략	
20	22일	행동 련습(5장)	
21	23일	행동 련습(1장)	무대적 구도의 설정, 고저 장단의 확정
생략	생략	생략	
29	31일	행동 련습(관통)	
30	2월 1일	무대 련습	무대적 구도의 확정, 종합적인 정비 및 완성 단계
생략	생략	생략	
37	8일	무대 련습(총련습)	

이 표는 해방 이후 북한 전문극단에서 일반적으로 진행한 연습법이다. '탁상연습'에 희곡분석, 배우의 과제설정, 역의 행동분석 등의 용어가 있는데, 조금 더 익숙한 말로 표현하면 희곡의 주제, 배우의 목표분석, 각 장에서의 목표분석이라 할 수 있다. 라웅은 이와 같은 방식으로 연출의 철저한 희곡분석을 기본으로 보는 것이다. 이와 더불어 라웅은 연출가가 살아있는 인간과 살아있는 생활을 무대 위에 구현하기 위해서는 무엇보다 인간을 관찰해야 한다고 주장한다. 이 대목에서 라웅은 스타니슬랍스키의 『배우수업』을 언급한다.

현실적 인관관계와 극장 내에서 연기자들을 옳게 관찰함으로써 인물창조에 있어서 옳지 못한 유형(類型) 내지(乃至) 기형(畸形)에 빠지지 않고 새로운 타입의 전형적 인간을 형상화할 수 있는 것이다.

연출가가 무대에서 인물은 명확한 성격을 부여하며 과장(誇張)한다는 것을 잘못이해하고 왕왕히 연출자의 좁은 주관적 취미(趣味)에서 그 연기자에게 한 가지 특징만을 허위에 가차울 만치 그 특징을 과장(誇張)함으로써 현실적인간이 아닌 기능적 기형(畸形)적 인간을 만드는 수가 있다.[11]

라웅은 이와 같이 현실의 인물을 관찰하고 그것을 인물 창조에 적용하라고 주장한다. 이 과정에서 연출가는 배우가 극중 인물을 상상 속에서 만들어내지 않고, 특정 직업군/특정 인물에게 어떤 공통점이 있는가를 포착하도록 도와야 한다. 동시에 연출가는 배우가 과장하려는 유혹에 빠지지 않도록, 인물의 한 가지 특징만을 불필요하게 과장하지 않도록 도와야 한다. 배우가 그러한 오류에 빠진다면 라웅의 표현을 빌려 '기형적 인물'이 나타나기 때문이다. 라웅이 이 지점에서 강조하는 것은 분석이다. 배우들은 목표가 있을 때 불필요한 과장을 피하며 믿을 수 있는 인물을 구축하기 때문이다. 다음 라웅 연출 〈외과의 크레체트〉에 대한 신고송의 글을 보면 라웅은 상당한 성과를 거둔 것으로 보인다.

첫째 우리 극작가들은 이 희곡에 접하자 이 희곡이 가진 예술적 우수성을 분석 연구하고 자기의 극작에 있어서 사실주의적 창작의 모범으로 하려고 하였다. 이 희곡에 대한 연구는 우리 극작가들 사이에 현재도 진행되고 있다. 갈등의 긴박한 발전 인물들의 호상관계가 중지적 테마에로 구심적으로 집중관련되고 있는 것 인물들을 발전 행정에서 그려져 잇는 것 성격의 생동성 예술적 취미가 진진한 가운데 고도의 사상성을 내포하고 있으며 통속성이라고는 티끌만치도 없는 것 그렇기 때문에 희곡이 끝까지 무게 있게 조금의 간격도 파탄도 없이 진행된 것 등등은 가히 우리 극작가들이 본받아야 할 많은 것을 제시하여 주었다. (〈외과의 크레체트〉)12)

---

11) 라웅, 앞의 글.
12) 신고송, 앞의 글.

신고송이 위의 글에서 '분석'을 강조하듯이 라웅은 〈외과의 크레체트〉를 연출할 때 희곡의 분석을 중요시 한 것으로 보인다. 인물들의 갈등과 관계를 탐색하고 인물들이 무엇을 하려 하는지, 다시 말해서 인물의 목표를 분석한 것이다. 이에 따라 인물의 변화가 개연성 있게 나타나서 기존 유형적 인물과 차별화 되었다는 것이다. 라웅의 희곡과 인물 분석은 공연에서도 상당한 성과를 거두었다고 하겠다.

*배우 백남수의 주요 출연 작품

1. 연극 〈뢰성〉 김대장 역(1947)

2. 번역극 〈브레트 중위〉 랜돈 역(1949)

3. 연극 〈항쟁의 노래〉 로동자 역(1950)

4. 번역극 〈전투 속에서 성장〉 양요조 역
   (1951)

5. 연극 〈진달래〉 병준 역(1955)

6. 연극 〈조선의 어머니〉 경준 역(1959)

7. 연극 〈서광〉 로인 역(1961)

8. 연극 〈청년 시절〉 황철주 역(1962), 3등
   입상

9. 연극 〈개마고원〉 원갑 역(1963) 2등 입상

10. 연극 〈혁명 일가〉 주인공 김칠복 역(1955)

〈사진 2〉 배우 백남수, 안영일 연출
〈뢰성〉의 김대장 역
(출처: 『조선예술』 4호, 1965)

2) 언어 분석을 통한 리듬 구축

라웅은 연출가는 희곡분석뿐 아니라 언어에 대해서도 깊은 조예가 있어야 한다고 주장한다. 무대에서는 살아있는 인물과 살아있는 화술이 전개되어야 하는데 이를 위해서 언어 자체가 시적이며 극적이어야 한다는 것이다. 주목할 것은 이 시적인 언어가 현실 생활에서 나온다고 언급한 점이다.

언어의 미적창조는 주관적 수사학(修辭學)에서 나온것이 아니고 객관적 현실생활에서 나온 것이다. 전형적 성격을 극적으로 정확하고 힘있게 표현하는 산 언어는 극작가의 자의적(恣意的) 이상과 우연에서 나온 것은 아니다. 그러나 이것은 극작가의 재능과 독창성이 없이는 불가능한 것이다. 그들은 착잡(錯雜)한 현실가운데서 전형적이고 특징적인 소재를 발전시켜 부각(浮刻)적으로 생생하게 표현하기 위하여 현실에서 사용하는 것보다 더 감수성이 풍부한 언어를 창조하였던 것이다. 쉑쓰피어-가 등장인물의 개성을 살리기 위하여 일만오천어를 사용하였다는 것은 이것을 말한다.13)

위의 글만을 보면 라웅이 극작가에게 조언하는 것으로 보이지만 연이은 그의 주장을 보면 이것이 곧 연출과 연결되는 것을 알 수 있다.

연출가는 산말의 어감을 시적으로 감득할 뿐만 아니라 그 언어의 배후에 숨은 심오(深奧)한 심리와 감정을 찾아서 배우에게 제시하여야 할 것이다.
연출가가 언어와 대화에 옳은 수업을 쌓는 것은 자기창조사업에 있어서의 기본과업의 하나이다.
연출가는 이 언어와 대화에서 음향(音響)을 듣고 색채(色彩)를 보아야 하며 이것을 배우로 하여금 생명 있는 리즈미칼한 동작으로 무대에 표현하도록 제시하여야 한다.

---

13) 라웅, 앞의 글.

사상 감정을 표현하는 극적대화는 표정(表情) 동작 자태(姿態)를 가지고
있다. 이것의 특유한 고동(鼓動)을 감득하여야 하며 예술적 이메-지와 광
대(廣大)된 사상으로 일정한 공간에서 일정한 시간과 속도로 귀와 눈에
전달시켜야 한다.[14]

이와 같이 라웅은 사실주의 연극을 구현하고자 하는 연출가는 언어
와 대사에 극히 민감해야 한다고 주장한다. 사실주의 연출가는 살아
있는 언어를 시적으로 감득하며 그 언어의 배후에 숨은 심리와 감정
을 찾아야 한다는 것인데 실상 이것이 사실주의 연극 연출과 어떤
관계에 있는지는 분명하지 않다. 다만 이 글을 면밀히 살펴보면 '리즈
미칼한 동작'이라는 표현에서 알 수 있듯이 대사에서 리듬감을 강조
하는 것을 알 수 있다. 대사의 리듬감은 곧 움직임의 리듬감과 연결되
므로 이 주장은 주목을 요한다. 무대에서 인물들 사이에 발생하는
리듬이란 액션과 리액션에 관련 있기 때문이다.
  라웅의 주장을 이해하기 위해 조금 시간을 거슬러 올라가 보기로
하자. 1930년대 대중극 연극배우들의 연기는 CD를 통해서 확인할
수 있다. 일제 강점기 우리 대중극 배우들이 전개하는 화술은 1. 대사
가 높은 음에서 상당히 빠르게 전개되고, 2. 상대에 반응하지 않고
자신의 대사만을 전개하는 특징이 있다.[15] 액션과 리액션 자체가 없
으며 이로써 리듬감도 형성되지 않는다. 그래서 배우들이 말은 하고
있지만 배우 모두가 혼잣말에 가까운 화술을 전개하는 듯 하여 서로
대화를 하고 있다는 느낌을 주지 못한다. 따라서 라웅의 주장은 단순

---

14) 위의 글.
15) 김정수, 『화술로 읽는 우리 연극』(경진출판, 2019), 95~97쪽.

히 연출가가 언어에 능통해야 하는 것이 아니라, 대사 분석을 통해 배우가 서로 반응하는 연기를 하도록 지도하라는 의미이다. 이것으로 대사와 장면에서 리듬이 구축되기 때문이다.

〈사진 3〉 〈리순신 장군〉의 황철
(출처: 『조선예술』 7호, 1965)

위 사진은 라웅 연출 〈리순신 장군〉의 한 장면이다. 라웅은 해방기부터 1960년대까지 간혹 〈리순신 장군〉을 무대에 올렸으므로 사진의 공연 시기는 분명하지 않다. 그러나 이 공연 사진은 라웅 연출에 대해 많은 것을 알려준다.

사진을 읽어보기로 하자. 왼쪽 인물과 오른쪽 이순신은 서로를 마주보고 있다. 정면을 보거나 비스듬히 위치한 것이 아니라 객석에서 볼 때는 완전히 옆모습이다. 이와 같은 배우의 위치는 배우들의 즉각 반응을 유도한다. 마주보며 대화하기 때문이다. 배우들이 관객을 향해있지 않기에 관객을 향한 웅변적 대사도 사라진다. 그렇다면 배우의 움직임 역시 사실적이었을 것이다. 배우의 행동은 화술에 영향을 받기 때문이다.

따라서 라웅이 사실주의 연출법으로 제시한 언어 분석은 배우들이 상대방에게 반응하도록 유도함으로써 장면에 리듬을 구축하는 성과를 일정 부분 거두었다고 하겠다.

2. 체험과 '나'로부터 출발

라웅은 연기에 있어서도 스타니슬랍스키를 적극적으로 언급하며 스타니슬랍스키 시스템을 교과서로 삼는다. '쏘련에 있어서 50여년 동안 연출가이자 배우이자 연극교육자로서 연기의 레알리즘체계를 세워놓은 쓰따니쓸라브스끼선생의 유명한 저작인 『나의 예술의 생애』와 『배우수업』에 대한 연구'가 있어야 하며, '『배우수업』은 쓰따니쓸라브스끼 선생이 일생을 두고 자기가 연구 실천하는 특유한 연기법을 체계지우고 정리하고 이론지은 것'이므로, '쓰따니쓸라브스끼선생의 유명한 저작인 『나의 예술의 생애』와 『배우수업』에 대한 연구가 있어야 한다'는 것이다.16) 특히 라웅은 연기수업으로 스타니슬랍스키의 『배우수업』을 깊이 연구할 것을 강조한다. 라웅에게 '이 저서는 산 생활과 산 인간을 무대에 형상화하기에 일생을 바쳐 실천한 것을 체계있게 이론화한 배우예술의 창조방법'이기 때문이다.17) 그렇다면

---

16) 라웅, 앞의 글.

17) 위의 글. 또한 이 글에서 라웅은 '모쓰크바 팔백년기념 경축시 교육 문화 시찰차로 쏘련을 방문하였던 한설야선생은 『무하트』의 체홉작 『와나 아저씨』를 본 감상가운데 자기는 말이 잘 통하지 않았으나 배우의 심오(深奧)한 연기를 통해서 극적 흐름에 있어서 매개인물들의 성격에 따르는 미묘한 감정을 확실히 아러볼수 있었으며 완성된 연극은 언어를 초월한다'

라웅이 지향하는 사실주의 연기법은 구체적으로 어떤 것일까?

1) '나'로부터 출발

연기에 대한 라웅의 글을 면밀히 살펴보면 그가 직접 언급하지는 않지만 '나'로부터 출발하는 연기를 기본으로 하고 있음을 알 수 있다.

> 배우는 자기생활의 경험과 기억에다 창조적 상상력을 부러넣어서 정서 (情緒)의 진실성을 가지고 표현한다.[18]

이 짧은 글은 라웅의 사실주의 연기법이 무엇인지를 알려주는 중요 단서이다. 배우가 극중 인물을 연기할 때 최대한 자신의 경험을 기억 하고 끄집어내라는 것이다. 그러나 라웅은 그것에 그쳐서는 안 된다 고 조언한다. 배우는 기억에 상상력을 더하여 자신에게 함몰당하지 말고 인물에 접근해야 한다.

> 연기자의 최대임무는 인물창조다. 배우는 희곡의 인물을 계급적 입장에 서 현실에서 관찰하고 과학적으로 분석하고 성격지어서 깊은 연기력으로 개괄(槪括)하여 무대에 형상화하는 것이다.
> 배우의 형상적 재료는 그 자신의 심리와 올가니즘이고 그 표현수단은 음성(언어), 동작이다. 흔히 배우의 창조과정에서 자기의식의 이원성 주의 (注意)의 분열성을 말하는데 이것은 배우가 자기의 감정을 그 형상가운데

고 주장한다.

[18] 위의 글.

진실히 체험하면서 자기의 일거일동을 계산하는데 있다. 물론 여기에는 배우가 의식적으로 훈련하는데서 정서(情緒)의 진실을 가지고 표현할 것을 전제로 한다. 한편으로는 체험에 몰입(沒入)하면서 다른 한편으로는 그 체험을 분석한다는 것은 배우의 창조적 주체와 대상 즉 창작가와 표현 재료를 한 몸에 겸(兼)하였다는 예술가적 특징에서 나온 것이다.19)

라웅에게 배우의 최대임무는 극중 인물을 창조하는 것이다. 중요한 것은 상상 속에서만이 아니라 현실에서 관찰하고 분석해야 한다는 점이다. 이 과정에서 '인간으로서의 나'와 '역에서의 나'가 분열되기도 하는데, 라웅은 그것을 필수적인 과정으로 보며 배우가 체험을 하면서 인물에 가까워지라고 말한다.

배우가 무대에서 체험하는 정서(情緒)는 자연 그대로의 일상적정서가 아니고 배우의 문화의식수준과 창작적 상상에 의해서 개변(改變)된 제2차적 정서다. 다시 말하면 배우의 계급적 의식과 감정 지성 의지 등의 창조적 능력에 의하여 개변된 제2차적 정서다.
배우의 무대적 형상은 그의 현실인식에서 나온 예술적 이메-지를 확충(擴充)시킨 것이다. 그러므로 배우는 희곡인물에 자기의 관계(關係)를 그 형상 가운데 표현한다.20)

라웅은 이와 같이 배우가 무대 위에서 최종적으로 변화된 정서를 보여줄 것을 주장한다. 배우는 '나'로서 출발을 할 뿐이지, '나'가 그대

---

19) 위의 글.
20) 위의 글.

로 무대에 올라서는 안 되며, 상상력과 창조력을 더하여 '나'가 아닌 '극중 인물'을 표현해야 한다. 라웅은 이를 위해 배우는 무엇보다 풍부한 상상력과 관찰력을 소유해야 한다고 거듭 당부한다. 다음 〈로씨야 사람들〉의 평을 보면 라웅의 배우들은 기존과는 다른 연기를 보여준 것으로 보인다.

> 1948년에 평양 시립 극장에서 창조한 연극 ≪로씨야 사람들≫에는 조국 전쟁 시기에 발휘한 쏘베트 인민들의 고상한 애국주의와 견인 불발성, 불요 불굴의 강의성이 생동하게 반영되었다.
> 연출자와 연기자들은 번역극 창조에서 왕왕 발로되는 형식주의적 연기 수법-≪틀≫을 철저히 배격하고 오직 인간들의 내면 생활의 충실한 체험 및 체현에로 나아갔으며 그리하여 높은 사상-예술적 성과를 거두었다.[21]

당시 번역극 공연에서 북한 배우들은 외국인을 흉내내며 어떤 틀로 연기한 것으로 보인다. 그런데 이 작품의 배우들은 전혀 어떤 틀을 보이지 않았으며 인물의 '내면 생활의 충실한 체험'을 통해 높은 성과를 거두었다고 한다. 그렇다면 번역극에서의 '틀'이란 어떤 것일까? 잠시 1930년대 번역극 공연을 살펴보는 것이 필요하다.

> 더욱 삼막에 잇서서는 속칭 『노랑 목소리』 그대로의 신파독백을 농(弄)하는데는 불쾌하였습니다. (…중략…) 그중 심(甚)하게 극과 동떨어진-말하자면 『다그라스영화』처럼 불필요한 포-즈미를 시종여일하게 유의지속(留意持續)한 것입니다. 고로 성격이 각조(刻彫)가 조곰도 나타나지 안케된

---

21) 조선예술사, 앞의 책, 46쪽.

것입니다.[22)

　1930년대 대중극 배우들은 번역극 공연에서 특이한 몸짓과 화술을 전개했다. 흔히 말하는 어깨 올림 제스처를 하거나 외국어의 억양에 한국어를 대입하는 부자연스러운 화술을 전개한 것이다. 물론 번역의 부자연스러움으로 이러한 연기가 나타났다고 볼 수 있다. 그런데 러시아 번역극인 〈로씨야 사람들〉에서는 이와 같은 부자연스러움이 전혀 보이지 않았다는 것이다. 그렇다면 라웅의 인물구축은 작품에서도 일정 성과를 거두었다고 하겠다. 라웅에게 사실주의 연기란 누군가를 어설프게 흉내 내는 것이 아니라, 자기 자신으로부터 출발해서 상상력을 더하여 극중 인물에 가까워지는 연기인 것이다.

2) 정확, 논리, 일관

　배우의 연기가 '나로부터 출발'할 것을 제시한 이후 라웅은 배우가 인물구축에서 상상력과 관찰력으로 접근할 것을 주장한다. 동시에 그는 과장된 연기를 극도로 경계한다.

　배우는 어떤 인물을 형상화할려면 반드시 산 생활에서 나온 산 인간을 곡형성(谷型性) 가운데서 진실하게 창조하여야 한다. 그럼에도 불구하고 낡은 사상적 잔재를 극복하지 못하고 낡은 연기적 테두리에서 안주해있다. 이들은 더퍼놓고 관중에게 커다란 인상을 줄랴는 허망(虛妄)된 욕심에서

---

22) 박향민, 「중앙무대 공연을 보고」, 『비판』 65(1938.9); 양승국, 『한국근대연극영화 비평자료집』 14(연극과 인간, 2006), 33~34쪽.

허위의 연기를 즉흥적으로 람조(濫造) 확장(擴張)하거나 낡은 무대에 있었던 것을 무비판적으로 답습(踏襲)하는데 있다고 생각한다. 이러한 연기는 산 인간감정에서 나온것이 아니라 비속한 외부적 모사에만 끝이는 것이므로 진실한 예술적 감동을 주지 못한다.[23]

산 인간을 형상화하기 위해 낡은 잔재를 극복해야 한다는 주장인데 낡은 잔재의 연기란 무엇일까? 라웅에 의하면 그것은 관객에게 깊은 인상을 심어주기 위해 허위의 연기를 하는 것이다. 전체적 맥락에서 보면 허위의 연기란 관객을 웃기거나 울리기 위해 극과 무관한 과장된 연기를 하는 것이다. 그는 이러한 연기를 '유형적 연기이며 그에 따라 유희에 불과하여 예술의 적'으로 폄하한다. 그렇다면 라웅의 배우들은 유형적 연기를 탈피했을까? 다행히 이에 대한 신고송의 글이 발견된다. 다음은 〈외과의 크레체트〉에 관한 글이다.

다음 우리 배우들은 이 연극에서 다양한 쏘베트 사람들의 형상에 부닥쳤다. "크레체트"와 같은 사람 "리다"와 같은 사람 "베레레트"와 같은 사람, "아르까지"와 같은 사람 "뿌르리크"와 같은 사람 "쓰쪼빠" "왈랴"같은 사람 모두가 류형적이 아닌 뚜렷한 성격들을 가지고 있는 산사람들이다. 우리 배우들은 코르네이크가 천재적으로 창작해낸 이러한 인물의 꽃밭속에서 자유롭게 아름답고 마음에 드는 꽃을 껵을 수 있었다. 그러나 꽃을 껵는 것만으로는 우리 배우들의 과업은 끝나지 아니하였다. 이 화려한 꽃들을 자기 몸소 구현하며 형상화하는 것이 그들에게 무한한 창작욕을 돋구어 주었다.[24]

---

23) 라웅, 앞의 글.

이 글만으로는 배우들이 인물구축에 성공적이었는지는 가늠하기 어렵다. 그러나 희곡의 인물들은 분명 유형적인 인물이 아니었으며, 배우들이 뚜렷한 성격을 표현하려고 노력했다는 것은 알 수 있다. 또한 이 과정이 배우들에게 무한한 창작욕구를 더하여 준 것은 적어도 배우들이 유형적 인물을 벗어나려 상상력을 발휘했다는 것을 말해 준다. 라웅의 이 같은 노력은 1960년에 와서 그 결실을 맺은 듯 보인다. 〈리순신 장군〉은 1954년과 1960년에 공연되었는데, 1960년 공연에 다음과 같은 고평이 발견되기 때문이다.

> 1960년 ≪신작의 봄≫에 국립 연극 극장이 발표한 연극 ≪리순신 장군≫도 거대한 사상 예술적 성과를 보여 주었다. 국립극장은 이미 1954년에 연극 ≪리순신 장군≫을 창조하였으나 적지 않은 결함을 발로시켰다. (…중략…)
>
> 리 순신 장군을 형상한 배우는 진실한 창작 태도와 원숙하고 세련된 기교로써 인민의 령장으로서의 리 순신의 위용과 풍부한 인간 풍모를 생동하게 재현하여 그를 인민들에게 가장 친근한 전략 전술가로, 과학자로, 시인으로, 인간-장군으로 보여주었다.[25]

리령의 글을 보면 1960년 〈리순신 장군〉은 이전과는 다른 공연인 것으로 짐작된다. 특히 배우가 애국자라는 하나의 틀로 인물 이순신을 구축하지 않고 다양한 모습을 보여주어 살아있는 인물구축에 성공한 것이다. 배우가 나로부터 출발하여 상상력을 발휘함으로써 인물에

---

24) 신고송, 앞의 글.
25) 조선예술사, 앞의 책, 117~118쪽.

접근한 성과라 하겠다.

〈사진 4〉〈리순신 장군〉 〈사진 5〉〈리순신 장군〉
(출처: 『조선예술』 10호, 1964) (출처: 『조선예술』 7호(1965))

이외 라웅의 연출법에서 주목할 것은 라웅이 사실적 연기가 과장된 연기가 아니라고 해서 '양적으로 무언가를 덜하는 연기는 아니라고' 주장한다는 점이다.

낡은 연기를 지니고 있는 오랜 배우들이 레알리즘 체계를 잘못 인식하고 외형으로 되는 대사의 에로큐숀과 동작의 과장(誇張)을 기계적(機械的)으로 절약만하면 사실주의 연기가 된다는 그릇된 생각에서 아모론 감흥도 어들 수 없는 무미한 연기를 하는 배우도 있다. 산 인간감정과 내용의 진실성이 없이 외형적 모사만으로 아모리 돌려마처본댓자 결국 비속한 기계적 연기로 떨어질 것은 뻔한 사실이다.[26]

라웅은 과장을 금지한다고 해서 배우들이 아무것도 안 하는 것 또한 문제라고 지적한다. 직접 연출을 한 라웅은 이와 같은 배우들을 경험한 것으로 보인다. 그는 중견 배우 중에 '인물을 지적으로 분석하고 논리적으로 구명함이 없이 직각적으로 감득한 예술적 정서를 허위(虛僞)에 가차운 극단(極端)의 과장으로 표현하는 배우가 잇는가하면 이와 정반대로 다만 지적으로 분석하고 논리적으로 일귀된 조미를 가지면서 혹은 문학적 강평(講評)을 하면서도 아모런 정서적 감흥도 없는 연기를 무미건조(無味乾燥)하게 표현하는 배우'도 있는데, 이러한 '타입의 연기는 레알리즘 연기체계와는 거리가 먼 것'이라고 설명한다.[27] 라웅에게 있어서 사실주의 연기는 아무것도 안 하거나 무언가를 덜 하는 연기가 아니라, '인물을 무대에서 내면적으로 체험'하며 '체험한 정신적 내용을 외부로 구체화하여 표현'하는 연기인 것이다.[28] 이를 위한 라웅의 주장을 보다 구체적으로 보기로 한다. 다음은 스타니슬랍스키의 말을 인용한 라웅의 주장이다.

쓰따니쓰라브쓰끼 선생은 배우는 역에 충실하라고 하면서 『의지적이고 정확한 것은 진실을 초래(招來)하고 그 진실은 신뢰(信賴)를 가져온다』, 『역을 충실하게 연기한다는 것은 무대에서 정확하고 논리적이고 일관적이며 말은 역과 하나가 되어 생각하고 노력하고 실감하고 행동하는 것이다. (…중략…) 이런 내부적 과정을 전부 통과하며 그것을 연(演)하고 있는 인간의 정신적 및 육체적 생활에 적응(適應)시킨다면 우리는 그것을 가르쳐 역을 체험한다고 말한다』고 하였다.[29]

---

26) 라웅, 앞의 글.
27) 위의 글.
28) 위의 글.

이와 같이 라웅은 스타니슬랍스키의 말을 인용하면서 배우가 무엇보다 정확하고 논리적일 것을 당부한다. 배우가 장마다 다른 모습으로 나타나는 것이 아니라 맡은 역과 하나가 되어, 그 인물로서 모든 장면에 나타나야 한다는 것이다. 인물의 일관성과 맥을 같이하는 언급인데 다음 라웅의 구체적인 설명을 보기로 한다.

예로 북조선의 토지개혁 당시 농민위원회에 참석(參席)한 빈농(貧農)의 역을 맡았다고 하자. 이 역은 극히 단역으로 그 회의에서 찬성(贊成)거수하는 연기밖엔 없다. 그러나 이 배우가 이 단역에 논리적 일관성을 부여한다면 흥미를 갖게 되고 정서적 진실을 맛볼 수 있을 것이다. 즉 과거로부터 일제통치 36년간 억압(抑壓)과 착취(搾取)에서 신음(呻吟)하면서 인권의 편린(片鱗)조차 찾아오지 못하든 빈농이 찬동(贊同)거수한번으로서 농민의 세기적숙망인 토지가 발가리하는 자기에게 돌아온다는 엄숙한 사실을 생각한다면 거수하는 그 연기에서만에서도 커다란 감흥을 느끼게 될 것이다.[30]

일관성 있고 살아 있는 인물을 연기하기 위해서는 농민위원회에 참석하는 빈농의 역할을 맡았다고 해도, 단지 찬성하기 위해 손을 드는 연기만을 해서는 안 된다는 것이다. 라웅에게 그것은 정서적 진실에 어긋나는 것이다. 배우는 그 빈농이 어떠한 삶을 살아왔고, 어떠한 마음으로 농민위원회에 참석했으며, 어떤 마음과 의도로 손을 드는지를 분석해야 한다. 표면적으로는 '배우의 자서전'을 구축하라

---

29) 위의 글.
30) 위의 글.

는 의미인데, 보다 정확하게 표현하면 '믿을 수 있는 연기'를 전개하라는 주장이다. 따라서 라웅의 사실주의 연기법은 과장하지 않는, 인물의 과거와 현재를 모두 분석하여 살아있는 인물을 구축하는 것으로 요약할 수 있다.

3. 해석하는 무대

라웅은 주영섭과 동일하게 자연주의를 배격한다. 주영섭에게 자연주의는 사물을 있는 그대로 무대 위에 보여주는 것인데 라웅도 그와 맥을 같이 한다.

자연주의는 레알리즘과는 적대(敵對)되는 것이다. 이것은 처음 보이거나 떠오르는 현상들과 사실들을 그 배후에 숨은 진실과 논리를 구명(究明) 함이 없든가 의식적으로 예술적선택(選擇)과 정리(整理)를 회피(廻避) 하든가 하여 제시하므로 거기에는 중요한 것과 중요치 않은 것이 동일한 평판(平板)위에 놓여있으며 뿐만 아니라 이 류파의 대다수는 인간생활을 동물생활과 차이 없는 것으로 보며 나아가서는 예술은 그 자체에서 시작하여 그 자체에서 끝난다는 데서 퇴폐(頹廢)와 타락의 예술인 것이며 예술의 무사상성을 주장하는데서 극악한 반동사상을 대변하는 예술인 것이다.[31]

라웅은 자연주의를 어떠한 해석도 없이 있는 그대로 무대 위에 올려놓는 것으로 해석한다. 이를 탈피하는 무대란 무대에 사물을 표현

---

31) 위의 글.

할 때 그 안에 숨어있는 진실과 논리를 포착하는 것이다. 사물의 불필
요한 것을 버리고, 필요한 것과 본질적인 것을 종합하여 창조하라는
의미이다.32) 라웅 연출작품의 무대를 보기로 하자.

〈사진 6〉 〈리순신 장군〉(출처: 『조선예술』 11호, 1966)

위의 공연사진은 〈리순신 장군〉의 한 장면이다. 공연 사진에서 알
수 있듯이 실제와 같은 무대장치는 아니다. 몇 가지 소도구와 의상으로
역사적 시점을 반영하며, 뒷막은 조명처리로 장소를 표현한 것으로
보인다. 김영일은 〈리순신 장군〉의 무대가 획기적이라고 상찬한다.

'리순신장군'은 무대 미술 발전에 있어서 획기적 전벌을 가져왔는바 이

---

32) 이 주장을 위해 라웅은 엥겔스의 언급을 인용하며 "객관적 현실이 혁명적 발전을 명시해주
   는 거대한 사실들을 예술가에게 제공'하므로, '예술가들은 선진적 세계관인 변증법적 유물
   론으로 높이 무장하여 전형적인 경우들의 전형적인 인물들이 어떻게 민주조국의 건설자로
   서의 자기의 위대한 역할을 하는가를 통찰확인하면서 미래의 전망을 깊이 인식하고 주위
   환경을 의식적으로 개변시키는가에 대하여 진실한 묘사"를 하라고 말한다. 위의 글.

는 무대 미술 형상에서 력사적 구체성을 심오하게 연구 분석한 점에서 뿐만 아니라 장치의 제작 조명의 창조적 구상 등으로부터 의상, 소도구에 이르기까지 과거의 낡은 수법과 기교로써는 도저히 형상할 수 없었던 부면 들을 새로이 개척하였다.[33]

공연 사진과 김일영의 글을 교차로 분석해볼 때 라웅의 무대는 사실주의를 기본으로 하면서 조명, 의상, 소도구로 역사적 분위기를 고조시킨 것으로 보인다. 다만 실사를 있는 그대로 무대에 올린 것이 아니라 실사의 '특징'을 포착하여 더욱 실사와 같이 보이도록 한 것이다. 이것이 라웅의 자연주의를 배격하는 사실주의 무대이다.

따라서 라웅 연출법의 특징은 철저한 희곡분석, 인물과 장면의 목표 분석, 대사 분석, 배우의 반응을 통한 리듬 구축, 나로부터의 출발, 논리적인 연기, 해석하는 무대라 하겠다.

---

33) 국립출판사, 앞의 책, 93쪽.

참 고 자 료

편집부, 「(예술 교양) 조선 연극 개관(8)」, 『조선예술』 3호(1963), 31~34쪽.

평화적 건설 시기에는 력사적 주제의 연극도 많이 창조 공연되였는바 그중 연극 ≪리 순신 장군≫(김 태진 작, 라 웅 연출, 평양 시립 극장 1948년) 은 가장 높은 성과를 달성하였다.

작가와 창조 집단은 무엇보다도 애국적이며 인민적인 리 순신의 성격의 주도적인 특징을 부각하는 데 힘썼다. 창조자들은 1막 1장에서 리 순신의 대사를 통하여 ≪당파쟁이≫들과는 근본적으로 인연이 없는 즉 자기를 ≪차라리 백성의 편당≫으로 인정하는 주인공의 인민적인 견지를 제시하면서 조국과 인민에 대한 통일적 개념에 기초하고 있는 그의 애국주의의 특징을 심오히 밝혀 주었으며, 그리하여 항상 인민을 존중시하고 따뜻이 돌보아 줄 뿐만 아니라 그들을 조국 수호의 성스러운 싸움에로 힘있게 고무하며 또한 싸움에서 걸린 최종적인 큰 난관도 인민의 힘에 의거하여 해결함으로써 왜적을 물리치고 마침내 나라의 위기를 타개하고야 마는 리 순신의 애국적이며 인민적인 서영을 진실하게 해명하여 주었다. 특히 연출자는 희곡에 제시된 모든 긍정적 형상에서 각계 각층 인민들의 애국주의적 모범을 폭넓게 일반화하는 데 노력하였으며 인민들의 역할을 적극적으로 구현하는 데로 나갔다. 그 결과 연극에서는 인민들의 지원을 어느 정도 수동적으로 그린 희곡의 약점이 일정하게 극복되였던 것이다. 또한 연출자는 원 균이와의 갈등 묘사에서도 원 균의 악랄한 책동을 많이 일방적인 것으로 돌리면서 원 균에 대한 괘씸한 생각에 비할 바 없이 높은 리 순신의 애국적이며 인격적인 고결한 정신 세계를 줄기차게 심화함으로써 기본 갈등에 비하여 부차적인 갈등이 두드러진 작품의 결함을 적지 않게 감소시킬 수 있었다.

다음으로 이 연극의 중요한 성과는 주인공의 내면 세계를 파고 들어 그의 심리적인 굴곡을 생동하게 재현하면서도 항상 드라마의 적극적이며 의지적인 측면을 강조함으로써 리 순신의 주도적인 특징을 줄기차게 심화하였을 뿐만 아니라 내면 세계의 묘사에서 사실주의적인 원칙을 고수한 그것이다. 례컨대 창조자들은 리 순신이 체포되여 가는 장면에서, ≪아하 어두워라 지새일 줄 모르는 이 나라의 밤이여. 끝없이 어둡기만 하여라!≫하며 통절한 심정을 토로하는 리 순신을 결코 비극적 체험에 사로잡히게 하지 않았다. 여기서 창조자들은 자기 개체의 운명 문제를 초월하여 나라와 백성을 걱정하는 리 순신의 드높은 정신 세계를 밝혀 주면서 동시에 그 만큼 오늘과 함께 래일을 보며 따라서 그 래일을 위하여 결코 오늘 할 마지막 일을 잊지 않는 그리하여 군중들에게 자기가 있을 대보다도 더 굳센 수군을 만들도록 발분할 것을 굳이 부탁하는 그의 고매한 풍모를 힘있게 그려 주었던 것이다.

리 순신의 형상에서 이룩된 성과는 연기자의 창조적 탐색과 노력에 많이 의존된다. 배우(리 단)는 자기의 창조를 추상적 류사성만 추구하면서 과장된 도식적 ≪틀≫로써 리 순신을 다만 ≪위임≫있는 ≪무관≫으로만 일민적으로 과장하던 과거 신파극의 형식주의적 경향과는 근본적으로 대립시켰다. 배우는 무엇보다도 인간 리 순신의 깊은 정신 세계에 파고 들어 그의 내면적 심리 과정을 생동하게 밝히는 대로 나아갔으며, 그리하여 다면적인 제 특징을 유기적으로 개화시키면서 애국적이며 인민적인 풍모를 심오하게 부각하였던 것이 다. 특히 배우는 행동의 모든 세부들을 서정적으로 채색함으로써 매우 시적이며 감동적인 무대 형상을 매혹적으로 그려 주었다. 이러한 몇 가지 성과만 가지고도 연극 ≪리 순신 장군≫이 력사극 창조에서 새 경지를 개척하였다는 것을 잘 알 수 있다.

편집부, 「예술 교양), 조선 연극 개관(10)」, 『조선예술』 5호(1963), 29~32쪽.

연극 ≪강화도≫(5막 6장) (송영 작, 라웅 연출, 평양 시립 극장)는 1870~1871년 ≪신미 양요≫로 알려진 력사적 사건을 통하여 미 제국주의자들의 음흉한 침략상을 신랄하게 폭로 규탄하면서 이를 무찌르고 조국/강토를 지켜 낸 인민들의 영웅적인 투쟁 면모를 격동적으로 반영하였다. 이 연극의 중요한 사상적 특징은 인민적인 투사들의 구국 투쟁이 조선 인민들의 오랜 애국 전통을 계승한 것으로, 그리고 그것이 실학 사상의 영향 밑에 더욱 강렬해진 것으로 묘사한 그것이다. 어부 장 천쇠와 그의 아들딸들을 비롯한 구국 투사들은 임진 조국 전쟁 때 행주 치마로 돌을 날라 군사들을 도운 녀성들의 애국심을 본받을 뿐만 아니라 ≪도적이 우리 강토를 침범한다면, 사위 물리치지 않으면 화협하는 것이요, 화협한다는 것은 제 나라 제 백성을 배반하는 적이니라≫고 한 실학 사상가 홍 선구의 가르치 대로 원쑤들의 침략으로부터 나라를 구원하기 위하여 목숨을 아끼지 않고 싸워 승리한 것이다. 작가는 특히 선진적인 실학 사상이 감화력에 중요한 의의를 부여하였던바 중군 어 재윤의 제 특징이 발현될 수 있었던 것이다. 홍 선구의 친우인 어 재윤은 애국의 충정과 정의에 대한 신심으로 충만되여 있으며 그를 위하여 타협과 굴복을 모르는 그런 강직하고 결단성이 있는 성격의 소유자이다. 그는 나라와 정의를 위한 사람이라면 그 누구건지 옹호하며 그와 반대되는 것이라면 어떤 것인지 다 증오 타기 한다. 때문에 그는 실학 사상가의 제자들에 대한 확고한 신심으로 하여 대성이를 적극 비호하며 그를 의혹 문죄하는 낡은 봉건 관료들의 부당성을 결패 있게 폭로 규탄한다. 그는 끝까지 인민의 힘에 의거할 줄 알며 그리하여 승리의 결정적 요인을 인민의 애국적 력량에서 찾는 그런 선진적인 립장을 고수한다. 그는 인민의 불패의 위력을 확신하기 때문에 ≪어떠한 설한풍에도 우리 나라는, 우리 나라 백성들은 흔들리지 않는다. 천근 만근 바위처럼 흔들리지 않는다≫

라고 신심 드높이 말하며 ≪우리 나라 바다는 언제나 아름다우리! 아름다우리!≫하며 조국의 휘황한 미래를 가슴 벅차게 구가한 것이다. 창조 집단은 력사적 진실 속에 깊이 파고 들어 기본 갈등을 선명히 부각하면서 인민들의 영웅성을 힘차게 펼쳐 주었으며 그리하여 지난날의 싸움에서 오늘을 감촉케 하며 래일을 또한 명확히 내다보게 하였다. 여기에 바로 이 연극이 도달한 현대성의 깊이가 있는 것이다.

고기선

: 숨는 연출, 드러나는 무대

고기선은 해방 이후부터 1960년대까지 활발한 작업을 한 연출가이다. 대표작에는 〈태양을 기다리는 사람들〉(박령보 작, 전진극단-함남도립예술극장의 전신, 1948~1949),[1] 〈자매〉(송영 작, 함남도립예술극장, 1949),[2] 〈어선 전진호〉(1955), 〈검은 그림자〉(1959), 〈해바라기〉(박령보 작, 함남도립예술극장, 1960),[3] 〈태양의 딸〉(박령보 작, 함흥 연극 극장 및 각 극장에

---

1) 4막 5장의 작품이다. 조선인민혁명군 지하공작원 심병욱의 혁명 활동과 그의 영향으로 남상근, 췌향진을 비롯한 조중 인민들이 자유와 행복을 김일성 항일 유격대에 의탁하고 지원하여 싸우는 내용이다.

2) "황남도립극장은 1949년 연극 ≪자매≫(4막5장)를 상연하였다. (…중략…) 작가와 창조집단은 로동과 인간 장성 문제의 예술적 해명을 위하여 한 가정에서 태여난 자매가 로동에 대한 관계에 따라 각기 상반된 길을 걷는 대조적인 과정을 흥미있게 보여주었다. 창조집단은 가난한 집에 태여나 치마 한 벌을 같이 두르고 다니며 자란 자매-(경옥, 정옥)가 각이한 남편-(장사'군, 로동자)을 만나 생활 처지가 달라짐에 따라 그 사상 감정과 품성 등이 판이한 인간으로 변하는 것을 통하여 사회적 존재가 인간의 의식을 결정하며 또한 인간 성격의 규범은 사회 계급적으로 제약된다는 진리를 깊이 해명하였다. (…하략…)" 조선예술사, 『빛나는 우리 예술』(평양: 조선예술사, 1960), 32쪽.

서 상연, 1961),4) 〈일편단심〉(1962) 등이 있다. 초기 작품인 〈태양을 기다리는 사람들〉은 '김일성의 항일 무장 투쟁의 근저에 흐르는 애국 주의 사상과 조선 인민들의 열렬한 흠모의 정이 생동하게 형상된 작 품'으로5) 인정받았고6) 〈해바라기〉는 인민상을 수여한 성과작으로

---

3) "혁명 전통을 형상한 작품 주에서 특히 ≪해바라기≫는 중요한 위치를 차지하는 연극이다. 이 연극은 단신으로 적을 유도하다가 체포된 후 어려운 역경 속에서도 굳함이 없이 태양을 따르는 해바라기와 같이 혁명을 위해 끝까지 싸워 이긴 진실한 공산주의자 김 순실의 성격을 일제와의 기본 갈등에 기초하여 혁명적으로 밝혔다. 이 연극은 그 혁명적 내용과 함께 쩬인 구성과 줄거리, 뜻이 깊고 사상이 명백한 주옥같은 언어, 인간 심리 세계의 운동 과정에 대한 섬세한 묘사 등의 높은 극적 법칙의 기교로 하여 확고한 자기 위치를 차지하였다." 리재덕, 「연극 운동의 20년」, 『조선예술』 10호(1965), 2~10쪽.

4) "적의 포위선을 뚫고 인민군 중대를 끝내 혁명 대로로 인도해가는 공산주의 투사의 높은 사상과 감정이 묘사되어 있다. 이 작품은 희곡 〈해바라기〉의 속편으로 빨치산 부대에 의거하려는 위만군 부대를 거느리고 일제 군대의 추격과 위만군 부대내에서의 동요, 온갖 자연의 악 조건을 무릅쓰고 근거 있게 유격 대오를 찾아가는 강의한 투사의 성격을 천명한 것으로서 의의 깊다." 조선중앙통신사, 『조선중앙년감』(1962).

5) 강진, 「당과 인민 주권의 품 안에서 개화 발전하여 온 연극예술(1)」, 『조선예술』 8호(1957), 32~44쪽.

6) 리령, 신고송, 황철 등은 〈태양을 기다리는 사람들〉에 대해 고평한 바 있다. 그러나 윤두헌 의 비판적 관점도 발견된다. "≪태양을 기다리는 사람들≫이 이야기하는 사상(쩨마)은 아주 중요한 의의를 갖는 것이다. 그런데 왜 이 작품이 예술성이 높지 못하며 따라서 사람들의 감동을 자아내지 못하는가? 리유는 명백하다. 사회주의적 사실주의에 근거한 드라마뚜르기야는 사실성과 드라마찌를(연극적인 것)의 변증법적 통일을 요구한다. ≪태 양을 기다리는 사람들≫에는 우월한 쩨마가 있다. 그러나 이 작품에서는 그 사상성을 감정 (공감)으로 조작하는 생활적인 진실과 조직된 극적인 론리를 찾아 볼 수 없는 것이다. 즉 수다한 에피소드가 있으나 그것이 드라마찌즘을 구성하는데 복종되지 못하고 다만 분산된 정경으로 존재하며 따라서 그것이 쓔제트에 복종하여 생활적인 진실-극적인 진실 에 조성하지 못한 것이다. 이 경우에 그 에피소드와 정경들은 오직 관중의 감정을 강요하며 사건의 설명에만 복종될 것이다. 그것은 1막에서 남 상근을 중심으로 보여주는 수다한 정경들과 그의 적을 두려워 하지 않는 용감성과 2막, 3막에서의 심 병욱의 에피소드들이 쩨마와 극적 사건에 어떻게 복종되는 것인지 우리는 그것을 리해할 수 없으며 중요한 긍정적 인물들의 행동과 투쟁은 공감을 느낄 수 없는 것이다. 확실히 왕 경장은 흥미있는 성격이다. 그러나 이 ≪흥미있는 성격≫이 무엇에 기초하고 있으며 극적 사건발전에 어떻 게 작용하는 것인가를 전혀 볼 수 없는 것이다. 유격대에 공작원으로 설정된 심 병욱은 오직 한번 삐라를 붙이다가 남 상근을 적에게 체포케 하고는 그가 원쑤들 속에서 인민들이 투쟁과 유격대를 위하여 어떠한 일을 하는지 우리는 리해하기 곤난한 것이다. 이러한 비진실성과 분산된 정경이 리별에 의한 신파적인 이 작품은 우리 드라마뚜르기야에서

평가된다. 고기선은 북한에서 손꼽는 연출가의 반열에 올랐다고 볼 수 있는데 초기 그의 작품 중 〈순이〉(1949년으로 추정)는 강한 비판도 받은 것이 발견된다.

이미 전쟁전 시기에 『조국을 위하여』(공훈 작 한문 연출), 『홍수』(박영호 작, 한궁수 연출), 『두견새 우는 밤』(백문환 작, 강렬구 연출), 『열풍』(박영호 작, 한 궁수 연출), 『신선생』(박 성덕 작, 김칠성 연출), 『순이』(박령보 작, 고기선 연출) 등 신파적 연극들이 문예총에 의하여 폭로 비판되였다. (밑줄 — 필자)[7]

위의 글을 쓴 황철 뿐 아니라 강진 역시 〈순이〉가 신파로 비판받은 이유는 '비현실적이고 우연한 사건이나 연극성을 추구하고, 인간의 말초신경에 자극을 주어 사람들의 주목을 본질적인 것으로부터 비본질적인 것으로 유인' 했기 때문이라고 평가한다.[8] 이 같이 〈순이〉는 1949년 공연 당시 북한의 문예총에 의해 실랄한 비판을 받았는데 이 기록만으로 고기선의 연출이 신파적이었다고 보기는 어렵다. 굳이 짐작해보면 고기선 연출가 자체가 인간 심리묘사에 집중하는 경향이 있기에 다소 감정적인 측면이 전면에 드러나 신파로 분류되었다고 하겠다. 이후 고기선이 다시 활발한 작품을 전개하고 고평을 받은 것을 보면 그가 실패작 〈순이〉로 인해 북한 연극계에서 배제되지 않았다는 것을 알 수 있다.

결정적으로 극복되어야 할 심각한 문제라고 생각한다." 윤두헌, 「(생활과 극적 진실) 연극 ≪태양을 기다리는 사람들≫과 ≪화전민≫에 대하여」, 『문학신문』, 1958년 8월 28일.

7) 국립출판사, 『생활과 무대』(평양: 국립출판사, 1956), 25쪽.

8) 강진, 앞의 글.

고기선은 〈해바라기〉, 〈태양의 딸〉, 〈일편단심〉으로 인정받으며 '인간 심리분석에 능숙하여 인물들을 복잡하고 입체적으로 구현하는 데 타의 추종을 불허'하는 연출가로 자리를 잡는다.[9] 그러나 이러한 고평에도 불구하고 고기선은 연출은 숨어야 하며 무대 요소가 전경화되어 관객과 소통해야 한다고 믿는다. 이제 실력과 겸손을 겸비한 연출가 고기선의 연출법을 살펴보기로 하자.

1. 연출적 희곡 분석

고기선은 〈일편단심〉의 연출안 일부를 공개한다. 연출안이 희곡분석에만 해당된다는 아쉬움이 있지만 북한 연출가가 공개한 연출 노트이기에 귀한 자료이다. 이에 이 장에서는 고기선이 남긴 연출안을 분석하여 그의 희곡분석법을 살펴보기로 한다.

1) 목표와 핵심 대사 찾기

고기선은 먼저 연극에서 무엇을 보여 줄 것인지를 탐구한다. 주목할 것은 작가나 희곡의 주제가 아니라 연극이 무엇을 보여줄 것인지에 초점을 맞춘다는 점이다. 고기선은 분명 초목표, 관통행동 등의 용어를 알고 있었을 것으로 추측되는데 그는 스타니슬랍스키적 연극 용어를 사용하지는 않는다.

---

9) 인민배우 한진섭, 「(평론) 성장한 연출예술」, 『조선예술』 12호(1964), 16~20쪽.

△ 이 연극을 통하여 보여 주고 싶은 것.

조선 인민은 모두 함께 모여 혈육의 정을 나누며 사회주의 지상 락원에서 행복하게 살아 가야 한다. 지난 시기에도 그러했던 것처럼 우리의 이 숙망을 시련하자면 부모처자 가정을 떠나 원쑤를 몰아 내는 싸움터로 주저 없이 나아가 자기의 모든 것 생명까지 바쳐 영웅적으로 투쟁해야 한다. 여기서 혁명가의 안해들이 노는 역할이란 중요한 것이다.

안해에게 있어서 남편을 잃는다는 것-이것은 무엇과도 비길 수 없는 불행한 일이지만 그것을 이겨 내며 고통과 불행을 가져다 준 암담한 세상을 뒤집기 위해 자기의 모든 것을 바쳐 싸워야 하는 것이다. 그것은 가정의 행동이 사회적 악을 그대로 두고서는 이루어질 수 없기 때문이다. 그리하여 이 연극은 혁명과 남편을 위해 자기 희생성을 발휘하여 준엄한 생활의 파도를 헤쳐 나갈 때 남편과 온 가족이 한 자리에 모여 앉아 행복을 마음껏 누리며 살아 나아갈 그 날은 반드시 오고야 만다는 것을 보여 주어야 한다. 그러자면 관객들이 주인공 심 정희의 행동에 열렬히 공감하게 해야 한다.[10] (밑줄-필자)

고기선은 연극을 통해 관객에게 보여 줄 것을 결정한다. 그것은 '투쟁에서의 승리'와 같은 작가의 사상이 아니다. '남편을 위해 희생하는 것이 행복을 가져온다'와 같이 이야기가 어떻게 전개되는가와 관련 있다. 어떻게 보면 연극의 줄거리에 가까워 보인다. 이렇게 주제를 설정할 경우 배우들은 무엇을 보여주어야 할지 보다 투명하게 인식할 수 있다.

---

10) 공훈배우 고기선, 「(연출안) 투쟁만이 행복을 준다: 〈일편단심〉의 연출안 중에서」, 『조선예술』 6호(1966).

다음 단계에서 고기선은 연극의 주제를 드러내는 핵심 대사를 찾아 낸다.

남진이는 정희에게 ≪총을 잡는 것만이 혁명하는 게 아닙니다. 아주머니들이 지금 이곳에서 하시는 일도 다 혁명하는 게 아니겠습니까. 동무들이 없이 유격대가 어떻게 싸워 냅니까? 시부모들을 잘 공대하고 남편의 일을 잘 돕고 자식들을 훌륭하게 키우는 것이…≫라고 말한다. 이 말의 사상이 바로 이 연극을 통하여 강렬하게 울려 나와야 한다.
또한 자기의 사랑하는 남편을 잃고도 일편 단심 그의 뜻을 이어 가는 조선 녀성들의 아름다운 지조를 보여 주려고 한다. 그것은 남편이 떠난 후 녀성으로서 감당해 내기 어려운 고생과 불행을 타고 넘을 때마다…정희는 남편이 떠나기 전에 남긴 말을 좌우명으로 삼고 자기 앞에 부닥치는 난관과 시련을 뚫고 나간다. 이 송죽같이 굳은 절개를 보여 주어야 한다.[11]
(밑줄-필자)

연극이 행동의 예술이듯이 고기선은 그가 찾은 주제를 드러내는 대사를 찾는다. 그가 찾은 대사가 바로 주제를 외형화하는 것이다. 또한 인물의 성장과 이미지 역시 주제를 드러내는 요소이다. 고기선은 주된 인물이 어떻게 발전되어야 할지를 희곡에서 분석하여 미리 결정하는데, 이와 같은 결정을 내리면 주제를 흐리게 하는 요소들을 배제한다.

---

11) 위의 글.

△ 형상에서 류의할 점

1) 작가의 창작 의도와 수법, 작품의 구성과 특성, 슈제트 발전과 사건 체계의 독창성을 리해하는 데로부터 출발하여 (주인공의 성격 발전 로정을 따라 부차적 인물들을 대담하게 생략함) 주인공 심 정희의 주도적인 성격을 부각시키는데 력점을 두어야 한다. (물론 부차적인 인물을 홀시할 수는 없는 것이다.)

2) 혁명가의 안해와 그의 가정을 통하여 주제 사상을 천명하고 있기에 주인공 정희와 리 호의 성격을 서정적인 감동으로 외유 내강한 조선 사람들만이 가지는 민족적 풍격과 혁명가의 가정 륜리를 보여 주어야 한다.

3) 이로부터 출발해서 이 희곡의 양상은—9년이라는 장구한 기간의 생활을 묘사한 것으로 보아 년대기극처럼 보이나 다장면극적인 구성으로 사회 륜리적 문제를 취급한 혁명적 륜리 드라마로 되여야 한다.

4) 주인공 심 정희의 주도적 성격을 서정적으로 또한 영웅적으로 부각시켜야 한다. 그러기 위해서는 제1장에서 주인공의 심리 세계를 부각시킬 주제가를 (음악)쓴다.[12]

등장 인물이 많은 경우에는 주된 인물이 묻히는 경우가 있다. 고기선은 연극의 주제를 전달하는 주인공을 부각시키기 위해 부차적 인물들을 생략한다. 동시에 주인공을 어떤 면에서 부각시킬지를 결정한다. 예를 들어 〈일편단심〉의 주인공 심정희가 억센 인물로만 구축되는 것을 경계한다. 영웅이기는 하지만 서정성을 잃지 않도록 극중 인물의 기본을 계획하는 것이다.

---

12) 위의 글.

〈사진 1〉〈일편단심〉 주재소 소장 구마다와 주인공 심정희(출처: 『조선예술』 11호, 1965)

〈사진 2〉〈일편단심〉 (출처: 『조선예술』 6호, 1966)

2) 장면의 사실과 사건 찾기

연극의 목표와 대사를 찾은 이후 고기선은 장면에서 '사실'과 '사건'을 찾는다. '사실'은 명백히 희곡에 기재되어 있는 것이며 의미 있는 사건과 연결된다. 고기선은 그 지점을 포착하고자 하는 것이다. 물론 사실에 의해 발생한 사건은 다른 사건과도 연결되어 극의 분위기, 연속성, 강약에 영향을 주게 된다. 사실과 사건 분석은 연출가의 기본이라 할 수 있으므로 고기선은 기본에 충실하다고 하겠다. 다음은 고기선이 〈일편단심〉의 1장을 분석한 것이다.

제1장

1) 사실→《길닦이》→빨찌산들의 국내에로의 진출과 그에 겁먹은 왜놈들의 발악상, 일제는 가을갈이를 해야 할 부락민들을 부역으로 내몰다. 과제는—시대적인 분위기—《강 하나 사이에 두고 장백 땅에서 김 일성 부대가 동에서 번쩍 서에서 번쩍》한다는 걸 보여주자. 일제에 대한 울분…《이대로 있다간 분통이 터져 죽을 것 같아요》—이것은 리 호만이

아니라 당대 조선 인민의 공통한 심정이며 일제를 반대하여 일떠서려는 힘의 표현이다. 리 호의 유격대 입대 암시를 강조한다.

2) 사실→≪세금 고지서≫

일제의 조선 인민에 대한 2중 3중으로 되는 착취상을 폭로한다. 일제와 그의 주구인 구장의 술값까지 부담해야 하는 조선 인민.

3) 사실―사랑

유격대 입대를 앞둔 리 호가 혁명 사업에 몰두하던 나머지 집 일을 잘 돌보지 못한 것을 가슴 아파하며, 방아를 찧다가 졸고 있는 안해 정희를 도와 발방아를 찧어준다. 날이 새기 전에 자기의 생일 차림을 위해 방아를 찧고 있는 갸륵한 마음씨를 가진 안해에게 말 없이 떠나야 한다.

≪당신이 내게로 시집 온 후 난 이날 이때껏 당신을 위해서는 아무 것도 못 해 주었소…≫ 깊은 감회 속에 추억을 더듬는 리 호! 아무런 고통도 ≪당신만 곁에 있다면…≫ 참아 낼 수 있다는 정희!

그러나 조직을 귀중히 생각하는 리 호는 말한다. ≪만일 내가 집을 떠나게 되면 모든 고생과 불행이 당신한테 몰려 올 것이요. 그때 당신은 그것을 이겨 나가야 하오. 꺾이면 꺾이여도 절대로 굽혀서는 안 되오≫… 이것을 지키는 것은 단순한 사랑이 아니라 아름다운 희생 정신의 표현이다.

사랑! 그것은 고매한 희생 정신을 안받침하고 있을 때만 참다운 사랑으로 된다. 또 여기에는 원쑤 격멸에 대한 불타는 증오가 있어야 한다. 여기에 력점을 두어야 한다.

음악 효과를 리용하여 부드럽게 속도는 느리게 쿵덕쿵! 쿵덕쿵! 밤은 깊어 조용한데 쌍방아를 찧는 소리만이 유정하게 들린다.[13]

---

13) 위의 글.

고기선은 장마다 몇 개의 사실을 찾아낸다. 이것은 해석의 영역이 아니다. 1장에서 사실은 길닦이, 세금 고지서, 사랑 등이다. 중요한 것은 이 사실에서 연출가가 무엇을 보여줄 것인가이다. 예를 들면 '길닦이'라는 사실이 있다면, 이 사실을 통해 고기선은 시대적인 분위기와 부역으로 내몰린 사람들의 울분을 보여주려 한다. 동시에 고기선은 리호가 유격대에 합류하게 된다는 암시를 강조한다. 이와 같이 고기선은 희곡의 사상이 아니라 철저히 연극에서 일어나는 일로 연출안을 구성하는 것이다. 사실 분석을 마치면 고기선은 사건을 찾는다. 예를 들면 '리호의 유격대 입대'가 사건이 될 수 있다. 그때 고기선은 리호의 유격대 입대로 어떤 분위기를 연출해야 하는지에 집중한다.

△ 리 호의 유격대 입대―기본 사건(발단 사건)

1) 남편을 잃고 불안해하며 모대기는 정희를 보여 주자.

과제는―왜 생리별을 해야 하는가? 그것은 우리 인민의 불구 대천의 원쑤 일본 제국주의자들 때문이다. 중요한 것은 리 호가 가족 몰래 떠나는 것, 능히 이곳에서도 혁명 사업을 할 수 있는데 자원적으로 조직의 허가를 받아 입대하는 리 호!(이것이 지난 혁명적인 모든 작품들과 구별되는 새로운 것이다.)

2) 하루 일에 지쳐 곤히 잠든 어머니, 구차한 살림에도 래일 아침 자기의 생일을 차릴 생각 끝에 흡족하게 잠든 사랑하는 안해! 자기의 부름에 안겨 노래하며 춤 추겠다고 어리광을 부리다가 할머니의 품에 안겨 꿈나라에 잠긴 귀여운 딸 영실이! 이들이 잠에서 깰세라 리 호는 길 떠날 차비를 서두른다. 창문에 비친 리 호의 그림자, 마지막으로 딸의 머리를 쓰다듬어 주고 베개를 바로 베여 준다. 쟁반 같은 밝은 달이 서산마루에 떠 마지막 빛을 뿌린다. 마치도 리 호가 유격대로 갈 산' 길을 비쳐 주려는듯 싶다.

리 호는 신들메를 맨 후 달을 쳐다보고 사라진다. 달이 서산으로 사라진다.
―어둠이 깃들다. 그러나 어두운 밤이 지새면 새벽이 오리라!

3) 닭이 홰를 치는 소리에 정희가 설친 잠에서 깨여나 밖으로 나온다.
헌 짚신이 있다. 가대기가 손질해져 있고 쓰러져 있던 울바자가 꼿꼿이
서 있다.

4) 방아를 찧으면서 남편이 하던 말… 우리가 고생하는 건 ≪모두가
왜놈들 때문이요 모두가 평등하고 행복한, 정말 좋은 세상을 만들자면
왜놈과 싸워야 하며 그러자니 집을 떠날 수도 있소≫ 이 말이 번개처럼
머리를 스친다. … 혹시?!

5) ≪여보!…여보!≫ 사위를 살피다가 언덕으로 뛰여 가서 ≪여보!―≫.
어두움이 앞을 막아 서고 메아리만이 화답할 뿐…못 박힌듯 멈춰 서서
머리를 수그린다. (떠나겠다더니…말 한 마디 없이…어쩌면 그렇게도…)
음악은 정희의 서글픈 심정을 담아 어두운 정적을 조용히 혼들어 깨운다.
쌍쌍이 날아 가는 기러기 소리, 끼룩 끼룩-가슴을 파고 든다.

6) 박씨-정희가 부르는 소리에 밖으로 나와 그를 바라 본다.
〈…아버지의 뜻을 이어야겠어요…아무 때건 제가 없어지면 강건너
김 장군 부대로 간 줄〉 알라고 하더니 이를 두고 한 말이였구나, 눈물이
앞을 가리운다.

7) (아니 내가 이러면 정희는 ?! ……) 정희가 서 있는 언덕으로 뚜벅뚜
벅 올라 간다. 〈아가! 장부가 큰마음 먹고 집을 떠났는데 그러면 못 쓴다.
……〉

정희-어머니의 품에 안겨 〈어머니!-〉-음악은 더욱 고조된다.

그렇다! 사랑하는 남편과 생리별 하였으니 이보다 더 큰 희생이 또 어데
있겠는가? -정희는 이제부터 온갖 가시 덤불을 자신이 홀로 헤쳐 나가야
한다.[14)]

고기선은 리호가 떠나는 사건에서 여러 가지를 끌어낸다. 이 사건이 리호를 비롯해서 주변 인물에게 어떤 영향을 미치는가를 드러내고자 하는 것이다. 고기선은 먼저 리호 자신이 어떤 심정인지에 초점을 맞춘다. 리호가 떠날 때 어머니와 아내, 딸에게 어떤 마음을 갖는지, 리호가 떠난 것을 발견하게 되는 정희의 반응이 중요한 것이다. 리호가 가족 몰래 떠났을 때 정희는 그 사실을 늦게 발견한다. 고기선의 연출안을 보면 인물이 모두 자기의 입장에서 '이별'에 어떻게 반응하는지를 잘 알 수 있다. 이 작업이 탄탄히 이루어질 때 음악과 음향도 따라오게 된다. 고기선은 개념이 아니라 사건과 사실로 작품을 분석하며, 이것은 곧 살아있는 인물의 살아 있는 움직임과 연결될 것이다.

〈그림 1〉〈일편단심〉 방앗간(출처: 『조선예술』 4호, 1966)

14) 위의 글.

2. 입체적 인물 구축

1) 인물의 심리분석

고기선의 〈태양을 기다리는 사람들〉은 함남 도립극장의 전신인 전진극단에서 공연한 작품인데 리령은 이 작품을 높이 평가한다. 주목할 것은 리령이 줄거리를 서술하면서 인물에 집중한다는 점이다.

〈태양을 기다리는 사람들〉의 창조 집단은 (…중략…) 창조 집단은 혁명성과 인간성의 굳은 결합으로 주인공의 형상을 특징지었다. 심병욱은 주재소 소사로 〈충실히〉 일하면서 어떤 사소한 가능성이라도 다 리용하여 인민들의 생명과 재산을 보호하려고 애쓰며 혁명적 공작 임무를 꾸준히 수행한다. 여기에 바로 심병욱의 형상이 갖는 복잡성이 잇으며 그의 행동의 난점이 있다. 심병욱을 형상한 배우는 이 어려운 과제를 옳게 해결하였다. 무대에서의 심병욱은 일거 일동에 매우 용의 주도하며 매사에 예리한 기지를 발휘하는가 하면 가장 대담하고 유감하며 또한 능락한 수법으로 자신 만만하게 공작 임무를 수행한다. 그는 남 상근을 비롯한 인민들에게서 일제의 〈개〉라고 갖은 모욕과 멸시를 받으면서도 그들에게 김일성 원수 유격대에 대한 신뢰를 불러 일으키며 그들을 일제를 반대하는 데로 추동한다. 심병욱은 유격대와 주중 인민들의 련계를 보장하며 마침내 유격대의 진출에 의하여 원수들을 소탕하고 인민들을 해방시키며 〈태양〉을 기다리는 사람들의 감격적인 영향을 이루는데 공헌한다. (밑줄 필자)15)

---

15) 조선예술사, 앞의 책, 25쪽.

이 글에서 리령은 인물 심병욱에 집중한다. 심병욱은 주재소의 소사로 일하면서 보이지 않게 인민의 생명과 재산을 보호하는 혁명 공작 임무를 수행한다. 이중적 삶을 사는 인물인데 배우의 입장에서는 이중적 삶을 사는 인물을 형상하기는 쉽지 않다. 리령에 의하면 심병욱은 '용의주도하면서 예기하고 대담'하며 '인민에 대한 애정'을 항상 품는 인물인데 배우의 입장에서는 이 이중성을 연기하다가 자칫 유형적 연기에 빠지기 쉽기 때문이다. 그러나 "작가 및 연출가는 심병욱의 행동선과 남상근과 혜숙의 의식 발전을 깊이 련결시키면서 긴장된 극적 분위기 속에서 연극의 슈제트를 진전시켰다"는 회고를 보면 고기선은 인물 구축에 성공한 것으로 보인다.16) 성공적 인물 구축은 고기선의 〈자매〉에서도 발견된다. 이 작품에서는 무엇보다 자매의 성격이 관심을 끌었다.

로동 계급의 주제에서 중요한 자리를 차지하는 연극 ≪자매≫(송 영 작, 고 기선 연출, 함남 도립 예술 극장, 1949년)는 로동과 인간 장성 문제를 철학적으로 심화하면서 한 가정에서 태어난 자매(경옥, 정옥)가 로동에 대한 관계에 따라 각기 상반된 인간으로 전화되는 과정을 대조적으로 흥미 있게 보여 주었다.

정옥이는 인민 경제를 부흥 발전시키는 영예로운 로동 과정에서 매우 창발적이고 헌신적이며 활동적인 새 시대 녀성의 적극적인 특질을 체현하게 된다. 이것은 그가 기술 문제 해결을 위한 공장의 대책에 민감하게 발맞추어 한글 학교 설치를 제기하고 그를 운영하는 데 헌신적으로 이바지하는 한 가지 사실만 가지고도 잘 리해될 수 있다. 작가는 정옥이의 모든 긍정적

---

16) 위의 책, 25~26쪽.

특질이 로동과 그의 열매에 대한 공민적인 사랑에 기초하고 있다는 것을 감명 깊게 보여 주었다. 정옥이는 피곤으로 졸도하면서가지도 처음 돌아가는 기계 소리를 듣기 위하여 밤 늦도록 집으로 돌아 가지 않으며, 기계가 돌자 ≪첫번 나는 기계 소리, 온 공장의 기계가 모두 돌라는 첫 신호 소리…≫ 이렇게 웨치며 환희와 긍지와 랑만에 목메인다. 정옥이는 로동에 성실할 뿐만 아니라 사회적으로나 가정적으로(부모 형제들 속에서) 교양자적 위칭 서며 마침내 최고 인민 회의 대의원으로 선거된다 특히 언니 경옥이를 반동으로 전락된 그의 남편에게서 떼여 내기 위한 정옥이의 립장과 노력에는 풍부한 인간성이 심오하게 체현되여 있다. (밑줄-필자)[17]

두 인물은 자매간이며 성격이 상반된다. 동생 정옥은 적극적으로 일을 찾아서 하는 새 시대 여성을 대변한다. 반면에 언니 경옥은 동생과 같은 성격을 갖지 못했다. 남편이 문제가 있는 줄을 알면서도 남편을 떠나지 못하는 소극적 여성이다. 이러한 연극에서 연출의 관건은 두 인물의 개성을 드러내는 것이다. 이때 한쪽이 지나치게 진취적이거나 소극적이어도 연기가 유형적으로 흐르기 때문에 연출의 신중한 인물 구축이 중요하다. 이 작품이 칭송받았다면 그것은 곧 고기선이 두 자매의 반대된 성격을 입체적으로 구축했다는 의미이다. 글을 계속 보기로 한다.

민주 건설의 우렁찬 전진 속에서 정옥이를 비롯한 많은 사람들의 긍정적인 영향 밑에 경옥이가 개변되여 가는 내면적 행정도 작가는 설득성 있게 재현하였다. 썩었든 헐었든 남편은 남편이라고 하면서 임 수영(그의

---

17) 「(예술 교양) 조선 연극 개관(7) 해방 후 연극」, 『조선예술』 2호(1963), 25~33쪽.

남편)에게서 좀체로 떨어지지 않던 경옥이는 정옥이와 그의 무보들의 타이름과 특히 정옥이의 부부 생활에서 삶의 진실과 행복을 감득함으로써 자기 남편을 증오하고 타기하는 데로 나가며 그리하여 최고 인민 회의 대의원 립후보자지지 대회가 대성황리에 진행되여 또한 죽었다고만 생각하였던 그의 동생 승남이가 제주도 인민 대표로 왔다는 소식(경옥이는 승남이가 징병에 끌려 나가지 않게 할 책음을 졌었는데 그를 성실하게 리행하지 않았었다.) 이 전달되는 그런 감동적인 정화에서 정치 사상적으로 또는 인간 륜리적으로 심각한 자기 가책에 휩싸이면서 마침내 남편과 절연하고 새 삶의 길, 로동의 길에 들어 선다. (밑줄—필자)18)

위의 글에서 알 수 있는 것은 인물 모두가 '설득력' 있었다는 것이다. 남편을 떠나지 못하는 언니 경옥도 관객을 설득시켰고, 적극적인 동생 역시 관객을 설득시켰다. 관객의 설득은 인물 행동의 개연성과 논리성이 전제되어야 가능하다. 또한 언니 경옥이 동생 정옥에 의해 성장했다면 이 역시 객관적 설득력이 있어야 관객이 공감할 수 있다. 언니의 성장에도 개연성이 필수이며 이를 위해서는 인물과 인간에 대한 깊은 분석이 기본이다.

우선 그의 연출 형상의 중요 측면의 하나가 인간 심리 묘사에 대한 깊은 침투이다. 우에서도 약간 언급해지만 공산주의자 순실의 내면 세계의 형상은 그야말로 깊고 심오한 철학적 사색 속에 구현되고 있다. 그런 만큼 연출가는 작가의 문학적 형상을 무대적 형상으로 재현함에 있어서 일체 형상 수단들을 주인공의 성격을 해명하는데 복종시켰던 것이다.19)

---

18) 위의 글.

배우 한진섭은 고기선이 인물구축에서 거둔 성공의 비결은 '인간 심리 묘사'에 성공했기 때문이라고 전한다. 고기선의 능력은 인물 자체뿐 아니라 인간 자체에 대한 깊은 이해력이라는 것이다. 한진섭은 고기선과 같이 작업한 바가 있기에 한진섭의 말은 객관성을 담보한다고 볼 수 있다. 따라서 고기선은 인물에 앞서 인간 심리에 대한 이해로 접근하는 연출가라 하기에 무리가 없을 것이다.

2) 개성과 조화의 연기

인물의 심리에 대한 분석은 〈해바라기〉, 〈태양의 딸〉, 〈일편단심〉에서도 이어진다. 이 작품들 역시 인물구축에서 주목을 받는데, 특히 〈해바라기〉의 주인공 김순실에 대해서는 모든 평론이 배우와 인물을 칭송한다. 인물에 대한 배우 한진섭의 글을 보기로 하자.

> 연출가 고 기선은 연극 ≪해바라기≫의 사상 예술적 지향을 정확하게 파악한 기초 우에서 주인공 김 순실을 비롯한 많은 긍정적 인물들의 성격을 복잡하고 불리한 정황 속에서 예리하게 형상화하였다. 그는 희곡의 사상적 내용과 종류적 특성을 옳게 살리기 위하여 처음부터 강한 극적 대립과 충돌로써 제기된 문제성을 날카로운 행동선으로 끌고 나갔던 것이다.
> 연출가의 이러한 형상적 구현은 그의 개성적 속성과 동떨어져 있는 것이 아니다. ≪해바라기≫와 ≪태양의 딸≫의 창조적 성과를 더듬어 볼 때 연출가 고 기선은 깊은 내'적 축적에서부터 우러나오는 무게와 힘을 가지고 형상을 집요하게 파고 들어 심화하는 특성을 보여 주었다.[20]

---

19) 한진섭, 앞의 글.

한진섭은 해방 직후부터 1990년대까지 김일성 역을 비롯해서 북한의 주요 장편에서 주연급의 역을 맡은 배우이다. 흥미로운 것은 배우 한진섭이 김순실 역을 칭찬하면서 그 공을 연출가 고기선에게 돌린다는 점이다. 고기선이 인물들의 성격을 복잡하고 예리하게 형상화했다는 것이다. 〈해바라기〉 인물 구축의 성공을 배우의 노력보다 고기선의 지도로 보는 것이다. 한진섭은 이러한 능력이 바로 연출가의 개성이라고 전한다. 고기선 연출가

〈사진 3〉 배우 한진섭
(출처: 『조선예술』 10호, 1965)

자체가 내적으로 파고드는 힘이 있어서 인물에게 개성을 부여할 수 있었다는 것이다.

연출가 고 기선은 연극 《해바라기》에서 주인공 김 순실의 형상을 세련된 연출 기교와 다양한 수법들을 통하여 형상화하였다.

일일이 실례를 들지 않고라도 가장 인상적인 몇 장면만 상기해 보자. 연극에서 김 순실과 방 진동이 정면으로 충돌하는 장면이 있다. 순실은 방 진동에 대하여 단호하게 자기 조국을 일제에게 팔아 먹는 민족의 반역자로, 인민의 심판자로 규탄한다. 순실 앞에서 모욕 당한 방진동은 서슴없이 권총을 빼들었으나 결국 순실이가 아니라 천정으로 쏘고 만다.[21]

---

20) 위의 글.
21) 위의 글.

〈사진 4〉〈해바라기〉(출처: 『조선예술』 1호, 1965)

이와 같이 고기선은 섬세하고 개성적인 인물 구축에 확실히 성공을 보인다. 그런데 이 지점에서 짚어야 할 것은 신창규의 평이다. 신창규는 고기선의 인물들이 단지 '섬세할 뿐만 아니라 뚜렷한 개성과 각 인물들이 뚜렷한 특징들을 구현한다'고 평가한다.[22]

평범한 빨찌산 녀대원인 단발머리의 처녀이나 강의한 성격과 의지의 소유자이며 맑은 눈'동자와 아름다운 인간미를 몸에 체현한 혁명의 해바라기 순실(김 선옥 분)
아직도 진리를 완전히 찾지 못했으나 확고하게 그것을 믿고 지향하며 깊은 심리적 드라마를 내면에 체현한 중대장 방 진동(김 상옥 분)
혁명과 순실이가 부르는 길이라면 물불을 가리지 않을 믿음직한 핵심이며 고집불통하게 원칙을 주장하는 소대장 여 문수(신 기양 분)과 령리한

---

22) 신창규, 「(평론) 연극 ≪태양의 딸≫과 연출예술」, 『조선예술』 1호(1962), 15~19쪽.

병사 등 표(박영학 분).

깨끗한 인간이나 아직은 어딘가 나약한 성격의 방해로서 《공산주의가 이렇게 힘들줄은 몰랐다》고 진심으로 하소연하는 병사 하 기봉(리 찬규 분)

과거와 아직 완전히 작별 못 한 일시적인 동요 분자였으나 자기가 저지른 죄의 대'가를 체험하고 자기 모순에 빠져 대오로 돌아 오는 곽 소대장(김 진영 분)과 기타 병사들(그들의 성격은 얼마나 다양한가!)

적 수비대장(김 영기 분), 소비 소대장(주 세정 분)의 판이한 두 형상, 그들과도 또 구분되는 혁명의 간악한 원쑤이며 자기의 내적 모습을 외형에서 표현하지 않을 줄 아는 음모의 능숙한 연출자이며 위신 있는 점잖은 동작과 독사의 눈'동자를 가진 토벌 사령관(현 대경 분) 이 모든 인물들은 얼마나 다양한가.23)

신창규는 극중 인물인 순실, 방진동, 여문수, 병사 등표, 병사 하기봉, 곽소대장, 적수비대장 등 주요인물과 주변 인물을 하나하나 언급한다. 신창규가 이렇게 묘사할 수 있다는 것은 연극의 모든 인물이 각각 개성적으로 구축되었다는 증거가 된다. 또한 인물들을 강의한 성격, 고집 불통, 영리함, 나약한 성격, 자기 모순 등으로 표현할 수 있다는 것 자체가 이 인물들이 개성 있게 구축되었음을 잘 말해준다. 그런데 신창규의 글에서 또한 포착할 것은 이 다양한 인물이 조화를 이루었다는 점이다.

그러나 판이한 그들의 무대적 성격들이 연극의 전체적 조화미를 깨뜨리지 않는 원인은 그들의 연기가 자기 집단의 유일적 연기 스찔을 벗어 나지

---

23) 위의 글.

않으면서 연극의 주요 사상에 모든 작은 동작들까지 복종시킨 데 있다.

　가끔 연출가가 순실이의 복잡한 심리적 변화 과정이나 결단성을 요하는 장면에서 어떤 조각적인 ≪포즈≫로써 그의 심리를 두드러지게 하려는 시도로부터 녀주인공을 가끔 우상화(무리)시킨 경우도 엿보엿으나 전체적으로 보아 모든 연기들이 서로 유일한 궤도를 밟으며 조화를 이루고 있다.[24]

　신창규는 이 다양한 인물들이 전체 연극 분위기와 조화를 이루었다고 분명히 전한다. 이것은 고기선의 연출 작품의 분위기를 감지할 수 있는 중요 단서이다. 어떤 연극이든 연출가가 원하는 분위기가 있기 마련인데 배우들은 각자의 스타일이 있으므로 조화를 이루는 것은 상당히 어려워진다. 그런데 고기선은 배우들이 이 선을 넘지 않게 했다는 것이다. 일면 고기선은 주인공 순실이 결단하는 장면에서는 전체 분위기를 깨고 회화적 효과를 노린 듯하다. 그러나 한 두 장면을 제외하고 배우들 모두는 서로 조화를 이룬 것이다. 고기선은 '배우 연기를 떠나서 자신의 예술을 구성할 수 없다는 진리를 알았고, 그래서 매 장면에서 배우들을 먼저 신뢰하고, 배우들이 구속받지 않은 상태에서 인물의 행동선을 따라 진실하게 지향하도록' 지도하면서[25] 개성과 조화의 연기를 성취한 것이다.

---

24) 위의 글.
25) 위의 글.

3. 무대 요소의 조화

1) 연기하는 무대, 조명, 음악, 음향

고기선이 북한에서 상찬받는 또 다른 이유는 무대 요소의 활용이다. 신창규는 연출가 고기선은 "혁명적 드라마나 년대기 형식의 연출에서 적용되고 있는 양식에 대한 그 어떤 연출적 취급 방법이 구도나 형식에서 로출되는 것을 의식적으로 피하였으며 모든 무대적 형식이 주인공의 다양한 심리적 변화와 충돌의 결과로써 자연히 표현되도록 심혈을 기울"였고, 이 때문에 "그의 무대 우에 버려지는 모든 행동들과 움직임은 연극의 심리적 내용이자 뚜렷한 형태이며 격동적인 노래"라고 전한다.[26] 고기선은 무대, 조명, 음향, 음악등이 배우의 행동 목표와 심리를 드러내도록 적극적으로 활용한 것이다. 이에 대한 한진섭의 글을 보기로 한다.

연극 제 1막 서두 장면만 보더라도 알 수 있는 바와 같이 막이 오르면 위만군 중대부 사무실에서 서성거리고 있는 중대장은 깊은 사색에 잠겨 있다. 이때 밖에서 설한풍이 사납게 휘몰아친다. 이윽고 체포되여 온 공산주의자 순실이가 등장한다.

바람 따라 돛을 올려야 할 방 진동의 심리적 움직임, 바람을 세차게 일궈야 할 순실의 심리 세계를 대조적으로 상징하는 바람 효과, 연출가의 이 장면 처리는 확실히 형상적 의도를 잘 반영하고 있다. 연출가는 음향 효과 하나에도 심오한 연출적 의의를 부여함으로써 인간들의 깊은 내면

---

26) 위의 글.

세계를 구체적으로 천명해 주었던 것이다.[27]

위의 글은 고기선의 연출 특성을 엿보게 해주는 중요 자료이다. 고기선은 배우에게만 모든 것을 표현하도록 하지 않는다. 대사만으로 모든 것을 해결하려 하지도 않는다. 1막에서 주인공 순실이 체포되어 올 때 세차게 이는 바람은 어떤 역경 속에서도 굴하지 않겠다는 순실의 의지, 동시에 장차 순실의 앞날에 닥칠 고난을 전달한다. 바람이 단순히 계절을 표현하는 것이 아니라 메시지 전달의 역할을 하는 것이다. 이것은 음향에만 한정되지 않는다. 고기선은 조명에서도 이를 실천했다. 조명은 중견 무대 미술가 김태범이 디자인하였는데, 무대 미술가 강진은 이 무대를 극찬한다. 다소 길지만 전반적인 분위기를 파악하기 위해 〈태양의 딸〉에 대한 강진의 글을 옮겨보기로 한다.

미술가는 구도와 색채에서 1930년대의 시대상을 감각적으로 실현하는 것을 잊지 않았고 우렁차고 힘찬 구성으로써 밀림 속에서의 이러 저러한 무대적 형상을 창조했다.

불타 버린 병영의 잔해와 타다 남은 굵직한 기둥 하나 - 밀림 속에 이렇게 설정된 장면은 예까지만 오면 반드시 유격대 - 동지들이 있다고 설복하면서 가난 신고를 이겨가며 위만근 중대를 거느리고 온 처녀 공산주의자 김 순실의 내면 심리 세계를 강조하고 극정을 예리화 하는데 훌륭하게 복종되고 있다. 이어 김 순실과 위만근 중대는 여기서 야숙을 한다. 타다 남은 병영 앞에서 불타 오르는 우등'불, 경사진 언덕, 저 너머 멀리에서 불타 오르는 우등'불, 그 우등'불 앞에서 신념을 잃지 않고 기어이 동지

27) 한진섭, 앞의 글.

들을 찾아 내고야 말리라고 작전을 짜는 김 순실! 이것은 눈물 없이는 볼 수 없는 장면이었다! 바로 이것은 미술가가 극 세계에 깊이 뛰여 들어 주인공과 함께 살명 행동하며 그의 숭고한 사상에 진심으로 공감으로써만 달성된 결과인 것이다.[28]

이와 같이 〈태양의 딸〉의 무대는 단순한 장소가 아니라 극의 분위기를 충분히 전달한다. 병영은 불타 버린 잔해가 있음으로 외로움이 묻어나는데, 이 외로운 곳에 주인공 김순실이 오게 된다. 그때 이 무대는 김순실의 외로움을 드러내면서 결국은 김순실이 모든 고난을 이겨내며 우뚝 서게 될 것이라는 것을 암시한다. 이때 멀리서 우등'불이 타오른다. 조명과 음향으로 처리했음이 분명한데 이것 역시 반드시 동지를 찾겠다는 김순실의 신념을 반영하는 것이다. 관객은 대사가 아닌 소리와 그림으로 메시지를 전달받는 것이다. 이러한 방식은 음악에서도 적용된다.

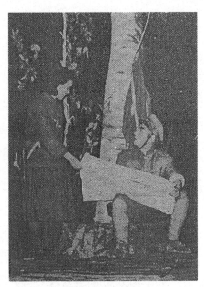

〈사진 5〉〈태양의 딸〉
(출처: 『조선예술』 4호, 1966)

연출가 고 기선은 음악을 많이 사용한다고들 말한다. 좋은 일인가? 아마 ≪해바라기≫의 극적 구성과 양식에 비추어 ≪태양의 딸≫에서도 음악은

---

28) 공훈예술가 강진, 「(평론) 발전하는 우리의 무대 미술」, 『조선예술』 12호(1964), 21~24쪽.

연극의 필수적인 요소로 될 수밖에 없었을 것이다. 때문에 음악을 사용한 것은 좋았으며 연극의 감각에 맞는다. 그리고 그가 선택한 음악은 연극의 내용과 기분에 맞으며 인간의 심리 발전과 혁명적 빠포스를 풍기게 함에 있어서도 적당하였다.[29]

이와 같이 고기선은 다른 연출가들에 비해 음악의 사용에 적극적이다. 중요한 것은 연출적 취향이나 멋부림이나 관객의 감정을 끌어내가 위함이 아니라, 인물의 내면 세계를 전달하는 시적 무대 언어로 음악을 활용한다는 점이다. 고기선은 연극의 음악을 '주인공의 심리에 종속되는 음악'으로 사용하며, '보이지 않는 등장 인물의 역할을 수행'하게 함으로써 '연극이 훌륭히 연주되는 교향곡처럼 울리는데 기여'하도록 한 것이다.[30] 이와 같이 고기선의 연출에서 장치, 조명, 음향, 음악은 단지 장소나 시대를 알려주는 수단이 아니라 인물과 함께 연기하는 요소들이라 하겠다.

2) 개별적 요소들의 극적 조화

개성적인 인물과 적극적으로 연기하는 무대 요소들은 서로 독립적으로 존재하지 않는다. 고기선에게 중요한 것은 모든 요소들의 조화이다. 〈태양의 딸〉에 대한 신창규의 글을 보기로 한다.

≪태양의 딸≫은 단순히 혁명 극적 년대기로서 성공했을 뿐만 아니라

---

29) 위의 글.
30) 위의 글.

연극에 참가한 매 요소들의 예술을 한계단 더 높이였는바 연출, 배우 연기, 미술, 음향, 효과 등이 지난해보다 훨씬 발전되였다는 것을 보여 주었다. (…중략…)

　연극의 매 장면에 대하면서 우선 우리의 시각에 나타나는 미술과 조명만을 지적한다고 하더라도 우리는 그 속에서 김 태범(미술)과 정 봉진(조명)의 혁명에 대한 열렬한 지향을 보기 어렵지 않으며 매 구석구석에 깃들어진 선렬들에 대한 그들의 깊은 사랑을 발견하게 되는 것이다.

　≪태양의 딸≫에서 주목을 끄는 것은 집단의 모든 개별적인 요소들을 하나의 높은 사상성과 예술적 조화미에로 이끌므로써 집단에 성공을 가져다 준 연출가의 예술이다. (밑줄−필자)[31]

고기선의 〈태양의 딸〉은 어떤 작품보다 연기, 미술, 음향, 효과 등에서 상찬받는다. 그런데 중요한 것은 연기, 미술, 음향, 효과 등이 개별적으로 훌륭할 뿐 아니라 모두 조화를 이룬다는 점이다. 고기선이 조화의 연출을 지향하는 것이 분명한데 신창규의 글을 조금 더 살펴보기로 한다.

　연출가 고 기선은 혁명적 드라마나 년대기 형식의 연출에서 적용되고 있는 양식에 대한 그 어떤 연출적 취급 방법이 구도나 형식에서 로출되는 것을 의식적으로 피하였으며 모든 무대적 형식이 주인공의 다양한 심리적 변화와 충돌의 결과로써 자연히 표현되도록 심혈을 기울였다. 때문에 그의 연출에 의하며 무대 우에 버려지는 모든 행동들과 움직임은 연극의 심리적 내용이자 뚜렷한 형태이며 도 격동적인 노래이기도 하다.

---

31) 신창규, 앞의 글.

또한 그의 손에서 연극은 강의한 인간의 투지와 리성을 주장하며 참다운 인간을 찬양하는 교향곡으로 변했으며 매 장면에서 억센 인간의 구도가 부드러운 색채를 타고 표현되는 조형미이기도 하다. 이것은 고 기선의 예술적 개성에 맞으며 그에게만 고유한 연출 방법인 것이다.[32]

이 글에서 알 수 있는 것은 투쟁과 승리가 주를 이루는 북한 연극은 강한 분위기와 강한 구도를 갖기 마련인데 고기선의 작품에서는 그것이 부드러운 색채로 표현되었다는 점이다. 조명에 관한 보다 구체적인 자료가 필요한데 다행히 조명에 대한 김성범의 글이 발견된다. 다음은 〈태양의 딸〉의 조명에 관한 글이다.

(…상략…) 특히 연극 ≪태양의 딸≫의 조명은 우리들에게 좋은 실천적 모범을 보여 주었다. (…중략…)

조명가는 주인공 김 순실이가 항일의 길에 들어 선 위만군 병사들을 인솔하고 나가는 서막 장면에서 그들의 장도를 온 하늘에 덮인 검은 구름을 뚫고 찬란히 뻗어 나가는 붉은 노을로 상징하면서 이 서광을 따라 힘차게 나아가는 그들의 앞길에는 반드시 승리가 도래하리라는 사상을 암시함과 동시에 사건의 연장성을 조성시켰다. 조명가의 이러한 상징 수법의 적용은 지극히 타당한 시도였다. 왜냐하면 이 수법의 적용은 관객들로 하여금 다음 막들에서 전개되는 복잡한 사건과 정황 속에서도 주인공의 행동 심리를 원만히 포착하고 그에로의 침투를 가능케 해 줄 수 있었기 때문이다.

조명가의 이러한 시도는 2장과의 련계에서 더욱 능숙하게 처리되었다.

---

32) 위의 글.

즉 2장의 장면 구성에서 군상 처리에 대한 연출가의 의도를 조명가는 명확한 국부 이동으로 처리함으로써 연극의 무대적 시공간의 제약성을 극복하고 관객들에게 주인공을 심화시켜 보여 주었다. 까닭에 관중들은 자신이 푹신한 의자에 앉아 연극을 구경하고있다는 느낌보다 이 군상들을 따라 어려운 로정을 행군하다는 감정을 더 느끼는 것이다.

서막과 2장의 사건적 련계는 또한 그의 색조의 흐름에서도 족히 찾아볼 수 있는바 서막 장면에 드리운 짙은 보라색의 구름이 서광을 받아 붉은 색으로 전화되게 하였으며 2장 분위기 조성에서는 그것을 전 장면을 차고 넘치는 따뜻한 동색으로 형상하였는바 이 기본 색조에로의 변화는 결국 주인물들의 행동 과정, 즉 그들의 로정을 가리키고 있다.[33]

김성범은 〈태양의 딸〉의 조명 디자인을 상찬한다. 실상 조명은 색감이기에 직접 보지 않고 글로만 가늠하는 것은 어려운 일이다. 그러나 위의 글을 찬찬히 살펴보면, 어떻게 전개되었는지 짐작할 수는 있다. 고기선은 먼저 전진하는 이미지를 위해 검은 구름을 뚫는 붉은 노을을 장치했다. 이로써 관객들은 자신들 역시 행진하는듯한 느낌을 받는다. 또한 보라색을 붉은 색으로 변해가게 하고 이후에는 전반적으로 따뜻한 색을 사용함으로써 극중 인물의 행진이 고되지만 결국 따뜻함으로 가득할 것은 미리 보여준다. 고기선은 조명의 더운색, 찬색을 잘 혼합하여 장면의 메시지를 강조한 것이다. 고기선의 또 다른 조명의 활용을 보기로 한다.

다음으로 무대의 평면성을 극복하기 위한 조명가의 노력을 살펴 보기로

---

33) 김성범, 「조명 예술에서의 성과와 해결해야 할 점」, 『조선예술』 2호(1962), 41~44쪽.

하자. 2장은 장치 구도상 하수□이 약간 가볍게 처리되었다. 때문에 조명에서는 하수쪽 하늘에 립체성이 강한 구름을 설정하고 그 주위를 밝게 강조하였으며 한편 상수에 서 있는 두 그루의 □양나무 아래 부분을 강조해주면서 불무지 우의 □에 청색을 투광함으로써 무대의 안전성을 보장하고 하늘과 땅의 명확한 구분을 조성하였다. 3장에서는 □□의 조건을 고려하여 배경의 환등 처리에서 명확한 □선 방향을 설정하고 있다. 상수 쪽 달'빛이 깃들이 않는 밀림의 중격은 근경 장치물과의 사이에 불무지를 설정함으로써 그의 보조광으로 근경과 중경을 구분하였다. (태양의 딸) (□표시는 독해 불가임 – 필자)[34]

례를 들어 연극 〈해바라기〉에서의 무한히 넓고 푸른 하늘에 유유히 떠 있는 한 덩어리의 흰 구름의 형상은 무대의 공간적 균형성을 보장하였을 분만 아니라 공산주의자 김 순실의 깊고 넓은 아름다운 정신 세계와 고결한 풍모의 상징으로 되었다.

창공 묘사는 자연 그 대로를 복사한 것이 아니라 선택과 집약을 통해서 극적 형상성으로 반영되여야 한다. 집약적 형상성이란 전형적 형상과도 관련되는 바 가장 중요하고 본질적인 것을 묘사하여 무대적 화폭으로 구성하는 것이다.[35]

고기선은 무대의 평면성을 극복하기 위해서도 조명의 힘을 빌린다. 하수쪽이 가볍게 처리되면 하늘에 강한 구름을 설정하고, 상수에는 나무에 청색을 투광함으로써 무대가 균형을 이루도록 노력한다. 또한 근거리, 중거리, 원거리를 표현할 때도 조명의 색으로 처리한다. 조명

---

34) 위의 글.
35) 리상남, 「(평론)무대 구도와 조명」, 『조선예술』 5호(1965), 19~22쪽.

을 비롯한 모든 무대 요소가 연출가의 의도에 따라 서로 조화를 이루는 것이다. 또한 〈해바라기〉에서는 하늘에 흰구름이 떠있도록 하여 주인공 김순실의 정신세계를 높고 아름답게 표현한다. 모든 무대 요소가 서로 도우며 스스로 말하도록 하는 것이다. 이에 신창규는 '감추는 연출가', '겸손한 연출가'라고 고기선을 극찬한다.

이제 고기선의 연출법을 정리해보기로 하자. 고기선은 먼저 희곡을 보며 연극의 목표와 핵심 대사를 찾는다. 이후 장면에서 사실과 사건을 찾는다. 사실은 명백히 희곡에 기재되어 있는 것이며 사건과 연결되어 있는 것이다. 배우와의 작업에 들어가서는 인물의 심리분석에 초점을 맞추며 배우들 간의 조화된 연기를 모색한다. 또한 무대 요소들이 극적 조화를 이루어 장면의 목표와 인물을 드러내게 한다. 일반적으로 연출에 대해 언급할 때 지도자, 행정가, 숨은 배우, 연극의

〈사진 6〉 〈해바라기〉(출처: 『조선예술』 12호, 1964)

작가, 최초의 관객, 평론가 등 여러 명칭이 있지만, 고기선은 전면에서 무대 요소들을 지휘하는 것이 아니라 오히려 자신을 감추며 무대가 스스로 말하게 하는 '숨는 연출가'라 하겠다.

참　고　자　료

신창규, (평론) 연극 ≪태양의 딸≫과 연출 예술, 1962년 제1호, 15~19쪽.

해방 직후 함남 도립 예술 극장이 상연한 연극 ≪태양을 기다리는 사람들≫을 관람한 사람들은 모두 그의 성과를 기억하고 있을 것이다. 그때로부터 근 13년이 흘러 갔다. 함흥 연극 극장은 자기의 상연 종목의 가장 중요한 자리에 항상 공산주의자들의 불굴의 형상을 주인공으로 한 희곡을 설정하는 것을 잊지 않았다. (…중략…)

그러나 성공한 ≪태양을 기다리는 사람들≫이나 실패한 ≪순희≫의 창조 경험과 교훈이 그 후에 창조한 수많은 장막극들과 단막극들 특히 ≪불사조≫를 성과적으로 상연한 후 이루어진 ≪해바라기≫의 대성과와 어찌 관련되지 않는다고 말할 수 있겠는가. (…중략…)

함흥 연극 극장의 예술적인 면모는 바로 상술한 혁명적 드라마들에서 선명하게 표현되는 것이며 그것은 또한 ≪태양의 딸≫에 와서 더욱 뚜렷해졌다.

≪태양의 딸≫은 단순히 ≪해바라기≫의 제2부가 아니다. 그것은 ≪태양을 기다리는 사람들≫에 의하여 시작된 공산주의자 전형에 대한 대혁명적 년대기의 속편인 것이다. (…중략…)

≪태양의 딸≫은 단순히 혁명 극적 년대기로서 성공했을 뿐만 아니라 연극에 참가한 매 요소들의 예술을 한계단 더 높이였는바 연출, 배우 연기, 미술, 음향, 효과 등이 지난해보다 훨씬 발전되였다는 것을 보여 주었다. (…중략…)

연극의 매 장면에 대하면서 우선 우리의 시각에 나타나는 미술과 조명만을 지적한다고 하더라도 우리는 그 속에서 김 태범(미술)과 정 봉진(조명)의 혁명에 대한 열렬한 지향을 보기 어렵지 않으며 매 구석구석에 깃들어진 선렬들에 대한 그들의 깊은 사랑을 발견하게 되는 것이다.

≪태양의 딸≫에서 주목을 끄는 것은 집단의 모든 개별적인 요소들을 하나의 높은 사상성과 예술적 조화미에로 이끌므로써 집단에 성공을 가져다 준 연출가의 예술이다.

연출가의 성과에 대하여 평할 때 사람들은 많은 형용사들과 명제들을 인용한다.

≪연출가는 사상 예술적 지도자이며 조직자이다.≫

≪연출가는 숨은 배우이다.≫

≪연출가야말로 무대 우에 생활을 부여하는 연극의 작가이다.≫

≪그는 집단의 유도자이자 동시에 관객이며 혹독한 평론가이기도 하다≫등.

그러면 성공한 일련의 혁명 전통 주제의 연극들과 련관되여 있는 연출가 고 기선은 이 말들 중에 어디에 해당되는가?

≪그는 우에서 말한 연출 예술의 원칙들을 전면에서 시위하는 것이 아니라 오히려 그것을 감추는 연출가이며 무대 우에 진실과 겸손을 주장하는 예술가이다≫라고 말하고 싶다. (…중략…)

연출가 고 기선은 혁명적 드라마나 년대기 형식의 연출에서 적용되고 있는 양식에 대한 그 어떤 연출적 취급 방법이 구도나 형식에서 로출되는 것을 의식적으로 피하였으며 모든 무대적 형식이 주인공의 다양한 심리적 변화와 충돌의 결과로써 자연히 표현되도록 심혈을 기울였다. 때문에 그의 연출에 의하며 무대 우에 버려지는 모든 행동들과 움직임은 연극의 심리적 내용이자 뚜렷한 형태이며 또 격동적인 노래이기도 하다.

또한 그의 손에서 연극은 강의한 인간의 투지와 리성을 주장하며 참다운 인간을 찬양하는 교향곡으로 변했으며 매 장면에서 억센 인간의 구도가 부드러운 색채를 타고 표현되는 조형미이기도 하다. 이것은 고 기선의 예술적 개성에 맞으며 그에게만 고유한 연출 방법인 것이다.

연출에서 어려운 것은 양식에 대한 형식감이 아니라 연극의 속대사 즉 양식의 내용을 감각하는 것이다. 머리로 고안해 낸다는 것은 그리 어렵지 않을 수 있다. 그러나 그것을 산 인간인 배우 예술을 통하여 무대 우에 참다운 인간 정신을 구현한다는 것은 어려운 일이며 이것을 위하여 연출가는 배우들 속에 ≪죽기도 하며≫ 또 자기의 연출 의도 속에 배우의 정신을 ≪용해≫시키기도 하는 것이다.

연출가 고 기선은 의식적으로 자기의 얼굴을 배우 속에 시위하지는 않지만 그는 연극 진행의 모든 과정에서 자기의 의도나 연출 구상에서 물러서지는 않는다. 그러나 고 기선은 무대 우에 인위적인 설정을 달가와하지 않으며 지나친 강요로써 배우를 구속하기를 싫어하는 연출이다. 그의 연출 예술을 규정하는 가장 기본 원칙의 하나는 배우 연기에 대한 깊은 신뢰이다.

함흥 연극 극장의 연극을 보면서 항상 느껴지는 것은 무대에 등장하는 배우들의 연기가 그저 섬세할 뿐만 아니라 아주 뚜렷한 개성과 각양 각이한 인물의 성격적 특징들을 구현한 그야말로 산 인간이라는 것이며 자기들 호상간에 공통된 통일적 연기술이 있는 것이다.

평범한 빨찌산 녀대원인 단발머리의 처녀이나 강의한 성격과 의지의 소유자이며 맑은 눈'동자와 아름다운 인간미를 몸에 체현한 혁명의 해바라기 순실(김 선옥 분)

아직도 진리를 완전히 찾지 못했으나 확고하게 그것을 믿고 지향하며 깊은 심리적 드라마를 내면에 체현한 중대장 방 진동(김 상옥 분)

혁명과 순실이가 부르는 길이라면 물불을 가리지 않을 믿음직한 핵심이며 고집불통하게 원칙을 주장하는 소대장 여 문수(신 기양 분)과 령리한 병사 등 표(박영학 분).

깨끗한 인간이나 아직은 어딘가 나약한 성격의 방해로서 ≪공산주의가 이렇게 힘들줄은 몰랐다≫고 진심으로 하소연하는 병사 하 기봉(리 찬규 분)

과거와 아직 완전히 작별 못 한 일시적인 동요 분자엿으나 자기가 저지른 죄의 대'가를 체험하고 자기 모순에 빠져 대오로 돌아 오는 곽 소대장(김 진영 분)과 기타 병사들(그들의 성격은 얼마다 다양한가!)

적 수비대장(김 영기 분), 소비 소대장(주 세정 분)의 판이한 두 형상, 그들과도 또 구분되는 혁명의 간악한 원쑤이며 자기의 내적 모습을 외형에서 표현하지 않을 줄 아는 음모의 능숙한 연출자이며 위신 있는 점잖은 동작과 독사의 눈'동자를 가진 토벌 사령관(현 대경 분) 이 모든 인물들은 얼마나 다양한가.

그러나 판이한 그들의 무대적 성격들이 연극의 전체적 조화미를 깨뜨리지 않는 원인은 그들의 연기가 자기 집단의 유일적 연기 스찔을 벗어 나지 않으면서 연극의 주요 사상에 모든 작은 동작들까지 복종시킨 데 있다.

가끔 연출가가 순실이의 북잡한 심리적 변화 과정이나 결단성을 요하는 장면에서 어떤 조각적인 ≪포즈≫로써 그의 심리를 두드러지게 하려는 시도로부터 녀주인공을 가끔 우상화(무리)시킨 경우도 엿보엿으나 전체적으로 보아 모든 연기들이 서로 유일한 궤도를 밟으며 조화를 이루고 있다.

배우 연기를 떠나 자신의 예술을 구성할 수 없다는 무대 진리를 아는 연출가 고 기선은 거의 매 장면에서 자기의 배우들을 믿고 그들로 하여금 구속을 받임이 없이 역의 행동선을 따라 진실하게 지향하도록 조건을 지어 주었다. (…중략…)

그러나 연출가가 더 신뢰한 것은 작품의 사상이다. 그는 작가의 의도를 믿고 그에 충실햇으며 자기의 연출적 ≪환상≫이 아니라 집단의 지혜와 재능을 믿음으로 하여 자신의 성공을 이룩하였다. 만일 연출자가 작가의 작품에 자기의 독단적인 취미에서 나오는 연출 구상과 ≪형식≫을 고안하여 삽입했다면 연극의 출로는 어디로 갔겠는가. (…중략…)

얼핏 보면 연극의 일부 장면들에서 좀 따분한 연극적 사이가 이루어지는 것 같으나 연출자가 그것을 참고 인내성 있게 견디여 내는 것은 바로 그것들이 다음에 있을 연출적 력점을 강조하기 위한 준비 단계로 되어 있기 때문인바 그것은 또 왜냐 하면 연극의 모든 에피소드들은 중요하게는 작품의 주도적 사상의 표출과 인간의 다양한 내면 심리의 강조를 위하여 선정된 것이기 때문에 그에게는 매 장면에서의 주요 사건들과 충돌에 의하여 산생되는 행동들과 무대적 초점에 대한 연출적 력점이 더 귀중했음은 당연하다. (…중략…)

고 기선의 연출에서 장치물이나 조명적인 효과들 및 음악적 선율들이 다만 장소나 시대를 소개하며 분위기를 조성하기 위한 외적 수단으로 리용되는 것이 아니라 인간의 심리와 행동을 도우며 사상을 강조하기 위한 필수적인 등장 인물로 나타나는 것이다.

그는 매개 요소들이 자목적에 빠지지 않도록 세심한 주의를 돌리고 있으며 매개 장면에서 높은 혁명적 빠포스와 인간적 률동의 선율이 깊은 조화를 이루면서 사람의 정서에 반작용을 이루도록 시도하였다. (…중략…)

1막 2장 밀영지 장면에서 우리는 거의 연출가의 손이 가지 않은 것 같은 감을 느낀다. 사실 서막(반변장면)도 있었고 1장 (일제의 음모 장면)도 잇었지만 그것은 2장을 위하여 설정된 것인만큼 관객들에게는 ≪해바라기≫의 종막에서 자유를 찾음으로 하여 ≪태양의 딸≫에서 주인공들로 된 병사 대중들과 그의 향도자인 순실이의 생활이 더 귀중한 것이다.

병사 대중들이 이 연극의 주인공으로 등장하는바 제2장의 첫 에피소드에서 우리는 자유를 찾은 병사들의 희망찬 행군이 무대의 행복한 각광을 받으면서 줄기차게 뻗어나가는 것을 깊은 인상을 갖고 목격한다.

그러나 장면이 교체되면서 우리는 인차 병사들의 지친 모습을 보게 되는 것이며 적들의 계속적인 음모에 의하여 산포된 삐라 소동과 추격 소식, 전술에 대한 순실과 진동 간의 가벼운 충돌, 아직 자각하지 못한 병사들의 무질서한 군상을 본다. 그러나 관객들은 이 장면에서 아직은 특별한 감정을 받지 못하는 것이며 어딘가 째이지 않고 소홀히 취급된 것 같은 감을 느끼게 된다.

그러나 연출자는 이 장면에서의 자기의 연출적 장면을 순실이의 성공적인 전술 장면에서 추켜 세웠다. 그러나 이것으로는 아직 관중들의 욕구에 만족을 줄 수 없었는바 그는 다음 장면에서 작품의 정신을 훌륭히 구현하였다.

관객에게 휴식할 '짬을 두지 않고 2막의 첫 장면을 1막에 련결시켜 높은 것은 정당한 해결책이다.

이 장면은 아마 ≪태양의 딸≫의 전 막을 통하여 가장 성공적으로 연출된 장면의 하나가 아닌가 본다.

눈에 쌓인 밀림.

추위와 기아에 떨고 있는 병사들의 모습이 버러진다. 엄동 설한에 걸린 달과 우등'불 그리고 어딘가 가까이에서 들려 오는 호랑이의 울음 소리... 이 모든 효과들이 고 기선에 의하여 아주 좋은 연출적 분위기를 조성했으며 방금 닥쳐 올 다음 시각에 대하여서까지도 막막한 그 어떤 삼엄한 불안을 조성케 한다. 다만 우등'불만이 이들을 보호하듯 붉게 타오르고 양철통의 물이 끓어 오른다.

≪오늘은 섣달 보름인데도...≫ 한 병사가 한숨을 들이킨다. 그들의 이야기는 고향에 대한 생각으로 명절날의 음식에 대한 꿈으로 변하여 드디어 불만을 품기 시작한다. 순실이에 대한 불신임이 싹트기 시작한다.

그러나 병사들 속에는 진심으로 혁명을 지향하는 사람들이 있다.

≪그 간의 일을 책으로 묶는다면 한 권은 잘 될 거야≫. 병사의 소박한

말이 우리의 심금을 울린다. 우리 혁명의 지난날을 어찌 한 권의 책으로 대신할 수 있으랴만 (천 권 만 권을 써도 모자랄 그 이야기들을) 우리의 관객들은 그의 짤막한 말 속에 담겨진 깊은 속대사를 알아내기 때문에 그 대사는 진실인 것이다.

연출자는 배우와 더불어 행동의 깊은 속대사를 찾아냄으로 하여 그의 억양이 희망과 자랑에 찬 어조로 들리도록 시도하였다.

그러나 추위와 주림이 위협하는 불안한 밤은 계속 깊어만 간다. (식량 공작원들은 왜 돌아 오지 않을가?)

갑자기 근처에서 총 소리 한 방 울리더니 한 병사가 총에 맞은 토끼를 한 마리 들고 들어 온다. 병사들은 굶주린판에 좋은 반찬을 얻었다고 야단 법석이다. 소대장 려 수문의 낯색이 변한다. 순실이도 날카롭게 병사를 주시한다.

수문 ≪총과 철은 유격대의 생명이야≫

병사 ≪그만한 것은 나도 알아.≫

수문 ≪알면서 왜?≫

병사 ≪그건 공산군 규률이야.≫

수문 ≪공산군을 따라 왔으면 공산군의 규률을 지켜야지.≫

소대장인 수문의 말은 전적으로 정당하다. 그러나 토끼 사냥을 한 병사는 자기의 고집에 정당한 리유를 붙여 가면서 상관에게 대항한다.

순실이의 심리는 결단성을 요구하는 부단한 내면 독백이 진행된다. 그는 당분간 불한당을 옹호하지 않으면 안 되었다.

그러나 더 심각한 장면이 있다.

소박한 병사가 순실이의 눈치를 살피면서 진정을 토한다.

≪나는 공산주의라는 게 이렇게 힘들 줄은 몰랐어요.≫ 라고 하소연하는 병사의 나약한 가슴을 파고 들어 가는 양 우등'불이 붉게 타번진다. 순실이

는 병사의 진정을 통하여 가슴이 뭉클해진다.

≪우리 조선 속담엔 고생 끝에 락이 온다는 말이 있어요. 알만해요? 이틀이면 밀영에 갈 수 있어요.≫ 애써 미소를 품은 처녀의 말을 곱씹어 ≪이번에는 틀림 없죠.≫하는 병사의 반문이 처녀와 병사 간의 깊은 약속처럼 들려 온다.

병사는 조용히 나간다.

야밤'중에 우등'불 가에 순실이만이 홀로 깊은 생각에 잠긴다. 걱정 어린 그의 표정이 동상처럼 굳어져 있다. 조금이라도 움직이기만 하면 그의 사색의 실머리는 다 헝클어질 수 있다. 연출자는 녀주인공의 기분을 깨뜨릴세라 조용히 음악을 연주한다. 무수한 생각이 하나의 선율을 따라 깊이 찾아 들어 간다.

≪정말 밀영지에는 동지들이 있을가.≫

반신반의하며 독백한 그의 심리에 격조 높은 선율이 고조된다. 순실이는 마치 목적지에나 와 있는 것처럼 주위의 모든 것을 살핀다. 모든 것은 텅 비였고 바람만이 귀밑을 스치는 무인지경이 아닌가.

≪혹시 이 곳처럼 불타 버렸다면...≫

나무 그늘 밑에 조용히 와 앉는다.

어디선가 가까이에서 호랑이 우는 소리, ≪그 곳에 가서도 없다면 집단부락의 아지트로 가야지.≫

음악은 계속 울리는데 둔덕길에 번민에 싸인 방 진동의 모습이 나타난다.

그들 간에 무슨 말이 필요한가, 그들은 서로 부딪치는 눈과 눈으로 자기의 심정을 더 잘 표현하고 있는 것이다.

연출자는 이 장면에서 그들의 심리와 음악적 선율 이외에 다른 구도를 생각해 낼 필요가 없었다. 그들의 발'걸음 하나 눈'짓 하나 하나가 률동이며 사상이였기 때문에 연출자는 배우의 연기를 깊이 신뢰하지 않을 수 없다.

그러나 이 막에서 가장 중요한 장면이 기다리고 있다.

순실이는 이 세상에서 가장 무서운 죄를 저지른 죄수처럼 자기를 책망하고 있다. 이 죄를 어떻게 씻을 수 있겠는가, 그의 ≪병사들≫이 지나가는 중국 로인의 쌀가마니를 ≪략탈≫했다.

≪이 일을 만일 김 사장께서 아신다면, 그 이가 아신다면≫ 그의 애타는 마음을 식히려는 것인가. 눈보라가 세차게 그의 뺨을 때린다.

얼음이 풀리듯 로인(리 두겸 분)의 노한 얼굴'빛이 부드럽게 풀린다. 그는 이들이 위만군인 줄 알았던 것이다. 로인의 뜨거운 손'길이 순실이의 손을 어루만진다.

≪어린 처녀가 이 겨울에 홑옷을 입고...≫ 로인의 손이 가볍게 떨린다.

마주 잡는 손과 손, 눈'동자와 눈'동자

로인은 물이 되고 순실이는 고기가 된 것이다. 이렇게 하여 혁명군과 인민과의 련계가 더욱 두터워지는 밀영지의 밤은 후련한 대기에 휩싸인다.

오매에도 그리운 김 사장은 그의 귀중한 선물을 이런 밤에 인민에게 선사했다면 기뻐하실 것이다.

≪할아버지 어서 받으세요.≫

≪허부싱 부싱.≫

≪할아버지≫

≪아가씨≫

할아버지도 울고 순실이도 울고 병사들도 울고 관객들도 운다. 이 강한 눈물을 막을 만한 그런 힘은 이 세상에 없다.

이렇게 하여 밀영지의 밤은 고매한 혁명 정신을 계승하고 암흑을 박차고 나갈 것이며 끝끝내 서광을 맞이할 것이다.

연출자는 순실이와 마 소환 로인이 마주 서게 될 이 장면을 념두에 두면서 전 막에 걸쳐 인간들의 발전 계기를 론리적으로 밝혀 주엇으며 아주

인상적인 장면으로써 오래오래 남도록 하는 데 성공하였다. (…중략…)

그러나 연출가는 작품의 사상과 연출적 구상을 실현화함에 있어서 자기의 가장 주요한 창조 수단인 배우라는 산 재료(심리와 육체)에만 국한하지 않았다. 그는 우선 등장 인물의 심리에 영향을 주며 관객에 대한 반작용의 훌륭한 수단으로 되는 무대 미술과 음악을 효과적으로 인용하였다.

≪태양의 딸≫의 성과와 밀접한 호상 련계에 있는 미술에 대한 분석은 차후에 밀기로 하고 고 기선의 연출 방법에서 사용되고 있는 음악에 대하여 몇 자 쓸 필요를 느낀다. (…중략…)

연출가 고 기선은 음악을 많이 사용한다고들 말한다. 좋은 일인가? 아마 ≪해바라기≫의 극적 구성과 양식에 비추어 ≪태양의 딸≫에서도 음악은 연극의 필수적인 요소로 될 수밖에 없었을 것이다. 때문에 음악을 사용한 것은 좋았으며 연극의 감각에 맞는다. 그리고 그가 선택한 음악은 연극의 내용과 기분에 맞으며 인간의 심리 발전과 혁명적 빠포스를 풍기게 함에 있어서도 적당하였다.

음악은 관객에 대한 정서적 반작용의 훌륭한 수단으로서 연극의 조화미를 풍부화시키며 인간의 내면 세계를 감성적으로 전달하는 시적인 무대적 언어이기도 하다. 그러나 가장 중요한 것은 음악이 인간의 단편적인 심리 묘사에만 복종될 것이 아니라 극 작품의 사상을 강조하며 형상을 부각시키는 무기라는 데 있다.

드디여 고 기선은 음악을 선정하였다.

연극에서 적용되고 있는 음악의 형태를 대개 ≪보조음악≫과 ≪약속음악≫으로 구분할 수 있다면 고 기선이 규정한 음악은 약속적인 것에 속한다.

주로 밀림 장면이나 길'가를 보여 주지 않으면 안되는 연극이며 혁명적인 드라마인 것만큼 약속적인 음악을 선정한 것은 당연하다.

그가 선정한 거의 모든 선율은 ≪해바라기≫에서처럼 여기에서도 순실이의 심리 발전에 바쳐져 있으며 연극의 사상적 지향과 아주 유기적으로 결합되여 있다. 연출자가 연극의 주인공인 순실이의 심리에 음악을 복종시킨 것은 정당하며 때문에 그가 선정한 음악적 선율은 연극의 반주자로서가 아니라 보이지 않는 등장 인물의 역할을 수행하고 있다. 여기에서도 그는 자신의 고상한 예술적 취미를 발휘할 수 있었을 뿐만 아니라 연극이 훌륭히 연주된 교향곡처럼 울리는데 기여했다. 이것은 우선 성과이다. (…중략…)

우에서 나는 고 기선의 연출적 원칙에서 배우에 대한 신뢰에 대하여 많이 강조하였다. 그러나 유감스럽게도 그는 음악에 대한 지나친 도취에서 그랬을는지는 모르겠으나 이따금 배우의 중요한 연기에다가 필요 이상의 음악적 삽입을 허용함으로써 배우에 대한 신뢰에서 벗어 나려고 하는 것 같은 감을 준다.

많은 연출가들이 일부 연극들에서 괜히 음악을 람용하며 배우 연기의 미숙성을 음악의 감정으로써 보충하/는 경우가 있다. 물론 고 기선의 경우에는 음악이 전면에 나오는 것은 아니나 훌륭한 연출적 성과를 거둔 연극이기 때문에 심지어는 잘 취급된 음악에까지도 강한 요구성을 제기하는 것이다.

김 순실 역을 형상함으로써 관객과 아주 친숙해진 배우 김 선옥의 연기는 그의 외적 조건이 훌륭히 갖추어진 것과 더불어 무엇보다도 녀공산주의자의 진실한 성격과 소박성으로서 특징 지어지는 것이며 무대에 오른 순실-선옥의 심리 세계는 비상히 깊으며 폭넓다.

외적으로는 마치 정리되어 있는 것과 같은 장면에서도 그의 광채 나는 두 눈을 통하여 주인공의 내적 투지와 강의성이 연연히 표현되는 것은 그가 내적으로 살아 있기 때문이다.

연출가 고 기선은 장면에 대한 음악적인 형상을 찾기 전에 우선 사람의 심리 표현 방법은 그 어떤 다른 외적 수단의 적용보다도 사람의 거동과 언어 및 심리적 사이를 자유자재로 다룰 줄 아는 배우 예술 이상 없다는 자기 자신의 유일하게 정당한 연출적 원칙을 끝까지 관철했어야 했을 것이다. (…중략…)

연극에서 일부 드러난 결함들 중에는 군중 장면에 대한 연출가의 취급 문제가 언급되지 않을 수 없다.

이 연극의 주인공은 바로 병사 대중이라는 데 대하여 많이 강조했지만 연출자가 일부 중요한 장면에 연출적인 손을 더 대였어야 했을 것이다.

군중 장면들에서 연기자들은 각이한 무대 형상을 들고 나왔으나 잘 째이지 않고 빈틈이 생기는 원인을 연출자는 자신에게서 찾아 보았어야 했을 것이다. (…중략…)

≪태양의 딸≫은 시종일관 시대의 진실과 높은 혁명적 절개를 찬미하는 영웅 서사시처럼 ≪순실이를 비롯한 모든 혁명의 해바라기들에게 태양에로의 행로를 밝혀주기 위한≫ 관통선과 ≪강의한 녀공산주의자와 아직 각성하지 못한 병사들 호상간에 대한 불신임을 조성하면서 태양에로의 행로를 가로막기 위하여≫ 발악하는 반행동 간의 심각한 충돌을 보여 주면서 종국적으로는 ≪혁명적 승리의 리념≫이 승리의 교향곡을 울린다.

안영일

: 과학적 연출법의 구축

안영일은 평양연극영화대학의 부교수로 후학을 지도하며 활발한 작품활동을 한 연출가이다. 그는 사회주의적 사실주의를 기본으로 북한 연극의 토대를 세웠으며 면밀한 희곡분석을 가장 중시한다.

대표작에는 〈탄광사람들〉(한봉식 작, 강진 장치, 강익수 조명, 4막, 국립극장, 1951),[1] 〈어랑

〈사진 1〉 안영일
(출처: 『조선예술』 10호, 1965)

---

1) "연극 《탄광 사람들》은 일시적 후퇴 시기 탄광 로동자들이 탄광을 적들의 파괴로부터 사수하는 용감한 투쟁을 형상하였다. 국립 연극 극장 창조 집단은 탄고아 전기 기술자이며 인민 군대의 안해인 한 녀성의 아름다운 모습 그 견결한 애국심과 불굴의 투지를 훌륭히 보여 주면서 가장 소박하고 근로를 사랑하는 사람들이 조국을 가장 열렬히 사랑하며 그를 위해서는 언제든지 자기의 목숨을 바칠 수 있다는 것을 보여 주었다. 그리고 이 소박한 사람들을 그렇게도 훌륭히 교양한 것은 바로 조선 로동당이라는 것을 보여 주었다. 즉 창조 집단은 당의 역할에 대하여 심중한 주의를 돌렸기 때문에 이 연극에서 당원의 형상은 기본적으로 옳게 살았다. 또한 이 연극에서는 소박하고 애국적인 로동자들과 농민들의

천〉(황해남도 도립극장, 1955/1958), 〈선구자들〉(1958),[2] 〈불사조〉(송영 작, 박용달 미술, 국립연극극장, 1959), 〈붉은 마음〉(1959), 〈조국산천에 안개 개인다〉(리종순 작, 평양극장, 4막 8장, 1960), 〈분노의 화산은 터졌 다〉(1960) 등이 있다. 이 중 〈불사조〉는 김일성이 직접 관람하고 상찬 한 작품으로 북한 연극계에서 기념비적인 작품이 되었다. 공연 회수 에서 해방 이후 제1위를 점했고, 43일간을 지속공연하면서 86회 공연 했고 68,583명의 관객을 모았으며.[3] 이후 함남도립예술극장 등 각 지역의 극단도 〈불사조〉를 공연하였다. 이렇게 특별한 〈불사조〉는 어떤 공연이었을까? 리령의 글을 보기로 한다.

발전 과정을 각각 개성적으로 다양하게 보여 주었고 조 중 인민 군대와 유격대의 배합 작전을 옳게 보여 줌으로써 전선과 후방의 공고한 단결, 조 중 인민의 전투적 의의를 감동적으로 보여 주었다." 강진, 「당과 인민 주권의 품안에서 개화 발전 하여 온 연극예술 (2)」, 『조선예술』 9호(1958), 8~14쪽.

2) ≪선구자≫는 주인공 김 원찬을 통하여 농업 협동 조합의 조직 공고화와 사회주의 건설 도상에서 당이 정책을 관철시키는 하나의 전형을 형상화하려고 한 작품이다. 첫막을 볼 때, 김 원찬의 고상한 리념과 그의 혁명적 랑만을 주어진 환경(고난)을 초월할 수 있는 정도로 우리의 가슴을 들어 줘있다. 즉 제대되어 돌아 오는 김 원찬은 당의 부름을 따라 고향에 (피폐된 농촌) 왔으나 그전에 300여 명이나 되던 당원은 단 세명밖에 남지 않고 늙은이와 아낙네(애국 렬사 유가족)뿐이며 자기의 부모 처자들도 원쑤놈들에게 무참히 학살되었고 농기구는 녹쓸은 연장 몇 개가 남아 있을 뿐이다. 김 원찬은 자기 아들에게 주려던 조각품(토끼)을 아들에게 주는 마음으로 송 해주의 딸 일민에게 준다. 이러한 가슴 아픈 환경에서도 오직 조국과 당에 충성을 다하려는 김 원찬. 이 얼마나 진실한 인간의 고귀하고도 아름다운 혁명적 랑만의 빠포쓰인가? 그러나 이 연극은 이 높은 혁명적 랑만의 빠포쓰를 일관되게 끌고 나감이 부족했다. 김 원찬을 중심으로 한 인간들에게서 우리가 중요하게 보고 싶고 알고 싶은 것은 왜 그런지 숨겨지고 막간 사이에서 처리되었거나 그렇지 않으면 다른 이야기와 다른 일로 넘겨 버렸다. 그러니까 할 수 없이 세 쌍, 네 쌍의 사랑을 교차시켜 1막에서 준 그 감격과 시대를 네 쌍이 외양적 사랑의 그람자와 잘 넘어 가는 사건 전환으로써 흐르게 하였다. 물론 나는 이 연극이 갖는 쓰젤, 흐르니까적 인 것을 고려하지 않고 말하는 것은 아니다. 어느 쟌르, 어느 쓰젤을 막론하고 드라마뚜르 기야는 생활을 진실한 측면에서 종합하고 통일시켜 이것을 크게 전면적으로 울려 주어야 할 것이다." 류기홍, 「연극에서의 혁명적 랑만성: 공화국 창건 10주년 기념 전국 연극 축전을 보고」, 『문학신문』 1958년 10월 30일.

3) 「현대성 문제를 중심한 토론회」, 『조선예술』 8호(1959), 24~29쪽.

≪혁명의 불'길 속에서 타지도 않고 죽지도 않고 죽일 수도 없는 애국의 새! 혁명의 새… 불사조!≫를 형상한 연극 ≪불사조≫(국립 연극 극장)는 그 강렬한 혁명적 락관주의 빠포스와 눈물겨운 동지애로 하여 인민들에게 강력한 사상적 감화를 주었다.

연출가는 작품에 설정된 항일 유격대와 일제 군경 간의 기본 갈등에 부차적인 갈등들을 유기적으로 통일시키면서 오직 작품의 기본 빠포스의 재현에 주력하였으며 작가가 제시한 전형적 환경에 대한 예리한 포착으로써 등장 인물들의 전형적 성격 창조를 추구하엿고 작중 선동원의 해설을 적절히 리용하여 환경 묘사를 더욱 부조하며 주인공의 성격적 특질을 심화하고 일반화하는데 성공하였다.

연출가 및 배우들은 등장 인물들에 대한 생동한 개성화를 통하여 등장 인물들의 공통한 사상을 감명 깊게 표현하엿으며 나아가서 전체 항일 유격 대원들의 불요불굴의 투쟁 정신, 혁명적 락관주의, 승리에 대한 신심, 혁명적 동지애를 일반화하였다.

창조 집단은 지어진 환경에서의 등장 인물들의 심리적 특질들을 정확히 파악하여 그것을 세련된 기교로써 완미하게 표현하였다. 리두성을 형상한 배우는 비교적 단순한 정황에서 복잡한 감정의 기복과 굴곡을 보장하면서 관통선을 굳게 견지하여야 할 어려운 과제를 훌륭히 수행하였다. (…중략…) 창조 집단은 박부관, 손의사, 순옥이 등의 개성적 특징과 그들의 공통한 지향의 각양한 심리적 표현도 실감 있게 보여주엇다. (…중략…) 연극 「불사조」는 창조 집단의 성실한 인간 탐구와 우수한 형상력에 의하여 항일 유격대원들의 불요불굴의 투지와, 혁명적 동지애와, 혁명적 락관성을 표현할데 대한 작가의 과제를 무대 우에 원만히 실현하였다.[4] (밑줄－필자)

---

4) 조선예술사, 『빛나는 우리예술』(평양: 조선예술사, 1960), 108~110쪽.

1959년 공연된 안영일의 〈불사조〉는 작품의 주제와 배우들의 연기 모두 극찬을 받는 특별한 작품이었던 것으로 짐작된다. 그런데 주목할 것은 '전형적 성격 창조', '관통선'이라는 용어가 사용된다는 점이다. 스타니슬랍스키적 시스템이 북한 연극계의 교과서가 된 증거이며 그 중심에는 안영일이 있었던 것이다.

안영일은 스타니슬랍스키 시스템을 받아들이며 창극에서도 스타니슬랍스키 시스템의 적용을 주장했다. 안영일에게 사실주의는 스타니슬랍스키와 동의어였으며 장르를 불문하고 모든 극적 예술에 적용해야 하는 연출 방법이었다.

창극 《춘향전》, 《심청전》을 형상함에 있어서도 쓰타니쓸랍쓰끼 체계를 창조적으로 적용하면서 민족 악기에 의한 관혁악과 중창, 합창의 형식을 도입함으로써 우리 창극의 음악극으로서의 깊이와 폭을 넓히였다. 이러한 시도에서 일정한 긍정적 결론에 도달하였는 바 오늘의 창극은 판소리로부터 창극화되는 전 과정에서 선조들에 의하여 이룩된 선행한 모든 민족적 형식을 남김 없이 포괄하면서 전진을 계속하고 있다. (밑줄−필자)5)

이와 같이 안영일이 스타니슬랍스키의 시스템을 모든 극적 장르에 적용될 정전으로 본 것은 러시아와의 교류 때문으로 보인다. 북한은 해방 이후부터 문화예술에 있어서 러시아와 활발히 교류한 바 있다. 이에 북한 연극인들은 "쏘련 연극인들이 공연한 연극을 통해 사회주의 사실주의 연극의 모범을 직접 배웠다"는 자부심을 갖기에 이른다.6) 다음 리령의 글을 통해 해방 직후 북한과 소련의 교류 상황을

---

5) 안영일, 「창극 발전에 저애하는 독잔적 견해에 대하여」, 『조선예술』 9호(1957), 7~14쪽.

살펴보기로 한다.

　　조선 연극인들은 ≪꿈에라도 가고 싶고 보고 싶던 모쓰크바 예술좌, 항상 꿈과 힘을 주는 스따니쓸랍쓰끼, 단챈꼬≫(로동 신문 1948년 10월 13일)의 과학적인 체계에 의하여 육성된 쏘베트 연극인들의 공연을 해방 후 얼마 지나지 않은 시기에 벌써 관람할 수 있었다. 우리는 무엇보다도 먼저 조선에서의 쏘련 연극인들의 공연을 통하여 그렇듯 그리던 쏘베트 연극의 고상한 면모를 감명 깊게 보았다.

　　1946년 5월 27일 붉은 군대 구락부에서 진행된 조쏘 친선 교환 연극의 밤에는 연극 ≪이완 골루비≫가 하바롭쓰크 드라마 극장 성원들에 의하여 상연되였는바 이 연극에서의 ≪독일 파시스트를 격멸하는 조국 전쟁에 있어서 쏘련 인민의 영웅적 투쟁과 란숙한 연기의 심각한 표현은 관중에게 극히 심각한 인상을 주었으며 열광적인 환영을 받았다≫. (정로, 1946년 5월 30일) 이 연극 공연은 조선 연극사 상에서 실로 커다란 의의를 가진다. 이 공연은 조선 무대에서의 쏘베트 연극의 최초의 공연이였다. 우리는 이 연극을 통하여 쏘련 공산당의 령도하에 찬란하게 꽃핀 쏘베트 연극의 일단을 처음으로 볼 수 있었으며 인민 생활과 혈연적으로 그리고 깊이 련계된 사실주의적 안쌈블의 훌륭한 무대를 처음으로 보게 되었다. 이 연극에서는 쏘베트 공민들의 사회주의적 애국주의와 공산주의적 품성의 높은 정신 세계가 무르익은 체험 예술로서 놀랄만치 사실적으로 재현되였다. 쏘베트의 한낱 평범한 공민인 이완골루비의 지극한 육친애와 혁명에 대한 충실성이 복잡한 심리 과정을 통하여 매우 감동적으로 형상화되였다.

---

6) 리령, 「8.15 해방 후 조선 연극 발전에 쏘베트 연극이 준 건대한 영향」, 『조선예술』 8호 (1959), 9~12쪽.

고민과 동요, 증오와 결단성이 로련한 배우의 원숙한 연기술에 의하여 아무런 과장도 허식도 강요도 없이 생활 그대로 자연스럽게 표현되였던 것이다. 우리는 그야말로 역의 생활의 조건에서 정확하게 론리적으로 순차적으로 사람답게 사고하고 희망하며 행동하려고 노력하는 배우들의 진지한 창조 태도에 감탄하지 않을 수 없었다. 뿐만 아니라 우리는 이 연극을 통하여 사실주의적인 분장술, 간소하면서도 충분한 생활 용적을 담은 무대 장치법, 이동식 공연 활동에 적응한 모든 사업 형태와 방법 등 실로 수 많은 것을 배웠다. (밑줄-필자).[7]

해방 이듬해 러시아 연극단은 북한을 방문해 공연했고, 북한 연극인들은 이 공연을 통해서 사회주의적 사실주의 공연을 직접 관람하게 된다. 북한 연극인들은 상대적으로 자연스러운 연기와 앙상블, 과장 없는 사실적 표현, 분장, 의상, 기계화된 무대장치 등을 접한 것이다. 해방 이전 신파에 익숙했던 북한 연극인들은 러시아 사실주의 연극에 많은 영감을 받았을 것이다. 그리고 그것은 곧 스타니슬랍스키식의 연기와 연출로 인식되었다.

우리는 뻴예싸예브 교수의 산 인간 형상을 통하여 쏘련 공산당의 현명한 령도하에 낡은 부르죠아 인테리들이 어떻게 새로운 형의 혁명적 인테리로 개조되여 사회주의 혁명의 중요한 동력으로 전환되는가 하는 복잡하고도 합법칙적인 행정을 깊이 감득할 수 있었다. 이 연극은 관중들의 절대한 지지와 환영을 받았다. 주인공 역을 담당한 배우는 주인공의 착잡하고 섬세하고 성실한 내면 생활과 행동을 실감있게 형상화하였으며 그리하여

---

7) 위의 글.

그것은 배우의 연기라기보다도 실로 뻴예싸예브 교수 자신의 실제 생활과 행동으로 감수되였다. 쓰따니쓸랍쓰끼는 ≪배우의 예술은 그것이 생활과 자연에 가까우면 가까울수록 더 고상하다≫고 주장한 일이 있거니와 이들의 연기는 생활과의 거리를 거의 감측하지 못하게 하였다. 이 연극에서 생활은 운동과 발전 속에서 그의 내면적인 투쟁과 모순의 극복 가운데서 반영되여 있으며 생활의 온갖 외면적 표시의 뒤에 인간의 내면적 세계, 그의 사고, 감정, 희망, 지향등이 선명하게 보여졌다. (밑줄-필자).8)

리령은 연극 〈뻴예싸에브 교수〉에서 뻴예싸예브 교수를 살아 있는 인간으로 느꼈고 그 연기가 실제 생활과 거리감이 없었다고 전한다. 동시에 이러한 연기가 가능한 이유로 스타니슬랍스키를 언급한다. 스타니슬랍스키가 배우의 연기는 생활과 가까울수록 고상하다고 말했는데 이 공연이 그 점을 잘 보여주었다는 것이다. 평론가를 비롯하여 모든 북한 연극인들은 공감했으며 안영일 역시 예외는 아니었다. 안영일은 글을 통해 '사회주의적 사실주의' 연극의 위대성을 주저 없이 밝힌다.

최근 시기 우리들은 사상적 초점이 불명확하며 예술적 감동이 없고 정서가 고갈된 따분한 일부 연극 작품들을 볼 수 있었다. 이 작품들은 창조자들이 맑스-레닌주의 미학관이 불철저한 데로부터, 연출 연기상의 기량이 저조한 데로부터 연출가는 무엇을 어떻게 표현하려는 것인지, 배우들은 어떠한 행동을 통하여 무슨 성격을 형상하려는 것인지 심히 선명치 못할 색조와 리즘을 보여 주고 있었다.

---

8) 리령, 위의 글.

이러한 연극 작품들이 나오게 되는 기본 요인은 물론 창조자들의 사상적인 문제이다. 그러나 우리들은 사회주의와 사실주의 창작 방법의 기본 원칙들에 대한 심호안 연구의 부족과 쓰따니쏠랍쓰끼 체계의 교조적인 리해로부터 산생하는 편향들도 간과할수 없다.9)

　　이와 같이 안영일은 스타니슬랍스키의 창작방법을 깊이 연구하는 것을 우수한 작품 창조의 기본으로 보았다. 그에게 스타니슬랍스키 창작방법의 연구는 선택이 아니라 필수였던 것이다. 이제 스타니슬랍스키와 사실주의를 연극의 기본이자 지향점으로 삼은, 북한에서 후학을 지도하는 교수이자 세련되고 노숙한 연출로 인정받는 안영일의 연출법을 살펴보기로 한다.

〈사진 2〉〈불사조〉
(출처: 『조선예술』 12호, 1966)

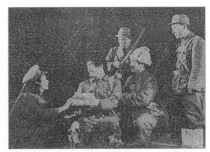

〈사진 3〉〈불사조〉
(출처: 『조선예술』 12호, 1964)

---

9) 안영일, 「연극 형상에서 기량 제고와 다양한 스찔의 창조 문제」, 『조선예술』 12호(1959), 33~35쪽.

1. 과학적 분석: 사회주의적 사실주의

안영일은 자신의 모든 연극작업이 사회주의적 사실주의에 바탕을 둔다고 명백히 밝힌다. 그는 '사회주의적 사실주의는 현실을 혁명적 발전과 력사적 구체성 속에서 진실하게 반영할 것을 요구하며 사람들의 심장에 충격과 감동을 불러 일으킬 수 있는 다양한 생활 현상과 인간 성격들을 예술적으로 재현'한다고 보았다.[10] 그렇다면 사회주의적 사실주의는 연극에서 어떻게 나타나는가? 다음 안영일의 글은 이에 대한 단서를 제공한다.

연출 작업에서 과학적인 방법이란 사회주의적 사실주의 연극이 달성한 합법칙적인 창조 체계와 지식을 말하는 것이며 우리 나라 사회주의적 사실주의 연극이 이룩하여 놓은 가장 선진적이며 생명력이 있는 연출 방법을 말하는 것이다. 뿐만 아니라 연출 작업에서 과학적 방법이란 현실 생활을 력사적인 화폭 속에서 천명하고 다양한 인간 성격을 생동하게 형상하는 데 기본 사명이 있으며 연극 예술의 질을 제고하는 데 목적이 있다. 연출 작업에서 형상성과 과학성은 서로 분리된 별개의 것이 아니라 유기적으로 통일된 하나인 것이다. 연출 작업에서 과학적인 방법은 연출적 형상을 위하여 복무하는 수단이다. 연출 및 배우적 형상을 떠난 그 어떠한 방법이나 수법도 있을 수 없다. 생활의 화폭과 인간 성격의 진실한 형상을 떠난 과학적 방법의 론의는 무의미하며 그것은 필경 방법을 위한 방법에로 떨어지고 말 것이다.[11]

---

10) 안영일, 「연출 작업에서의 형상성과 과학성」, 『조선예술』 6호(1964), 14~17쪽.
11) 위의 글.

안영일은 사회주의적 사실주의를 '과학'과 연결시킨다. 또한 그는 연출 작업에서 과학적 방법이란 현실 생활에서 다양한 인간의 성격을 관찰하고 그것을 생동감 있게 구축하는 것이라고 주장한다. 이것을 떠난 다른 방법은 없다. 안영일 연출 작업의 핵심은 '과학'과 '생활'인 것이다. 따라서 희곡과 인물의 체계적인 분석이 기본이며, 이것이 사회주의적 사실주의 방법인 것이다. 이에 연출 작업은 희곡이 제시한 사건을 그 자체의 특성을 따라서, 역 인물의 행동과 지향에 따라서, 희곡과 인물을 분석하는 것이다.12) 이같이 안영일의 연출법은 철저한 과학적 분석에서 시작된다.

2. 희곡분석: 의식적, 의지적, 사색적

1) 올바른 화술: 대사분석

안영일은 배우들의 연기와 관련하여 일차적으로 올바른 화술을 강조한다. '일부 배우들이 아름다운 우리 말조차 제대로 구사하지 못한다'고 지적하며, '그 나라의 말을 가장 아름답고 정확하고 구사하는 사람이 배우'가 되어야 한다는 것이다.13) 안영일의 글을 보면, 당시 북한 배우들의 상당수가 조선말을 구사하는데 문제가 많았던 것으로 보인다.

---

12) 위의 글
13) 안영일, 「(단상) 배우의 형상」, 『조선예술』 2호(1966), 15쪽.

특히 일부 배우들에게는 우리 나라 말을 부정확하게 한다든가 인간들의 정신 세계에 대한 심오한 파악이 없이 피상적으로 체득한 과제들을 기계적으로 수행하며 대사-말을 깊은 체험이 없이 단순히 입에 바르고 나오며 외부적인 과장에 의해서 행동을 유지하려는 편향이 있다. 이러한 경향들은 사회주의적 사실주의 연출 연기 체계와는 아무런 인연이 없는 유해로운 형상들이다.14)

앞에서 살펴본 바와 같이 일제 강점기로 인해 우리 배우들에게는 일본식 어조와 가부키식 음조가 남아있었고 배우들은 아직 우리말 구사에 부족함이 많았다. 언어의 변화는 느리게 오기에 1950년대 후반까지도 북한 배우들은 정확한 우리말을 구사하는데 어려움이 있었던 것으로 보인다. 그런데 주목할 것은 안영일이 부족한 화술의 이유를 체험없이 기계적으로 말하기 때문으로 본다는 점이다. 안영일은 올바른 화술을 대사 분석과 연결시키는 것이다.

연극 예술에서는 또한 대사-말은 중요한 의의를 갖는다. 희곡 작품은 대사-말에 의해서지만 작품의 주제 사상을 천명하면서 주어진 사회 력사적 환경과 역 인물의 행동과 지향, 그리고 그들의 호상 관계들을 말하여 준다. 연극 예술에서 대사-말은 결정적인 자리를 차지한다. 대사-말은 역 인물의 행동 지향 사상을 말해 주는 심오한 내재적 힘을 가지고 복잡하게 엉클어진 인간의 미묘한 정신 세계를 반영한다. 연극 ≪리 순신 장군≫, ≪춘향전≫, ≪량반전≫, ≪불사조≫들과 같은 작품들이나 쉑스피어나 체호브의 희곡 작품들의 대사는 각별한 의의를 갖는다. 언어의 명수들에

---

14) 안영일, 「연출 작업에서의 형상성과 과학성」, 앞의 책.

의하여 창조된 이 희곡 작품들의 대사들에는 심오한 뜻과 복잡하게 교차되는 사상과 의미가 내재해 있느니만큼 면밀한 분석과 탐구에 의해서만 그 뜻과 사상을 파악하게 된다. 언어-대사는 행동일 뿐만 아니라 행동에로의 계기로도 되는 것이며, 언어는 사유와 불가분리의 관계에 놓여 있는 것이다. 그러므로 즉흥적 행동과 대사에 의해서 사건 사실 삽화를 판단하고 그 속에 숨어 있는 내재적 의의와 정신적 본질을 발굴하고 그것들의 련쇄된 고리에 의하여 행동을 수립하고 역 인물의 호상 관계를 리해하기에는 매우 어렵고 곤난한 조건들과 정황들과 행동들이 놓여 있는 것이다. ≪리순신 장군≫, ≪춘향전≫, ≪량반전≫, ≪불사조≫들과 같이 대사가 가지는 심오한 철학성과 정황이 제기한 복잡성과 다면적인 행동으로 엮어진 희곡 작품의 경우에는 행동과 언어의 즉흥적인 방법에 의해서가 아니라 의식적이며 의지적이며 사색적인 분석이 보다 더 효과적이며 중요한 의의를 갖는다는 것은 많은 실천가들에 의하여 론증되고 있는 사실이다.[15]

안영일은 작품의 주제를 드러내는 것이 대사라고 강조한다. 그뿐 아니라 대사는 인물에 대해 많은 정보를 알려주며 인물들의 관계에 대해서도 알려준다고 주장한다. 안영일에게 '언어-대사'는 곧 인물의 성격과 인물의 행동과 밀접하게 관련 있는 것이다. 따라서 연출가는 대사의 깊은 뜻을 찾아내야 한다는 입장이다. 그는 이것은 오직 의식적인 방법에 의해서만 가능한 것이며 즉흥적 방법으로는 도달할 수 없다고 강조한다. 연출가는 대사를 즉흥적이 아니라 그의 표현을 빌리면 '의식적, 의지적, 사색적'으로 분석해야 하는 것이다.

---

15) 위의 글.

2) 초과제, 관통행동, 호상관계

(1) 초과제 분석

안영일은 대사를 분석할 때 수행할 항목으로 '초과제'를 제시한다. '초과제'가 희곡 분석의 기초라는 입장이다. 다음은 이에 대한 안영일의 글이다.

> 일부 연출가 배우들에게는 체험만 하면 된다는 소박한 해석들이 작용하였다. 물론 체험은 되어야 한다. 그러나 체험만으로 연기 창조가 양성되는 것은 아니다. 내부적 체험과 외부적 구현은 항상 일치되여야 하며 유기적으로 통일되여야 한다.
> 쓰따니쓸랍쓰끼 체계의 기본 사상은 초과제에 있다. 초과제-그것은 작품의 사상적 지향이며 공통적이며, 적극적인 최종 목표이다. 긍정적이며 적극적인 사상적 목적을 향하며 행동하는 인간 성격의 창조, 그것은 또한 쓰따니쓸랍쓰끼 체계의 중심이다.16) (밑줄-필자)

안영일은 이와 같이 '초과제'의 중요성을 강조하며, 그것이 스타니슬랍스키 시스템의 중심이라고 본다. 그가 '초과제'를 '사상적 지향/최종목표'라고 하는 것을 보면 안영일의 '초과제'는 '최종과제'와 동일어로 이해된다. 초과제(최고과제)에 대한 북한 편집부의 설명을 보기로 한다.

---

16) 위의 글.

최고 과제는 희곡의 사상을 낳으며 주제를 밝히는 기초이며 목적으로 된다. 때문에 최고 과제 파악에 앞서 희곡의 사상을 분석 연구 규정하며 그 사상들을 포괄한 기본 사상을 파악하며 바로 기본 사상을 낳은 씨앗이 뭔가를 해명하여야 한다. 그것이 최고 과제의 중요 내용을 이룰 것이며 주제를 밝혀 주는 열'쇠로 된다. 이와 같이 최고 과제는 연극의 전 창조 과정에서 전체 감가자들의 주의를 통일된 단일한 목적에로 집중시키는 힘을 가질 뿐만 아니라, 역-인물들의 정신 사상 세계를 구현할 수 있도록 배우들의 창조적 상상력과 비상히 의식적으로 자극하며 배우들과 역-인 물들의 창조적 목적들을 끊임없이 등대와 같은 역할을 하는 것이다.[17]

이 설명을 보면 초과제(최고과제)는 희곡의 사상을 포괄하는, 희곡의 사상보다 더 큰 개념으로 보인다. 또한 인물들의 정신 사상이라는 언급을 보면, 문학적 의미를 지칭하는 것이라 할 수 있다. 다음 편집부의 보충설명은 이를 뒷받침한다.

(…상략…) 때문에 희곡 ≪해바라기≫의 최고 과제를 이루는 것은 빼앗긴 조국! 민족의 해방과 자유를 찾기 위하여 일떠서야 한다는 지향과 신념으로 특징 지을 수 있다. 가령 희곡 ≪불사조≫에 등장하는 항일의 영웅들은 언제나 불 속에서도 타지 않고 죽어지지도 않고 죽을 수도 없는 애국의 새, 혁명의 새, 불사조와 같다는 기본 사상 속에서 그들은 혹학과 굶주림과 병마를 이기며 김사장 동지의 품으로 유격 대오로 빨리 돌아가 원쑤를 치려는 열렬한 사회-계급적인 지향과 신념을 볼 수 있는 바 그것은 오직 혁명을 위하여! 조국 광복을 위하여! 라는 최종 목적에 집중되고 있다.

---

17) 편집부, 「〈배우지식〉 최고 과제」, 『조선예술』 1호(1964), 46~48쪽.

위의 글 역시 초과제(최고과제)가 희곡의 주제/사상을 의미한다는 것을 알려준다. 고기선 연출의 〈해바라기〉의 초과제는 '오직 혁명을 위하여!, 조국을 위하여!'이며, 이러한 초과제의 탐구는 역-인물들의 목표를 수렴시키고 끌어당기는 유일한 방법이라는 것이다. 그렇다면 스타니슬랍스키의 '초목표'에 해당한다고 볼 수 있는데 명확한 이해를 위해 스타니슬랍스키가 언급한 '초목표'를 보기로 한다.

역할의 핵심부, 그 가장 내밀한 중심부에서는 악보에 담겨 있는 모든 목표가 하나의 초목표로 수렴된다. 이것은 내적 본질이며, 모든 것을 다 그러안고 있는 목적, 모든 목표들의 목표, 역할에 대한 종합적인 악보, 크고 작은 모든 단위의 종합이라 할 수 있다. 초목표에는 희곡의 모든 하위 목표들의 의미, 내적인 인식이 담겨 있다. 이 초목표를 찾다가 보면 훨씬 더 중요하며 우리의 의식을 초월해 말로 형용할 수 없는 그 무엇, 그리보예도프 자신의 혼이기도 한 그 무엇, 그가 작품을 쓰는 데 영감이 되고 배우가 연기를 하는 데 영감이 되는 그 무엇에 도달하게 된다.

도스토예프스키의 소설 『까라마조프의 형제들』에서 초목표는 작가가 인간의 영혼 속에서 신과 악마를 찾고자 한 것이다. 셰익스피어의 비극 『햄릿』에서는 '존재의 비밀에 대한 이해'가 초목표라 할 수 있다. 체홉의 『세 자매』에서의 초목표는 '보다 나은 삶에 대한 염원'이다.("모스크바로, 모스크바로") 레오 톨스토이의 경우에는 작가의 '자기 완성'에 대한 부단한 탐구가 초목표라 할 수 있다. (밑줄-필자)19)

---

18) 위의 글.

스타니슬랍스키는 그의 저서에서 초목표를 위와 같이 밝힌 바 있다. 북한의 설명과 같이 작가가 이 글을 쓰게 된 씨앗이라고 할 수 있다. 그렇다면 〈해바라기〉의 초목표가 '민족의 해방과 자유를 찾기 위한 신념'이라는 북한의 설명은 확실히 스타니슬랍스키의 초목표를 의미한다고 하겠다. 안영일은 스타니슬랍스키의 초목표(최고과제)를 탐색하는 것을 연출의 출발로 본 것이다.

(2) 관통행동 분석

그 다음 분석 대상은 관통 행동이다. 희곡에는 다양한 인물이 등장한다. 모든 인물들은 다른 인물과 협동하고 갈등하면서 성장하기도 하며 퇴보하기도 한다. 그런데 그 과정에서도 인물들이 하나의 목표를 향해 간다는 것이다. 다음 글을 보기로 한다.

례컨대 송 영작 ≪불사조≫에 등장한 리 두성을 비롯한 모든 등장 인물들의 행동은 실로 복잡하고 다양한 관계 속에 엉켜져 발전하며 전진한다. 그러나 엄밀히 말해서 리 두성을 비롯한 많은 인물들은 종국적으로 하나의 목표를 향해 행동하는 로정이 있다. 바로 그들의 지향하는 로정은 연극의 전 행정을 일관시켜 준다. 이 로정이야말로 연극의 사상을 구현하는 결정적인 수단으로서 연극의 생명을 보전하고 지속시키며 나아가서는 관객에게 연극의 기본 사상을 전달하는 것이다. 그러므로 연극의 관통 행동이란 - 희곡에 등장한 긍정 인물들에 의하여 일관하게 수행되는 행동들과 그를 반대 혹은 저지시키려는 부정적인 인물들 간의 충돌과 발전 과정에서 형성

---

19) 스타니스랍스키, 신은수 역, 『역할창조』(예니출판사, 2001), 108~109쪽.

되며 그것이 하나의 축과 같이 한 줄로 꿰뚫고 정렬된 등장 인물들의 모든 행동들을 련속된 연극의 관통 행동이라고 부른다. 그러므로 연극의 관통 행동은 희곡의 기본 사상을 구현하며 기본 주제를 뚜렷하게 밝히는 수단으로서 극연의 중요 내용을 이루고 있다.[20] (밑줄-필자)

관통 행동은 극중 인물들이 전개하는 하나의 목표이다. 남한 연극계의 용어로 치환하면 인물의 목표에 해당한다. 이것이 연극의 사상, 즉 최고 과제를 전달하는 것이다. 안영일의 작품을 통해 더 구체적으로 보기로 하자.

(…상략…) 실례로 희곡 ≪불사조≫에서 어떠한 난관 어떤한 시련에도 굴하지 않고 하루 속히 대오로 돌아 가기 위하여 병마와 싸우며 원수를 쳐부수려는 긍정 세력들의 적극적인 행동의 련쇄 속에서 관통 행동을 평가할 수 있는 것이다. 바로 ≪불사조≫의 영웅들에게 부닥친 장애는 일제와의 전투에서 부상을 당하고 전투 부대와 떨어져 병마와 기아, 혹한을 이겨 나가는 행동선과 나아가서는 조국의 자유와 독립을 위하여 일제를 반대하여 투쟁하는 행동선이다. 리두성, 김 순옥, 박 부관, 손 의사, 최 소년들의 이러한 행동선은 곧 ≪불사조≫의 관통 행동을 이루고 있다. 즉 일제의 소위 대로벌(동기) 작접의 마지막 발악을 때려 부시는 영웅적인 행동선, 영웅적 빨지산들의 투쟁을 꺾으려고 날 뛰는 일제 군경들과의 투쟁에서 발현되는 행동선, 병을 하루 속히 물리치고 사장 동지가 계신 부대로 돌아 가기 위한 행동선, 병마와 기아 속에서도 동지들을 아끼고 사랑하며 돌봐 주는 행동선들은 ≪불사조≫의 총적인 관통 행동인 어떠한 난관, 어떠한

---

20) 편집부, 「(배우지식) 관통행동」, 『조선예술』 3호(1964), 41~43쪽.

시련에도 굴하지 않고 하루 속히 빨찌산 대오로 돌아 가기 위해서 병마와 싸우며 원쑤를 타승하기 위하여 투쟁한다는 행동에 집중되고 유기적으로 통일되여 있다.[21] (밑줄—필자)

편집부는 안영일 연출의 〈불사조〉를 예를 들어 설명한다. 주요배우들의 관통 행동이 '승리하기 위해 투쟁한다'에 집중된다는 것이다. 다시 한번 관통 행동이 인물의 목표와 유사함을 알 수 있다. 여기에서 스타니슬랍스키가 정의하는 관통 행동을 볼 필요가 있다.

초목표를 만들었다고 해서 창조 과정이 끝나는 것은 아니다. 배우의 창조성은 초목표를 향한 끊임없는 갈망과 그 갈망의 행동 표현으로 이뤄진다. 창조성의 본질을 표현하는 이 갈망은 역할이나 작품의 관통 행동이라 할 수 있다. 작가에게 있어 관통 행동이 초목표를 발전시켜나가는 것이라고 한다면 배우에게 있어 관통 행동은 초목표에 적극적으로 도달하고자 하는 것이다.[22]

이 글에서 스타니슬랍스키가 정의하는 관통 행동이 북한 연극계에서 말하는 관통 행동과 동일하지는 않더라도 유사한 것임이 드러난다. 안영일은 초목표를 향해 가는 인물들의 목표, 즉 관통 행동의 분석을 연출법으로 제시하는 것이다. 그런데 흥미로운 것은 관통 행동을 저지시키는 행동이 있는데, 당시 북한에서는 이것을 '반행동'이라고 부른다는 점이다.

---

21) 위의 글.
22) 스나티슬랍스키, 앞의 책, 109~110쪽.

희곡엔 관통 행동을 저지시키며 저해하는 행동선이 있는바 그것을 반행 동이라고 부른다. 반행동은 결국 희곡의 최고 과제를 더욱 뚜렷하게 만들 어 주며 관통 행동에 능동적으로 반작용할 뿐만 아니라 추동적 역할을 수행한다. 반행동은 긍정적인 행동과의 충돌 과정에서 발전하며 결국엔 긍정적인 행동에 의하며 저지 당하고 만다. 희곡 ≪불사조≫에서 관통 행 동을 저지시키는 반행동이 강하게 작용하는바 크게는 조선 인민 혁명군을 몰살시키겠다고 발악하는 일제의 침략적 행동이다. (밑줄─필자)23)

일반적으로 남한에서는 주인공이나 적대자의 관통 행동 모두를 인 물의 목표로 명명한다. 그런데 북한은 주인공의 목표와 적대자의 목 표를 구분하여 설명한다. 긍정 인물의 목표는 관통 행동이며, 부정 인물의 목표는 반행동인 것이다. 굳이 용어를 달리할 필요는 없지만 이런 방식으로 접근한 연기는 상당한 성과를 거둔 것으로 보인다.

리단은 연극 ≪불사조≫에서 ≪불 속에서도 타지 않고 죽일 수도 없는 애국의 새 불사조≫의 기백을 구현한 혁명 투사 리 두성의 정신적 위력을 그의 내'적 체험 속에서 생동하게 형상하였다. 배우는 백 일 동안의 무서운 추위와 굶주림과 병마와 싸워 나가야 할 극적 정황 속에서 리 두성의 정신 세계를 체험하면서 주인공의 강인하고도 락천적인 성격의 본질을 훌륭하 게 보여주었다. (…중략…)

태 을민은 성격적인 배우이며 희극적 특성을 다방면적으로 소유한 배우 이다. 한 장록(≪조국산천에 안개 개인다≫)... 등은 그가 창조한 빛나는 형상적 결실들이며(…중략…)

---

23) 편집부, 「(배우지식) 관통행동」, 앞의 책.

한 장록은 성격적이며 개성적인 인간으로서 창조되었다. 한 장록은 얼핏 보면 실 없는 사람 같다. 그러나 그는 가슴 속에 혁명의 불씨를 안고 다니었다.

태 을민은 한 장록의 이러한 성격의 핵을 정확하게 포착하였다. 지하 공작원으로서 군중 공작 방법에 능한 그는 락천적인 기질의 소유자이며 예지에 빛나는 용감한 성격의 소유자이다. 왕 서장을 회유하는 장면에서의 태 을민의 연기는 성격적이라는 데만 있는 것이 아니라 꽉 째인 연기 형상이였다.[24]

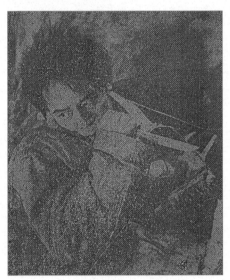 

〈사진 4〉 〈불사조〉의 공훈 배우 리몽
(출처: 『조선예술』 2호, 1966)

〈사진 5〉 〈불사조〉의 인민 배우 리단
(출처: 『조선예술』 12호, 1959)

안영일은 자신의 작품 〈불사조〉에서 리단이 연기한 리두성에 만족

---

24) 안영일, 「(평론) 배우 예술의 찬란한 개화」, 『조선예술』 12호(1964), 11~15쪽.

하는 것으로 보인다. 리단은 리두성의 목표를 혁명적 승리로 보았고 그것을 주어진 상황 속에서 붙잡으며 본질을 형상화하는 데 성공한 것이다. 또한 태을민에 대해서도 그가 단지 희극적인 형상을 잘 구상한 것이 아니라, 가슴속에 '혁명'이라는 관통선을 잊지 않았기에 훌륭한 연기를 보여주었다고 상찬한다. 안영일의 관통 행동 접근은 실제 공연에서도 성과를 거둔 것이다.

(3) 호상관계 분석

이제 안영일이 제시하는 호상 관계, 남한의 용어로 상호관계를 살펴보기로 한다. 호상관계가 중요한 것은 극중 인물은 서로 관계를 맺으며 존재하기 때문이다. 극중 인물의 우호 관계, 적대 관계, 의존 관계를 분석하는 것은 인물을 입체적으로 구축하게 하는 중요 요소이다. 이 관계에 따라 극중 인물의 행동이 달라지기 때문이다.

다시 말해서 행동과 반 행동은 호상 관계를 기초로 한 교제가 없이는 이루어질 수 없다는 것이다. 호상 관계를 연구함에 있어서 중요한 것은 상대는 어떤 사람이며 무엇을 희망하는 사람이며 나와의 관계에서 그는 무엇을 바라는 것인가, 그의 행동과 사색은 나에게 불피코 어떤 사색과 행동과 결심을 야기시켜 주며 드디어 투쟁을 하게끔 추동하는가를 분석하는 것이다.[25]

이와 같이 호상관계는 특별한 이해를 필요로 하지 않는다. 인물이

---

25) 송영훈, 「〈배우지식〉 호상 관계」, 『조선예술』(1963.11), 46~47쪽.

서로 어떤 관계인가를 밝히는 것인데, 주목할 것은 이것이 인물의 관통 행동에 영향을 주기 때문이다. 북한 연극에서 일반적으로 주요 인물인 김일성, 동료, 선생 등이 나에게 무엇을 바라며, 그로 인해 나는 무엇을 지향하게 되는가가 정해지는 것이다. 이러한 분석이 선행되지 않으면, '무대에서의 역 인물들 간의 행동은 논리가 파괴될 것이며, 이는 필연적으로 역 인물의 성격의 왜곡과 파탄을 가져'올 것이다.26)

이와 같이 안영일은 희곡의 분석을 중요하게 본다. 이에 그가 1950년대 중후반 북한에서 러시아 유학파를 중심으로 유행했던 '행동분석법'에 문제 제기를 하는 것은 필연으로 보인다.

행동적 분석이란 연출가가 배우와의 작업 첫 단계에서 문학적 분석을 끝마친 다음 즉흥적인 말과 즉흥적인 행동으로써 희곡과 역을 분석하는 것이다.
다시 말해서 행동적 분석 방법은 련습의 전 과정을 지배하는 련습 방법인 것이 아니라 련습 첫 단계에서 진행하는 분석의 방법인 것이다. 그러므로 행동적 분석 방법은 어디까지나 ≪분석의 방법≫이지 구현의 방법도 형상의 방법도 아닌 것이다.27)

안영일은 행동분석법을 연출 작업에 활용하는 것 자체는 거부하지 않는다. 그러나 그는 초과제, 관통 행동, 호상 관계는 즉흥적인 행동으로 분석할 수는 없다고 주장한다. 철저한 문학적 분석을 먼저 진행하

---

26) 위의 글.
27) 안영일, 「연출 작업에서의 형상성과 과학성」, 앞의 책.

는 것이 연출의 성패를 좌우하는 열쇠라는 입장이다. 희곡의 인물은 심오한 사상과 행동을 지향하기에 대사를 중심으로 배우들의 초과제, 관통 행동, 호상 관계를 분석하지 않으면 인물의 복잡한 내면 세계는 드러나지 않는다는 것이다.

옥중에서 나라의 운명과 도탄 속에서 허덕이는 인민들에 대한 열렬한 상념과 당파 싸움에 눈이 어두운 역적의 무리들과 침략자 왜적에 대한 끓어 넘치는 증오와 분노로 하여 전전 반칙하는 리 순신 장군의 심정, 혹한과 굶주림과 병마와 싸우면서 오직 조국의 자유와 독립을 위하여 투쟁하고 지향하려는 연극 《불사조》 후반부에서의 주인공 리 두성의 북잡하고 심각한 내면 정신 세계들을 즉흥적인 대사와 즉흥적인 행동으로써만 분석할 수는 없다. 선조들의 생활 풍습과 고전에 대한 해박한 지식과 체험을 소유한 황 철과 리 단의 경우와 생호라 경험이 적고 고전 예술 작품에 대한 리해와 지식이 미흡한 젊은 배우나 연극 영화 대학 학생들이 대사의 뜻을 따라 가면서 즉흥적인 말과 행동으로써 분석하는 경우와는 기본적으로 다른 형태들이 나타나게 될 것이다. 이런 경우에 사상-의식이 노는 역할은 아주 중요한 의의를 가지게 된다. 그리하여 연출가나 배우의 세계관과 생활 체험에 기초하여 사색적이며, 의식적이며, 의지적인 작용에 의해서 역 인물의 유기적 행동이 산생하게 되는 것이다.[28]

이와 같이 안영일은 희곡에 담겨 있는 깊은 사상을 무대 위에 드러내기 위해서는 과학적 분석이 이루어져야 한다고 강조한다. 좋은 희곡일수록 깊은 사상과 복잡한 인물들이 등장하는데 이 중층적인 욕망

[28) 위의 글.

을 짧은 즉흥극을 통해 파악하는 것은 불가능하다는 입장이다. 안영일은 철저한 희곡 분석, 대사 분석, 초과제 분석, 관통 행동 분석, 호상 관계 분석이 연출법의 기본이라고 주장하는 것이다.

〈사진 6〉〈불사조〉(출처:『조선예술』 6호, 1966)

3. 인물 구축: 내면화와 체험

안영일은 '배우가 연극의 꽃'이라고 강조한다. 물론 이것은 배우가 어느 정도 외모가 아름다워야 하는 것을 전제로 하지만 안영일의 핵심은 그 이상이다. 배우가 무엇보다 극중 인물의 성격을 진실하게 내면화해야 한다는 것이다.

(…상략…) 그런데 최근 시기에 창조된 몇몇 연극 작품들에는 심각한

생활 체험과 깊은 사색이 없이 겉치레나 그럴 듯이 가꾸고 기계적으로 움직이고 행동하는 배우들이 간혹 있다. 개념적으로 분장을 하고 극적인 것, 격렬한 것, 사건적인 것에만 매혹되어 인간 성격의 내면 정신적 본질을 체현하지 못 함으로써 판박이식 외'적 행동으로 형상을 대치하는 배우들이 이에 속한다. 이런 배우들의 연기는 자다가 나올 때는 의례히 기지개를 켜고 하품을 하고 어깨를 툭툭 치며, 웃음도 너무나 단조롭다. 또 오래간만에 만나면 의례히 으스러지게 포옹하게 마련이다. 이처럼 생활에 대한 심오한 인식과 느낌이 없어, 역을 창조하는 것이 아니라 틀에 박혀 기계적으로 대사를 전달하고, 움직이고, 부르짖을 때 생활과 인간이 사그라져 버림으로써 형상은 볼 수 없게 된다.[29]

안영일은 배우가 기계적으로 움직이고 행동하는 유형적인 연기를 경계한다. 극중 인물이 자다가 나오는 장면에서 기지개나 하품을 하는 것은 실상 일반적이어서 이것을 굳이 유형적이라고 볼 수 있을까 하는 의문이 드는 것은 사실이다. 그런데 안영일은 '역을 창조'하라고 말한다. 기존 배우가 보여주었던 행동을 모방하지 말고 극중 인물에 집중하여 진실한 행동을 구현하라는 것이다. 특히 사실주의는 어떤 개념으로 인물을 구축하는 것이 아니라 진실하게 전형화해야 한다고 강조한다. 그렇다면 안영일이 주장하는 진실성이란 무엇일까?

배우들의 연기 형상을 두고도 진실성 여부에 대해서 말할 여지가 많다. 연기 형상에서 진실성 – 그것은 배우들의 높고 풍부한 미학적 안목으로 희곡과 극 인물을 심오하게 파악하고 극 인물의 정신세계를 깊은 체험

---

29) 부교수 안영일, 「배우의 형상」, 『조선예술』 2호(1966), 15쪽.

속에서 창조하는 것을 의미한다. 희곡의 형상적 특성, 극 인물의 주도적인 성격 그리고 그의 다양한 속성들을 정확히 파악함이 없이는 자기가 맡은 극 인물의 형상을 주제 사상의 요구와 작품의 전일적인 형상 방향에 상응하게 창조할 수 없으며 전형성을 획득할 수 없다. 그렇기 때문에 우리는 극 인물의 정신 사상적 특성과 개성들을 명확하게 분석 파악하고 그를 전형적이고 개성적인 인간 성격으로 형상하는데 심중한 주의를 돌려야 한다.[30]

안영일에게 인물의 진실성은 극인물의 특징을 정확하게 파악하고 체험하는 것이다. 인물의 개성이 무엇인지 파악하는 것이 진실성을 끌어낸다는 것이다. 이 글만으로는 이론적인 경향이 짙어 보다 구체적인 예가 필요한데, 다행히 다음의 글이 발견된다. 안영일은 작품을 구체적으로 예로 들며 지향할 연기와 지양할 연기를 말한다. 다소 길지만 살펴보기로 한다.

그러나 우리 연극들에서는 아직도 형식주의적인 과장된 연기, 가시적인 행동들이 적지 않게 발로되고 있다. 일부 연기 형상들에서 극 인물의 계급적 립장과 성격의 규정성, 무슨 직업을 가지고 무엇을 하자고 하며 무엇을 지지하고 반대하는 인간인지조차 구별할 수 없는 모호한 성격들이 등장하는 것은 다 이러한 근본 문제가 해명되지 못한 것과 관련되어 있다. 연극 ≪설한령≫에서는 주인공을 비롯한 전쟁하는 사람들을 슬픔과 비애에 잠기게 하였으며 후방에 남아 있는 로인들을 기형화하였다. 연극 ≪조국의

---

30) 부교수 안영일, 「(체계와 형상) 진실한 창조, 심오한 형상」, 『조선예술』(1966.4), 편자 홍재범, 『스타니슬랍스키 시스템과 『조선예술』』(호모 루덴스, 2017), 473~483쪽.

목소리≫에서는 연기자들이 극 인물의 내면 정신세계를 탐구하고 그를 개성화할 대신에 부질없는 웨침과 거친 행동으로 연극을 산만하게 만들었다. 이 연극에서 특히 지적해야 할 것은 류 청렬에 의하여 형상화된 사단장이다. 그는 영웅적인 인민군 지휘관을 진실하게 형상화할 대신에 견장을 의식적으로 크게 만들어 붙이고 항시 무대 중앙과 정면을 차지함으로써 관중들의 주목을 극 인물의 형상보다도 자신에게 이끌려 하였다. 연극 ≪설한령≫에서도 적지 않은 배우들이 과장과 기형성으로 진실한 형상을 대신하려는 그릇된 편향들이 나타났다. 세포위원장(황종우)과 로인을 창조한 한 젊은 배우의 연기는 기괴한 목소리와 기형적인 행동으로 하여 사람들의 미적 정서를 불러일으키지 못 했다.31)

안영일이 지적하는 연기를 간추리면 과장된 연기, 가식적 행동, 모호한 성격, 기형화, 부질없는 웨침, 거친 행동, 관객의 시선을 배우 자신에게 이끌려는 태도, 과장, 기형성, 기괴한 목소리 등이다. 다시 말해서 악역을 연기할 경우, '막연히 나쁘다'라는 개념으로 목소리를 필요 이상으로 기괴하게 내는 것, 분석을 통한 성격의 이해 없이 막연하게 무대에 존재하는 것, 개연성 없이 소리지르는 것 등이다. 안영일은 이와 같은 양상의 근본은 무엇보다 인물에 대한 분석이 없어서이며, 기존의 유형적인 틀에서 벗어나지 못했기 때문이라고 지적한다. 그렇다면 안영일을 만족시키는 배우가 있었을까? 〈불사조〉에서 손의사를 연기한 한진섭이 그에 속한다. 안영일은 한진섭의 연기를 상찬한다.

---

31) 위의 책, 477쪽.

한진섭은 다양한 역 인물을 폭 넓게 형상하는 배우이다. 그러나 그의 형상이 다양하다는 것은 그가 문장의 명수라는 데만 있는 것이 아니라 생활과 인간에 대한 깊은 통찰력과 함께 인간 성격을 개성화하는 기법의 소유자라는데 있다. 손 의사의 형상에서는 소박하고 진실한 국제주의 투사로서의 사상 정신적 풍모와 함께 생활 락천적인 성격적 특성을 창조하였으며 (…하략…)32)

안영일은 〈불사조〉에서 손 의사 역을 맡았던 한진섭에 대해 만족을 표한다. 한진섭이 무엇보다 개성적으로 인물을 구축했기 때문이다. 그는 그 이유가 기교보다는 생활과 인간에 대한 깊은 통찰력 때문이라고 평한다. 안영일은 거듭 배우에게 피상적인 인물 분석과 추상적인 표현을 피하고 인물이 극에서 무엇을 하려 하며, 어떠한 상황에 처하여 있는가를 분석하여 인물을 구축하라고 당부한다. 이것이 사회주의적 사실주의 연기라는 것이다.

사회주의 사실주의 연기 형상에서 개성화는 기형적인 것, 과장된 것과는 인연이 없다. 연기 형상에서 외'적인 과장과 기형화는 도식을 산생하는 기초로 된다. 연극 ≪남녘의 어머니≫에서 매판 자본가를 금테 안경에다 스프링코트를 입히고 단장을 들게 하는 것만으로는 그의 사회 계급적 본성을 구현할 수 없다. 권가의 처의 형상도 그야말로 ≪나는 나쁜 여자이며 자본자의 안해이다.≫라는 일면적 표상이며 도식적인 연기 형상이다. 도식주의는 생활의 진실을 공식적인 틀로 바꾸어 놓고 창작 과정에서 전형화의 법칙을 위반하는 데로부터 생겨 나온 것이다.33)

---

32) 안영일, 「(평론) 배우 예술의 찬란한 개화」, 앞의 책.

안영일은 사회주의 사실주의 연기는 도식적인 연기가 아니라고 강조한다. 막연한 관념에 사로잡혀서 어떤 개연성도 없이 소리를 지르거나, 거만하게 걷거나 하는 것은 모두 도식적인 연기로 사회주의 사실주의 연기와 무관한 것이다. 이를 위해서 안영일은 중요한 연기법을 제시한다. 무엇보다 감정을 연기하지 말라는 것이다.

그러면 형식주의적이며 외형적인 연기가 발로되는 원인은 어디에 있는가? 그것은 우선 우리 일부 연기자들이 극 인물의 정신세계에로 줄기차게 파고 들어가면서 심오한 체험 속에서 인간 성격을 전형화할 대신에 소위 체험을 위한 체험에 빠져서 정서, 기분, 감정의 결과만을 추구하는데 있다. 그들은 극 인물의 생활과 행동을 심오하게 분석하고 그의 뜻과 사상을 가지고 행동하는 것이 아니라 《슬픈 것》, 《기쁜 것》, 《노한 것》, 《즐거운 것》, 《영웅적인 것》등의 결과를 표상하는 것이다.[34]

안영일은 거듭 감정을 연기하지 말 것을 촉구한다. 감정은 행동의 결과이기 때문이다. 희곡을 분석하여 어떤 상황인지, 나는 상대와 어떤 관계인지, 무엇을 원하는지 등에 먼저 집중하고, 그에 따라 행동할 때 그 결과로 슬프거나 기쁘게 된다는 것이다. 따라서 연출가는 '배우를 극 인물의 단순하고 외형적인 해석자나 수행자로 만들 것이 아니라 생활의 체현자로 연극 예술의 의식적이며 당적 사상의 진실한 구현자'로 만들어야 한다.[35] 연출가는 '배우에게 어떻게 정서와 기분을 연기할 것인가를 요구할 것이 아니라 어떻게 행동할 것인가'를 제시

---

33) 홍재범 편, 앞의 책, 478쪽.
34) 위의 책, 478쪽.
35) 위의 책, 479쪽.

해야 하는 것이다.36)

〈사진 7〉〈조국산천에 안개 개인다〉 배우 리재덕
(출처: 『조선예술』 11호, 1964)

〈사진 8〉〈조국산천에 안개
개인다〉 인민배우 태을민
(출처: 『조선예술』 6호, 1966)

4. 무대구도: 집약과 함축

안영일은 연극은 표현되는 것이므로 예술적인 연출구도가 필수라고 강조한다. 그는 연출구도란 '희곡의 주제사상을 천명하기 위하여 극 인물들의 내외의 행동을 생활 론리를 따라가면서 예술적으로 조화시키고 배렬하는 생활 상태이자 화폭이며, 극작품의 내용과 극인물의 정신세계와의 호상작용의 법칙에 의하여 표현되는 예술적 수법'37)이라고 설명한다. 극의 내용과 인물의 목표 등을 시각적으로 표현하는

36) 위의 책, 479쪽.
37) 부교수 안영일, 「(연출리론) 연출구도」, 『조선예술』 12호(1966), 19~22쪽.

것을 연출구도로 보는 것이다.

연출구도는 어디까지나 생활적이고 표현성이 강하면서도 시적으로 함
축되고 전형화될 것을 요구한다. 다시 말해서 환경과 성격을 전형화해야
한다. 연출구도가 복잡하다든가 표현성이 막힐 때 관중에게 선명한 인상
을 줄 수 없으며 깊은 사상을 전달할 수 없다.[38)

안영일이 추구하는 연출구도는 함축된 시각적 볼거리이지만 그가
사실주의를 벗어나는 것은 아니다. 안영일은 "연출구도는 높은 사상
과 예술성으로써 생활과 행동을 조형적으로 표현하느니만큼 사실주
의적 형상 방법과 그 원칙에 엄격히 서야하며, 무대구도는 실생활에
서와 같이 자연스럽고 진실해야 하지만 생활 그대로의 복사일 수 없
으며 형식의 구현이라고 하여 겉치레로 되어서는 안된다"고 주장하기
때문이다.[39) 그렇다면 안영일은 어떻게 연출구도를 실현하였을까?
안영일의 연출작품을 살펴볼 때 그의 연출법이 구체적으로 어떻게
드러났는지 알 수 있는데 다행히 이에 대한 자료가 발견된다. 다음은
리철홍의 글이다. 장면의 상상을 위해 다소 길지만 옮겨보기로 한다.

연출가 안 영일 동지는 연극 ≪조국 산천에 안개 개인다≫를 연출하면서
이 장면을 통하여 박 성룡의 성격 발전 계기를 감동적으로 보여 주려는
의도를 성공적으로 구현하였다.
연출가의 형상적 의도는 그가 연출안에 설계한 구도와 그의 통일에서도

---

38) 홍재범 편, 앞의 책, 491쪽.
39) 위의 책, 491쪽.

능히 찾아 볼 수 있다. 언덕 우에 위치한 사령부, 그 아래에 서 있는 성룡이의 ≪자리≫(구도), 이 두 위치는 서로 끊을 수 없이 련결된 언덕길 우에 놓여져 있다. 그도 설정에서의 이러한 과학성은 연출가의 사상 정치적 지향과 연출 형상 방향이 명백함으로 하여 이루어진 것이다.

여기에는 찬 바람이 불어 대는 령하 40도의 백두 밀림 속에서도 사령관과 평범한 전사 사이에 오고 가는 뜨거운 정은 어떤 추위도 어떤 난관도 이겨 낼 것이며 승리할 것이라는 연출가의 뜨거운 심장이 불타고 있다. 연출가는 또한 이 장면에서 조명 변화, 음향 효과, 인물의 행동 등을 잘 조직함으로써 생활적인 조화미를 형성했다.

① 효과와 조명…마치 소리가 난다. 사령부 창문에 김사장 동지의 영상이 나타난다.

② 행동…성룡이 들어 와 사령부 쪽을 바라 본다. 놀래는 심장!

③ 효과와 행동…마치 소리 약간 크게 들린다. 김 사장 동지는 허리를 펴시고 총신을 우로 드신다.

④ 행동…성룡이 더 가까이 간다.

⑤ 효과와 조명…불어 오는 눈보라 소리, 밀림이 설레인다. 조명이 두 지점을 포근히 감싼다. 두드리는 마치 소리는 고르롭다. 따뜻하다.

⑥ 행동…성룡 감격하여 손을 모두어 가슴에 대며 사령부 쪽으로 발'길을 옮긴다. 언덕길을 오른다.

⑦ 효과…마치 소리 더 빨리 더 크게 울려 온다.

⑧ 행동과 조명…성룡이 올라 간다. 걸어 간다. 한 발자운 두 발'자욱! 나직히 말한다-≪김 사장 동지!≫

무대 천천히 어두워진다.

보는 바와 같이 연출가는 등장 인물의 내재적인 움직임, 그의 속도와 률동, 그의 행동을 자기의 확고한 의도에 근거하여 철저하게 조직하고

있으며 그에 조명 변화, 효과 음향 등 제 요소들을 유기적으로 배합하면서
점차 빠른 속도로 이끌고 나갔다.[40]

〈사진 9〉〈조국 산천에 안개 개인다〉(출처:『조선예술』 7호, 1965)

리철홍은 이 장면을 효과와 조명, 행동, 효과와 행동, 행동과 조명으
로 분석한다. 핵심은 조명과 음향이 인물의 심리에 따라 구현되었다
는 것이다. 리철홍은 안영일이 인물이 놀라는 장면에서는 '놀람'만을
표현하지 않고 어떤 놀라움인가를 분석하여 그것을 조명에 반영했다
고 한다. 뿐만 아니라 인물 움직임의 속도까지 맞추어 조명과 음향이
변화했다고 전한다. 안영일은 무대의 구도와 무대 요소가 장면의 메
시지를 전달하도록 섬세하게 디자인한 것이다.

<hr>

40) 리철홍, 「(평론) 의도와 형상」, 『조선예술』 6호(1966), 27~28쪽.

안영일의 무대 구도에 대한 상찬은 리철홍에 그치지 않는다. 북한의 인민배우 한진섭 역시 안영일의 무대 작업에 대해 '연출한 작품에 구현된 높은 서정성은 단순하고 공허한 그 어떤 극성과 서정을 자아내기 위한 것이 아니'라며 안영일의 연출을 극찬한다.[41] 다음은 한진섭이 〈조국 산천에 안개 개인다〉의 무대 연출을 설명한 글이다.

> 연극 1장에서 황 동일(황 순사)의 부굴한 행동에 대한 박 성룡의 구타 사건을 통하여 야기된 그의 민족적 울분과 일제에 대한 치솟는 적개심을 격조 높이 형상한 장면, 원 순애와 박 성룡의 리별 장면, 장군님과 박 성룡의 상봉 장면, 이 외에도 박 성룡의 총'가목을 수리해 주시느라고 깊은 밤을 지새우는 장군님의 방 처리, 그 방에서 흘러 나오는 불'빛과 똑딱이는 망치 소리, 이 모든 장면과 형상들의 적은 세부 속에는 연출가의 깊은 서정이 깃들어 있다. 이것으로 하여 연극은 훌륭하게 가공된 하나의 시적 화폭과도 같은 서정성을 안겨 주고 있는 것이다.[42]

1장에서 안영일은 폭력적인 장면을 폭력 그 자체가 아니라, 서정적으로 처리한 것으로 보인다. 이어지는 이별 장면과 상봉 장면에서는 조명으로 불빛으로 처리하면서 서정성을 더하고, 망치 소리로 청각적 효과를 같이 세운다. 한진섭은 이것을 서정성이 잘 드러난 장면으로 보는 것이다. 다음은 한진섭이 설명하는 1장의 장면인데, 다소 길지만 그대로 옮겨보기로 한다.

---

41) 인민배우 한진섭, 「(평론) 성장한 연출 예술」, 『조선예술』 12호(1964), 16~17쪽.
42) 위의 글.

그의 이러한 서정적 양상이 다양한 구성 요소들을 통하여 발현되고 있다는 것을 리해함에 있어서 좋은 실례로 되는 것은 원 순애와 박 성룡의 리별 장면이다.

원 순애: 저도 함께 가겠어요(하고 박 성룡의 옷소매를 잡는다)

박 성룡: 함께 (놀란다)

원 순애: 혼자만 가면 어떡해요? 기약 없는 길을 떠나면서 왜 날 떼두고 그냥 가시려고 그래요? (하고 흐느껴 운다)

박 성룡: 순애! 내 어델 간들 순애를 잊겠어? 울지 말어.

원 순애: 잊지 않을 걸 왜 온르은 함께 못가요?

박 성룡: 어머니랑 우리 아버지랑 돌봐 드려야지. 정말 말 못 할 사정이 있다니까…

원 순애: 그 사정이 무슨 사정이예요. 숨어살 사정일 바엔 백두산 꼭대기에 가서두 마음만 맞으면 살 테지요.

박 성룡: (난처한 듯 자리에 도로 앉아 떡을 한 개쥐고 생각에 잠겨 있다가) 그렇게 몸부림치며 큰 길을 떠나는 장부의 발목을 잡을 일이 아니라고 생각해. 내가 목이 백 번 날아 난 들 순애를 속이겠어…

보는 바와 같이 이 장면에는 순박하고 깨끗하며 아름다운 그들의 내면 세계가 진실하게 그려져 있다.

연출가는 여기에서 생활과 투쟁과 모순 속에서 시대적 암흑을 뚫고 소생하려는 인간, 삶과 인간에 대한 뜨거운 정, 진실하고 소박하며 고귀한 사랑의 열정, 맑고 억센 주인공들의 내면 세계를 높은 시적 정서로 관통시켜 나감으로써 형상을 무르익혀 놓았다.

물론 연출가 안 영일의 이러한 서정적 양상이 등장 인물들의 심리 세계(대사)에서만 풍기는 것은 아니다. 주요하게는 주인공들의 성격 묘사를 돕는 연출가의 각이한 형상 수단들의 예술적 조화를 통하여 발현되고 있다.

가령 리별 장면인 경우, 이것은 순애와 박 성룡의 위치 설정과 구도 처리, 나무'잎 떨어지는 것, 조명의 색조 등 모든 요소들로서 강조되고 있음을 볼 수 있다.[43]

한진섭은 안영일이 인물의 심리를 대사에서만이 아니라, 다른 수단을 통해서도 표현했다고 강조한다. 이 장면은 박성룡이 순애를 두고 떠나는 장면으로 슬픈 장면이라 할 수 있다. 그런데 안영일은 이때 장면을 돕기 위해서 나뭇잎을 떨어뜨리고, 조명의 색에 변화를 준 것이다. 정확히 순애와 박성룡이 어떤 위치에서 어떻게 움직였는지는 모르지만 한집섭의 전언에 의하면 장면의 애틋함을 최대한 살릴 수 있도록 배치한 것으로 보인다. 안영일의 다음 글을 보기로 한다.

연극 ≪조국산천에 안개 개인다≫에서 연출자는 주인공 박성룡이 오매에도 우러러 마지 않던 김사장과 상봉하는 장면의 연출구도를 연극이 제기하는 주제사상을 천명하는 기초로 인식하였으며 주인공이 성격 발전을 이룩하는 결정적인 계기로 보았다. 그는 천고의 밀림을 배경으로 하고 아름다운 잔디가 깔린 돌층계 우에 약간 높게 자리잡으신 김사장과 마치 그분의 품에 안길 듯 무릎에 손을 얹고 앉아 있는 박성룡의 모습에서 김사장의 높은 덕성을 느끼게 하려고 하였다.[44]

안영일은 자신을 '연출자'라고 객관화한다. 김일성과 박성룡이 만나는 장면에서 김일성의 덕성을 표현하기 위해 배경은 아름다운 잔디

---

43) 인민배우 한진섭, 「(평론) 성장한 연출 예술」, 앞의 책, 16~17쪽.
44) 홍재범 편, 앞의 책, 495쪽.

를 깔게 하고, 김일성을 약간 높게 위치한 것이다. 그리고 박성룡을 낮게 위치시킴으로써 우러르는 구도를 자연스럽게 만들어낸다. 안영일은 이것을 연출구도라고 명명하며, 이같이 연출구도는 장면의 핵심과 등장인물의 관계를 반영해야 한다고 주장한다.

〈사진 10〉〈조국산천에 안개 개인다〉 　　　〈사진 11〉〈조국산천에 안개 개인다〉
　(출처: 『조선예술』 11호, 1966)　　　　　　　(출처: 『조선예술』 7호, 1966)

　그런데 흥미로운 것은 안영일이 이에 대해 고정된 공식을 제시하지는 않는다는 점이다.

　　연출구도에 대해서 말할 때, 대각선, 원형, 수직형 구도들을 련상하게 된다. 구도에 대한 이와 같은 일련의 수법들은 정식화된 규범도 아니며 고정불변한 법칙도 아니다. 그것은 형상수법에 대한 특수한 개념이다. 그런 까닭에 연출구도에는 정식화된 틀이 있을 수 없다. 청춘남녀가 사랑을 속삭이는 구도, 원쑤들과 대치하는 격정과 증오로 불타는 주쟁의 연출구도가 따로 있는 것이 아니다.[45]

이와 같이 안영일은 연출구도에서 고정된 법칙이 있는 것은 아니며, 사실주의 연극 자체가 도식과 형식주의를 반대한다고 주장한다. 그렇다면 그에게 연출구도에서 중요한 것은 무엇일까? 연출구도가 장면의 메시지와 인물의 심리를 전달하는데 도움이 되는 것이다. 안영일의 무대 구도의 핵심은 집약과 함축인 것이다.

　이와 같이 안영일은 사회주의 사실주의를 기본 틀로 하면서 이를 위해 먼저 희곡에서 대사분석, 초과제/관통행동/호상관계 분석을 제시한다. 그 다음 단계에서는 배우가 극중 인물을 내면화하고 체험할 것을 제시한다. 이때 무대는 인물의 심리를 전달하기 위해 집약적이고 함축적으로 구축되어야 한다. 안영일은 스타니슬랍스키의 용어를 따르며 북한 연극계에서 과학적 연출법을 구축한 연출가라 하겠다.

---

45) 위의 책, 497쪽.

송영, 「≪불사조≫ 창작 수기」, 『조선예술』 7호(1959), 35~38쪽.

(…상략…)

1959. 1. 11

리 서향에게 편지 보내다

≪강화도≫ 제 련습, 차 응록, 탁진, 박 춘명, 박 태영, 류 기홍 등의 작품 추진, 연출가 문제 등 행정적인 문제에 약간 언급하고 나의 ≪불사조≫ 프론트도 알린뒤 다음과 같은 뜻의 편지를 쓰다.

7명의 등장 인물이 4막 7장을 엮어 나가는데 그중에도 4명이 중심이요, 주인공의 스페스는 전체의 3분지 1이나 됩니다.

부상자, 환자들만 있는 병원 장면을 통하여 항일 무장 투쟁의 장엄하며 영웅적인 풍모를 보여 준다는 시도는 일종 모험이기도 하나 기어코 성공해 보겠다고 갓득이나 흰 머리가 더욱 서리빨이 됩니다.

성격을 완벽하게 창조하고 심화하자! 이것이 이번 작품의 중심 방향이며 어떤 곤난과 사경과 유혹도 오직 조국 광복을 위하여 헌신 분투하는 김 일성 사상으로 무장되여 영웅적으로 참어 이겨내는 ≪불사조≫의 정신과 기백이 그리고 혁명적 락천주의가 이 작품의 빠포스가 됩니다.

내 나이 값을 (생리적인 나이와 창작 녕한의) 새해 벽두에 해 내야 망정이지 그렇지 못한다면 천리마는 커녕 자라의 뒤'꽁문이도 못 따르게 될게 아닙니까 ?

1959. 1. 12.

새로운 시도에 대하여

작가들 사이에는 (그 중에도 실력이 얕은 작가들은)작품을 쓸 때마다 새로운 시도들을 감행한다.

이것은 더 높게 더 굳게—라는 긍정적인 측면도 가지고 있으나 대개 그 시도와는 거꾸로 맺어진다.

새로운 시도란 대개 이제까지 (동서고금) 여러 작가들이 안 해 본 것을(즉 미개지를) 해 보겠다는 데서 나온다.

그러나 이런 것들은 항용 아래와 같이 된다.

1. 새 것이라고 생각하고 자기만은 창의 창발 미개지 개척 같이 생각하고 해 났다는 것이 실상에 있어서는 선행 작가들의 수법을 번복하는 낡은 옛 것으로 된다.

2. 새 것을 그 내용과 사상에서 노리지 않고 그 외형 즉 기교와 형식에서 찾는다.

때문에 내용이 없거나 빈약한 것을 비정상적인 기발과 괴상과 기형 등으로 색칠을 하면서 사람들을 현혹하게 한다. 그러나 사람들은 여기에 속지 않는다.

3. 새 것을 보통 사람들의 정상적인 생활에서 찾는 것이 아니라 작가들이 임의로 설정한 기형적인 인형에서 찾는다. (불구자, 성격 파탄자, 기벽자 등) 때문에 이런 것은잠간 보기에는 신기롭고 재미가 나는듯 하지만 보고나면 실증을 느끼게 되고 다 보고나면 경멸과 공허를 느끼게 된다.

4. 새 것을 진실한 사람들의 감정과 언어 (대사)로 표현할 대신 실없은 사람들의 말작란, 말 재조로서 대체한다.

모던이즘적인 하이칼라식 외국 말의 번역식, 소부르 문청적인 말꼬리— (지금에는 많이 시정되여 가고 있지만 박 태영 형제와 김 명배, 장 례순 등 신인 가운데에 이런 경향이 많았다.)

나는 이번 작품 쓰는데 이상과 같은 《사이비한 새로운 시도》가 아닌 진실한 ≪새로운 시도≫를 하려고 한다. 물론 이것도 군중적인 토의와 방조를 거친 뒤에 시정 발전시키려 한다. 그 초안은 아래에 같다.

나의 새로운 시도란 ?

1. 독백을 대담히 사용할가 한다. 막마다 다 있고 특히 4막 1장은 완전 독백극을 만들가 한다. 그 방법으로서는

ㄱ. 환상 장면 (환등 혹은 그림자 연극)을 설정하고 그와 이야기하며 곰 (의인)을 등장시켜 그와 격투하고 불꽃 (염)과 바람과도 상대하고―

ㄴ. 효과 음악을 많이 쓰고

2. 혁명적 락천주의―이것이 작품의 빠포스가 되느니만치 그것을 더 선동적 (전투적)으로 강조하기 염하여 시인을 등장시켜 볼가!(혹은 선동 연설자로!)

3. 갈등을 구체적인 물질 (사건, 사실)에 두지 없고 (둘 수도 없다) 심각한 정신 세계에 두자. 이 작품의 중요 갈등은 병마와 혹한과 기아라는 자연 조건에 있으니 만큼 더욱 그러하다. 다만 고가라는 특무 하나만을 구체적인 적으로 할 뿐이다. (이것도 대렬내의 첫으로 할른지 ? 대외의 적으로 할른지 ?).

4. 연출에 있어서 음악을 도입할가 한다. (록음 음악이라도)

나의 이 ≪새로운 시도≫라는 것도 실상은 하나도 새로운 것이 없다. 쉑스피어 극이나 단첸꼬의 연출 수법이나 메리폴드의 형식들이 답습된 데에 불과하다. (카프 전성 시기의 연극들도 이런 것이 많았다) 그래서 나는 새삼스러히 여기에 대하여 새로운 결론을 얻게되였다.

≪새로운 시도≫라는 것은 그것이 형식에 있는 것이 아니라 그 내용에 있으며 또 그 형식은 반드시 내용에 복종되여야 한다. 즉 어떠한 형이든 간에 그 내용을 더욱 풍부히 하여 주고 강조하여 주는 데 역할을 하여야만 그것이 비록 옛 사람들이 썼었든 헌 것 (나쁘다는 뜻은 아니다)이라도 새

것이 될 수 있다≫고—동시에 또 하나의 결론을 갖게 된다.

≪이번 작품은 전형적인 전투적 쟌르로써 대격동적인 톤과 템포로써 사람들에게 숨쉬일 사이를 주지 말며 강력한 선동자로써 사람들의 심장을 고동시켜 주□다≫고—

전투적인 문학 쟌르에 대하여

여기에 대해서는 대게 짧고 작은 것에 국한되여 없는 듯이 생각하는 사람들이 많다. 단편, 단막, 단평, 짧은 오체르크 장막이나 장편은 여기에 해당치 아니하며 도리혀 장편물들은 시대적인 격류와는 편견없이 소위 고전적 불후의 작품으로써 따로히 서서히 창작되여 지고 읽히여지는 것이라고까지 생각하는 사람들도 혹간 있다.

이런 생각은 잘못이다. 만일 이런 생각이 의식적인 경우에는 더욱이 엄중한 오유로 된다.

지금 전 세계는 두 편으로 갈라져서 격렬한 핀가리 싸움이 버려져 있으며 더욱이 우리 나라 정세는 미제와 반동과 반혁명과의 최종적인 전투가 가렬하게 버러지고 있는 환경과 처해 있다.

이런 시기에 있어서 안연무풍의 태도로써 과업 소설이나 정론시는 할 사람이나 하고 할 때에나 하는 것으로 (그것도 마지 못해서) 생각하는 것은 공산주의 작가의 생각이 아니라 부르죠아 사상 잔재이다.

지난날 카프의 문학은—그리고 항일 무장 투쟁 행정에서의 문학들은 모두가 전투저기요 정열적이요 선동선전적이였었다.

그런데 정작 해방 후에는 너무나 행복하고 자유스러운 환경에 안일 자족하여 투지와 정열들이 결여되고 (많은 경우에) 고전적 가치가 있다는 대작주의로 떨어지는 경향들이 생기였다. (특히 신인들에게)

물론 이것은 부분적 현상이였으며 또는 시정되고 시정되여 가고 있기는 하다. 이러한 경향들은 특히 희곡문학에 있어서는 더욱 그러했다. (지금도 남았다) 물론 희곡 문학은 다른 문학보다 (시 보다는 못했지만) 비교적 전투적인 단막들이 많이 창작되였다. (질은 높지 못했으나) 그러네 전체로 보아서 희곡 작가들은 공산주의 붉은 전사로서 전투적 감정이 저조했으며 특히는 남반부에 둥지틀고 있는 미제에 대한 적개심 또는 이러저러한 반혁명적인 적들에 대한 증오심이 제심장 속에서 저절로, 나아가서는 의식적으로 (계급적으로) 폭발되지 못했다.

다만 이번에는 어떠한 쩨마로 어떻게 써야겠다는 공식적인 인위적 감정으로 작품을 만들어 냈다. 만드는것과 쓰는 것은 다르다. 이것은 곧 사회주의 사실주의냐 ? 아니냐 ? 그것에 가까우냐 ? 머냐 ! 가 척도이다.

작가들이 만들어 쓴 작품이기 때문에 전투적 이야기는 커녕 보통 감정까지 고갈되였으며 때문에 사람들을 흥분 격동시키지도 못하고 선동하고 교양하지도 못한다.

작가가 되려면 먼저 투사가 되라 ! 그것도 전투적인 공산주의 투사로 !

× × ×

일련의 장막 희곡들을 보면 (해방 후 이제까지 나의 작품들도 포함하여) 그냥 너무나 점잖기만 하다.

청춘적인 열혈 대신 군자적 (혹은 신사적)인 체면과 □□만 있고 (그것도 얼되게) 적을 때려 눞히는 투지와 조국과 평화를 사랑하고 수호하는 높은인도주의 보다는 그냥 순수하고 미적지근하고 있어도 고만 없어도 고만의 수준에서 가라 앉고 있다.

해방 후 나의 일련의 희곡 작품들도 크든 적든 이런 경향이 없지 않았다.

다만 가극 《밀림과 이야기하라》와 희곡 《나는 다시 강을 건너간다》만은 일보 전진한 감이 있으나 아직도 그 전투적인 감정은 높지 못하다.

점잖고 침착하게 혁명적 랑만으로 영웅 서사시적으로 (약간 그렇게 가까웁게) 썼을 뿐이다.

작품이란 작가가 쓰는 것이지만 그 작가의 감정이란 전투적인 작중 인물의 감정으로 되어야 한다. 바꾸어 말하면 나는 해방 후 이제까지 많은 경우에 점잖게 ≪객관≫을 하였다. 따라서 그 형식에 있어서도 진실하게 평범하게 하겠다고만 했고 전투적인 감정을 덜 선동적으로 썼다.

나는 이번 작품에서 이런 ≪점잖은≫태도를 버리고 일제를 반미하여 싸운 항일 뭇아 대오의 애국적인 혁명 의식으로, 화구를 막은 영웅들의 감정으로, 용광로의 쇳물보다 더 뜨거운 로동 계급의 기백으로 대담하게 선동적인, 전투적인, 직접적인 구체적인 수법들을 활용하면서 단편만이 전투적인 쟌르라는 고루한 신비성을 깨뜨려 보겠다.

성 격

사람마다 각이한 성질들을 가지고 있다. 그러나 성질이 곧 성격은 아니다. 다만 성질은 성격을 오나성시키는 한 부분의 요소로 된다. 성격이란 사람들이 가지고 있는 생리적인 성질이 그 사람의 사사와 결합되여 행동으로 표현되는 데서부터 완전한 것으로 된다.

그러나 성질과 사상이 대등하게 결합되는 것은 아니다.

성질이 사상에 복종되고 전변되는 그런 위치에서 결합되는 것이다.

사상이란 말할 것도 없이 그의 환경, 영향, 경험, 교우 관계, 학습, 자각 정도 등에 의하여 이런 저런 것으로 된다.

임상쟁이, 심술쟁이, 표독스러운 것, 앙칼진 것. 눅진 눅진한 것, 팔팔 뛰는 것, 괄괄한 것—이런 것들은 사람들이 가진 각이한 성질들이다. 그러나 그가 그 어떤 사상으로 무장되였을 때에는 성질이란 생리적 특징들이 그 사상을 실천하는 데 예리한 무기로 될 수 있는 것이다.

또는 그 어떤 성질이든 간에 그 사상에 복종되면서 정당하게 정화도 되고 조절도 되는 것이다.

이것이 성격과 성질이 다른 점이며 동시에 성질이 성격 완성의 한 개

요소가 되며 그런 요소들은 때로는 반작용도 하는 것이다.

사상적으로 불순한 자들이 자기 과오를 자비할 때 항용≪나는 잘못 했습니다. 이것은 나의 성격 때문입니다≫라고 말들을 한다. 이것은 론리적으로 봐서 모순일 뿐아니라 그 본질에 있어서도 자비를 하는 것이 아니라 자기 변명을 하는 것이 된다.

왜냐하면 성격이란 자기 사상의 외형인 까닭이다.

× × ×

작중 인물들의 성격을 창조할 때에도 이런 자기 변명적인 오유들을 많이 범한다.

즉 사상과 성질을 혼동하거나 또는 성질의 측면만으로 성격이라고 생각들은 하기도 한다.

순박한 모범 농민의 성격이라 하여 그의 고지식하고 우둔하고 소 같이 일만 세차게 하는 괴상한 성질의 주인공으로 만들기도 하고 모범 로동자의 성격을 창조한다 하여 잠도 안 자고 먹지도 않고 툭명스러웁고 사나움기만 하고 사랑과 웃음도 모르는 병적 성질의 인물로 만들기도 한다.

이런 것들은 성격이 무엇인지도 모르는 자의 경망한 기계주의적 경향들이다. 작가들은 우선 성격에 대한 개념부터 잘 알아야 한다. 그래야만 성격을 잘 창조하게 된다. 이것이 작품을 잘 쓰는 열쇠이며 사회주의 사실주의 창작 방법을 활용할 줄 알게 되는 것이다.

1959. 1. 13

이것이 자신에게도 알려지두만요. 나는 련습실에서의 공동 련습에만 만족할순 없었습니다. 휴게실에서, 또는 집에서, 극장까지 오가는 출퇴근 시간에도 길 가는 사람이야 있건 말건, 남이야 웃건 말건, 나는 조금이라도 레닌—그분처럼 살고, 레닌—그 분처럼 생각하고, 레닌—그 분처럼 행동하리라 마음 먹었습니다.

레닌의 번개 같은 예지, 감정, 행동의 온갖 특색들을 련량껏 발휘해 보면서…≫

그는 가벼운 웃음을 빙그레 짓고나더니 ≪대동강 가의 그 (아름답지 못한 산보) 이야기도 이 때의 일이지요—≫하고 말을 이었다.

≪참으로 그때 나는 많은 것을 생각했습니다.

대동강을 모쓰크바 강으로 상상했지요. 지금 대동강 좌우 안의 이 휘황 찬란한 불'빛도 1919년에 혁명초기의 로씨야의 간고한 운명을 량 어깨에 걸머 지시고 불면 불휴의 투쟁을 하신 레닌의 원대한 전기화 계획으로부터 흘러 온 것이 아닌가! 그렇다! 남 다 자는 야밤 크레물리 궁전의 그 분의 방으로부터 새여 나온 그 전설적 불'빛은 비단 로씨야 뿐만 아니라 전 세계 공산주의 승리의 서광을 예고한 신호이기도 하였다.

나는 관솔'불을 지피면서도 온갖 난관을 헤치며 훨신 몇 세기 앞을 내다 보신 레닌의 그 혁명적 랑만에 찬 열정을 가슴 깊이 느끼면서 대동강'가를 몇 번이고 밤새도록 거닐었지요…≫

리 단의 이야기는 여기서 끝나지는 않았다. 그러나 더 옮기지 않은들 어찌 모르랴.

희곡 분석 료해의 첫 단계로부터 무대에 올릴 수 없는 완성의 단계에 이르기까지의 역 인물 창조 과정에서의 배우의 고심을!

그가 다시금 ≪불사조≫ 창조 작업을 위한 련습장으로 들어 간 뒤 나는 이런 것을 가슴 깊이 생각하면서 그때 연구 수첩(불사조)을 펼쳐 보았다.

그의 첫 머리에는 이렇게 씌여 있었다.

≪령하 40도의 혹한 눈보라 치는 밀림 속에서 백날동안(이것은 실로 보통 사람에게 있어서는 100년 맞잡이다) 원쑤들의 박해와 병마를 물리치며 기아를 이기면서 백절불굴의 투쟁 정신으로 살아 온 김 일성 원수 항일 유격대의 충실한 전사 리 두성 소대장의 고 한 인간 형상을 그 어떤 일이 있더라

도 꼭 성공적으로 형상하리라, 오직 붉은 마음으로…≫

안영일, 「(창조 경험) 연극 ≪조국 산천에 안개 개인다≫에 대한 나의 연출 경험」,
『조선예술』 8호(1962), 25쪽.

　나는 연극 ≪조국 산천에 안개 개인다≫를 연출함에 있어서 연출 계획을
다음과 같이 작성하였다.

　우선 희곡의 정류와 양식에 대하여, 연극 형상의 방향과 과업에 대하여,
연극에서의 정확한 력점 규정 및 희곡의 기본 갈등을 로출하는 역-인물의
연출적 취급에 대하여 말하려고 하며 다음으로는 연극의 전반적 분위기와
부분적 분위기에 대하여, 연극의 구성에 대하여 말하려고 한다.

　연출가에게 있어서 희곡의 종류를 정확하게 규정하는 문제는 연극의 사
상-예술성을 구현함에 있어서 아주 중요한 문제의 하나이다. (… 중략…)

　그러면 연극 ≪조국 산천에 안개 개인다≫의 종류는 무엇인가? 이 설문
은 연출가인 나에게 매우 중요한 문제를 던져 주는바 만일 연출가가 희곡
작품의 종류를 잘못 규정하였다면 그 작품은 성과를 거둘 수 없을 뿐만
아니라 희곡 작품의 사상-예술성을 왜소하게, 심한 경우에는 연극의 예술
적 방향을 그릇되게 할 수 있는 것이다.

　연극 ≪조국 산천에 안개 개인다≫는 항일 빨찌산과 인민들의 련계를
끊으려는 일제 군경들과 그를 반대하여 싸우는 항일 빨찌산들과 인민들과
의 련대성을 보여 주면서 인민들의 강의한 생활력과 항일 빨찌산의 혁명
전신을 진실하게 반영하고 있다. 이 연극에서는 인민적인 것과 혁명적 성겨
이 하나의 사상적 지향에로 유기적으로 통일되여 있으며 극적 구성과 극적
행동이 발현되는 모든 정황들이 인민적이며 혁명적이다. 작품의 주제가
보여 주고 있는 바와 같이 그리고 작가가 말하려고 하는 바와 같이 희곡
작품에서는 ≪평범하고 소박한 인간의 아들이 혁명가도 되고 영웅도 된다≫

는 사상으로부터 출발하여 희곡의 많은 정황들에서 혁명적 투쟁과 인민적 사상이 강렬하게 표현되고 있는 것을 찾아 볼 수 있다.

작가 리 종순은 ≪소박하고 평범한 인민의 아들-박 성룡의 성장의 력사≫를 통하여 작품의 첫 부분에서는 인민들의 암담하고 비참한 생활과 그 속에서의 인민들의 억센 의지와 기상을 보여 주면서 극 작품의 후반 부에서는 항일 빨찌산들의 강력한 생활적 혁명적 진출의 격정을 보여 주고 있다. 김 사장은 장백 지구로 련대를 보내시면서 ≪손에 무기를 잡고 인민의 원쑤를 때리는 것이 로동자 농민의 아들딸이라는 것을 인민 대중에게 똑똑히 보여 주라.≫고 하신다. 또한 김 사장은 성룡의 가정과 불행하게 된 성룡의 아버지에 대하여 배려를 돌리시면서 조선 인민들이 살 길을 잃고 헤매는 것을 가슴 아파하신다. 그리고 혁명 출판물을 지도하시면서 혁명이 다름 아닌 인간을 위한 사업이라는 것을 강조하신다. 뿐만 아니라 긍정적 주인공들의 형상에 있어서도 혁명적 성격과 인민적 성격이 호상 결합되어 있는 것을 찾아 볼 수 있다. 김 사장의 형상과 박 성룡의 형상은 인민 출신의 수령과 인민 출신의 영웅의 형상으로서 인민 생활에 튼튼히 뿌리를 박고 오직 인민의 행복과 자유 그리고 인민의 영예를 위하여 그들과 같이 생활하고 그들과 같이 행동하며 사색하시는 혁명의 령도자와 그를 위해 복무하는 인민의 아들을 진실하게 묘사하였다. 김 사장의 충직한 전사이며 불굴의 투사들인 문영, 오영우, 정 철수, 주 원순 그리고 박 로인, 허 로인, 문씨, 순애 등등 격정적인 전형들은 모두가 다 그대로 인민이며 인민의 슬기로운 아들이며 인민의 행복을 위하여 싸우고 있는 인민적 투사들이다.

김덕인

: 행동분석의 적극적 도입

김덕인은 북한에서 2세대라 할 수 있는 러시아 유학파로 추정되며 한국전쟁 이후부터 1960년대까지 굵직한 작품을 연출한 연출가이자 연출 이론과 세계 연극 동향을 지면을 통해 소개한 이론가이다.[1] 그는 한국전쟁 이후 북한 연극계에서 러시아 번역극 공연이 활발했을 때 단연 두각을 나타냈다. 안영일이 사실주의에 입각하여 희곡 분석에 철저한 연출법을 제시하며 주로 창작극을 연출한 반면,

〈사진 1〉 김덕인
(출처: 『조선예술』 10호, 1965)

김덕인은 '만일'과 '에츄드'라는 새로운 연출법을 소개하며 번역극을 연출하면서, 1950년대 후반 안영일과 쌍벽을 이룬 연출가로 추측된다.

---

1) 김덕인, 「(연출 예술 류파) 연출 예술의 발전 과정」, 『조선예술』 1호(1966), 13쪽.

김덕인의 연출작품에는 〈동트는 대지〉(1955), 〈강철은 어떻게 단련되었나〉(오스뜨롭스끼 원작, 뽄다렌꼬 각색, 개성시립극장, 1955), 〈세전사〉(유 예고로브작, 그.뽀베도노 쓰쩨브 합작, 국립연극극장, 4막 15장, 1956), 〈크레믈리의 종소리〉(엔 뽀꼬진 작, 국립연극극장, 1957),[2] 〈청년전위〉(김덕인·정연규 연출, 1964) 등이 있다. 이 중 〈세전사〉와 〈크레믈리의 종소리〉는 그의 대표작이라 할 수 있다.

북한에서 김덕인의 연출작은 대부분 호평을 받는다. 〈크레믈리의 종소리〉는 '시적 낭만성으로 충만하며 이 작품의 음향적 모티브와 레닌적 사상과 역중 인물들의 내면적인 드라마를 성공적으로 부각시켰다'고 평가받았다.[3] 특히 강진과 리재현은 김덕인이 사실주의적인 방법을 통해 배우들이 인물구축을 한 것을 호평한다.[4]

---

2) "위대한 사회주의 10월 혁명 40주년을 기념하여 쏘련의 저명한 연출가 블라쏘브와 미술가 꼬마렌꼬의 방조 밑에 국립연극극장에서 창조 공연한 번역극이다. 창조 집단은 1920년대 쏘련의 대내외적으로 복잡하고 간고한 사회 정치적 환경 속에서 위대한 레닌의 사상이 어떻게 승리하였는가를 보여 주었다. 작가의 의도에 충실한 창조 집단은 현실을 결코 미화 분식하지 않으면서도 항상 혁명적 락관의 밝은 빛을 보여 주었으며 오직 레닌의 내면 세계의 위용과 사상적 위대성을 소박한 사람들 속에서 사고하며 행동하는 가운데서 찾아 원만하게 형상하였다. 레닌을 형상한 배우는 결코 초상적인 류사성을 추구하지 않았으며 오직 행동의 론리가 추구하는 길을 따라 그의 내면 세계에로 침투하여 심도 깊은 체험으로써 위대한 인간 레닌이 탁월한 형상을 다면적으로 형상하는데 성공하였다. 배우는 천재적인 탐구자이며, 불굴의 투지와 번개 같은 지혜의 소유자이며, 인민과 련결된 군중의 조직자이며, 령감적인 공상가이며, 예언적인 레닌의 형상을 훌륭히 재현하였다. 창조 집단은 츄드노브 가정에서의 레닌, 강변에서 릐바꼬브와 산책하는 레닌, 또한 강변에서 로동자들과 담화하는 레닌 등을 통하여 그의 위대한 전기화 계획이 바로 인민들의 생활 속에서 산생하였고 그의 계획 실천이 또한 인민들의 무궁무진한 창조력에 의존되어 있다는 것을 명백히 보여 주었다. 창조 집단은 거창한 창조력을 품고 암흑 속에 잠겨 있는 대로씨야를 상징하는 것과 같은 자벨린의 정신적 체험의 복잡한 과정도 지식인다운 자제와 절도 속에서 훌륭히 보여 주었으며 기타 바벨리나, 츄드노브, 시계사 등의 형상에서도 작가의 의도에 충실한 창조적 성과를 보여 주었다." 조선출판사, 『빛나는 우리 예술』(평양: 조선출판사 1960), 98~99쪽.

3) 강진, 「자랑스러운 10년: 당과 인민 주권의 품안에서 개화 발전하여 온 연극예술(3)」, 『조선예술』 10호(1958), 20쪽.

4) "연극 ≪크레믈리의 종소리≫에서의 레닌 역을 형상함에 있어서는 무엇보다도 공훈 배우

김덕인의 또 다른 대표작이라 할 수 있는 〈세전사〉 역시 성과작으로 평가받았다. 1956년 북한에서 '연극 제1차 연구회의'가 열렸을 때 〈세전사〉는 연구 대상작으로 선정되었으며 연구 회의에서는 〈세전사〉에 대해 문제점도 제기했지만 이 작품의 성과에 대해 대부분 의견을 모았다.

△ 김종수 동무는 자기 토론에서

우리들은 이 작품을 보고 우리의 연극 예술이 무한히 발전하였다는 긍지감을 금할 수 없었다. 무대가 기계화된 것 뿐만 아니라 박진력있고 생기발랄한 연기들은 우리들을 흥분시켜 주었다. 특히 방대한 이 작품을 프롬프터없이 진행한 까닭에 높은 수준에서 교감들이 진행되어 아주 생활적인 연기면을 볼 수 있었으며 창조 과정에서의 그들의 진지한 로력과 째운 규률들을 력력히 볼 수 있었다.

특히 구역당 비서 "볼레슈크"역을 담당한 인민 배우 황 철 동무의 연기는 육체적 조건이 불리함에도 불구하고 훌륭하게 형상하였다. 우선 그는 사상적인 지도자일뿐만 아니라 폭넓은 인간성을 가진, 대중들이 존경할만한 지도자로서의 생생한 불쉐비크 당 일꾼을 형상했다.

공훈 배우 리 재덕 동무가 담당한 "꼰쓰딴찐"역도 적지 않은 고민과 모든 애로를 용감히 타개해 나가는 기성적인 인간으로서 잘 형상되었다.

리 단의 로련한 형상적 기교 이전에 그의 맑스─레닌주의적인 세계관과 이에 기초한 역에 대한 분석, 관점, 태도 등의 문제가 중요한 것이다. 오직 공산주의자─배우만이 위대한 인간의 형상을 그렇게 연기할 수 있다. 공산주의적 당성으로써 역을 창조하는 배우의 형상적 결과는 부정 인물의 창조에서도 정확한 사상적 의의를 부여하는바 연극 ≪설봉산≫ (제1연극 극장)에서의 일제 고등계 주임과 일본 형사의 역을 수행한 배우 한 진섭과 리 몽은 이 계급의 원쑤들의 모습을 전형화함으로써 각기 자기 역의 성공에 국한하지 않고 연극의 사상성을 일층 풍부화하였다." 리재현, 「사회주의적 사실주의 연기 체계를 어떻게 발전시킬 것인가」, 『조선예술』 12호(1958), 53~59쪽.

윤 한준 동무가 담당한 "그리고리"역도 발성에서 좋지 못한 약점은 있었으나 감정적이고 락천적인 역중 인물을 비교적 무난히 형상했다. 태을민 동무가 담당한 "다싸예브" 역에 있어서도 좀 카르가취된 면은 있으나 내면 세계에서 깊이 체험하는 연기였기 때문에 그 카르카취는 기본적인 성격을 살리는 데 도움을 줄 수 있었다. 이외에도 공훈 배우 박 영신 동무와 박 제행 동무의 연기도 좋았다. 특히 박 제행 동무의 연기는 나에게 큰 교훈을 주었다. 년로한 박 제행 동무의 연기는 젊은 연기자에 못지않는 정열로써 끝까지 무대에서 진지한 연기를 보여 준데서 크게 감동하였다. (밑줄─필자)5)

김종수 평의 핵심을 정리하면 이 작품의 우수성은 무대의 기계화, 박진감과 생동감 있는 연기, 프롬프터 없이 진행된 연극, 내면 세계에서 깊이 체험하는 연기 등에서 기인한다. 또한 김덕인은 러시아 유학 당시 북한보다 발전된 러시아 연극의 무대 장치를 북한에서 실현하여 주목받았다. 강진 역시 이에 대해 증언한다. "각각 11장으로 구성되어 있는 〈크레믈리의 종소리〉와 〈세전사〉등의 방대한 무대 장치는 사실주의적 무대 장치의 모범으로 되었을 뿐만 아니라 '스라이딩 무대'를 사용함으로써 무대 전환의 기동성을 보장하였고, 그 조화로운 구도와 색조는 무대 장치에서 새로운 경지를 개척"하였으며, 특히 "〈크레믈리의 종소리〉 무대 장치에서는 소련 연출가 블라쏘브와 무대 미술가 꼬말렌꼬가 공동작업을 통하여 장치, 조명, 효과 등 무대 미술 전반에 걸쳐 새로운 경험을 축적하였다"는 것이다.6) 이외 강진은 〈강철은

---

5) 국립출판사, 『생활과 무대』(평양: 국립출판사 1956), 104쪽.
6) 강진, 앞의 글.

어떻게 단련되었는가〉에 대해서도 '무대 장치는 거대하고 다양한 생활을 무대화하여야 했기 때문에 처음으로 편면 무대 위에서 '이동식 회전 무대'를 설치하여 성과를 거두었다'고 밝힌다.[7] 당시 무대에 '슬라이딩 장치'를 사용한 것은 북한 연극에서 '혁명'이었을 것이다.

또한 리재덕은 〈세전사〉의 연습 당시 "련습 과정에는 연출가로부터 생생한 상상력의 발동을 위해 풍부한 생활 자료들을 제공받았으며 끊임없는 에츄드를 통하여 체험하는 연기들의 련마를 부단히 할 수 있었"고 "연기를 흔히 방해하는 역할을 노는 프롬프터를 없애고 련습함으로써 무대에서 생활하기가 퍽 좋았다"고 증언한다.[8] 이 글을 통해 김덕인은 탁상 연습(리딩작업)에서 연출안을 제시하며, 주요한 에피소드를 취하여 에츄드(즉흥극)를 활용하면서 작품을 분석한 것을 알 수 있다. 남한에서는 1960년대까지 간혹 있었던 프롬프터를 없애고 대사의 암기를 실현함으로써 제4의 벽을 통해서 보는 '사실주의 연극'에 보다 접근한 것이다. 이제 북한 연극계에 혁명을 가져온 김덕인의 연출법을 살펴보기로 한다.

1. 연극: 현실과 체험 이상

김덕인은 '연출구상의 핵심은 현실 긍정의 열정과 작가의 사상에 대한 공감에서 파생되는 서정적 씨앗이며, 연출가가 미래의 연극을 본다는 것은 작품의 중심 사상을 관철하기 위해 무대 환경과 조건을

---

7) 위의 글.
8) 국립출판사, 『생활과 무대』(평양: 국립출판사, 1956), 117쪽.

이용하여 그 속에서 주인공을 비롯한 등장 인물들의 정신세계와 그들의 내부 심리 생활을 공감하는 것을 의미하며, 연출 구상은 구체성이 없을 때 필연코 도식으로 떨어지므로 배우와의 첫 작업은 감성적인 방법으로 하는 것이 효과적'이라고 주장한다.9) 그는 연출 작업의 핵심을 작가에 대한 공감, 등장인물에 대한 공감, 배우와의 감성적 접근으로 본 것이다.

공감은 표면 이상의 것을 의미하는바 김덕인에게 연극은 현실을 그대로 복사하는 것이 아니라 본질을 반영하는 것이다. 연극이 일상생활에서 시작되는 것은 분명하지만 무대에는 정리되고 필요한 것을 올려야 한다는 주장이다. 그는 스타니슬랍스키의 권위를 빌려 자신의 연출관을 확고히 밝힌다.

극장은 생활을 즉 현실을 그저 기계적으로 복사할 것이 아니라 또한 전형적인 생활 현상드로가 성격들을 옳게 반영하지 않으면 안된다. 생활적 진실에 립각한 예술은 극장의 사상적 예술적 제 과제로부터 출발하며 또한 무대에서 진실한 사회주의적 반영에 종속되는 그것을 의식적으로 선택할 것을 요구한다. ≪무대에서의 진실은 진정해야 하며 염색된 것이 아니라 불필요한 세태적 디테일로부터 청소된 것이라야만 된다. 그것은 연극적으로 진실해야 하며 창조적 허구로써 시화(詩化)되여야 한다≫(까·에쓰·쓰따니쓸랍스끼의 ≪배우수업≫, ≪모든 예술의 기본은 진정한 예술적 진실에로의 지향이다≫. 이렇게 까·에쓰·쓰따니쓸랍쓰끼는 체계가 가지는 기본적이며 미학적인 법칙을 편성하고 있다(까·에쓰·쓰따니쓸랍쓰

---

9) 박재욱, 「연출 분과 토론회에서) 연출 준비를 어떻게 하는가?」, 『조선예술』 5호(1964), 34~36쪽.

끼 《배우수업》, 생활의 예술적 반영의 진실을 까·에쓰·쓰따니쓸랍쓰끼는 체험을 기본으로 하는, 형상 단계로 이행하는 배우의 구현예술에서 보고 있다.[10]

북한 당국의 모든 문화예술의 지침은 현실을 반영하는 것이다. 김덕인 역시 이에 대해서는 이의를 제기하지 않는다. 다만 김덕인이 주장하는 것은 연극은 현실을 있는 그대로 무대에 올리는 것이 아니며, 있는 그대로를 무대에 올리는 것이 사실주의가 아니라는 점이다. 불필요한 것, 즉 트리비알리즘은 반드시 제거되어야 하는 것이다. 또한 김덕인은 연기에서 배우의 체험이 기본이 될 수 있지만 체험 역시 전부가 아니라고 강조한다.

체험을 기본으로 하는 형상 단계로 이행하는 배우의 구현을 까·에쓰·쓰따니쓸랍쓰끼는 배우가 묘사하는 인간으로부터 배우를 고립시키며 그와 융화를 못하고 배우가 다만 형상을 보여줄 뿐인 표상의 예술과 대비시켰다.[11]

김덕인은 배우가 연기할 때 자신의 체험에서 시작하는 것을 인정한다. 배우는 자신의 체험을 토대로 할 때 진실에 가까울 가능성이 크기 때문이다. 그러나 김덕인은 배우는 체험에서 더 나아가야 한다고 말한다. 그는 스타니슬랍스키의 표현을 빌어 체험으로만 그치면 극중 인물과 배우 자신과의 사이에서 불협화음이 일어날 수 있고, 더 나가

---

10) 김덕인, 「(예술교양) 배우 수업 제강 작성을 위한 나의 초고」, 『조선예술』 6호(1957), 편자 홍재범, 『스타니슬랍스키 시스템과 『조선예술』』(호모 루덴스, 2017), 14쪽.
11) 위의 글, 15쪽.

극중 인물과 융합하지 못한다고 주장하는 것이다. 그렇다면 김덕인 연출법의 핵심은 현실을 그대로 옮기는 것이 아닌, 배우가 자신의 체험에만 머무는 것이 아닌 무엇이라고 하겠다.

2. 탁상작업

1) 희곡낭독과 연출안 발표

김덕인은 연출이 공연할 희곡을 결정하고 희곡에 대한 분석을 마친 이후 어느 정도의 연출구상을 수립해야 한다고 한다. 연출가의 상식적인 선작업이라 할 수 있다. 그 이후에 배우들을 만나는데, 이때 김덕인은 희곡을 작가가 낭독하는 것을 권한다. 다음은 1일째의 작업이다.

첫 련습은 대체로 배우들 앞에서 희곡을 랑독한다.
희곡은 작가 자신이 랑독해야 한다.
작가는 자기의 작품을 잘 읽지 못 할 수도 있다. 그러나 작가는 자기의 작품을 정확히 읽는다. 왜냐 하면, 그는 작품을 읽으면서 자기의 작품 중에서 혹은 등장 인물들의 성격들 중에서 무엇이 중요하며 무엇이 중요하지 않은가를 잘 알고 있을 뿐만 아니라, 등장 인물들의 매개 대사들의 속대사들을 정확히 알며 등장 인물들의 행동들이 어떻게 전개되며 작품의 전반적인 템포와 리듬까지도 거의 정확히 느끼고 있기 때문이다. 이러한 조건들은 모두 첫 희곡 랑독을 위해서 매우 중요한 의의를 가진다.[12]

---

12) 김덕인, 「나의 연출작업(1) 탁상련습」, 『조선예술』 4호(1962), 26~28쪽.

실상 이러한 방법은 여건이 허락되면 여러 연출가가 시도하는 것이다. 작가는 배우는 아니지만 직접 작품을 썼으므로 인물의 개성, 작품의 분위기, 전달하고자 하는 메시지를 잘 알고 있기 때문이다. 작가가 자신의 희곡을 읽을 때 배우와 연출가는 작가를 통해 작품의 이면을 파악한다. 김덕인은 연출 작업에서 일차적으로 작가를 존중하며 작가의 의도를 파악하는 것을 중요시한 것이다.

한편 김덕인은 외국작품이나 작가를 섭외할 수 없는 경우는 연출가가 직접 희곡을 읽으라고 한다. 김덕인은 이때 연출가는 불필요하게 자신의 관점을 드러내지 않아야 한다고 주장한다. 그저 소리내어 읽으라고만 말한다. 배우들이 처음부터 연출의 분석에 얽매이지 않도록 하는 배려일 것이다. 배우가 지나치게 연출가에게 의지하면 배우의 창의성이 사라지기 쉬운데 김덕인은 이를 방지하는 것이다. 낭독을 마친 이후의 순서는 희곡 전반에 대한 분석작업이다. 김덕인은 이과정을 2~7일 정도로 제시한다. 주목할 것은 이 과정에서 주제, 갈등, 관통행동 등 연출가가 연출안을 발표해야 한다고 언급한다는 점이다.

첫 희곡 랑독이 있은 다음 연출가는 대체로 다음과 같은 연출안을 발표한다.

1. 연극의 주제-사상 및 갈등에 대하여
   1) 연극의 주제-사상에 대하여
   2) 연극의 갈등에 대하여
   3) 연극의 현대성에 대하여
2. 연극의 주제-사상 및 갈등을 천명해 주는 등장 인물들의 성격적 특징과 그들의 호상 관계에 대하여
3. 연극의 관통 행동과 등장 인물들의 성격 발전에 대하여

4. 연극의 주제-사상 및 갈등을 천명하며 등장 인물들의 행동과 성격 발전을 규정해 주는 몇 가지 문제에 대하여

  1) 연극의 력사적 및 시대적 환경에 대하여

  2) 연극의 질에 대하여

  3) 연극의 무대 미술에 대하여

    ㄱ. 장치에 대하여

    ㄴ. 조명에 대하여

    ㄷ. 의상 소도구에 대하여

    ㄹ. 음악 및 음향 효과에 대하여[13]

이같이 김덕인의 연출 작업은 연출이 먼저 분석한 주제, 갈등을 모두 발표하는 것으로 시작한다. 다소 이상한 것은 1, 2, 4를 모두 '연극의 주제'라고 한다는 점이다. 2는 등장인물의 성격, 4는 등장 인물의 행동일 것으로 짐작해본다.

분명한 것은 김덕인이 배우와 같이 찾아가는 방식을 취하지 않은 것인데 그 이유는 연출가가 현대성을 부여해야 한다고 믿기 때문으로 보인다. 김덕인에 의하면 현대성이란 공연 당시 북한의 정치사회적 현실이다. 김덕인은 '만일 희곡의 주제-사상이 현대성 원칙에 부합되지 않는 경우 연출가는 응당 그것을 개작해야 한다'고 하는데, 그 이유는 '연출가는 창조 집단을 대표하는 인물이며 연극이란 예술 작품을 총적으로 책임지는 인물이기 때문'에 '명확한 당적 안목과 튼튼한 사상-미학적인 주체를 확립해야' 하기 때문이라고 주장한다.[14] 이를

---

13) 위의 글.

14) 위의 글.

위해 김덕인은 연출가가 배우와 만나기 전 1~3개월 정도 먼저 분석에 임할 것을 제시한다. 물론 배우와의 작업을 통한다면 분석이 풍부해 질 수 있지만 연출가는 분명 이끌어가야 하는 위치이기 때문이다.[15] 연출가는 이 과정을 마치면 한층 더 구체적인 분석을 발표하는데 이 때 배우들이 관여하기도 한다.

희곡에 대한 심의, 분석을 위하여 연출가는 배우들과의 공동 작업에서 다음과 같은 몇 가지 문제들을 정확히 규정해야 한다.
1. 주제, 사상, 슈제트 및 갈등에 기초한 희곡의 내용,
2. 부여된 환경, 즉 희곡의 행동은 어떠한 조건에서, 어느 시기에, 어느 시간에, 어떠한 외'적인 환경에서 진행되는가?
3. 등장 인물들의 성격적 특징들,
4. 희곡의 관통 행동 즉 주요한 내면적(심리적) 및 외면적(육체적)행동,
5. 매개 장면, 매개 역 인물, 희곡의 매개 에피소드의 과제들…
이 문제들은 해명되고 규정된 문제들이다. 그러나 이 문제들은 연출가 가 혼자서 해명하고 규정한 문제들이기 때문에 배우들과의 공동 작업을 통해서 다시 한번 재확인해야 한다.[16]

연출가 자신도 오류가 있을 수 있으니 연출가가 연출안을 발표하면 서 배우의 의견을 수렴해 재확인 절차를 거치는 것이다. 이때 배우들은

---

15) "희곡에 대한 심의 분석은 작가나 희곡 그리고 매개 등장 인물들에게 있는 좋은 측면들을 발전시키고 온갖 무대적 수단과 연출가와 배우들의 공동 작업을 통해서 희곡을 사상-예술 적으로 더 높이 그리고 더 좋게 만드는 데 있다. 그러나 유감스럽게도 그렇지 못한 경우도 있다. 귀중한 련습 시간에 련습을 중단하고 실천과는 아무런 관계도 없는 순수 리론을 위한 리론 혹은 론쟁을 위한 론쟁을 일삼는 것이 그것이다.", 위의 글.

16) 위의 글.

자신의 역에 치중하여 희곡을 분석하지 말아야 한다. 희곡에서 무엇이 진행되며 희곡이 무엇을 이야기하려는가에 주의를 집중해야 한다.

　희곡에 대한 심의 분석은 무엇보다도 먼저 작가의 언어와 대사에 기초해서 진행되여야 한다.
　배우들은 희곡을 어떻게 상연할 것인가 라든가 혹은 자기가 담당한 역인물을 어떻게 연기할 것인가에 대해서가 아니라, 바로 희곡에서는 무엇이 진행되며 무엇에 대해서 이야기하고 있는가에 주의를 집중하여야 한다.
　련습 과정에 흔히 있는 일이지만 일반적이고 막연한 환상은 련습을 위해서 아무런 도움을 주지 못한다. 그러므로 연출가와 배우들은 될수록 대사에 기초한 작업을 더 많이 해야 한다. 그러기 위해서 첫 기기에는 주로 희곡에 대한 심의 분석을 진행하고 다음 시기에는 배우들이 역별로 합독을 하는 등으로 분리시킬 것이 아니라 련습 초기에 진행되는 희곡 합독과 희곡에 대한 심의 분석을 병행해서 진행해야 한다.
　희곡에 대한 심의 분석 과정에서 연출가는 배우들과 함께 희곡의 주요한 에피소드들을 수 차례에 걸쳐서 취급하게 되며 또한 읽게 된다. (밑줄－필자)17)

김덕인은 무엇보다 대사에 기초해서 분석하라고 한다. 작가 연구가 희곡에 영향을 미치지 않도록 지도하는 것으로 보인다. 또한 배우는 자신이 어떻게 연기할 것인가에 집중할 것이 아니라, 희곡이 무엇을 말하는지에 집중하라고 제시한다. 배우가 자신의 역에 함몰되면 올바른 희곡 분석이 불가능하기 때문이다. 또한 김덕인은 막연하게 분위

---

17) 위의 글.

기에 따라서 연습을 하는 것은 아무 도움이 안 된다고 거듭 밝힌다. 이를 위해 계속 합독을 하라고 권하여, 이 '읽기' 작업이 어느 정도 진행되면 다음 단계로 넘어간다. 다음 단계 역시 희곡을 읽는 것이지만 중요한 차이가 있다. 희곡을 '말'로 읽는 것이다.

여기에서 필자는 ≪말하는 것≫이란 말을 일부러 강조한다. 왜냐 하면 배우들이 역 별로 희곡을 합독하는 련습에서 연출가는 배우들에게 아주 명확한 요구성을 제기하지 않으면 안 되기 때문이다. 다시 말하면 배우들은 자기가 담당한 역 인물의 대사를 첫 줄부터 읽을 것이 아니라 말해야 한다. 즉 배우들은 희곡을 읽는 과정이 아니라 말하는 과정으로, 희곡에 대한 탁상 련습 과정 전체가 매일과 같이 희곡의 대사에 기초해서 점차 말하는 과정으로 되게 만들어야 하기 때문이다.

대사를 소리 내여 읽는 과정은 앞으로의 작업을 위해서, 특히 배우들 자신을 위해서 유해롭다. 무엇 때문에 적은 시간이나마 랑비하면서 그러한 습관을 붙인단 말인가? 그러나 유감스럽게도 일부 배우들은 아직 지도 련습 초기부터 대사를 읽는 데 습관되여 있다. 대사를 소리내여 읽는 것이 아니라 말한다는 것은 대체로 무엇을 의미하는가? 그것은 생활적 진실성과 형상성을 대사에 부여한다는 것을 의미한다. (밑줄-필자)18)

이 글로는 김덕인이 주장하는 바가 뚜렷하게 나타나지 않지만, 김덕인이 '대사를 읽는 것'과 '말하는 것'을 구분하고 있는 것은 분명하다. 김덕인에 의하면 말한다는 것은 대사에 진실성을 부여하는 것이다. 진실성이란 무엇일까? 다음 김덕인의 주장을 보면 '진실성'에 대

---

18) 위의 글.

한 단서를 얻을 수 있다.

　　만일 대사 속에 어떤 질문이 있을 때에는 진실하게 물어 보라! 만일 대사 속에 그 어떤 사건이나 혹은 사실이 묘사되어 있을 때에는 <u>잠깐 동안이나마 그 사건이나 혹은 사실을 상상해 보라!</u> 만일 대사 속에 무엇인가를 부정하는 것이 있을 때에는 그 과제를 가지고 말해 보라! (…중략…) 다시 말하면 처음에는 대사들을 눈으로 읽고, 다음에는 그것들을 소리 내여 발음하라!(말하라) 왜냐 하면 앞으로 우리는 대사들을 읽게 되는 것이 아니라 말하게 되기 때문이다. 역 인물들과 희곡 전체에 대해서 그저 평범하게 읽는 작업만 한다면 우리에게는 련습에서 아무런 소득도 얻지 못 하게 될 것이다. (…중략…) 결론적으로 말한다면 배우들은 희곡의 대사들을 그저 막연하게 읽을 것이 아니라 자연스럽게 말해야 한다.19)

　위의 글은 연출가의 입장에서는 쉽게 이해되는 것이다. 연극 작업을 할 때 아마추어 배우들은 말을 하지 않고 대사를 읽는 경우가 종종 발생한다. 이때 연출가는 '말을 하라고' 요구하게 된다. 김덕인 역시 이 같은 입장이다. 배우들이 희곡에 나타난 피상적인 분위기에 휩쓸려 막연한 분위기를 내지 말고, 인물이 어떠한 상황에서 어떠한 말을 하는지를 파악하고 대사를 말하라는 것이다. 이를 위해서 배우는 자신이 어떠한 역을 맡았든 희곡의 내용 전부를 숙지해야 한다. 이때 연출가는 배우들이 희곡의 내용을 충분히 이해하도록 희곡의 배경과 자료를 수집하여 배우들을 도와야 한다. 시대에 대한 감각이 이후 인물구축을 할 때 큰 도움이 되기 때문이다. 김덕인의 연출법은 연출

---

19) 위의 글.

가가 먼저 분석하여 온 희곡의 주제를 발표하고, 이후 배우와 합독을 하고, 이후 역별로 읽기를 하는 것이다. 이 단계에서 중요한 점은 배우가 역별로 읽을 때 '말'을 하도록 지도하는 것이다.

2) 등장인물의 성격분석

김덕인은 희곡을 분석하고 읽기를 한 다음 배우들과 함께 등장인물을 분석한다. 등장 인물의 성격적 특징을 분석하는 것이 중요한데 김덕인은 이를 위해서 다음과 같이 접근할 것을 제시한다.

등장 인물들의 성격적 특징은 대체로 다음과 같은 몇 가지 조건을 통해서 도출해 낼 수 있다.
1) 나(등장 인물)와 다른 등장 인물들과의 호상 관계
2) 나(등장 인물)와 함께 벌어지는 전체 사건과 사실들에 대한 나(등장 인물)의 립장과 견해.[20]

김덕인은 인물 분석에서 관계를 중요시한다. 인간이 관계 속에서 존재하듯이 극중 인물 역시 관계 속에서 존재하기 때문이다. 이에 배우는 인물이 희곡에서 어떤 사건에 처해 있는가를 분석하고, 다른 인물과 어떤 관계를 맺는가를 파악해야 한다. 물론 이것을 위해서는 희곡에 제시된 대사와 지문을 연구해야 하는데, 김덕인은 보다 구체적으로 배우가 분석할 항목을 다음과 같이 제시한다.

---

20) 김덕인, 「(창조경험) 나의 연출 작업(2)」, 『조선예술』 5호(1965), 23~24쪽.

이를 위해서 연출가와 배우들은 희곡의 대사와 설명문들을 전반적으로 연구해야 하며 그 중에서 다음과 같은 몇 가지 징조들을 구분해 놓아야 한다.

1) 자기가 담당한 역 인물의 대사들 중에서 자기 자신에 대한 대사와 말들

2) 자기가 담당한 역 인물에 대한 다른 역 인물들의 대사와 말들

3) 자기가 담당한 역 인물의 육체적 및 내면적 행동 들 중에서 그에게 직접적으로 관련되는 육체적 및 내면적 행동들

4) 자기가 담당한 역 인물과 함께 벌어지는 사건과 사실들 다시 말하면 자기가 담당한 역 인물이 다른 역 인물들과 함께 참가하는 사건과 사실들.[21]

배우는 희곡을 분석할 때 물론 자신의 역할을 분석한다. 그런데 김덕인은 인물의 성격은 인물의 대사에도 숨어 있지만, 그 인물에 대해 다른 인물들이 하는 말에도 있다고 주장한다. 예를 들면 배우가 맡은 인물이 "나는 과일이 좋다"라고 말한다면 이것은 인물이 자기 자신에 대해 정보를 주는 것이다. 그런데 다른 인물이 그 인물에 대해서 "그는 달리기를 좋아한다"라고 했다면 그것 역시 배우 자신이 맡은 인물에 대한 정보가 되는 것이다. 따라서 배우는 자신이 맡은 인물뿐 아니라 다른 인물의 대사 역시 면밀히 분석하라는 것이다.

또한 배우가 맡은 인물이 다른 인물과 공유하는 사건이 있다면 그 것 역시 분석해야 한다. 예를 들면 나와 그가 같이 전쟁에 나갔다면 나와 그는 같은 사건을 공유하는 것이다. 나와 그는 전쟁이라는 특수한 경험을 같이 했기에 서로에 대한 신뢰가 있을 수도 있고 적대감이 있을 수도 있다. 이러한 것들이 인물 분석의 요소가 되는 것이다. 이때 연출가의 의무는 배우들이 흥미롭게 접근할 수 있는 분위기를 조성하

---

21) 위의 글.

는 것이다. 이와 같은 김덕인의 연출법은 스타니슬랍스키의 초기 연출법과 맥이 닿아 있는데, 러시아 유학 시절의 경험과 러시아 연출가와의 협업 작업에서 많은 단서를 얻은 것으로 보인다.

주지하는 바와 같이 연극 《크레물리의 종소리》는 쏘련의 저명한 연출가 웨. 엔. 블라쏘브, 미술가 꼬망렌꼬와 우리나라 연출가 및 무대 미술가들의 공동 작업에 의하여 창조 되었다. 이것은 두말할 것도 없이 우리들이 쏘련 연극을 직접 배움에 있어서나 우리 연극의 사상─예술적 질을 급속히 제고시키는 데 있어서나 그리고 연극을 통한 조쏘 친선의 강화 등에 있어서 전례없이 의의 깊은 일이였다. (…중략…)

우리는 연출가 블라쏘브의 연출 작업에서 실로 귀중한 많은 것을 배웠다. (…중략…)

블라쏘브는 매개 인물 형상에 대한 심오한 분석과 리해로써 배우들을 방조하였으며 배우 예술의 내적 법칙성에 대한 풍부한 경험과 지식으로써 배우들이 창조를 협조함으로써 레닌의 위대한 형상을 비롯한 샤벨린 기타 인물 형상에서 빛나는 성과를 달성케하였다. 우리는 연출가 블라쏘브가 어떻게 사상적으로 충만된 연출적 구상으로써 높은 안쌈블에로 연기자들을 동원하는가를 보았으며 어떻게 작은 디테일에서까지도 심오한 사상들을 밝혀내여 철학적 일반화를 달성하는가에 대하여 감명 깊게 보았다. (…중략…)

연극 《크레물리의 종소리》─이것은 우리 나라 연극사 상에 있어 번역극 창조의 성과를 집대성한 것이며 우리 연극의 새로운 리성표로 되었다. 특히 강조하고 넘어가야할 것은 블라쏘브의 지도와 방조하에 창조된 이 연극을 통하여 국립 극장 창조 집단이 자기들의 사상─예술적 수준, 배우 예술의 수준을 비상히 제고하였다는 그것이다. 훌륭한 작품과 훌륭한 연출

가―이것은 배우들의 기술을 제고하는 데 있어 불가결한 중요 조건이다.[22]

리령은 러시아 연출가와의 협업 작업이 북한 연극인의 수준을 한층 높였다고 설명한다. 연극은 현장예술이므로 교과서보다 뛰어난 연출가와 같이 작업하는 것이 연출가와 배우들에게 큰 도움이 되므로 이와 같은 리령의 언급은 타당하다고 하겠다. 김덕인은 확실히 러시아 연극, 스타니슬랍스키의 분석법을 교과서적으로 적용한다고 하겠다. 그의 배우들은 '이 작업에 열중하여 자기가 담당한 역 인물의 ≪자서전≫을 작성'하면서 그것으로 '창작에서 큰 도움을 받게'되었을 것이다.[23]

〈사진 2〉 〈청년전위〉 김덕인·정연규 연출　　　〈사진 3〉 〈청년전위〉 김덕인·정연규 연출
(출처: 『조선예술』 1호, 1965)　　　　　　　(출처: 『조선예술』 1호, 1965)

---

22) 리령, 「8.15 해방 후 조선 연극 발전에 쏘베트 연극이 준 건대한 영향」, 『조선예술』 9호 (1959), 9~12쪽.
23) 김덕인, 앞의 글.

3) 말하는 단계

김덕인은 등장 인물의 성격 분석 이후를 '말하는 단계'로 명명한다. 이 단계는 배우들이 역을 맡아 희곡을 읽는 단계이며, 이때 배우들은 분석한 것을 의식하고 반영하며 읽는다. 김덕인은 이 지점에서 희곡을 읽는 것이 아니라 대화로 진입하는 것을 강조한다. 아직 움직임으로 들어가는 것은 아니다. 여전히 탁상 작업인데 김덕인은 이 단계에서 다소 긴 시간을 할애할 것을 당부한다.

희곡의 개별적인 에피소드들을 역 별로 합독하는 과정에서 배우들 호상 간에는 점차적으로 산 대화가 조성되며 나아가서는 희곡을 그저 평범하게 읽는 것이 아니라 말하는 높은 단계로 발전한다.
연출가와 배우들의 작업에서 이 부분은 대체로 5~6회의 련습들에서 충분히 해결될 수 있을 것이다. 그러나 이것으로써 탁상 련습 단계에서 연출가와 배우들의 작업이 끝났다고 말할 수는 없다.
제8일, 제9일, 제10일, 제11일, 제12일… 이렇게 탁상 련습이 계속되는 동안 작가의 대사와 말들은 점차적으로 배우들의 대사와 말들로 전환되어 나간다. 이 시기 작가의 언어를 연구하고 체득하는 문제는 매우 중요한 의의를 가진다.[24]

배우들은 비로소 자기의 역을 맡아서 합독한다. 이때 배우는 읽기가 아니라 말하도록 주의한다. 배우들은 이 과정에서 대사 하나하나를 자신이 맡은 인물의 것으로 소화해야 한다. 김덕인은 이 작업이

---

24) 위의 글.

계속 진행되어야 한다고 주장한다. 이 작업을 거치면서 희곡의 글이 더욱 더 배우의 말이 되기 때문이다. 그런데 주목할 것은 김덕인은 이를 위해 연출가가 '속대사'를 제시하라고 주장한다는 점이다.

일정한 대사를 말하면서 이렇게 혹은 저렇게 행동하도록 자극을 주며 생각하게 하는 정황이 바로 속대사이다.

속대사는 항상 정확하게 분석해야 한다. 왜냐 하면, 그렇게 함으로써 대사에서 깊은 의미를 찾아 낼 수 있으며 그렇게 함으로써만 깊이 사색하는 역 인물들을 창조할 수 있기 때문이다.

많은 경우 심각한 행동의 과제들은 이런 혹은 저런 속대사의 자극을 받으면서 해결된다.

속대사는 역 전체에도 있고 어느 개별적인 대사에도 있고 또한 이런 혹은 저런 문구에도 있다.

배우들은 많은 경우 자기 역의 대사 중의 이런 혹은 저런 문구를 말하면서 그 문구 속에 포함되여 있는 직접적인 의미에만 의존하여 있을 수 없다. 실상 배우들은 무대 우에서 역 인물의 대사를 말하면서 자기가 하고 싶은 말과는 정반대의 말을 하기도 한다. 특히 이러한 현상은 자기가 담당한 역 인물이 몹시 흥분되였을 때 적당한 말을 찾지 못 하거나 혹은 자기의 생각을 감추고 싶어 하거나 혹은 부끄러워하거나 혹은 일부러 다른 것을 말하고 싶어 하거나… 하는 여러 가지 경우에 나타난다. (밑줄-필자)25)

김덕인이 말하는 속대사란 인물의 진심이다. 예를 들어 극중 인물은 떠나고 싶지 않지만 가족들을 위해 "가고 싶어"라는 말을 할 수

---

25) 위의 글.

있다. 그 경우 속대사는 "남고 싶어"일 것이다. 또는 아무 대사가 없더라도 인물이 어릴 때 사용했던 자기의 방에 갔을 때, "어머니가 아침마다 깨우셨지"가 속대사가 된다. 표면의 말이 그 인물의 진심이 아닐 경우, 또는 희곡에 아무 대사가 제시되지 않을 경우, 배우는 속대사를 파악하여 그에 따른 연기를 해야 한다는 주장이다. 김덕인의 핵심은 배우가 어떤 경우에도 등장인물의 대사에서 그 진정한 의미를 파악하는 것이다.

> 속대사는 항상 정확하게 분석해야 한다. 왜냐 하면, 그렇게 함으로써만 대사에서 깊은 의미를 찾아 낼 수 있으며 그렇게 함으로써만 깊이 사색하는 역 인물들을 창조할 수 있기 때문이다. (…중략…) 속대사는 역 전체에도 있고 어느 개별적인 대사에도 있고 또한 이런 혹은 저런 문구에도 있다. (…중략…) 관객들은 배우들이 이 문구를 어떻게 말하며 그의 억양, 때로는 그의 사소한 동작에 의해서 역 인물이 바로 무엇을 말하고 싶어 하는가를 간파한다. (…중략…) 이 속대사를 찾는다는 것은 쉬울 수도 있고 어려울 수도 있다. 그러나 연출가와 배우들은 배우의 기교 중에서 중요한 자리를 차지하는 이 요소도 반드시 소유해야 한다.
> 말-의미-마음의 영상-속대사-바로 이것은 작가의 언어에 대한 연출가와 배우들의 작업에서 반드시 거치지 않으면 안되는 기본 단계들이다.26)

이와 같이 김덕인은 탁상 작업이 이론적 작업으로 그쳐서는 안 된다고 강조한다. 항상 실천을 전제로 하여 탁상 작업을 해야 하는 것이다. 그는 '희곡의 내용에 따라서 육체적으로 행동하고 움직이지 않으

---

26) 위의 글.

면 안 되는 그러한 장면들이 있다면 구태여 앉아서 련습할 필요가 없으며, 탁상 연습 단계에서 배우들은 행동하는 것이 바람직'하다고 주장한다.27) 다시 말하면 배우들은 '희곡의 말과 대사에 기초하여, 등장 인물들의 과제와 호상 관계에 기초하여 응당 행동'해야 한다.28) 이러한 연습을 진행하여 '탁상 련습 마지막 단계에 배우들은 아직 육체적으로 앉아 있음에도 불구하고 훌륭한 내면적, 심리적 및 외면적, 육체적 행동들을 수행'해야 하는 것이다.29)

〈사진 4〉〈청년전위〉 김덕인·정연규 연출
(출처: 『조선예술』 1호, 1965)

---

27) 위의 글.
28) 위의 글.
29) 위의 글.

3. 행동 연습

1) 만일 magic if

탁상 연습에서 인물의 내면과 심리에 대한 분석을 마치면 인물의 외면적·육체적 행동들을 탐구한다. 인물의 내면은 외적 행동들과 밀접하게 관련되어 있기 때문이다. 대부분의 배우들은 외적 행동에 진입하면 보여주기에 급급하기도 한다. 그때 연출가의 도움이 필요한데, 이때 연출가가 적용하는 것이 '만약 magic if'이다.

연출가는 《만일》을 적용하면서 일련의 외면적 육체적 행동들을 탐구해야 한다. 그 순간 배우들은 생활적 요구에 의해서 조성되는 자연스러운 외면적, 육체적 행동들과 무대 우에서 일부러 보여 주며, 표현하며, 소개하려고 시도하는 그것과의 현저한 차이를 발견하게 될 것이다.
《만일》이란 연출가와 배우들이 진실한 무대적 행동들을 자기 자신이 직접 시험해 보고, 탐구할 수 있도록 그 어떤 강력한 자극을 주는 수단이다. 《만일》을 적용하면 배우들의 내면적, 심리적 및 외면적, 육체적 행동들이 유기적으로, 자연스럽게 조성된다. 그러므로 배우들의 모든 창작 실천은 바로 여기로부터 시작되여야 한다.[30]

탁상 연습이 어느정도 완성되면 김덕인은 행동 연습에 들어간다. 이 단계는 배우들에게 '만약 나라면(이런 상황이라면)'을 적용하여 행동하도록 자극하는 것이다. 여기에서 다소 애매한 것은 '만약 배우

---

30) 김덕인, 「(예술리론) 연출가와 행동 련습」, 『조선예술』 9호(1965), 23~25쪽.

자신이라면 어떻게 할 것인가'를 의미하는 것인지, '극중 인물이라면 어떻게 할 것인지' 구분이 되지 않을 수 있는데 위의 글을 보면 다분히 '배우 자신이라면'이 적용된 것으로 보인다. 예를 들어 사랑하는 사람이 행방불명이 되었을 때, 나는 어떻게 할 것인지로 접근하는 것이다. 그렇다면 배우와 인물과의 간극이 있을 수 있는데 이에 대해 김덕인은 다음을 제시한다.

≪만일≫은 배우들을 실생활로부터 창작적인 허구에로 전환시키는 '지레'대와 같은 역을을 수행한다. ≪만일≫이 가지는 반작용력과 비밀은 그것이 있는 그대로의 사실 그 자체에 대해서가 아니라, 다만 있을 수 있는 ≪만일≫에 대해서 말해 주는 데 있다.

≪만일≫이란 말은 아무 것도 확증해 주지는 못 한다. 그것은 다만 예측일 뿐이며, 해결해야 할 문제를 제기할 뿐이다. 배우들은 이 제기된 문제에 대해서 대답하려고 노력한다. 그것은 배우들에게 내면적 및 외면적 적극성을 부여한다. 또한 그것은 아무런 강요도 없이 자연스럽게 수행된다.[31]

이 접근은 가상의 무대와 현실을 이어주는 작용을 한다. 연출가가 어떤 문제를 배우에게 제시하는 것인데 이때 배우들은 연출가가 제시한 문제를 해결하기 위해 적극적으로 생각하고 움직이게 된다. 연출가가 배우의 창조력을 자극하는 것이다.

≪만일≫이란 말은 배우들의 내면적인 그리고 창작적인 적극성을 야기시킬 뿐만 아니라, 그것을 추동시킨다. 또한 그것은 제기된 문제에 대해서

---

31) 위의 글.

대답할 대신 배우들의 천성으로 하여 그들에게는 행동하고 싶은 충동이
나타난다.32)

김덕인은 배우들에게는 천성이 있다고 믿는다. 연출가는 '만일'을
활용하여 배우가 행동할 수 있도록 유도하라는 것이다. 그럼으로써
극중 인물은 허구의 인물이 아니라 배우 자신과 밀착되어 있는 인물
이 된다. 이 접근법의 장점은 어떤 강요 없이 자연스럽게 이행된다는
점이다. 이와 동시에 연출가가 배우가 움직일 무대를 최대한 구체적
으로 제시한다면, 배우는 더욱 표면적인 접근에서 자유로워질 수 있
다. 이러한 작업이 '만일'에 대한 보충이라는 것이다.

　≪부여된 환경≫이란 ≪만일≫과 마찬가지로 예측과 허구를 의미한다.
≪부여된 환경≫은 ≪만일≫을 의미하며, ≪만일≫은 ≪부여된 환경≫을
의미하기 때문에 그들의 출신 성분은 동일하다.
　≪만일≫은 예측이며, ≪부여된 환경≫은 ≪만일≫에 대한 보충이다.
≪만일≫은 항상 창작을 시작하며, ≪부여된 환경≫은 ≪만일≫을 발전시
킨다. 그들 중에서 하나는 다른 하나 없이는 존재할 수 없으며, 또한 필요한
추동력을 얻을 수도 없다.
　그러나 그들은 자기의 기능에서 약간의 차이를 가지고 있다. 말하자면,
≪만일≫은 배우들의 상상력을 추동한다면, ≪부여된 환경≫은 ≪만일≫
의 근거로 된다. 그러므로, 연출가는 배우들과의 작업에서 보다 적절한
≪부여된 환경≫을 탐구하는 데 시간과 환상을 아끼지 말아야 한다.33)

---

32) 위의 글.
33) 위의 글.

이와 같이 김덕인은 '부여된 환경'이 '만일'에 대한 보충이라고 한다. '만일'은 부여된 환경에 의하여 발전된다는 것이다. 실상 무대에서 배우의 움직임은 무대 장치에 영향을 받는다. 다음 글을 보기로 한다.

연출가는 자기의 연출안에서 이미 지적한 무대 장치에 대해서, 말하자면, 연출가가 그날 련습하려고 하는 막 혹은 장의 행동 장소를 비롯해서 어디에 출입문이 있고, 어디에 창문이 있으며, 배치 소도구들과 이런 혹은 저런 배경들을 대체로 어디에 놓이게 되는가를 정확히 그리고 구체적으로 배우들에게 이야기해 주어야 한다.[34]

연출가가 그날 연습할 장면을 미리 분석하며 그 장면에서 출입문의 위치, 가구들의 배치, 소도구에는 어떤 것이 있는지를 상상해서 배우들에게 구체적으로 제시하라는 것이다. 배우들의 움직임은 무대장치와 소도구 배치에 따라 달라지고 그에 따라 새로운 움직임이 유도되기 때문이다. 실상 작업 현장에서 탁상 분석을 해도 실제 무대에 오르면 배우 동선이 맞지 않아 탁상 분석이 무용해지는 경우가 있다. 연습과 실제가 조화되지 않는 경우가 종종 발생하는 것이다. 김덕인은 배우의 시간과 에너지 낭비를 방지하고, 무대에 따른 연기를 유도하기 위해 부여된 환경을 활용하는 방법을 제시하는 것이다.

2) 에츄드의 활용

김덕인은 생생한 인물구축을 위해 에츄드를 활용한다. 그는 "행동

---

34) 위의 글.

련습에 착수하면서 연출가는 배우들에게 역 인물들의 내면적, 심리적 행동과 직접적으로 련관된 외면적, 육체적 행동을 탐구하도록 하기 위하여 일정한 과제들을 설정하고 그것을 수행하기 위한 일련의 에츄드들을 진행할 필요가 있다"고 주장하며, "이 에츄드들은 단순한 것으로부터 복잡한 것에로 점차 심화 발전시켜야 한다"고 설명한다.35) 김덕인은 당시 '쏘련 연극 예술 대학 배우 학부들에게 실시하고 있는 배우 수업 및 교육 체계에 근거하여' 에츄드를 4단계로 나눈다.36) 학생들의 교육을 위해 김덕인이 재구성한 것이지만 그의 연출과정에서도 적용되었을 것이므로 살펴보기로 한다. 다음은 1단계이다.

(…상략…) 가상한 소도구를 사용하면서 행동하는 련습으로부터 시작된다(첫 작업에서 가상한 소도구를 사용하는 리유는 〈육체적 행동의 기억〉을 배우들에게 교육시킬 필요가 있기 때문이다.)

이 시기부터 중요하게 제기되는 문제는 〈부여된 환경〉이다. 부여된 환경을 떠나서 행동은 있을 수 없음 또한 부여된 환경 없이는 련습도 있을 수 없기 때문이다.

이 단계에서의 작업 방법은 대개 다음과 같다; 에츄드들의 쩨마는 배우들의 생활과 가장 가까운 것을 선택할 것이다.

이것은 첫 시기부터 배우들에게 너무 과중한 것을 강요하지 말기 위해서 절대로 필요하다.37)

위의 에츄드는 가장 기본적인 단계로 보인다. 이때의 핵심은 배우

---

35) 위의 글.
36) 김덕인, 「(예술교양) 배우 수업 제강 작성을 위한 나의 초고」, 편저 홍재범, 앞의 책, 12~36쪽.
37) 위의 글.

의 움직임은 환경과 밀접하므로 환경을 조성해서 배우가 움직이는 근거를 믿게 하는 것이다. 김덕인은 배우에게 친밀한 것으로부터 시작하라고 한다. 예를 들면 배우 지망생 학생들이라면 학교나 연습실을 주어진 환경으로 제시하는 것이 바람직하다. 1인 배우를 위한 에츄드인데 김덕인은 연극 연습에서도 이 방법을 활용한 것이다. 다음은 2단계이다.

이 단계에서는 주로 《상호 행동(교감)》과 관련해서 쩨마를 선택할 필요가 있다. 즉 다시 말하면 전 단계에서 단독 에츄드를 근거로 해서 작업하였다고 한다면 이 단계에서는 두 사람 이상이 참가하는 에츄드를 근거로 해서 작업하게 된다. 우리 나라의 현실에 립각한 쩨마들로써 구성된 에츄드들은 배우들로부터 용감성, 인민의 의무, 높은 도덕적 품성, 친선, 동지애, 애국주의, 로동에 대한 사회주의적 태도 등등 그들이 가지는 감정을 해명하면서 그의 개성 가운데서 가장 고상한 면들을 끄집어 내주어야 한다.[38]

두 번째 단계에서 주목할 것은 2인 이상으로 구성된 에츄드라는 점이다. 조금 더 발전된 형태의 에츄드라 할 것이다. 주어진 환경에 적응하면서 상대 배우도 인식하며 행동해야 하기 때문이다. 배우들은 상대의 행동에 따라 반응해야 하므로 생각과 움직임의 거리가 더욱 짧아지게 된다. 이때 연출가는 조금씩 작품의 주제와 에츄드를 융합한다. 작품의 주제가 '동지애'를 강조하는 것이라면, 이 단계에서 '동지애'가 소재가 되도록 유도하는 것이다. 이러한 방식은 배우들을 조금씩

---

38) 위의 글.

상대역과 작품에 접근하게 하는 유용한 방법이다. 다음은 3단계와 4단계이다. 이 단계에서는 보다 적극적으로 희곡의 대사를 활용한다.

제3기, 제4기에서 작업할 극작가의 대사에 대한 작업에 목적을 두고 유기적으로 이행하는 것은 필요한 일이다.

그러므로 배우들은 각각 문학 작품(소설)들에서 자기의 마음에 드는 한 장면을 선택하여 희곡의 형식으로 조그마한 단편을 배우들 자신이 작성한다. (…중략…) 제3기, 제4기에서 배우들이 할 작업은 부여된 환경 속에서 옳은 유기적 행동을 찾는 데로, 말이 가지는 행동의 천성을 해명하는 데로, 작가의 말을 유기적으로 체득하는 데로 방향이 잡혀지지 않으면 안된다.[39]

이 단계는 보다 발전된 단계이다. 배우들이 희곡이나 소설의 한 장면을 찾아서 자신이 작가가 되어 단편을 완성하는 것이다. 배우들은 이 과정에서 대사를 써보기도 하고, 행동을 계획해보기도 한다. 희곡이나 소설을 기본으로 배우가 제2의 창작자가 되어 장면을 완성하는 것이다. 보다 복잡한 작업인데 김덕인은 이 과정에서 배우들이 다음을 배워야 한다고 말한다.

제3기, 4기에서 공부하는 과정에서 배우들은 다음과 같은 것을 배우지 않으면 안된다. ;
1. 역의 최고 과제와 관통 행동을 규정할 것.
2. 전체 희곡을 통해서 각자가 맡은 등장 인물의(역의) 생활 속에서 중요

---

39) 위의 글.

한 사건들, 사실들을 규정할 것,

3. 시대의 력사적 환경, 사회적 제 조건을 공부하면서 부여된 환경을 규정할 것,

4. 역에서나, 단편에서 등장 인물의 행동을 규정하는 상대역과의 상호 관계를 설정할 것,

5. 작품의 사상성을 해명함에 있어서 배우에게 해당된 역의 의의를 규정할 것,

6. 배우에게 해당된 단편이 역 전반에 걸친 행동선에서 어떠한 위치에 있는가를 규정할 것,

7. 단편에서 자기의 중요한 행동을 규정할 것.

8. 역의 자서전을 창조하면서 그의 형성을 설명해 주는 특수한 계급적 원인들을 찾아 낼 것.

≪당신은 누구이며 당신에게 무슨 일이 생겼으며, 당신은 어떠한 조건에서 살며, 어떻게 하루를 보냈으며, 어디서 또 무엇 때문에 왔으며, 제1막, 제2막, 제3막 등등이 진행되는 사이에는 무엇이 진행되고 있는가를 알아야 한다. (…하략…)≫[40]

김덕인은 3, 4단계에서 에츄드를 희곡과 연관짓는 듯이 보인다. 배우는 3, 4단계에 들어서면 무엇이 중요한 사건인지, 한 장면에서 배우가 하는 행동이 전체 희곡에서 어떤 위치에 있는지를 규정해야 한다. 이를 위해서는 상대역에 대해서도 알아야 하고, 나의 과거에 대해서도 자서전을 통해 알아야 한다. 보다 세밀한 작업인 것이다. 그 과정에서 최고 과제와 관통행동을 구축해야 한다. 김덕인은 가장 기본적인

---

40) 위의 글.

에츄드에서 단계 높은 에츄드로 이동하며 배우가 극중 인물이 되도록 유도하는 것이다. 이러한 김덕인의 방식은 배우들에게 호응을 받으며 배우의 연기를 한층 높인 것으로 보인다.

행정적 조치로써 일체 결재 및 합의를 요하는 문제들이라도 련습중에 있는 간부 동무들의 창조 사업을 방해하지 않도록 조직하였고 무대 련습으로 들어가면서부터는 잡다한 출입을 금하기 위해 전체 문들을 다 닫아 걸고 오직 연기자들의 출입을 위한 문만을 열어 놓고 련습에 돌입했다.
그리고 련습 과정에는 연출가로부터 생생한 상상력의 발동을 위해 풍부한 생활 자료들을 제공받았으며 끊임없는 에츄드를 통하여 체험하는 연기들의 련마를 부단히 할 수 있었다. 그리고 주지하는 바와 같이 연기를 흔히 방해하는 역할을 노는 프롬프터를 없애고 련습함으로써 무대에서 생활하기가 퍽 좋았다.[41]

이와 같이 김덕인의 연출작 〈세전사〉에 배우로 참가한 리재덕은 연출가가 배우들의 생동한 상상력을 자극했다고 한다. 김덕인은 이 방식을 자신의 연습 과정에 직접 활용한 것이다. 연출가가 어떤 단서를 제공하고, 배우들이 상상력을 발휘해서 체험을 하는 방식인데 이를 위해서는 배우의 즉흥성과 집중력이 필수적이다. 배우들은 지속적으로 자료를 연구하고 주어진 자료에 맞추어 상상력을 발휘해야 하기 때문이다. 배우들은 이로써 극중 인물에 보다 풍부하게 접근하게 된다.

---

41) 국립출판사, 『생활과 무대』, 앞의 책, 117쪽.

4. 무대 연습

김덕인은 탁상연습과 행동연습을 마친 이후 무대연습에 대해 설명한다. 그가 생각하는 무대 연습은 '구도와 탐구, 배우들의 내면적-심리적 행동, 외면적-육체적 행동들과 무대장치, 조명, 소도구, 의상, 화장, 음악 및 음향 효과 등 연극의 일체 구성 요소들과의 유기적 통일, 관통 연습, 총연습'이 포함된다.[42] 무대 연습의 첫 단계에서 김덕인이 기본으로 보는 것은 다음과 같다.

> 무대 련습은 대사의 역양, 외면적-육체적 행동, 역 인물들의 호상 관계를 점차적으로 확대시키는 작업으로부터, 희곡과 연극의 과제들을 보다 선명하게 강조하는 작업으로부터, 행동 련습 단계에서 탐구한 역 인물들의 행동의 리듬들을 새로운 조건-정황과 새로운 공간에서 시험해 보는 작업으로부터 시작된다.[43]

김덕인은 무대 연습에 들어가서 탁상연습과 행동연습에서 했던 것들을 보다 더 선명하게 드러내는 데 초점을 돈다. 무엇보다 관객의 입장에서 보는 것이다. 관객이 무대위에서 벌어지는 일들을 명쾌히 이해하는 것보다 더 중요한 것은 없을 것이다. 또한 무대는 연습실과 달리 폭과 깊이가 다를 수밖에 없다. 김덕인은 실제의 조건을 의식하며 무대 연습을 진행하는 것이다. 그 다음 단계는 연출가가 구도를 설정하는 것인데, 이에 대해서 김덕인은 다음과 같은 방법을 제안한다.

---

42) 김덕인, 「(연출리론) 연출가와 무대련습(1)」, 『조선예술』 2호(1966); 편자 홍재범, 앞의 책, 456~463쪽.

43) 위의 글.

연출가는 배우들과의 작업에서, 배우들 자신이 상대 역들과의 교제(교
감)에서, 그리고 일정한 과제들을 수행하면서, 이러저러한 위치와 위치
변경을 자연스럽게 선택하도록 지도한다. 때문에 배우들 자신이 선택한
이러저러한 위치 변경은 련습 과정에서 고착시킬 수 있을 뿐만 아니라,
그것은 또한 련습과정에 형성된 하나의 구도로 된다. (…중략…)

4. 련습 도중에 배우들이 무엇인가 하고 싶어 하는 경우, 말하자면, 자세
를 약간 변경시킨다든가, 어느 한 대상으로부터 다른 대상에 주의를
돌린다든가, 부여된 환경들이 수시로 변함에 따라서 자기의 자감 상태를
바꾼다든가 하는 경우 연출가는 즉석에서 뜻하지 않았던 새로운 구도를
발견하게 된다. 이런 경우 연출가는 미리 준비한 구도들을 부분적으로
혹은 전반적으로 변경시키지 않을 수 없게 된다.[44]

김덕인은 무대 연습에 들어갔을 때 배우의 자율성을 장려한다. 배
우가 주어진 환경에서 자연스럽게 위치 변경을 한다면 김덕인은 받아
들인다. 또한 새로운 구도가 보다 합리적일 경우, 그동안 연습했던
것이나 연출가 자신이 생각했던 계획에 얽매이지 않고 과감히 새로운
구도를 받아들인다. '구도는 배우들의 내면적 행동들을 외면적 행동
들로써 표현하는 능력이며 수단'이기에 연출가는 유연해야 하는 것이
다.[45] 또한 김덕인은 이 과정에서 소도구에 대한 작업도 진행해야
한다고 주장한다.

연출가는 무대 련습이 진행되는 과정에 일체 소도구들에 대한 작업도

---

44) 위의 글.
45) 위의 글.

동시에 진행해야 한다. 배우들이 사전에 소도구들에 대한 무대적인 습관을 붙여 두지 않는다면 그것들은 배우들의 주의를 무제한을 분산시킬것이며 배우들의 신경과 주의를 역 인물들의 내면 과제로부터 딴 데로 쏠리게 할 것이다.[46)]

무대연습은 남한의 용어로 말하면 리허설에 해당하는데 리허설에서 소도구 활용은 모든 연출가에게 기본일 것이다. 배우들이 자신이 가지고 움직일 소도구에 익숙해져야 하며, 소도구를 통해 섬세한 제스처와 비즈니스가 생성되기 때문이다. 김덕인은 무대 연습에 있어서 이러한 점과 배우의 집중력을 위해 소도구 지참 연습을 강조하는 것이다.

이제 김덕인의 연출법을 정리해보기로 하자. 김덕인은 탁상연습에서 연출안을 발표하고 희곡을 낭독하며 등장인물의 성격을 분석한다. 이때 배우들이 대사를 '읽지' 않고 '말'하도록 하는데 초점을 둔다. 이후 '만일'을 적용하여 배우의 말과 행동이 거짓이 되지 않도록 유도한다. 동시에 에츄드를 활용하여 희곡의 장면이 배우 자신의 장면이 되도록 하며, 무대연습에서는 배우들에 의해 새로운 구도가 찾아질 경우 유연하게 수용한다. 김덕인은 기존의 탁상연습에 스타니슬랍스키의 후기 작업인 행동분석법을 적극적으로 도입한 연출가라 하겠다.

---

46) 위의 글.

국립출판사, 「체험의 예술 〈재현의 연기〉: 까에쓰 쓰따니쓸라브쓰끼-김덕인」, 『생활과 무대』(평양: 국립출판사, 1956), 119~131쪽.

둘째 타이프의 극장 혹은 우리 예술의 둘째 경향을 창조하는 배우의 예술은 인간 정신의 생활과 예술적-무대적 형식에서 이 생활의 반영을 창조하는 것을 자기의 목적으로 설정한다.

그러나 둘째 경향은 전혀 다른 방법들로써 자기의 목적에로 접근하며 또 첫재 경향보다 다르게 계획한 것을 수행한다. 저기, 직업적 연기에서는 외면적 행동, 외면 생활, 의곡의 줄거리를 묘사하며 둘째 경향에서는 내면적 형상과 역의 열정을 묘사한다.

직업적 연기에 전적으로 대비하여 둘째 경향은 자기의 창작 사업을 생동하는 인간적인, 말하자면 역의 진정한 체험 과정으로부터 시작한다. 직업적 연기에서는 필요없거나 혹은 우연하게 나타나는 진정한 체험과정이 둘째 경향에서는 필수적인 것으로 또는 필연적인 것으로 된다. 창조적인 진정한 체험없이 예술은 있을 수 없다. 둘째 경향은 바로 그러하므로 직업적 연기인 것이 아니라 예술인 것이며 그의 창조는 진정한 체험 과정을 통하여 발생된다.

아직은 그것에 대하여 또는 창조적이며 진정한 것과 직업적이며 배우적 체험 사이에 존재하는 차이를 말하고 해석할 때는 아니다. 다음 장에서 또는 전체 론문의 연장에서 이 문제에다 많은 자리와 주의가 제공되였다. 다만 둘째 경향에서 창조적인, 진정한 체험 과정은 후에 이야기할 세째 경향에서와 거의 마찬가지 경과를 밟는다는 것을 언급해둔다. 후에 반복하지 않기 위하여 나는 이미 언급한 것을 제한다는 것이다.

　다음에 제기되는 창작 과정, 즉 체현은 체험과 긴밀하게 련결되여 있다. 그것은 역시 육체와 정신의 긴밀한 련계에 의한 자연 자체의 법칙들의 기초에서 자연스러운 방법으로써 수행된다.

　둘째 경향에 속하는 배우들은 매개 역을 체험하며 또 자연스럽게 그것을 체현한다. 그러나 다만 무대에서 관객들의 근중 앞에서가 아니라 자택에서 자기 혼자서 혹은 가까운 사람들만 모인 련습들에서 그렇다.

　감정의 자연스러운 체현에 대한 외면적이며 유형적인 형식을 확증하기 위하여 역은 한번 또는 몇 번 배우로써 체험된다. 우리의 직업에 종사하는 사람들에게 특성으로 되여 있는 능동적(근육적)인 기억의 민감성 때문에 배우는 기억한다. 그러나 감정 자체가 아니라 눈에 보이는 그것의 외면적 결과들을, 그것에 의하여 조성되는 형식을, 내면적 정신 상태가 아니라 유형적이며 능동적인 감각을, 그것과의 동반하는 정신적 체험 자체가 아니라 그것의 육체적 체현을 기억한다.

　이것이 왜 이렇게 되느냐 하면 둘째 경향인, 진정한 인간적 체험은 조용한 서재에서 자기 혼자만이 가능하다고 확인하며 바로 무대에서, 대중 앞에서의 창작 환경을 가지고는 역의 생동하는, 진정한 체험인 둘재 경향에서는 불가능한 것으로 인정되고 있다. 이 불가능성은 첫재 경향에서와 마찬가지로 무대에서 생동하는 감정을 죽이는 듯이 생각하는 극장의 건축, 음향 조절의 불완전, 대중 앞에서의 창작에 대한 흥분과 산만한 조건들을 비롯한 기타 장애들이 있기 때문이라고 설명하고 있다.

　그러나 만일 둘째 경향이 무대에서, 공연 환경에서 심지어는 진정한 체험과 자연스러운 체현이 가능하다고 확인하였다 하더라도 그때에는 원하지 않은 것으로 또한 심지어는 예술을 위해 해로운 것으로 인정하였을 것이다. 무엇보다도 먼저 왜 그러냐 하면 진정한 체험과 그의 자연스러운 체현은 비무대적이라고 인정하는 때문이다. 그것들을 극장에서 너무 섬세한 것들이며, 포착하기 어려운 것들이며, 적게 알려지는 것들이다. 내면적인, 보이지 않는 형상들과 역의 무대적 열정들에 대한 체현의 형식을 만들어 내기 위해서는 그것이 두드러지게, 관객들로부터 배우들을 구별하는 큰 거기에서 명백하게 또는 알려지게 할 필요가 있다. 말하자면 극장적인 현저한 부분이 필요하다. 해명을 위한 무대적 수법들을 인공적으로 강조할 필요가 있으며, 그것들에 대한 크고 직관적인 것을 위해서 설명하고 보여 줄 필요가 있다. 만일 직업적 연기에서 평범하고 또 알기 쉬운 희곡의 줄거리에 대한 졸렬한 표현의 명확성을 위하여 배우의 강조된 연기가 요구된다면 둘째 경향에 속하는 대표자들의 의견에 의하면 볼 수도, 들을 수도 없는 역의 정신적 형상들과 열정들에 대하여 문제가 진행되는 그곳에서는 그것이 한층 더 필요하다. (…하략…)

한백남

: 행동분석의 적극적 활용

한백남은 북한 연극계에서 스타니슬랍스키의 행동분석법을 적극적으로 활용한 연출가이다. 대표작에는 〈잊을 수 없는 그날〉(류기홍 작, 황해남도 도립예술극장 배우 집단창조, 1955), 〈우리의 역사〉(1956), 〈와냐 아저씨〉(번역극, 체홉 작, 국립연극극장, 1959), 〈연암 박지원〉(1962)[1] 등이

---

1) "8월 15일 해방 17주년 기념 전국 연극 부문 축전에 참가한 연극 ≪연암 박지원≫(인민상 계관인 송 영작, 한 백남 연출)은 18세기 우리 나라의 탁월한 실학 사상가며 위대한 작가인 박 연암의 전기를 극화한 작품으로 력사적인 시대감을 잃지 않으면서 아주 평이하게 누구나 다 알기 쉬운 말로 씌여졌다. 첫 막에서 박 연암은 북한산성의 한 절'간에 기거하면서 그 젊은 녀승이 자살하는 사실을 비롯하여 당대 현실의 불합리성을 직접 목격하게 되는바이 사실들은 연암의 세계관 형성과 그의 창작적 성과에 크게 작용하게 된다. 작가는 여기에서 연암으로 하여금 ≪량반전≫을 창작하게 함으로써 봉건 량반들을 극도로 증오하고 폭로 규탄한 그의 사상을 더욱 선명하게 강조하고 있다. 2막에서 연암은 팔도 강산을 편담하면서 착취와 억압에 신음하는 인민들을 자신이 직접 목격한 데 기초하여 암담한 현실과 봉건 제도의 모순을 심각하게 느낀다. 박 연암의 선진 사상은 폭동 농민과의 상봉을 통하여 더욱 확고해지며 그로 하여금 인민의 편에 더욱 튼튼히 서게 된다. 이러한 박 연암이 보수파에 속하는 좌포장과 맞서게 될 때에 극은 갈등 속에서 점점 심화되어 간다. 3막에서도 박 연암과 그를 중상 모해하려는 보수파 홍 보영과의 직접적인 충돌을 강한

있다. 이 중 번역극 〈와냐 아저씨〉는 공연 자체만으로도 북한 연극계의 주목을 받았으며 작품의 성과까지 인정받았다.

연극은 한달 가까이 상연되고 있으나 극장은 련일 초만원을 이루고 있으니 이것이야 말로 연극 ≪와냐 아저씨≫의 성공에 대한 움직일 수 없는 증거가 아니겠는가! 온갖 예술 작품의 창조자이며 그의 가장 엄격한 평론가인 관객 대중이 열광적으로 접수하였으니 이제 창조 집단의 로력은 드디여 빛나는 열매를 맺은 것이다.

우리의 연극 무대에서의 희곡 ≪와냐 아저씨≫의 찬란한 성과—이는 조선의 연극 예술이 세계적 연극 예술의 높이에 올라 섰다는 것을 의미한다. 이렇게 말하는 것은 조금도 억지가 아니며 우리의 당적인 연극 예술인들이 거둔 성과에 대한 과대 평가도 아니다. 조선의 연극 예술을 진심으로 사랑하며 그의 발전 행정을 주의 깊게 관찰하여 온 사람이라면 누구나 다 커다란 민족적 자부심을 갖고 이렇게 말할 것이며 우리의 평가를 전폭적으로 지지할 것이다.[2]

공연을 직접 관람한 김창석은 북한이 〈와냐 아저씨〉를 공연한 것 자체만으로도 자부심을 갖는다. 또한 배우들의 연기에 대해서도 '뻬레브랴쟈브 역은 공훈 배우 배용이 자기의 연기 역량을 남김 없이

풍자와 야유로 보여 줌으로써 극적 갈등을 최고도에 도달시킨다. 4막에서 진행되는 금천 연암협의 생활은 연암의 높은 정신 세계를 보여 주는바 이 막에서 등장한 연암은 비록 늙었으나 그의 개혁 사상은 더욱 발전하여 확신성 있는 실천 사상으로 발양되고 있다. 이 연극에서 적절히 설정된 일련의 허구들은 력사적 사실과 유기적으로 배합되면서 극적 전개와 발전과 결말에 크게 이바지하고 있다." 김욱, 「(평론) 력사물 창작과 현대성」, 『조선예술』 10호(1962), 18~20쪽

2) 김창석, 「(평론) 아름다운 미래에 대한 열렬한 갈망: 연극 ≪와냐 아저씨≫를 보고」, 『조선예술』 12호(1959), 21~24쪽.

발휘하였고 목소리와 동작과 제스처에 있어서 훌륭했으며 연극에서 그의 연기가 가장 훌륭했다고' 하며 극찬을 아끼지 않는다.[3] 모든 배

〈사진 1〉〈와냐 아저씨〉 제1막

워이니쯔끼는 교수의 부인 엘레나. 안드례예브나에게 자기의 심경을 고백한다. ≪귀중한 이여! 아름다운 이여…≫ (출처: 『조선예술』 12호, 1959)

〈사진 2〉〈와냐 아저씨〉 제4막

격동된 워이니쯔끼 뻬레브라꼬브(공훈배우 배용 분)와 그의 아내 헬레나 안드례예브나가 영지를 떠나는 장면. (출처: 『조선예술』 12호, 1959)

〈사진 3〉〈와냐 아저씨〉 제3막

엘레나 안드례예브나(김복선 분)와 아쓰뜨로브, 공훈 배우 리단 분.
(출처: 『조선예술』 12호, 1959)

〈사진 4〉〈와냐 아저씨〉 제3막

격동된 워이니쯔끼(한진섭 분)는 뻬레브라꼬브를 공경한다. ≪당신은 령지를 팔겠단 말이지 참 훌륭하오. 그럴듯한 생각이오. 그런데 내나 늙은 어머니나 쏘냐는 어디로 없어지란 말이요? (출처: 『조선예술』 12호, 1959)

우는 아니었지만 주연급 배우들의 연기는 확실히 주목할 만한 것으로 보인다.

이와 같이 창작극과 번역극을 오가며 성과작을 남긴 한백남의 기본 연출관은 연출가가 희곡을 보충하고 창작하는 역할을 해야 한다는 것이다.

보충하고 창조하자—연출가 한백남

연출가란 물론 희곡에 충실해야 한다. 그러나 연출가란 희곡을 무대 우에 그 대로 옮겨 놓는 것으로써 자기의 역할과 기능을 다 했다고 할 수는 없다.

극작가가 미처 생각하지 못 하고 발견하지 못 한 것을 생각하고 찾아 내서 작품의 세계를 더 넓히고 정서를 풍부히 하고 작품의 사상을 더 힘 있고 선명하게 관객들의 심장에 안겨 줄 때 그 때에야 우리는 연출 예술 에 대해서 말할 수 있으며 연출가의 기능과 역할에 대해서 말할 수 있는 것이다.[4]

한백남은 기본적으로 연출의 창조성을 강조한다. 연출이란 희곡을 성실히 분석하는 것을 넘어 작가가 미처 생각하지 못한 것까지 찾아 내야 하는 작업이라는 것이다. 당시로서는 상당히 혁신적인 관점이라 고 하겠다. 북한에서 2세대 연출가에 속하는 연출가답게 새로운 방식 을 지향한 것으로 보인다.

이렇게 참신한 관점을 가진 한백남은 자신의 연출법에 대해서 일목

---

3) 위의 글.
4) 「(로동 계급의 전형 창조를 위하여) 설문: 로동 계급의 전형 창조를 위해서 해결해야 할 문제는 무엇이라고 생각하십니까?」, 『조선예술』 1호(1964), 8~13쪽.

요연하게 정리한 글을 남긴 소수 연출가에 속한다. 그는 특히 낡은 연기의 잔재인 유형적인 연기를 무대에서 퇴출하고자 노력했다. 낡은 연기가 남아있다면 신인 배우들은 자신도 모르게 선배들의 낡은 연기법을 답습하게 되기 때문이다. 이에 한백남은 무엇보다 과학적이고 체계적인 방법이 있어야 한다고 믿었다. 한백남은 당시 북한 연극계에서 활용되는 탁상 연습과 행동 분석법에 주목한다. 다음은 한백남이 북한 연극계의 연습 방식을 4가지로 분류한 것이다.[5]

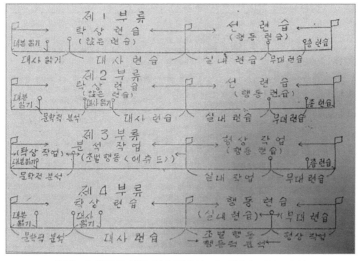

〈그림 1〉 북한의 기존 연습법(출처: 『조선예술』 8호, 1963)

위의 그림은 한백남이 직접 제시한 표이다. 재구성을 하면 다음과 같다.

---

5) 한백남, 「(우리 시대 연출가와 그의 작업) 련습 방법에 대한 생각(1)」, 『조선예술』 8호 (1963), 16~20쪽.

〈표 1〉 제1 부류

탁상련습 (앉은 련습)		선 련습 (행동련습)		
대본읽기				
대사읽기	대사련습	실내련습	무대련습	총련습

〈표 2〉 제2 부류

탁상련습 (앉은 련습)				선 련습 (행동련습)		
대본읽기	문학적분석	대사읽기	대사련습	실내련습	무대련습	총련습

〈표 3〉 제3 부류

분석작업			형상 작업 (행동련습)		
탁상작업		초벌행동 (에츄드)	실내작업		총련습
대본읽기				무대련습	
문학적 분석					

〈표 4〉 제4 부류

탁상련습				행동 련습	
대본읽기		대사읽기		(실내련습)	(무대련습)
문학적 분석		대사련습		초벌행동	형상작업
				행동적 분석	

　　한백남은 위와 같이 북한 연극계의 연습 방식을 넷으로 나눈다. 구별 기준은 행동 연습을 연습의 첫 단계에서 적용하는가, 탁상에서 대사 연습을 적용하는가이다. 위의 표에서 알 수 있듯이 1, 2, 4에서는 탁상 연습이 공통점인데 이것은 탁상 연습이 북한 연극계에서 보편적

으로 활용되었다는 것을 알려준다. 연습의 두 번째 단계에서는 행동 연습이 일반적이다. 한백남은 차이점을 구체적으로 설명한다.

　　이번에는 이 4개 일정표가 보여주는 첫 련습 첫 단계 작업 방법의 차이 점들을 구체적으로 찾아보기로 한다.
　　제1 부류와 제2 부류, 제4부류들은 다 같이 탁상 련습을 진행한다. 다만 차이는 제2와 제4 부류에서는 문학적 분석 작업을 대사 련습에 앞서서 진행한다는 것이 같으며, 제 1 부류에서는 그것이 없이 진행되고 있는 점이다. 그런데 주목할 것은 제4부류의 경우에는 문학 분석도 하고 탁상에 서 대사 련습도 하고 행동적 분석 방법도 련습에 적응하고 있다. 얼른 보면 제4부류가 제일 합리적이고 옛 방법과 새방법을 잘 결합하여 적용하 고 있는 ≪신중한 태도≫인 듯이 보일 수 있다. 그러나 이것은 완전한 혼돈 이며 행동적 분석과 탁상에서의 대사 련습과는 본질적으로 상반되는 그 본성을 무시했거나 몰리해한 데서 나온 것이다. 그러므로 이 제4의 경우 행동적 분석은 그 자체가 벌써 분석을 위한 초벌 행동(에츄드)이 아니라 종전과 같은 실내 행동 련습의 변형에 지나지 않는다. 결과적으로 보다 그 일정표 작성자의 의도는 여하간 하고 계속 탁상에서의 대사 련습을 답습한 것으로 된다. 까닭에 련습 방법의 과학성을 탐구하는 립장과 그의 실효성을 관찰하더라도 이 경우의 ≪행동적 분석 방법≫은 방법으로서의 론의의 대상이 될 수 없다.[6]

　한백남은 1, 2, 4는 모두 탁상연습을 하는 연습 방식이라고 본다. 다만 1만이 탁상연습에서 문학적 분석, 즉 작가의 사상이나 작품의

---

6) 위의 글.

주제를 분석하지 않는다. 한백남에 의하면 4는 초벌행동(에츄드)이 들어가 있지만 연습의 변형일 뿐 탁상연습의 연장선인 방식이다. 이와 같이 연습 방식 자체를 꼼꼼히 나누며 체계적인 연출법을 지향하는 한백남의 연출법을 살펴보기로 한다.

1. 희곡의 창조적 분석

한백남은 연극에 있어서 배우나 연출가는 특별한 재능을 가진 사람이거나 천부적인 능력이 있어야 한다는 견해를 반대한다. 동시에 현장에서 경험을 많이 쌓으면 누구나 배우가 될 수 있다는 견해도 반대한다. 연출가든 배우든 철저한 방법론이 있어야 한다는 것이다. 또한 그는 '진실한 예술은 자연스러운 것이라거나, 과학적 명제만을 외워서 추궁을 일삼는 연출법 역시 반대'한다.[7] 이렇게 접근한 연극은 신파적인 과장과 외형적 표현들을 무대에 보여 주기 때문이다. 그는 철저한 노력과 분석만이 좋은 연극을 만드는 방법이라고 믿는다.

1) 대사는 옷을 짜는 '옷감'

한백남은 먼저 대사의 중요성을 강조한다. 그에게 있어서 연극의 출발은 희곡이기에 대사는 중요한 분석 대상인 것이다. 이에 그는 '배우는 역을 맡고 그 등장인물을 무대에 형상하기 위하여 연극 대본

---

7) 위의 글.

(희곡)을 연구하는 것'은 기본이며, '실제로 배우의 작업에서 가장 중요한 자재는 대사이며, 이 대사라는 섬유들로 짜진 직물이 바로 희곡 대본이며 이것이 대사의 총보를' 이룬다고 주장한다.[8] 또한 그는 '배우에게 있어서 대사는 자신의 행동과 체험으로 낳아야 할 무대 형상의 자재로 되며 다른 말로 바꾼다면 배우가 놀아야 할 역의 ≪감≫'이라고도 한다.[9] 옷감을 가지고 원하는 디자인의 옷을 만들 듯이 대사는 배우가 원하는 인물을 만드는 '옷감'이라는 것이다.

배우가 창조하여야 할 예술 형상(역)의 ≪감≫인 대사는 옷감이나 다른 예술품의 감들과는 달라서 그 속에 사상 감정, 의지와 이야기 줄거리, 사건과 사실들, 생활 환경 및 인물들의 성격과 호상 관계들을 엮어 넣은 것이다. 그러므로 이러한 대사는 일단 창조된 연극에서는 등장 인물의 생활적인 산 말이 된다. 그 대사가 대화이건, 혼자'말(독백)이건 또는 중얼거림(방백)이건 간에 그것은 그 인물이 극중 생활에서 생각하고 일하고 서로 의논하거나 토론하며 또는 책하거나 타이르고 이야기하는 등 여하튼 그 사람의 모든 행동에서 우러나온 것이며 뿐만 아니라 말 그 자체가 또한 행동의 일부분을 이룬다. 우리가 배우 수업에서 말 행동이라고 전문적으로 말함도 바로 여기에서 출발한 것이다. 즉 사람이 말하고 생각하며 또는 사랑하고 귀여워하며 혹은 공부하고 연구를 하는 것과 함께 말하는 것은 모두가 행동하는 것이다. (밑줄 필자)[10]

한백남은 옷감인 대사는 그 속에 사상, 감정, 의지, 사건, 관계 등의

---

8) 위의 글.
9) 위의 글.
10) 위의 글.

실로 엮어져 있으며 그 대사가 어떤 형태이든 행동의 일부분이라고 한다. 다시 말하면 '말'은 모두 행동이라는 것이다. 한백남은 대사를 행동의 '내적 에너지'로 본 듯 하다. 따라서 한백남은 무엇보다 배우가 인물을 구축할 때 반드시 대사를 통해서 접근해야 한다고 주장한다. 연극에서 대사는 인물 구축의 유일한 단서이기 때문이다. 이 때문에 '배우는 대사를 통해서 자기가 놀아야 할 역-인물의 행동을 찾는 것을 가장 기본적인 과제로 삼아야 한다'는 것이다.[11]

극중 인물의 행동은 넓게는 항상 그 희곡에 반영된 생활 현실의 사회 력사적 제 조건에 의하여 제약을 받은것이며 작가의 사상 미학적 지향과 취미에서 출발한 예술적인 가공에 의해서 제약된 것이다.

또한 좁게는 그 등장 인물의 사상 정신적 경향, 사회 정치적 립장과 처지, 생활 경험과 지식, 그의 수준여하에 따라 제약되며 그의 개인적인 특질 즉 취미, 기질, 성품, 년령, 건상 상태 등등과 등장 인물 호상간에 이루어진 관계 속에서 제한된 것이며 이러저러한 사실과 리유로 인하여 조건 지어진 것이다. …희곡에 반영된 현실 생활의 사회 력사적 환경과 정치 경제 문화적 상태, 그리고 인민들의 성격을 안받침하고 있음은 물론 이거니와 작가가 말하자는 사상 정신적 내용과 그의 극적인 구상도 대사를 통하여 이루어지며 사건, 사실 그리고 생활 형편과 실태 극적인 정황과 구성에 이르기까지 바로 이 대사를 통해서 알려지게 마련이다.[12]

이같이 한백남에게 연극의 대사는 모든 것의 암시이다. 대사는 '아

---

11) 위의 글.
12) 위의 글.

무리 간단하고 평범하고 일상적인 말이라도 반드시 작가의 의도가 숨어 있는 것이며, 그 속에 극의 사상이 있는 것'이다.13) 이 때문에 한백남은 '연극에서 인물들이 말하는 대사는 그것이 무심히 지나가는 말같아도 우연한 말이 아니라, 그 인물만이 그 상황에서 할 수 있는 말'로 볼 것을 당부한다.14) "대사는 그것이 아무리 간단하고 평범하고 일상적인 말이라고 할지라도 반드시 뜻을 가지며 작가의 의도가 숨어 있는 것이며 극에 담겨진 사상 정신적 내용과 이야기 줄거리의 발전에서 없어서는 안될 소중한 것이며 그 인물의 행동과 성격의 특성에 의해서 나온 없어서는 안 될 중요하고 필연적인 것"이기 때문이다.15)

2) 인물의 조건 분석

한백남은 배우가 희곡을 분석할 때 희곡 속에서 벌어지는 여러 생활 등을 자신의 것으로 만들고 믿어야 한다고 주장한다. 그럴 때만 배우는 극중 인물이 되어 진실한 행동을 하기 때문이다. 이를 위해서 배우는 인물에 대한 정보를 구축해야 한다. 다음 한백남이 제시한 표를 보기로 하자.16)

---

13) 위의 글.
14) 위의 글.
15) 위의 글.
16) 위의 글.

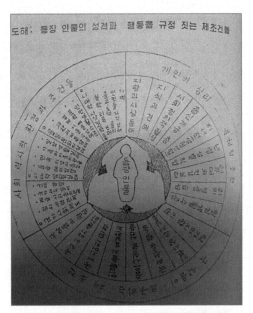

〈그림 2〉 등장인물의 성격과 행동을 규정짓는 요소

*등장인물을 둘러싸고 생긴 희색 활살(화살) 표식은 분석
과정을 의미하며 흑색 활살 표식은 종합과 집약 과정을
의미한다.

위의 표를 보다 쉽게 알아보기 위해 재구성하면 다음과 같다.

〈표 5〉 등장인물의 성격과 행동을 규정짓는 요소

등장 인물		
사회 력사적 환경과 조건들	개인의 심리-육체적 조건	극 작품이 요구하는 제조건
국가사회제도 • 정치세력 관계	지향과 사상 동태	작가의 지향/기백
• 계급/사회층의 관계	지식과 견해	기본 사상/주제 갈등
• 국가 제도/질서	사회 정치적 립장	극의 관통 행동
• 군대/경찰	출신 계급 층	중요 사실들/사건들
시대적 생활실태 • 풍습/례의 범절	자서전 (생활 경험)	인물들의 호상관계
• 민속/지방의 특징	년령 성별 직업	극에 지어진 환경
• 가족과 이웃의 관습	허우대 외 건강상태	극의 이야기 줄거리
• 일상 생활 실태	취미 성품 습성	극작품의 형식

등장 인물			
사회 력사적 환경과 조건들		개인의 심리-육체적 조건	극 작품이 요구하는 제조건
물질 문화의 상태	• 과학과 계몽상태	일상 생활 준수	
	• 경제/기술 수준		
	• 문학/예술 상태		
	• 인민 생활 수준		
시대적 사상 정치적 종류	• 철학/리론 견해		
	• 종교/도덕/륜리		
	• 인민들 각자 상태		
	• 기백		

한백남은 대사가 인물의 1. 사회역사적 환경과 조건, 2. 개인의 심리-육체적 조건, 3. 극 작품이 요구하는 제조건을 담고 있다고 본다. 표면상으로 잘 드러나지 않는다고 해도 깊이 있는 분석을 하면 단서를 얻을 수 있다는 것이다. 한백남은 이 3가지를 제시할 뿐 아니라, 각각에 어떤 항목이 있는지를 구체적으로 제시한다. 배우가 이 질문들에 모두 답해야 한다면 상당히 꼼꼼하게 대사를 읽어야 할 것이다.

이상 도해에서 설명된 바와 같은 제 조건들은 바로 희곡에서는 오직 대사에 종합되어 집약적으로 표현되며 암시되는 것이다. 그리고 배우는 이러한 대사를 ≪감≫으로 삼고 제시되였거나 암시된 그것을 발견하기 위하여 대사의 한 마디 한 마디를 ≪금싸락≫처럼 소중히 여기며 그것을 통해 역 형상에 필요한 연구 과제를 찾기에 노력한다. 그런 뒤에 그 과제들을 풀기 위해서 력사적인 문헌과 자료를 연구하며 현실 생활과 유물론들을 찾아 가 직접 보고 듣고 하면서 구체적인 형상과 생활 경험을 쌓는 것이며 지식을 넓히는 것이다.[17]

---

17) 위의 글.

한백남은 배우가 일상적이든 시적이든 모든 대사를 '금싸라기'로 여기며 분석할 것을 거듭 당부한다. 배우는 이 과정에서 더 폭을 넓혀 사건들을 보고 다듬어가면서 인물 속에 용해되어야 한다. 물론 연출가와 배우가 대사를 분석한다고 해서 위의 표가 제시한 항목들을 모두 찾아낼 수는 없다. 이에 대해 한백남은 다음과 같이 말한다.

연출가란 물론 희곡에 충실해야 한다. 그러나 연출가란 희곡을 무대 우에 그 대로 옮겨 놓는 것으로써 자기의 역할과 기능을 다 했다고 할 수는 없다.

극작가가 미처 생각하지 못 하고 발견하지 못 한 것을 생각하고 찾아내서 작품의 세계를 더 넓히고 정서를 풍부히 하고 작품의 사상을 더 힘 있고 선명하게 관객들의 심장에 안겨 줄 때 그 때에야 우리는 연출 예술에 대해서 말할 수 있으며 연출가의 기능과 역할에 대해서 말할 수 있는 것이다.[18)]

희곡 작가는 각 인물에 대한 모든 정보를 희곡에 담을 수 없다. 그것을 찾아내야 하는 것이 연출가와 배우의 임무인 것이다. 연출가나 배우가 희곡에 제시되어 있지 않다고 해서 포기하는 것은 자신의 임무를 수행하지 못 한 것이다. 이와 같이 한백남은 주어진 대사에 상상력을 더하여 인물의 성격과 행동을 규정 짓는 요소들을 찾아내고 창조할 것을 주장한다.

---

18) 「(로동 계급의 전형 창조를 위하여) 설문: 로동 계급의 전형 창조를 위해서 해결해야 할 문제는 무엇이라고 생각하십니까?」, 『조선예술』 1호(1964), 8~13쪽.

2. 유기적 훈련과 적용

한백남은 대사는 배우가 인물이라는 옷을 입기 위한 옷감이므로 철저한 대사 분석으로 인물의 사회역사적 조건과 심리-육체적 측면을 분석해야 한다고 강조한 바 있다. 그런데 한백남은 이것은 어디까지나 배우의 머릿속에 있는 것이며 배우 예술의 본질은 '행동'이라고 강조한다. 연출가와 배우는 대사에서 분석한 것을 시청각적으로 표현해야 하는 것이다.

여기서 밝혀야 할 것은 문학적 분석은 엄격히 말해서 배우가 역을 무대 행동으로 수행하기 위한 실제적인 련습으로는 되지 않는다. 이것은 어디까지나 희곡과 역에 담겨진 전반적이며 일반적인 생활을 리해하고 그 희곡의 사상-정신적 내용을 리해하자는 데 목적이 있다.

이러한 의미에서 문학적 분석은 배우에게 있어서 자기가 놀아야 할 등장 인물의 형상을 구체적으로 무대 행동으로써 수행하기 위한 실제적 련습에 앞서서 진행하는 예비적 작업에 지나지 않는다.[19]

한백남은 문학적 분석은 예비 작업이라고 단언한다. 문학적 분석이 실제적 연습은 아니라는 것이다. 문학적 분석은 희곡의 사상을 분석하는 것으로 희곡 전반을 이해하는 데 그 목적이 있다. 배우가 인물로써 무대 행동을 수행하기 위한 예비작업인 것이다. 그렇다면 배우가 행동을 수행하기 위한 방법은 무엇일까? 이 지점에서 한백남은 유기적 행동 연습을 다음 단계로 제시한다. 한백남이 말하는 무대 행동이

---

19) 위의 글.

란 무엇일까?

> **무대 행동**; 배우에게 있어서 무대 행동은 두 가지 뜻을 갖는다.
>
> 첫째로 그것은 등장 인물의 행동으로서의 무대 행동이며,
>
> 둘째로는 예술가인 배우의 창조 활동으로서의 무대 행동이다.
>
> 이러한 리치는 바로 배우 예술만이 가지는 독특한 특성에서부터 출발한
> 다. …
>
> 그러므로 배우의 무대 행동이란 등장 인물의 산 행동과 창조하는 배우
> 의 적극적인 행동의 활동과의 유기적인 통일을 말하는 것이다.[20]

한백남은 무대 행동을 등장인물이 하는 행동과 배우가 창조하는 행동으로 나누며 등장 인물이 하는 행동과 그것을 창조하는 배우의 행동이 유기적으로 통일될 것을 강조한다. 언뜻 무엇을 의미하는지 잘 들어오지 않을 수 있지만 분명한 것은 배우에게 두 종류의 행동이 있다는 것이다. 예를 들면 희곡에서 인물이 방을 나가는 행동이 있을 수 있다. 배우는 이 '방을 나가는' 행동을 할 때, 배우 자신이 아니라 인물로써 행동해야 한다는 것이다. 한백남은 이것을 배우와 인물의 유기적 통합이라고 말한다.

1) 탁상 연습의 문제점

한백남은 연습이라는 것은 고정된 대사나 행동을 계속 반복하는 것이 아니라고 강조하면서 연습은 무엇보다 창조를 위한 것이어야

---

20) 위의 글.

한다고 주장한다. 또한 그는 배우가 인물을 구축한다는 것은 극중 인물이 살아서 무대 위에 존재하는 것이며, 이를 위해서는 먼저 배우 자신이 살아서 무대 위에 존재해야 한다고 말한다.

이러기 위해서는 분석하여야 하며 분석한 토대에 기초하여 이러저러한 실질적인 실천(실험)을 통해서 부딪쳐 보면서 취사 선택하여 종합하여야 만 된다는 리유가 선다. 또한 이미 서술한 바와 같이 배우는 무대적 행동에 서 예술가로서의 창작하는 상태와 극중 인물로서 생활하는 상태를 동시에 유지하여 나가게 된다. (밑줄―필자)[21]

한백남의 위의 글은 주목을 요한다. 한백남 연출법의 핵심을 알게 하는 중요 단서이기 때문이다. 한백남은 이 짧은 글에서 '연출가는 배우의 유기적 인물 구축을 위해 배우와 실질적인 실험(실천)을 하고 그중에서 취사 선택하고 종합해야 한다'고 분명히 밝힌다. 책상에서 머리로만 인물을 분석하는 것은 한계가 있다는 것이다. 다음 기존 연습법의 문제점을 제기하는 한백남의 글을 보기로 한다.

대사의 탁상 련습:
이것은 지난 시기 연극 련습에서 지배적인 자리를 차지하던 방법이다. 이전에는 의례히 배우들과 연출가의 작업의 첫 단계에서 희곡을 합독(한 사람이 랑독하고 다른 모든 사람은 자기의 대본을 본다) 한 뒤에는 배역에 따라서 매개 배우는 자기의 대사를 서로 주고 받으며 읽어 간다. 그러면서

---

21) 한백남, 「(우리 시대 연출가와 그의 작업) 련습 방법에 대한 생각(2)」, 『조선예술』 9호 (1963), 35~39쪽.

점차로 대사 련습에로 넘어간다.

그리하여 탁상에 울러 앉아 대사를 익혀간다. 이 과정에 배우는 역의 ≪감정을 잡고≫ 감정이 잡힌 뒤에는 이에 적합하게 ≪대사에 억양을 붙인다≫(≪≫안에든 인용은 당시 쓰던 말이다) 그래서 배우가 대사를 탁상에서 련습하여 가는 동안 연출가는 자기의 구상에 맡도록 배우들을 유도하기도 하며 실지 대사를 해 보여 모범을 보이기도 하며 리치와 극적 정황 그리고 인물 호상 관계들을 해석하여 주면서 방조 지도한다. 이렇게 해서 대사가 ≪감정이 잡히고≫ ≪억양이 붙어서≫ 익숙해지고 외워질 무렵에 가서 선 련습에로 넘어 간다. 즉 실내 행동 련습을 하게 된다.

이것은 과거나 현재나 동서나를 막론하고 연극 련습 첫 단계에서 대사를 탁상에서 련습하는 경우에 생기는 형태이며 방법이다.

오늘 우리 연극 집단에서 하는 대사의 탁상 련습이 달라진 게 있다면 우선 문학적 분석에 의해서 희곡과 역에 대한 전반적인 리해를 사전에 준비한 토대 우에서 그를 진행한다는 점이며, ≪감정을 잡는다≫든가 ≪억양을 붙인다≫든가 하는 말이 아주 조심스럽게 씌여 지는 그것이며 예전보다는 배우들의 문학적 및 리론적 수준이 전반적으로 높아진 까닭으로 해서 분석과 해석에 대한 탐구와 론의가 왕성해졌으며, 따라서 경험주의적으로 ≪이메지≫의 발동에 맡겨서 대사를 반복 련습하여 가는 것이 아니라 속대사와 속혼자'말을 찾아서 대사 련습을 하는 그것이다.[22]

한백남은 이 방법을 해방 이후부터 북한 연극계를 지배한 연습 방법으로 본다. 그런데 이와 같은 방식은 문제가 있다는 것이다. 문제를 지적하는 다음을 보기로 한다.

---

[22] 위의 글.

첫째로 사람이 하는 말이란 우선 행동이라는 것이다. 비록 희곡은 대사의 섬유로 이루어졌으나 그 대사들(말)이 나오기까지는 광범한 생활이 안받침되여 있는 것이며 인물 개인을 두고 보더라도 그의 심리-육체적인 유기적인 움직임을 안받임한 것이다.

그러므로 말(대사)은 등장 인물-배우의 유기적인 행동 속에 살아 있는 것이며 그 인물의 행동은 지어진 환경과 정황 속에서 함께 살고 있는 다른 사람들과의 호상 행동(교제)속에서 우러나온 것이다. 이것이 말의 자연스런 상태이며 법칙이다.

이런 련습 방법은 바로 이 사람의 자연 법칙을 거부하고 있다. 그래서 말을 유기적으로 행동과는 분리하여 따로 말을 말 대로 연기자가 소유하게 된다.

까닭에 ≪감정을 잡는다≫ ≪억양을 붙인다≫는 등의 리치에 맞지 않는 뜻과 방법이 나오게 된다. 이것은 과연 무엇을 말하는가? (밑줄-필자)[23]

한백남은 대사의 분석은 분명 필요하지만 말이 '행동'이라는 것을 강조한다. 말은 인물의 생활 속에서 나오는 것이므로 배우의 행동 속에서 분석되어야 한다는 것이다. 또한 말은 상대와의 관계에서 나오는 것이므로 상대역과의 행동 속에서 분석되어야 한다고 주장한다. 그런데 유기적인 행동과 분리되어 탁상에서 읽는 연습을 한다면 이 유기성이 소거되어 감정을 잡아라, 억양을 붙여라 등 잘못된 연출가의 지도가 나온다는 것이다. 한백남은 이것을 탁상 연습의 한계로 본다. 다음은 두 번째의 문제점이다.

---

23) 위의 글.

둘째로 사람의 감정이란 역시 유기적인 행동에서 산생된다는 것이다. 진실한 감정은 사람이 만들어 낼 수 없으며 지시에 따라 의도적으로 꾸며 낼 수도 없는 것이다. 감정은 배우적 과제가 아니라 행동 과제를 수행하는 결과로 산생되는 것이다. 이와 함께 말의 억양도 역시 말하는 사람이 처한 정황, 처지, 그리고 상대방과의 관계와 련관돼서 행동할 때 생긴 감정과 의지에 의해서 이루어지는 것이다.

　　이것이 옳다면 사람의 유기적 행동에서 유리된 탁상(앉은) 련습에서는 호상 행동이 없이 주로 대본에 주의가 쏠려 있게 되며 주어진 환경과 정황 밖에 앉아 있게 되는 것인데 여기서 어떻게 진실한 억양이 되리라고 기대할 수 있단 말인가! 여기서는 억지로 ≪감정을 잡으려고≫ 헤맬 수 밖에 없으며 억지로 ≪억양을 붙일≫수 밖에 없게 되는 것이다.

　　이런 결과 ≪선 련습≫에 들어 가서도 ≪앉은 련습≫에서 ≪감정이 잡히고 억양이 붙어≫ 익혀지고 외워진 대사는 실지 행동과 호상 행동을 하는 데서 배우가 오래 동안 대본을 쥐고 봐 가면서 계획된 행동선(레루)에 따라 가면서 할 수 밖에 없으며 기억이 잘 소생되는 연기자에게도 프럼프터가 붙어서 튕겨주게 마련이다.

　　심지어 이 상태는 공연시에도 유지돼야만 하였다. 더욱 주목할 사실은 탁상 렵습에서 ≪잡았던 감정≫과 ≪붙었던 억양≫이 행동과 맞지 않거나 무너져 가는 경우가 많으며 심한 경우는 대사 련습에서 익숙해진 거짓 ≪감정≫과 가짜 ≪억양≫을 기계적으로, 기술적으로 외워진 대사에 붙여 가게 된다는 사실이다. 이리하여 배우의 무대에서의 행동을 역 인물의 진실한 행동으로서가 아니라 순 기술 과제를 순차적으로 수행하는 데 그치게 되고 산 행동과 산 정열을 식어서 기그러져 버리게 되는 것이다. (밑줄 ―필자)24)

이와 같이 한백남은 감정이라는 것 역시 행동을 할 때 생성되는 것이라고 보았다. 감정은 행동의 결과이며 말의 억양도 행동의 결과로 발생하는 것이다. 그런데 행동하지 않고 앉아서 대사를 읽는 것은 모든 것이 제거된 상태이기에 진실한 대사가 될 수 없다는 것이다. 이때 연출가는 '감정잡고', '억양을 붙이고' 식의 지도를 하게 된다. 한백남은 이것이 명백히 잘못된 것이라고 지적한다. 더욱 나쁜 것은 이렇게 책상에서 붙인 감정과 억양은 이미 배우에게 내재되어서 공연에서도 나타난다는 점이다. 이와 같은 방식은 배우가 진실한 인물로서 행동할 수 없도록 하기 때문에 반드시 지양해야 하는 것이다. 다음은 한백남이 세 번째 문제점으로 든 것이다.

셋째로 배우를 첫 시기부터 앉아서 역을 련습시키는 것과 관련된다. 연기자로 하여금 창작하는 습성을 앉아서 하는 것으로 익숙케 하겠는가, 그렇지 않으면 행동 하는 것으로 익숙케 하는게 좋겠는가 하는 문제이다.

물론 사람의 행동에는 앉아서 하는 게 많으며 앉아 있는 경우에도 유기체의 활동은 정상적으로 작용한다. 그렇다면 앉아서 련습을 해도 아무런 무리가 없지 않는가? 하는 의문이 생길 수 있다.

그러나 그렇지 않다. 보통 일상 생활에서 앉아 있는 것은 어디까지나 그 사람의 련속되는 생활에서의 산 행동의 부분을 이룬다. 그러나 배우가 앉아서 대사를 련습하는 경우는 등장 인물의 그것이 아니라 배우로서 앉아 있다는 것이며 등장 인물의 생활 환경과 정황, 처지 그리고 호상 관계 속에서 진행된 유기적 행동으로서 앉아 있는 것은 아니다.

까닭에 대사의 탁상 련습에서는 연기자가 유기적인 행동을 하는 역 속

---

24) 위의 글.

에 《나》로서 살고 있는게 아니라 등장 인물을 《그》로서 객관시하면서 《그》가 처해 있는 환경과 행동을 머리로서 추측해 가면서 말은 자신이 하게 된다. (밑줄—필자)25)

한백남은 탁상에 앉아 있을 때는 배우가 자기 자신을 떠나기가 어렵다고 말한다. 배우는 인물이 되어야 하는데, 탁상에서는 그것이 불가능하여 인물과 항상 거리를 두게 된다는 것이다. 또한 한백남은 탁상에서 배우는 머리로만 상황을 짐작하기에 대사를 할 때에도 인물이 아니라 배우 자신이 되어 말을 한다고 주장한다. 이때 배우와 인물의 유기적 통합은 깨어지게 된다. 그렇다면 처음부터 배우가 인물과 통합되어 존재하는 것이 가능할까? 한백남은 다음을 제안한다.

2) 움직이며 반응하는 연습

한백남은 배우가 연습의 첫 단계부터 움직일 수 있도록 연출이 유도할 것을 제안한다. 만약 연습의 첫 단계부터 배우가 인물과 통합된다면 더욱 진실한 연기가 생산될 수 있기 때문이다. 한백남은 이것을 행동적 분석이라고 명명한다. 다음은 한백남의 설명이다.

행동적 분석에 의한 련습
이것은 련습의 첫 시간부터 배우로 하여금 무대 행동을 하는 상태에 있게 하는 것이며 역의 립장에 선 《나》로서 행동하게 하는 것이다.
이 방법을 간단히 요약해서 말한다면 다음과 같다.

---

25) 위의 글.

런습하여야 할 장면에 대한 일정한 연구가 간단히 진행된 후 즉흥 대사로써 초벌 행동(에츄드)을 하면서 역의 진실한 행동과 말을 상대 역들과의 호상 행동 속에서 찾으며 분석한다.

실제상 이는 행동 런습의 시초로 되며 <u>대사를 창조적으로 소화해 가는 배우의 무대 행동의 초벌 행동으로 된다.</u> (밑줄―필자)26)

한백남은 탁상분석을 완전히 배제하지는 않는다. 다만 간단히 진행하라는 것이다. 이후 즉흥 대사로 초벌 행동을 하면서 역의 진실한 행동과 말을 찾아가라고 한다. 연습의 처음부터 배우를 움직이게 하는 것이 바람직하다는 것이다.

그럼 현재 우리가 하고 있는 행동 분석에 의한 런습은 어떻게 진행되였는가 설명해 보기로 하자.

우선 문학적 분석에 의해서 희곡과 역에 대한 전반적인 리해를 가진 다음에 행동적 분석을 진행한다.

그 날 런습할 장면을 배역에 따라서 대사 읽기(대사 런습을 하지 않는다)를 한 다음에 전체 등장 인물(그 장면에 나오는)의 생활에 작용하는 중요 사건을 찾는다. (담화의 방법으로)

사건에 대한 명명이 합의되면 매개 배우들은 ≪나는 (즉 역으로서) 이 사건에 어떻게 참가했으며 어떠한 사실들에 부닥쳤으며 어떠한 정신-육체적 생활을 겪었는가≫를 상상해 본다.

<u>사건의 명명이 합의되면 그 다음에는 다시 대사를 배역 별로 읽어 가면서 화제'거리를 순서 있게 하나하나 찾아 나간다.</u>

---

26) 위의 글.

즉 이것은 등장 인물이 교환하는 말과 생각의 구체적인 대상이다. 동시에 두 가지 이상의 대상이 화제 거리로 되는 일은 사람의 행동에는 있을 수 없다. (밑줄—필자)27)

한백남은 희곡과 역에 대해서 이해를 하면 연출가는 그날 연습할 장면을 선택하라고 한다. 이때 배우는 대사를 읽기만 하고 불필요한 감정이나 억양을 붙이지 않는다. 단지 그 장면에서 중요한 사건을 찾는다. 예를 들면 일하러 가야 하는데 아이가 사라졌다, 남편이 돌아오지 않는다 등이 될 것이다. 그러면 배우들은 이러한 상황에서 어떻게 할 것인지를 상상해본다. 이후 실제로 행동한다. 이때 연출가는 배우에게 질문을 던져야 한다. 연출가는 무엇을 하는가, 왜 그랬는가 등을 질문하며 배우가 스스로 행동하는 근거를 찾게 하는 것이다. 이것의 변형으로서 다음과 같은 방법을 활용하기도 한다.

그 다음에는 등장 인물이 행동할 장소(무대적 환경)를 배우 자신들이 의논해서 꾸리도록 한다.
그리고 행동 장소를 꾸린 후에는 의상과 지님 도구를 갖추도록 한다. 이런 준비가 갖추어진 다음에는 즉흥 대사로써(작가의 대사 그대로가 아니라도 좋다. 자기가 행동하는 데 필요한 말을 제 말로 하게 된다) 초벌 행동을 한다. 이 때 배우는 약속하지 않는 조건에서 사건과 대사의 화제'거리의 순차에 따라 호상 관계를 맺어 가며 각자는 자기에게 제시된 행동에 따라서 행동해 가면 된다.
이 때 서로 뜻하지 않은 행동과 대사가 나올 수 있다. 이 경우에는 이에

---

27) 위의 글.

적응시켜 즉흥적인 대꾸와 태도로 대해 간다. (밑줄-필자)28)

한백남은 소도구를 적극적으로 활용한다. 배우는 때로 주어진 조건들에서 영향을 받기 때문이다. 어떤 옷을 입는가, 어떤 도구를 들고 있는가에 따라서 배우의 제스처와 비즈니스는 달라진다. 탁상에서는 상상하지 못한 대사와 행동이 나오는 것이다. 연출가는 이때 모든 대목에서 작품과 맥이 닿는 것을 추리기도 하고 유도하기도 한다. 연출가의 적극적 개입이 필요한 것이다. 그런데 여기에서 한 단계 더 나가야 한다.

배우는 이 초벌 행동 과정에 의식적인 창작을 기도하면서도 상대 역과의 호상 관계에서 생기는 뜻하지 않은 현상에 대해서 즉흥적으로 적응시킨다.
그리하여 희곡에 제시된 그것과 자기가 초벌 행동에서 하고 말한 것과를 대비하면서 분석적으로 창작을 계속하게 되는데 의지적으로 이 행동을 끌어 나가야 한다.
물론 행동이 정 그릇되게 나가는 경우에 연출가는 그를 중지시키고 그 자리에서 간단한 질의 문답 형식으로 분석을 진행하고 배우를 깨우쳐 준다. 그리고 다시 진행한다.29)

배우는 자신이 즉흥적으로 한 말과 희곡의 대사를 비교하면서 공통점과 차이점을 찾아간다. 이때 연출가가 개입한다. 즉흥대사와 희곡의 대사가 거리가 멀면 중지시키거나 질문을 통해 희곡으로 유도

---

28) 위의 글.
29) 위의 글.

해야 한다. 이 연습을 마치면 모두 모여서 배우 자신들이 경험한 것이 무엇인지 반추해보고 의논한다. 이러는 사이에 배우는 점차 역의 행동으로 접근해가는 것이다. 그렇다면 한백남의 이와 같은 방식은 성과를 거두었을까? 〈연암 박지원〉에 대한 다음 글을 통해 가늠해보기로 한다.

> 이 연극이 성공한 또 하나의 요인을 우리는 연출 작업에서 찾게 된다.
> 이 연극을 보면서 우리는 연출가가 작품을 옳게 분석하였고 연출 의도도 정확하였으며 배우와의 공동 작업을 긴밀히 하였다는 것을 곧 알 수 있다.
> 연출의 진지한 태도와 용이주도한 작업과 비상한 노력은 지나친 과장이나 불필요한 잔 재간을 극력 피하면서 이제까지 힘들다고 여겨 오던 력사물을 훌륭히 무대화하였다. (밑줄―필자)30)

연출가는 력사적 주제를 무대 형상을 통하여 우리 시대의 사상과 인간들의 미학적 취미에 맞게 하려고 노력하면서 현대성을 강화하는 등 창작 실천상 일련의 새로운 과제들을 제기하고 그를 훌륭하게 해결하였다.

연기 형상에서도 당대 인민의 생활 정서와 전형적 인간 성격을 창조함에 있어서 일정한 성과를 보여 주었다.

박 연암 역을 수행한 인민 배우 한 진섭 동무는 박 연암의 인민적이며 애국주의적인 풍모를 형상하기 위한 노력에서 진지한 태도를 보여 주었다.

할아범 역을 수행한 인 항섭 동무는 섬세한 무대 행동과 체험으로써 대사가 적은 힘든 역을 매력 있게 형상하였다.

---

30) 김욱, 「(평론) 력사물 창작과 현대성」, 『조선예술』 10호(1962), 18~20쪽.

기타 봉건 관료배들의 포악무도한 본성을 훌륭히 묘사한 엄 도순 동무나 금옥 역을 통하여 조선 녀성의 고결한 모습을 진실하게 형상한 엄 미화 동무의 역도 인상적이였다.[31]

김욱과 문화상 박웅걸은 〈연암 박지원〉에서 배우들의 연기를 고평한다. 특히 김욱은 〈연암 박지원〉의 배우들이 연기에서의 과장이나 잔재간을 극력 피했다고 전한다. 이는 한백남이 지속적으로 지양하고자 한 연기이다. 문화상 박웅걸 역시 대사가 적은 할아범이 섬세한 행동을 보여줌으로써 매력을 느꼈다고 전한다. 이를 종합하여 볼 때 한백남의 행동적 분석법은 연기에 있어서 일정 성과를 거두었다고 하겠다.

이와 같이 한백남은 분명 북한 연극계에 새로운 연출법을 제시한 연출가이다. 한백남은 배우와 인물의 유기적 통합을 고민했고, 그것을 위한 해결 방법으로 행동적 분석법을 제안했다. 탁상 연습이 배우의 머리로만 전개되는 것으로 보고 행동적 분석 연습을 통해 머리와 몸을 다 통합시키려 시도한 것이다. 이에 한백남 연출법의 핵심은 배우 자신의 유기적 통합, 배우와 인물의 유기적 통합이라고 하겠다.

그런데 한백남의 의미는 다른 각도에서도 조명되어야 한다. 한백남은 새로운 분석법을 제시한 것뿐 아니라, 새로운 분석법으로 북한 연극계에 활발한 토론을 가져왔다는 점이다. 행동적 분석법의 문제점을 지적하는 안영일,[32] 행동적 분석법의 의미를 밝히려는 라세득과 이상화는[33] 그들이 어느 입장에 서 있든 북한 연극계의 연출법을 풍

---

31) 문화상 박웅걸, 「〈거대한 성과, 긴요한 과업〉 8. 15 해방 17주년 연극 부문 예술 축전 총화보고 (요지)」, 『조선예술』 1호(1963), 8~13쪽.
32) 안영일, 「연출 작업에서의 형상성과 과학성」, 『조선예술』 6호(1964), 14~17쪽.

성하게 하는데 기여했을 것이다. 이것이 한백남이 가진 또 하나의
의미라 하겠다.

〈사진 5〉〈와냐 아저씨〉 워이니쯔끼(한진섭 분)
(출처: 『조선예술』 11호, 1959)

---

33) 라세득, 〈연단〉 연극창조 체계의 과학성 그것은 행동 분석법의 잘못이 아니다」, 『조선예술』
2호(1964), 37~39쪽; 리상화, 「〈연단〉 립장 문제」, 『조선예술』 3호(1964), 26~28쪽.

김창석, 「아름다운 미래에 대한 열렬한 갈망: 연극 〈와냐 아저씨〉를 보고」, 『조선예술』 12호(1959), 21~24쪽.

솔직히 고백하기니와 우리는 국립 연극 극장에서 체호브 작 〈와냐 아저씨〉을 준비한다는 소식을, 듣고 그 성공 여부에 대하여 처음에는 커다란 위구를 느끼였다. 그것은 우리의 연기자들이 과연 이 어려운 희극을 완전히 소화할 수 있겠는가 하는데 대한 걱정과 아울러 관객들이 어떻게 그것을 접수할 것인가 하는 의문이 생겼기 때문이었다. 그러나 오늘에 와서는 우리의 위구가 한납 헛되고 부질없는 망상이었다는 것이 너무나도 명백한 사실로 되었다.

연극은 한달 가까이 상연되고 있으나 극장은 련일 초만원을 이루고 있으니 이것이야 말로 연극 〈와냐 아저씨〉의 성공 에 대한 움직일 수 없는 증거가 아니겠는가? 온갖 예술 작품의 창조자이며 그의 가장 엄격한 평론가인 관객 대중이 열광적으로 집수하였으니 이제 창조 집단의 로력은 드디어 빛나는 열매를 맺은 것이다.

우리의 연극 무대에서의 희곡〈와냐 아저씨〉의 찬란한 성과—이는 조선의 연극[예술이 세계적 연극 예술의 높이에 올라섰다는 것을 의미한다. 이렇게 말하는 것은 조금도 억지가 아니며 우리의 당적인 연극 예술인들이 거둔 성과에 대한 과대 평가도 아니다. 조선의 연극 예술을 진심으로 사랑하며 그의 발전 행정을 주의 깊게 관찰하여 온 사람이라면 누구나 다 커다란 민족적 자부심을 갖고 이렇게 말할 것이며 우리의 평가를 공격적으로 지지할 것이다.

그러나 이에 대하여 참되고 완전 무결하게 쓴다는 것은 필사에 힘에 겨운 일이다. 그렇기 때문에 이 글에서는 다만 연극을 감상하면서 필자가 느낀 깊은 대학적 만족감을 될 수 있는 한 진실하게 전달하기 위해 노력하고저 한다. 이러한 목적을 달성하기 위하여 나는 처음에 희곡에 언급할 것이고 다음에 연기와 연출에 대하여 분석하려고 한다.

1

작품의 기본 사상을 이루고 있는 빠포스를 밝힐이없이는 어떠한 작품도 분석할 수 없는 법인데 악에 대한 불타는 증오와 아름답고 선한 것에 대한 깊은 애정이 항상 부드러운 슬픔으로 가리워져 있는 체호브의 작품에서 그 팔포스를 옳게발견한다는 것은 결코 쉬운 일이 아니다.

체호브의 작품을 연구하면서 혹자들은 다만 그 외부적인 비애감만 강조하였으며 혹자들은 이 측면을 진'적으로 부인하면서 그와 다만 락천주의자로서만 묘사 하군 하였다. 그러나 이와 같은 해석틀은 편협성의 자때인량 극단으로써 다 같이 배격되여야 한다. 우리들은 이 작가의 작품을 분석하면서 함시 로싸야의 아름다운 미래에 대한 그의 굳은 신념을 강조하여야하며 동시에 그 신념이 언제나 슬픈 색채를 띠고 나타나 있다는 사실도 간과하여서는 안 될 것이다. 오로지 이와 같은 면한으로부터 출발하였을 때만이 우리를 온 체호브의 작품들을 정확하게 리해할 수 있다.

〈와냐 아저씨〉는 1897년에 창작된 작품인데 이 희곡에서도 제호브의 다른 작품들에서와 마찬가지로 이 작가의 〈미래에 대한 락천가〉 (쓰따니쏠합쓰꺄)로서의 면모가 뚜렷이 나타나 있다.

체호브는 암담한 짜리 로씨야의 현실 생활을 진정한 인도주의자의 눈과 마음으로 증오하면서 언제나 또한 로씨야 생활의 아름다운 미래를 굳게 확신하였었다. 그는 자신이 진심으로 사랑한 작중 주인공의 한 사람인 쏘냐의 입을 통하여 이 아름다운 마래를 곧은 신념을 가지고 생동하게 묘사하였다. 〈아저씨도 저도 읽고 아름다운 생활을 보게 될 거예요… 그리고 우리 집의 생활은 애무하듯 조용하고 감미로운 것으로 될 거예요. 전 믿어요… 아저씨는 한 평생 기쁨이라는 것을 모르겠지요. 하지만 기다리세요. 우리는 평안히 쉬게 될거예요〉.

위대한 인도주의자의 열렬한 심장으로써 아름다운 미래를 사랑한 체호 브는 그것의 도래를 방해하고 있는 형상과 그 현실이 낳은 추악한 인간들을 또한 날카로운 증오심으로 미워하였다.

작가의 무서운 공격의 화살은 무위도식하는 생활이 기생충을 1 25년 간이나 예술에 대하여 말하고 쓰고 하였으나 진정한 예술은 끝까지 리해하 지 못하고만 〈건빵〉, 〈말라 빠진 명태〉 학자인 로 Ⅲ 수책샌보랴꼬브와 모든 사람들의 마음을 현혹케 하는 눈부신 미인이나 가는 곳마다 라태중을 류포시키는 그의 절은 안체 엘레나 아들에예브나에게 던전져있다. 〈여러 분! 일을 하여야 합니다! 일을 하여야 합니다!〉 라는 쎄렙랴꼬브 교수의 속대사 속에는 무의도식하는 생물의 기생충에 대한 작가의 무자비한 비판 이 암시되어 있는데 이것은 아이로니와 사르까지즘의 극치이다.

안똔 체호브는 자기의 전 생애를 통하여 아름다운 인간에 대하여 공상하 여 왔었는데 인간의 아름다움이란 그의 견해에 의하면 선량하고 슬기로운 정신의 외부적 표현이었다. 그는 사람에게 있어서는 모든 것이 즉 얼굴도 의복도 마음도 사상도 다 아름다워야 한다고 생각하였다. 그러나 정신미와 육체미의 통일이 결여되었을 경우에 있어서는 이 작가는 정신이를 더 중요 시하였는바 그는 아름다운 외모가 추악하고도 저렬한 정신을 은폐하고 있 는 인간들을 결정적으로 증오 하였다. 바로 이 희곡에서는 엘레나 안드레에 브나가 그러한 〈들뜬 여자〉의 전형적 형상으로 묘사되어 있다.

그 어떤 화려한 외모도 추악한 정신의 저별성을 은체할 수 없다고 확신하 면서 체호브는 그런 인물들에게 소박하고 검박한, 비록 외모는 추하나 마음

씨가 순결한 어진 인간들을 대치시키였다. 그는 위선자들을 미워하면서 동시에 그들에게 의하여 행복이 유린된 착하고 진실한 사람들을 열렬히 사랑하였다. 그는 자신이 굳게 믿고 있었던 그 미래가 닥쳐 오게 하기 위하여 자기대로 투쟁하는 적은 그러나 참된 인간들을 진심으로 찬양하여 마지 않았다.

사랑하는 누이 동생을 위하여 그 상속권을 넘겨 준 형지에서 온갖 정열과 로력을 다 바쳐 일하면서 거기에서 나오는 수입을 자기의 〈숭배자〉–매부에게 25년 간이나 고스란히 바쳐 온 와냐 아저씨와 그가 열렬히 사랑하는 조카 딸–얼굴은 비록 추하나 마음은 비단같이 부드러운 쏘냐 그리고 100년, 200년 후에 살 후손들의, 행복한 생활을 염원하여 수많은 나무들을 심고 정성스레 가꾸는 마을의 의사 아스뜨로브, 이들은 모두 작가 체호브가 진심으로 사랑한 주인공들이다.

그러나 그들에 대한 작가의 무한한 동정에도 불구하고, 또한 그들에 의하여 준비되고 있는 로씨야의 아름다운 미래에 대한 작가의 열렬한 갈망에도 불구하고 그 신념은 슬픈 색채를 띠고 있다. 현직의 극성은 긍정적 인물들이 자기들이 숭배하여 오던 〈우상〉의 본질을 깨닫고 올바른 경로를 찾아 몸부림치는 3막에서 최고 절정에 도달하나 작가는 끝내 그들이 자신의 비극적 운명에서 벗어 날 수 있는 방도를 제시하지 못하였다. 이것은 비판적 사실주의 작가로서의 체호브의 력사적 및 사상적 제약성으로써만이 설명될 수 있는데 그는 광명하고 행복한 생활은 먼 앞날에야 그것도 100년이나 200년 후에 가서야 오리라고 그릇되게 생각하였다.

이와 같이 행복한 미래를 열렬히 지향하면서 체호브는 그 미래를 준비하고 있던 인간들이 추악한 현실에 의하여 무참하게 짓밟히우는데 대하여 슬퍼하였으며 가슴 아프게 생각하였던 것이다.

이 작품을 높이 평가란 고리까는 동시에 그 결함에 대해서도 정당하게 지적하였다. 이에 관하여 그는 체호브에게 보내는 서한에서 다음과 같이 썼다. 〈그러나 들으시오. 당신은 그러한 공격으로써 무엇을 구하려고 생각하십니까? 그것으로 인간이 갱생할까요? 당신의 희곡을 읽은 후 나는 더 무서워졌고 슬퍼졌답니다〉. 여기에서 보는 바와 같이 위대한 프로레타리아 작가는 명확한 사회적 전망의 결여를 이 희곡의 중요한 결함으로 지적하고 있다.

출로를 찾을 길 없는 절망적인 비극성을 아스뜨로브의 대사에서 얼마나 뚜렷이 강조되어 있는가! 〈우리들 뒤에 백년 이백년 후에 가서 쉽게 될 사람들이나 어떻게 하면 행복해질 수 있는가 하는 방법을 발견할 수 있을지 몰라도 우리들은…〉. 이렇게 바로 작가 자신이 그의 주인공들과 함께 아름다운 미래를 끝없이 동경하였으나 끝내 그 아름다운 미래에로의 현실적인 항로를 찾지 못한채 몸부림 치면서 통곡하고 있는 것이다.

체호브의 희곡을 분석하면서 우리는 마지막으로 이 작가가 드라마뚜르기야 상에서 수행한 새로운 혁신들에 대하며 언급하지 않을 수 없다.

그는 당대의 진부한 극문학과 극작상에서의 넓이를 진 도식들을 반대 배격하고 새로운 시도들을 대담하게 진행하였던 것이데 이애 대하여 그는 다음과 같이 서술하고 있다. 〈무대상으로 효과적인 주인공과 비주인공이 있어야 한다고 요구한다. 그러나 바로 생활에서는 매 분초에 총을 쏘거나 목을 매거나 사랑을 고백하거나 하는 것은 아니다. 그리고 또한 에 매 분초에 똑똑한 이야기들만을 하는 것도 아니다. 그들은 보다 많이 먹고 마시고 롱담질하고 허튼 소리들을 하는 것이다. 바로 이것이 무대에서 보이도록 하여야 한다. 바로 작가에게 필요하기 때문에가 아니라 현실 생활이 그러하기 때문에 사람들이 오고 가고 날씨에 대하여 말하고 놀음을 노는 그러한 회곡을 창작하여야 한다.

이와 같은 새로운 미학적 원칙에 기초하여 체호보는 〈와냐 아저씨〉의 진실이라고 할 수 있는 〈잔릭직이〉를 창조하였다. 이기에서 작가는 일상 생활의 완전한 인상을 조정하기 위하여 순전히 세태적 환경 속에서 희곡이 모든 행동을 전개하였으며 분위기와 기분의 통일성으로써 구성-슈제트적 유일성의 결핍을 보충하려고 시도하였다. 그리고 심리적 한우자를 리용하는 그 유명한 수법도 이 희곡에서 비로소 사용되기 시작하였던 것이다. 그러나 이 모든 것은 〈갈매기〉를 거쳐 〈와냐 아저씨〉에 와서 완전히 확립되였었다.

희곡 〈와냐 아지씨〉는 수많은 심리적 한우자들로 충만되고 있으며 등장인물들의 대화는 침묵으로 교차되어 있고 출로를 찾지 못한 비애의 분위기는 야경' 군의 딱딱이 소리와 쎌레긴이 타는 키타 소리 그리고 유명한 귀뜨라미 소리셜, 우연적인 음향들에 의하여 보충되고 있다. 이 작품은 완전히 속미사에 기초하여 쓰여졌는데 이와 관련하여 체호브 자신은 이렇게 지적하였다. 〈인의 온갖 의미와 온갖 드라마는 내부에 있는 것이지 외부적 발현 속에 있는 것은 아니다〉.

체호브가 드라마뚜르기야 상에서 수행한 참된 희생은 단순히 형식의 혁신을 위한 혁신이 아니었다. 그가 여기에서 새롭게 도입한 모든 수단들과 수입들은 이 작품의 사상적 내용을 가장 훌륭하게 발로시켜 주는데 복무하고 있거니와 실례로 아스뜨로브와, 쏘냐 사이에서의 행동한 대단원의 거부는 그들의 비극적 저자를 더욱 강조하고 있으며, 희곡의 종말에서 오른 불우자 끝에 던져진 아프리카의 더위에 관한 아스뜨로브의 은유적인 속대사는 사회적 전망의 결여를 재상 강조하고 있다.

희극 〈와냐 아저씨〉 내포하고 있는 사상적, 내용에서의 진보성과 예술식 형식상에서의 참신성을 판하여 우에서 이야기만 모든 것은 이 작품의 무대적 형상잡가 얼마나 어려운 일인가를 증명하고도 남을이 였을 것이다.

2

희곡에 대해서는 이만 언급하기로 하고 이제 배우자의 연기를 분석하는 데로 넘어 가자.

배우 한 진섭이 분장한 와냐 아저씨-워이니쯔끼 이 완 필뜨로워치는 재간도 있고 흥미도 있는 선성적으로 선량한 성격의 소유자이다. 오직 아름답고 깨끗한 것을 위하여서만 태여 난 그는 자기 자신을 믿듯이 남도 믿었으며, 자기 자신의 행복보다도 남의 행복을 더 귀중히 여겼다. 온갖 삶이 목적과 의의를 불쩨르부르그에서 사는 매부에게서 찾은 그는 자신의 전 생애를 그가 〈천재적〉인 인간이라고 믿었던 매부의 영예와 성장을 위히여 바치려고 굳게 결심하였다. 그런데 이것은 그의 부질없는 망상이었다. 생각하여 보라! 리상과 현실 사이에 깊은 심연이 가로 놓여 있다는 것을 자각한다는 사실이 얼마나 무서운 일인가를! 산산히 부서저 버린 리상! 바로 이것이 와냐 아저씨의 비극적 운명을 결정한 기본 고리인 것이다.

1막에서 벌써 우리는 극도의 우울증에 걸린 심기증 환자-와냐 아저씨를 보게 된다. 설상가상으로 그의 우울증은 엘레나 인드레예브나에 대한 희망 없는 사랑으로 하여 더욱 무거운 그림자 짙게 던져 주고 있다. 여기에서 배우 한 진섭은 자기의 역을 충분히 감당해 냈으나 그의 연기에서 유달리 뛰어난 데는 별로 없었다.

그러나 2막에서 그는 자기의 모든 배우적 력량을 남김 없이 발휘였으며 뛰어난 재능과 우아한 기교로써 우리들의 마음을 완전히 압도하였다. 이 배우에게 고유한 구수한 흙냄새와 같은 소박성과 검박성은 워이니쯔끼의 순결한 성격과 그의 정신적 고뇌를 자연스럽게 재연하는 것을 얼마나 훌륭하게 도와 주었던가!

와냐 아저씨-한 진섭은 무서운 고통 속에서도 성격의 깨끗함과 부드러움을 보존하였으며, 아이로니와 쓰디쓴 사르까지즘에 충망된 이야기를 할 때에도 선성적인 선량성을 상실하지 않고 있다.

3막과 4막에서도 나무랄데 없이 자기의 역을 수행하였으나 우리는 서정적인 장면에서 보다 더 교양있는 인테리로서의 세련성이 느껴졌으면 하는 요구를 이 배우에게 제기하고 싶다.

작가가 가장 커다란 사랑을 갖고 묘사한 장중 주인공의 한 사람인 쏘냐(쏘피야 알렉싼드로브나)의 역은 김 현숙에 의하여 형상화되었다.

추한 용모 속에 깊숙히 간직되이 있는 수정과 같이 맑고 맑은 마음의 소유자인 부드럽고 선량하고 온화한 성격미를 그는 조선의 연극 무대에 빛나게 재창조하였다.

쏘냐는 가장 평범하고 순박한 녀성이여서 그에게서는 모든 것이 너무나도 수수하고 단조롭다. 그렇기 때문에 이러한 인물은 낡음 사회에서는 눈에 잘 띄이지 않으며 행운도 그들의 옆을 무심히 스쳐 지나가 버린다.

행복의 은혜를 입을 수 있는 권리가 있음에도 불구하고 악덕과 부정의에 의하여 무참히 유린되는 귀엽고 아름다운 존재-바로 이것이 쏘냐의 형상이다.

수수하고 담백한 것 속에서 아름다움을 구가한 위대한 인도주의자 체호브의 고매한 정신에 고무되면서 그는 쏘냐의 영상에서 그 리성과 감정의 조화를 찾아 내였으며, 부드러움과 감격성을 옳게 결합시켰으며, 외형적 추를 통하여 내부적 미를 엄경 더 빛나게 하였다.

특히 우리는 이 기회에 그의 쏘냐가 조선 녀성 의거 전통적인 미덕에 의하여 순화된 형상이었다는 사실에 대하여 독자들의 관심을 환기시키고 있다. 전통 배우 예술에서 표현되는 민족적 특성이란 아주 복잡하고도 미묘한 문제임은 틀림없다. 그러나 세계 문학의 고전 대작들을 형상화하면서 임의의 재능 있는 배우는 언제나 그가 의식하건 의식하지 않거를 막론하고 일정한 정도에서 자기 인민의 민족적 성격를 발휘하는 법이다. 체호브에 쏘냐는 뿌쉬낀의 따찌야나의 전통을 계승한 사랑스러운 로씨야 녀성의 대표자로서 춘향이나 심헌파는 서로 본질적으로 구별된다. 그림에도 불구하고 우리는 그 인물을 형상화한 그의 연기에서 조선 녀성의 전통적인 미덕으로서의 외유 내강의 기질을 일정하게 발견할 수가 있었다.

쏘냐가 마음 속으로 열렬히 사랑하였으나 끝내 보답을 받지 못하고 만 아스뜨로브의 형상을 공훈 배우리 단이 담당하였다.

아스뜨로브는 행복한 로씨야 생활이 미래에 대한 작가의 열렬한 갈망과 굳은 신념을 대표하는 인물로서 그는 그 미래를 위하여 〈대지를 장식하고 인간에게 아름다운 것을 리해하도록 가르치고 장엄한 감정을 일으키게〉할 산림을 가꾼다. 이에 대하여 리 단-아스뜨로브는 긍지와 자부심에 가득찬 감정으로 열렬히 웨친다. 〈또 만약에 천년 후에 인간이 행복하게 된다면 거기에는 나 역시 다소의 기여를 하고 있다는 것을 인식하게 되네. 내가 어린 봇나무를 심고 그 뒤에 그것이 청청하게 자라서 바람에 흔들리는 것을 낄 때에는 나의 가슴은 자랑의 감정으로 가득 차네 …〉. 이것은 얼마나 아름답고 숭고한 감정인가 ! 그런데 이 모든 것을 리 단은 우아한 동작으로써 훌륭하게 묘사하였다.

생활에 대한 불만에서 생겨난 아스뜨로브의 퍼백증도 이 재간 있는 배우는 저속하지 않을 정도로 우미하게 재현하는데 성공하였으며 그는 자기의 번개같이 반짝이는 지혜와 쎈스로써 전막을 훌륭하게 이끌고 갔다.

그러나 체호브적 세계의 높이에서 본다면 아직도 리단의 연기에는 그 심도가 부족한 절판이 있다. 실례로 아프리카의 더위에 관한 휘날 장면을 들수 있을 것이다. 배우는 여기에서 그 속대사와 심리적 특우자를 원만히 처리하지 못하였다. 오래인 틀우자 전에 불쑥 내던지든 외이는 〈이 아프리카에서는 지금 막 뜨겁겠지-무서운 일이군!〉하는 대사 속에는 체호브의 위한 천재가 숨어 있는 것이니 그는 당대의 로씨야 현실을 무서운 아프리카의 더위와 흡사한 것으로 생각하였던 것이다.

체호브가 사랑을 품고 묘사한 인물들에 대한 분석을 끝마치고 이제 그가 격렬히 증오한 작품 주인공들에 대해여 이야기 하기로 하자.

풍자의 대상을 선택하는 데서 이 작가의 민주주주의 작사상과 감정은 가장 뚜렷이 표현되였는데 그는 외부적으로 화려하고 눈부시게 호화 찬란한 것 속에 은폐된 추악하고 저급한 본질을 날카롭게 폭로하는 감정을 지니고 있었다. 쩨레브랴꼬브와 그의 젊은 안쥐엘레나 안드레예브나가 바로 그러한 인물들로서 그들은 작가의 무자비한 조소를 받고 있다.

세레브랴쟈브의 역은 공통 배우 배 응에 이잖야 형상화 되었는데 여기에서 그는 자기의 연기 역량을 남김 없이 발휘하면서 풍자와 웃음이 이 배우의 기본 분야이라는 것을 다시금 우리로 하여금 확신케 하였다.

〈교수라던가 학자의 가만 말에 자기의 무능돠 우둔과 놀라운 당혹을 감추고 있는〉 무서운 리기주의자의 무시무시한 경제를 때 용을 2막과 3막에서 세세하게 까 발려 주었다. 〈그래 가사 내가 그렇게 보기 싫고 내가 리기주의자이고 내가 폭군이라고 하자─그러나 과연 내가 이러한 로년에 와서까지도 리기주의에 대한 약간의 권리를 가지지 못한단 말인가? 그래 내가 그만한 가치도 없단 말인가? 묻거니와 그래 내게는 로년을 안락하게 지낼 권리도, 사람들에게 돌보아 달라고 할 권리도 없단 말이가?〉─라는 쎄레브랴꼬브─배우의 독백은 우리들을 전율케 하였다. 그의 목속리와 대개의 동작과 제스추이는 우리들에게 무서운 악한을 보여 주는데 족한 것이였다. 배 용은 쎄레브랴꼬브의 마지막 작별 인사를 통하여 그의 정신적 공허성을 자체 폭로하는 데도 성공하였다. 그리하여 전체 연극에서 그의 연기가 가장 뛰어난 것이였다고 말하여도 그것은 이 배우의 풍부한 재능에 비하여 결코 지나칠 찬사로는 되지 않을 것이다.

쎄레브랴꼬브의 그림자이며 그의 젊은 안해인 엘레나 안드레예브나의 역은 녀 배우 김 복선이 담당 수행하였다. 엘레나의 성격을 체호브는 아스뜨로브의 대사 속에서 다음과 같은 규정 짓고 있다.

〈사람은 모든 것이 아름다워야 합니다. 얼굴도 의복도 마음도 사상도. 그리는 아름답지요, 두말할 것 없지요. 하지만 … 그 이상 아무것도 없지요. 다른 사람들이 그이를 위해서 일하고 있으니까요 … 그렇지 않습니까? 그런데 무위한 생활은 깨끗할 수가 없지요.〉

보는 바와 같이 엘레나는 생활에서의 기생충이기는 하나 자기의 출중한 미모로써 모든 사람들의 마음을 현혹케 하는 녀성인 것이다. 김 복선은 자기의 역량껏 많은 역을 성실히 수행하였으며 일정한 성과도 거두었다고 말할 수 있을 것이나 허나 엘레나인 형상을 완정히 창조하지는 못하였다. 물론 우리는 그의 외모만을 염두에 두고 이렇게 지적하는 것이 아니며 그의 연기 전체를 두고 말한다. 김 복선은 엘레나의 우아하고 섬새한 태도와 모든 남성들의 마음을 틀어 잡는 그의 특별한 매력을 만족스럽게 재현하지는 못하였다. 그의 대서와 모든 제스추어는 엘레나를 형상화 하기에는 너무나도 무겁고 둔하고 조야한 것이었다.

그러나 엘레나의 역은 김 복선이 자기의 기량을 련마하는 노상에서의 획기적인 계기였으며 이 시에서 그가 거둔 일련의 성과들도 또한 컸다는 것을 우리는 인정한다.

모든 진정한 연극 예술에서는 중요한 역과 부차적인 역 간의 차이란 있을 수 없는 것인데 체호브의 작품에서는 특히 이러하다, 더무기 단역을 훌륭하게 수행 한다는 것은 참으로 어려운 일임에도 불구하고 위이니쯔짜야 마리야 와씰리예브나로 분장한 공훈 배우 박영신, 엘레간을 형상화한 박 재형, 마리나의 역을 담당한 리 정신 들은 자기들의 우수한 연기로 관객들을 즐겁게 해 주었을 뿐만 아니라 연극의 통일적인 안쌈들을 조성하는데 크개 이바지하였다.

이상과 같이 배우들의 연기를 극히 피상적으로나마 분석한테 기초하여 우리는 다음과 같이 말할 수 있다. 즉 우리의 당적인 연극 예쑬인들은 자기들의 분야에서 이미 그 사상-예술적 질로 보아 세계적 수준에 도달하였거나 혹은 그에 거의 접근하고 있다라고 우리는 금번 연극을 통하여 이제 우리 연기자들은 어떠한 고질적 희곡도 능히 소화할 수 있을 것이라는 굳은 확신을 갖게 되었다. 오늘날 우리에게 있어서 주되는 문제는 바로 연극의 모체로 되는 희곡에 있는 것이다. 만약에 극 작가들이 우리의 연기자들이 자기 재능을 남김없이 발휘할 수 있는 그러한 우수한 작품들만 써주기만 한다면 조선의 연극 예술은 대단히 높은 수준에로, 질적으로 비약하게 될 것이라는 사실은 의심할 여지도 없다. 우리는 전체 연극 예쑬인들과 더불이 찬란한 민족 드라마 뚜르기야의 건설에로 우리의 극작가들이 한결같이 궐기할 것을 진심으로 박륩하여 마다 않는 바이다.

3

근대에 비유하여 말한다면 연출가는 연극 예술 창조에서 총 지휘관이다. 그렇기 때문에 우리는 아무런 거리낌도 없이 이번 연극의 빛나는 성과는 이 작품의 연출을 담당한 로런 공훈 예술가 베·엠·드마호브쓰리와 한 백남의 공적에 기인한 것 였다고 단언한다.

연출가들은 체호브의 희곡을 무대화하면서 제로운랑만주의적 스찜을 도입하였다. 이것은 므하르의 제스쟁에 익숙한 우리에게 있어서는 거의 선만 뜻밖의 일이였다. 그러나 연출가들에 의하여 독창적으로 적용된 랑만주의적 수법들은 아름다운 미래에 대한 체호브이 열렬한 락천주의적 지향을 강조하는 것을 참 도와주었다. 우리는 특히 서정적인 시점으로 충만된 프호로그와 상징적인 휘날 장면을 경탄에 가득찬 마음으로 감상하였다.

연출가들이 고안해 낼 매개 장면의 미잔스체나는 치밀하고도 정확하였는바 그것은 무대 우에서 움직이는 군상 조각과도 같은 것이였다. 그들이 배우들에게 제시한 매개의 동작은 형상들의 개성적 성격과 심오한 내면 세계를 표현하는 것을 방조하는 강유력한 수단들로 되었다.

그러나 우리 연출 직업에서도 부분적인 부족정황을 지적하여야 할 것이다. 그것은 그들이 외형적인 움직임과 행동성을 지나치게 강조한 나머지 서정적인 분위기를 조성하는 심리적 배우자들에 응당한 주의와 관심을 돌리지 않은 대서 표현되였다. 뿐만 아니라 연출가들은 개막 전 막간을 리용하여 흥미 있는 미잔른제나들을 창조하였으나 리 춘보가 분장한 미술 군대 형상은 확실히 지나친 그로테스크로 된 것 같다.

종합 예술인 연극에서 무대 장치는 중요한 자리를 차지하는 것이지만 우리는 얼마나 오래동안 진정한 물솔 작품으로서의 무대 장치를 갈망하여 왔던 것인가! 그런데 우리의 이 순명도 이번 연극은 쟁이 주었으나 그것은 전'적으로 로련 공훈 예술가 예·까·꼬달렌로의 덕택이였던 것이다. 특히 1막과 3막의 조형적 처리가 뭉클하였는데 우리는 로씨야의 사연을 국가한 레위딴과 와씰리에브의 그림들에서 받는 인상을 이 장면들에서 받을 수가 있었다.

우리 연극의의 방조를 위하여 래조한 쏘련 연출가와 장치가의 우수한 사상—예술적 마스페르스뜨보는 조선 연극의 앞날의 발전을 위하여서도 우리들에게는 귀중하다. 그들을 보내 중 쏘련 인민에게 열렬한 존경과 감사를 드리자! 그리고 계속 꾸분히 쏘련의 연극을 향하여 배워 나가자!

한백남, 「배우수업」, 『조선예술』 12호(1959), 46~48쪽.

본지 8호에서 〈누구든지 다 배우가 될 수 있습니다〉라고 한 대답은 곧 배우라는 직업이 쉬운 것이라는 뜻으로는 되지 않는다.

그런데 왕왕 배우가 되려고 희망하는 동무들이나 혹은 기성 배우들 중에는 배우라는 직업에 대해서 경솔하게 생각하는 사람들이 있다. 이것은 유감스러운 일이다.

그들은 대사나 잘 외우고, 남의 흉내나 잘 내고, 목소리나 좀 좋고, 허우대나 잘 생기면 배우가 다 되는 듯이 생각한다.

그런가 하면 배우 예술은 특별한 예술적 소질과 함께 천성적인 재능에만 의거하며 그 어�̓ 뜻하지 않은 〈령감〉이나, 독특하고 기이한 〈환상〉에 의거하는 것이기 때문에 마음대로 되지 않는 것이라고 생각해 버리고, 언제 나올지 모르는 또한 어떻게 나타날지도 모르는 또한 창조 과정에 전혀 나타나지 않을 수도 있는 그 우연한 자연 발생적인 〈령감〉, 주관적인 〈환상〉에 최대의 기대를 걸고 있는 경우도 없지 않다.

그리하여 2-3년 혹은 그 보다도 많은 세월을 보내는 과정에 배우적 〈령감〉, 〈환상〉이 떠오르지 않아서 그만 실망하고 〈나는 배우적 소질이 없어, 그렇게 타고 나지 못했는가 봐?〉하고 자기의 직업을 포기하려는 젊은 동무들을 종종 발견한다.

그러나 배우 예술도 역시 다른 문학 예술과 마찬 가지로, 창작적 재능은 자연 발생적인 우연한 〈령감〉이나, 배우 개인의 협소하고 주관적인 〈환상〉에만 의존할 수 있는 시기는 지난지 오래다.

배우 예술의 창조 과정도 역시, 의식적인 소비와 과학적인, 방법론적인 수법이 필요한 것이며 동시에 인내성 있는 일상적인 훈련과 숙련에 의해 세련되어야 할, 힘과 공을 받아 들여야 할 어렵고 신중한 직업인 것이다.

〈극장 예술의 특수성과 배우의 역할〉을 말하면서 이미 강조하였지만 배우는 극장 예술 작품인 연극의 주인공이며 결정적인 인물이다. 이것은 곧 종합 예술의 특성을 지니고 있는 극장 예술 작품 속에서 바로 배우의 예술은 결정적인 예술로 된다는 것을 의미한다. 뿐만 아니라 각양한 예술가들의 집단인 극장에서 배우 집단은 가장 기본 부대로 된다.

만약에 이상과 같은 배우의 역할에 대한 해석과 규정이 옳은 것이라면 이것은 배우에게 있어서는 많은 것을 의미하게 된다.

동시에 극장 예술의 일반적 특성이 다른 모든 문학 예술과 함께 혁명의 무기이며 사상 투쟁의 무기일 때, 그리고 그의 사회적 의의를 우선 인민 대중의 공산주의적 사상 신앙에다 둘 때 극장 집단의 기본 부대의 성원인 배우는 이 혁명과 사상 투쟁의 무기들을 기본 핵 핵심이며 결정적인 인물로 된다. 따라서 배우 예술은 사회적 의식의 한 형태로서 현실을 반영하며 그것을 형상적 수단을 통해 사회 물질적 존재의 발전에 일정한 영향을 끼치는 인식적 역할과 교양–혁신지적 역할에서도 기본으로 되며 결정적인 요인으로 된다는 것을 의미하게 된다.

이렇게 생각하고 보면 배우의 직업은 쉬운 것도 아니며, 경솔하게 생각할 수 없는 것이며, 배우의 직업에 대한 사회적 요구성과 배우가 인민 대중 앞에 지닌 사명이 얼마나 중대한 것인가를 짐작할 수 있다.

바로 이로부터 출발해서 배우가 되려면 또는 이미 배우의 직업을 가진 사람들이 사회가 요구하는, 인민 대중이 기대하는, 우리의 당이 기대하는 정답고 훌륭한 배우가 되려면 〈어떻게 할 것인가?〉 마져 〈무엇을 준비하여야 할 것인가?〉 하는 일반적 질문에 대해서는 아주 신중한 해답이 있어야 한다.

바로 이번 사회에서는, 이 질문 중에서도 가장 선차적으로 제기되는 배우 자신의 정신, 사상적 준비에 대해서만 국한시켜 풀어 보려고 한다.

2. 배우–정신의 기사

배우가 배역한 인물의 성격을 형성하는 역 참조를 정에서 무엇 보다도 먼저 부탁서는 일이 있다. 이것은 역 창족 과정에서 피할래야 피할 수 없는 필수적이며 필연적인 것이며, 역 창조 과정이라는 긴 고리고 복잡하고 다양하며 힘든 행정에서 출발적으로 되는 것이다.

그것은 극장에서 상연을 예견하고 선택된 극작가의 문학 작품인 희곡을 리해하고 해석을 붙이는 일이다.

극 작품의 내용과 형식들을 정확히 리해하고 옳고 훌륭한 해석을 붙이기 위하여 보통 우리들은 희곡을 해부하여 작품의 구성과 구성을 분해하며, 그의 리치를 따지며, 분해한 부분들의 호상 관계와 중심을 잡아서 작가의 의도와 작품의 진실을 파악하면서 배우 자신의 견해를 이에 첨가하게 된다.

이러한 작업을 전문적은 술어로서 희곡과 역의 문학적 분석이라고 말한다.

첫째로, 이 문학적 분석에서는 희곡에 담겨진 시대적 정식과 가책, 사상적 조류 그리고 작가의 문학적 및 미학적 의도들을 밝힘으로써 극 작품이 애국적 형상을 통해 무엇을 말하려고 하며, 무엇으로 대중에게 호소하고 무엇을 주려고 하는가 하는 것을 인식하려는 데 있다. 즉 장차 관객 대중 앞에서 상연될 때 작품의 정신-사상적 내용이 노는 실천적이며 교양적인 역학을 밝히자는 데 있다.

그리하여 이 극 작품 속에 깃들어 있는 진리와 억지를 배우들 자신이 믿고 인민 대중에게 그것이 그들의 생활에서 필수적인 것이라는 것을 확신케 하고 그의 현실화를 위한 투쟁에서 힘으로 되도록 하기 위하여 극장 창조 집단에 망라된 성원들과 함께 배역된 배우들이 의식적으로 목적 지향성 있게 적극적으로 활동하도록 하며, 동시에 배우들로 하여금 자기들의 창조 활동이 값싸고 보잘 것 없는 것이 아니라 그와는 반대로 인간 사회의 전진 운동에서 당적이며 인민적 의 업무와 사명을 수행하는 것이라는 높은 공민적 긍지감을 갖게 하는 데 있다. 그리하여 그들의 사상 감정에나 훌륭하고 아름답고 힘 있는 그리고 즐겁게 창조 활동을 할 수 있는 창조이 원선의 길러 주자는 데 목적이 있다.

둘째로, 이 문학적 분석에서는 극 작품에 반영된 생각과 현실을 사실적으로 인식하고 그의 묘사에서 표현된 예술성과 형상성을 명백히 하며 동시에 작가의 개성과 예술적인 취미, 형식, 재미 등을 구체적으로 섬세하게 파악함으로써 어떠한 것이 전형적인 환경이며 어떠한 것이 전형적인 성격인가를 인식하는 데 있다. 즉 장차 관객 대중 앞에서 상연될 때, 작품의 사건, 사실들의 예술적 묘사 그리고 등장 인물들의 성격의 예술적인 형상의 진실성이 가지는 논리적이며 설득력 있는 인식적 역할을 뚜렷이 하자는 것이다.

그리하여 이 극 작품 속에 그려져 있는 진실과 표현들은 배우들 자신이 흥미와 정서를 가지고 체험하고, 관객 대중에세 그것을 감화시켜 그들의 흥미와 정서를 불러 일으키고 같이 체험 시킴으로써 이것이 무대적, 궁장적인 것이 아니라 바로 그들 자신의 생활 자체라는 사실감을 안겨 주어야 한다. 그러자면 모든 예술적 기피와 형식을 배우들 자신이 의식적이며 목적성 있게 자립적으로 발견하도록 해야 한다. 동시에 자기들의 창조 활동이 작가의 대사나 전달하고 연출가의 재주를 흉내나 내는 놀음 놀이가 아니라 그와는 반대로 독자적이며 능동적인 예술 창조자라는 긍지감을 갖게 함으로써 그들의 창조적 정열과 끈기 그리고 책임성 있게 창조 활동을 할 수 있는 적극성을 발동시켜야 한다.

셋째로, 이 문학적 분석해서는 극 작품에 등장하는 인물들의 정신적, 사상적인 생활-일체, 생각, 정서, 마음, 감정, 도덕, 취미, 습관 그리고 육체적-물질적 생활-건강, 체구, 외모, 거동, 동작, 포정들에 대한 특징들을 구체적으로, 생활적으로, 형상적으로 리해하고 그가 맡은 역이 작품에서 노는 역할의 중요성과 특성을 파악하며, 다른 인물들과의 관계와 태도를 판단하여 옳은 행동과 형식을 발견하고 그의 목적을 세워야 한다.

그리하여 이 극 작품은 속에 등장하는 인물들의 실제성과 진실성을 인식하며 배우들 자신이 그것을 확신하고, 자기가 맡은 배역에서 어떤 것이 긍정할 것이며 어떤 것이 부정할 것인가를 명백히 해야 한다. 동시에 관객 대중들 스스로가 등장 인물들을 보고 동정한 것과 증오하고 배격할 것, 그리고 모범으로 삼을 아름답고 옳은 훌륭한 것과 더럽고, 그리고, 추잡한 것을 판단하게 함으로써 무엇을 지지하고 혹은 배격하며, 누구를 사랑하고 지지하거나 혹은 증오하고 배격하는 데서-정신적으로, 감정-정서적으로 교양이 되도록 해야 한다. 이 배역의 성격 형상에서 중심과 기본을 바로 잡아서 예술적 뜩과 예쑬적 형식과 표현 수단을 찾고 그것의 숙련과 성숙을 위하여 의식적이며 차각적인 창조 활동에소 들어 올 수 있는 방안과 방법을 충분히 잡을 수 있게 하는데 대책과 역에 대한 문학적 분석의 목적이 있다.

이상과 같이 역 창조 과정에서 배우들 자신이 창조적 원천을 발달하며, 예술적이며 진실한 형상에 대한 창조거 향상과 사상을 상생시킬 수 있는 자각적이며 자립적인 적극성을 발동시키고, 배우들로 하여금 자신의 전문적인 예술 창조의 방향과 높은 기교로써 안받첨담 자기의 창조 활동을 할 수 있도록 하기 위하여 우리는 보통 극장에서 희곡과 역의 문학적 분석을 다음과 같은 내용으로 진행한다.

그의 첫 부문에서는 작품의 전반적이며 기본적인 정신-사상적 구상을 리해하기 위한 테로 중점을 올린다.

이것은 곧 극 작품의 내용을 의미한다. 극 작품을 통해서 발현되는 있는 작가의 초과제, 그리고 창작의 기본 사상, 작품에서 문제시된 사회적이며 정신적인 중요 쩨마들-그중에서도 가장 중신을 둔 기본, 쩨마, 그리고 작품의 사상과 작가의 초과세라 공정하고 착한 그의 철학-미학적인 해답을 주고 판결을 내리기 위하여, 특히 그것을 선명하게 하기 위하여 작장에 반영된 인간들의 의식 생활에서 버려진 투쟁의 대입 상태를 말하는 작품의 정신-사상적 기본 활동을 밝힌다.

둘째번 부문에서는 희곡 작품의 전반에 걸친 문학적, 극작적인 구성과 구조를 리해하기 위하여 작품의 줄거리, 관동 영동, 작품의 중요 사실들과 시간들, 작품에 지어진 함정, 인물들의 호상 관계 등장과 그들의 련계와 발전 정형을 분석한다.

마지막 부분에 가서 배우들은 자기가 형상하여야 할 민둘의 성격과 그의 주체적이며 생활동 협동 형상들을 리해하기 위하여 그리고 그의 극 작품에서 노는 역할을 알기 위하여 역의 초파제와 작품 활동, 그 인물의 사회적 지지와 자서전, 취미와 지식 등과 그 인물들의 사회적 처지와 자서전, 취미와 지식 등과 그 인물들의 마음-정신의 깊이에 숨어 있는 비밀을 알아내어 그의 속심을 판단하기 위하여 표현하는 안족 대사와 그 대사 속에 참주어진 속대사 그리고 역의 일상 생활에서 축적된 내면 독백을 찾고 분석한다.

그런데 이 희곡과 역의 문학적 분석을 정확히 하려면 씌여진 희곡 대본만 갖고서는 극히 불충분하다는 그것이다.

우선 희속의 상영의 의의는 극장 예술의 일반적 감수성이 말하는 바와 같이 사회적 의식의 한 형태로서 현실을 반영하며 그것을 단순히 반영할 뿐만 아니라 사회 도전적 존재의 발전에 일정한 영향을 주는 문학 예술의 의식적 역할과 교양-혁신자적 역할 즉 사상 투쟁의 무기로, 혁명의 무기로 삼는데다 둔다.

바로 문학적 분석이 달성하려는 것을 쓰베르딴쎈을 창조하려는 전체 참가자들 그랑에서도 연출가와 배우들 전체가 이 희곡이 가지는 사회적 역의와 작가의 사상-정신적 의도를 명백히 인식하자는 그것이다.

까닭에 이상에서 서술한 희곡과 역의 문학적 분석의 목적과 방법, 방향이 바로 그것을 의미한다.

우선 희곡과 역의 내용과 형식을 심오하고 정확히 인식하고 리해하려면 희곡을 쓴 곡작가의 정신 세계예로 깊이 파고 들어야 한다.

그가 무엇을 생각하며 무엇을 주장하고 무엇을 배격 하는가, 누구를 동정하며 누구를 옹호하고 누구를 반대하는가, 어떠한 것을 좋아하고 찬양하며 어떠한 것을 미워하고 싫어하는가. 그러면 어째서 그것을 주장 하고 긍정하며, 그 사람들을 지지하며, 그런 것과 좋아하는가 하는 것을 피약하고 인식하여야 한다. 즉 극작가의 세계관, 철학, 리론과 지식 그리고 그의 정치적 립장과 생활적 경험, 취미들을 리해하는 것을 전제로 한다.

이와 동시에 작품에서 예술적 형상을 통해 무엇을 인민 대중에게 알리려 하며 교양하려 하는가, 도대체 무슨 문제에 관객 대중으로 하여금 관심을 두게 하려는 것이며 그리하여 그들을 흥분시키고 생각게 하고 무엇이 옳고 그른가를 스스로 판단케 하려는가.

등장하는 이러저러한 사람의 각양한 성격과 말은 무엇을 의미하여 왜 저런 행동과 행실을 하는가, 과연 누가 옳으며 어떠한 행동이 진보적이며 긍정적이며 선량한 것이며 아름다운 것인가, 그리하여 현실 생활이 구체적 반양으로서의 작품에 씌여진 사실들에서 본질적인 것과 비본질적인 것, 긍정할 것과 부정할 것, 새 건과 낡은 것, 훌륭하고 아름다운 것과 추한 것을 판단하고 그 속에서 어떠한 것을 전형으로 내 세웠는가를 파악하여야 한다.

한마디로 말해서 작가의 정신 세계를 깊이 리해하고, 작품이 나오게 된 시대적 환경과 작품에 묘사된 시대의 역사와 생활 환경, 그 시대의 인간들의 세계관, 철학, 사살, 그리고 그의 조류, 그 시대의 사회적, 정치적, 경제적 생활의 상태와 도덕적, 문학적 수준과 풍모를 파악한다.

그리하여 바로 그 시대의 현실 생활의 일원으로서의 희곡의 등장 인물들의 정신-사상. 심리 상태를 리해한다.

그런데 이 분석 과정과 분성항 그것을 리해하는 과정에서 각별히 류의할 점은 문학 작품은 기계와는 달라서 그 분해가 단순하고 수학적인 것이 아니라는 것이다.

기계를 분해할 때 우리는 부속훔의 부분들을 재정 순서에 의해 일정한 도구로 차근차근 차례로, 개발적인 물체로 구분해 갈 수 있다. 그리하여 있는 그대로 그 부속의 련계를 인식하면 된다. 그래서 다시 그 순서에 따라 그대로 그 물체〈부속품〉를 련결시켜 조립하면 된다.

그러나 문학이나 예술 작품은 어디까지나 인간들의 정신과 심리를 취급하느니만치 기계를 분해하고 조립하는 것처럼 있는 그대로, 물체 별로 수학적으로, 세간신으로 리해될 수 없다. 작가에 의해 씌여진 그대로, 작가의 주관적인 의도와 인식대로, 작가의 사상과 인식에 의해 묘사된 형상 그대로 분석되고 해석되고 형상될 수는 없다. 반드시 작가의 작품을 기초로해서 무대화 하는 쓰(글자가 전혀 안보임)참가하는 예쑬가들의 생각과 사상을 훌륭히 첨가되어 보충되고 분석되고 해석되면서 형당대로 안도된다.

이거에서 중요한 것은 이 창작과 역에 의해 쓰목ㄲ딱할 창조에 참가하는 바로 그를 위해 문학적 분석을 진행하는 사람들 즉 연출가와 배우들 자신의 의식이 문제로 된다.

바로 배우들 자신의 해석 수준과 정신, 심리 상태가 분석의 점을 규정하게 된다.

만약에 이것이 옳다면 배우들의 문학 작품 분석에 대한 능력은 점차적으로 연출가와 배우들 자신의 사상, 정신적 준비와 현실 리해에 대한 준비가 불가피한 것으로 된다는 리론이 밝혀진다.

그러므로 극장 예술로 다른 모든 문학 예술과 장외 사회적 형식의 한 형태로서 혁명적 무기이며 사상 투쟁의 무기라는 일반적 특성과 극장 예술 작품의 기초는 문학이라는 리론에서 출발하여 연출가와 배우도 와시 작가와 학문 수준에서 세계를 인식하고 현실을 리해하여야 하며 인간들의 정신과 심리 세계를 인친할 수 있어야 한다.

까닭에 연출가와 배우가 보다 훌륭하고 심도 있게 희곡과 역의 문학적 분석을 하며, 그의 영상 창조에서 〈정신의 기사〉로서 수행하려면 무엇보다도 먼저 자신을 땅스-레닌주의 세계관, 그리고 발스-레닌주의적 미학관의 리론으로 무장하여야 한다. 또한 우리 당의 로선과 정책들을 리해하며, 리해할 뿐만 아니라 그의 실천의 투사로서, 현실 생활의 주인공으로서의 생활 경험을 쌓고 인간들의 정신과 감정을 리해하도록 인민 대중 속에 깊이 들어가서 같이 생활하고 배우고, 그들의 리념과 생각으로 자신을 교양하는 한편 그들의 정신 생활에서 일어난 문제'거리를 형상된 분해 제시하고 일반화하며 또한 옳은 해답을 줌으로써 공산주의 교양자로서, 당의 문해 전사로서 당적이며 공인적인 지원을 다 할 수 있도록 출발되어 있여야 한다.

이것이 배우와 연출가들에게 있어서 선차적이며 필수적으로 갖추어져 있어야 할 가장 중요한 능력의 찰나인 것이다.

리서향

: 탁상분석과 행동분석의 혼용

리서향은 해방 직후부터 북한에서 활동한 연출가이다. 대표작으로는 〈을지문덕 장군〉(1948~1949), 〈생명을 위하여〉(황북도립예술극장, 1956, 1959),[1] 〈위대한 힘〉(리동춘 작, 사리원연극극장, 1958),[2] 〈독로

---

[1] "이 연극은 조국 해방 전쟁 시기 우리 의료 일'군들의 애국적인 투쟁을 반영하면서 생명을 위한 투쟁에서 제기되는 심각한 정치-도덕적 문제를 심도 깊게 해명하였다. (…중략…) ≪만일 다리를 절단한다면 어떻게 되겠습니까? 단순한 의미에서 생명은 연장될 것입니다. 그러나 그는 군사 지휘관으로서의 생명은 상실할 것입니다.≫ (…중략…) ≪생명을 위한 투쟁은 환자가 사회를 위해서 생명의 기능을 어떻게 다할 수 있는가?에 두어야 할 것입니다.≫ (…중략…) ≪단순한 생명의 연장 그것은 국소 치료만 하면 병신이 되든가 뭐가 되든가 내버려두는 부르죠아 의학의 도덕과 공통되는 것이요.≫ (…중략…) ≪완혁 동무 당신은 어느 곳에 계십니까? 생명을 위한 투쟁이란 이렇게도 괴로울까요!≫ (…중략…) 연출자와 배우들은 작품의 스쩰을 옳게 살려 주요 등장 인물들의 성격을 깊은 철학성과 풍만한 시정의 호상 침투로써 부각하였으며 단역에 이르기까지 모든 등장인물들을 매우 개성적인 산 인간들로 보여주었다. (…중략…) 특히 연출가는 신인 작가의 첫 작품을 무대적 약속에 맞게 수정 또는 보충하여 완성하였을 뿐만 아니라 연기자들에 대한 능숙한 지도로써 창조 집단의 안쌈블을 급속히 강화시켰으며 또한 전형적 환경을 예리하게 포착하여 등장 인물들의 내면적인 발전 과정을 선명하게 보여주면서 그것이 인민군 용사들의 열화같은 애국적 감정과 영웅적 투쟁에 부단히 충격되어 어떻게 고조되며 급격한 변화를

강〉(1959), 〈아득령〉(리웅렬 작), 〈해바라기〉(박령보 작, 국립연극극장, 1961),3) 〈붉은 선동원〉(조백령 작, 국립연극극장, 1961)4) 등이 있다. 이 중 리서향의 대표작은 〈붉은 선동원〉이라 할 수 있다. 1962년 『조선예술』이 권두언에서 1961년 성과작 중의 하나로 〈붉은 선동원〉을 언급한 것은 이 작품의 위상을 잘 말해준다.

연극 《붉은 선동원》, 《산울림》, 《꽃은 계속 핀다》, 《우리는 행복해요》, 《박길송 청년 돌격대》, 《두메산 속에 꽃이 핀다》와 같은 천리마 현실을 반영한 성과적인 작품들과 함께 혁명 전통을 주제로 한 《태양의 딸》, 조국 통일을 주제로 한 《사랑》, 영웅 전사들을 노래한 《1,211고지》 등의 감동적인 연극들이 지난해의 무대를 장식하였다. (…중략…)

가져 오는가에 대하여 설득력 있게 형상하였다. 이것은 이 연극 창조에 기여한 연출가의 중요한 공로이다." 조선예술사, 『빛나는 우리 예술』(평양: 조선예술사, 1960), 89~92쪽.

2) "성공을 거둔 《위대한 힘》(리동춘, 리서향 작)의 주인공은 현대 로동자들의 특징적 면모들인 그 완강성과 강의성, 정당한 사업 앞에서 물러 설 줄 모르는 불요불굴성 등이 정당히 묘사되고 있다. 그러나 그들 생활이 갖는 전면적 깊이와 넓이에서 충분히 보여 주지 못하였기 때문에 그 같은 힘을 발휘한 그의 정신적 높이를 관객들의 가슴에 잘 안겨 주지 못하는 약점도 또한 있다." 오덕순, 「극 문학에서의 긍정적 모범의 힘」, 『문학신문』 1959년 2월 19일.

3) 〈해바라기〉는 두 연출가에 의해서 공연되었다. 1960년 고기선 연출의 〈해바라기〉는 함남 도립예술극장 공연이며, 1961년 리서향 연출의 〈해바라기〉는 국립연극극장 공연이다.

4) "《붉은 선동원》은 작업반의 선동원인 리 선자가 수상 동지의 청산리 교시를 받들고 다른 농장에 비해 뒤떨어진 자기 농장을 추켜 세우는 영웅적 투쟁을 농촌에 잔존하는 리기주의, 건달 근성, 자유주의 등을 극복하는 갈등선상에서 묘사한 인민상 계관 작품이다. 창조자들은 긍정적 주인공을 인간 개조자적 측면에 중점을 두고 생산 혁신자적 측면을 아울러 부각하는 각도에서 전형화하면서 시종 일관 긍정 감화와 이신 작칙의 모범을 보여 주었으며 긍정이 부정을 압도하고 있는 현실의 특성에 상응하게 당의 지도와 핵심의 지지를 받는 주인공이 부정 인물을 하나씩 차례로 교양 개조하는 동시에 개조된 인물이 다시금 다른 부정 인물의 교양에 참가하는 구성상 특징을 탐구해 냈다. 그리하여 연극은 력학적으로 전개되는 줄거리에서 세 개의 큰 충돌의 마루들을 가지면서도 주되는 갈등 대상인 리기주의자의 개조를 마감에 돌려 놓음으로써 구성상 조화를 내용의 특성에 맞게 유지하였다." 리재덕, 「연극 운동의 20년」, 『조선예술』 10호(1965), 2~10쪽.

김 일성 동지는 국립 연극 극장의 연극 ≪붉은 선동원≫이 거둔 성과를 높이 찬양하시면서 연극 예술에 생활의 본질을 진실하게 반영하기 위한 제반 문제들에 대하여 강령적 교시를 주시였다. (…중략…) 따라서 생활 반영의 진실성과 소박성을 위하여 연극 ≪붉은 선동원≫의 창조 경험을 연구하는 것이 필요하다.

연극 ≪붉은 선동원≫은 말이 적고 내용이 깊은 행동을 통하여 감동적인 예술적 형상성을 보여 주었다.[5]

1961년 김일성은 〈붉은 선동원〉을 직접 관람하고 그 성과를 높이 치하했다. 김일성의 상찬은 북한 연극의 향방을 지정하는 바 이후 북한 연극계는 〈붉은 선동원〉의 창작 과정을 연구하자고 뜻을 모았고 북한 기자들은 북한을 방문한 중국 작가가 〈붉은 선동원〉을 관람한 감상문과,[6] 북한 관객의 반응을 대대적으로 홍보했다.

---

5) 「(권두언) 새해 여섯 개 고지 점령을 위한 무대 예술의 당면 전투적 과업」, 『조선예술』 1호(1962), 2~4쪽.

6) "얼마 전에 연극 ≪붉은 선동원≫(조백령 작)을 창조하기 위하여 우리나라를 방문하였던 북경 인민 예술 극원 현실 침투 소조 부단장인 중국 작가 황 강은 장기간 리현리와 청산리 에서 천리마적 조선 현실을 체험하고 귀국하였는바 그는 본 편집부에 아래와 같은 글을 투고해 주었다. (…중략…) 나는 중국 문화 대표단에 참가하여 조선을 방문한 기회에 평양 에서 무려 세 차례나 국립 연극 극장의 ≪붉은 선동원≫의 무대적 형상을 감상하는 행복을 가졌었다. 이 연극은 조화된 전칠체이였다. 주인공인 리선자는 연극의 갈등 중에서 사람들 의 주목을 끄는 두드러진 위치를 차지하고 있었다. - 그가 극 중에서 과부인 리 복선 아주머니와 최 진오 로인에게 말 없이 방조를 주는 그 장면들에는 공산주의자의 자기 희생적인 본질이 남김 없이 표현되고 있는 것으로 하여 그리고 거기에다 복선 아주머니와 리 선자의 사람들의 심금을 울리는 대사들과 그들 두 사람 사이의 빈틈없는 심각한 연기로 하여 관중들은 감동된 나머지 눈물을 흘리지 않을 수가 없었다. 조금도 과장 없이 말 할 수 있는 것은 국립 극장의 연극 ≪붉은 선동원≫의 무대적 형상은 조선 연극계의 높은 예술적 조예와 선진적인 연극 문화 수준을 말해 주고 있다는 그것이다. 연극의 소박하고도 진실한 풍격은 바로 창조 집단의 매개 성원들이 한결같이 진지하고도 심가하며 견고한 생활 예술의 수양을 쌓았다는 것을 말해 주고 있다." 황강, 「동시대인의 빛나는 형상: 조선 문학 예술 창작 사업의 새로운 성과와 발전」, 『조선예술』 11호(1962), 23~27쪽.

≪연극 〈산울림〉은 내가 본 작품 중에서 제일 인상적입니다. 이 작품에는 관리 위원장을 나쁘다고 하는 말이 한 마디도 없거든요. 그런데 우리는 그의 보수성을 저절로 알게 됩니다. 그러니까 그 연극을 보고 난 후에도 많은 것을 자꾸 생각하게 됩니다. 어쨌든 재미 있는 작품입니다.≫

관객 스스로가 생각하고 판단하고 결론을 짓게 되는 그 문제성 바로 이 문제성이 중요한 것이다.[7]

〈붉은 선동원〉에서 재미를 느꼈다는 북한 관객의 반응은 이 작품이 북한의 일반 작품처럼 교훈주기에 매몰되지 않고 극적 재미를 더했음을 잘 말해준다. 한국전쟁 시기 종군연출가로 활동하고 1957년부터 평양연극영화대학에서 수많은 강의를 통해 학생들을 가르쳤던 리서향의 완숙한 연출력이 발휘된 것으로 보인다.

연출가이자 교수인 리서향은 스타니슬랍스키의 연출법을 기본으로 하면서 스타니슬랍스키의 행동 분석법을 수용한다. 치밀한 분석을 진행하지만 배우에게 무언가를 성급하게 요구하지 않고, 연습실에서 배우를 극중 인물의 이름으로 부르며 배우가 인물로 살도록 유도하고, 대본에 없는 장면까지 상상하도록 이끄는 유연한 연출가, 리서향의 연출법을 살펴보기로 한다.

---

7) 본사기자 박성종, 「관객 대중과의 긴밀한 련계를 위하여」, 『조선예술』 1호(1962), 29~32쪽.

1. 희곡의 연극적 분석

1) 주제와 사상

리서향의 연출법은 림철홍이 구체적으로 기록한 바 있다. 림철홍이 리서향 연출의 〈해바라기〉를 중심으로 리서향의 연출법을 남긴 글은 리서향의 연출법을 알 수 있는 중요 단서이다. 먼저 림철홍은 리서향이 굳이 자신의 독특한 연출법을 과시하려고 하지 않는 점을 전한다.

연출가 공훈 배우 리 서향은 희곡 작품의 문학적 분석 단계에 들어 가기 전에 우선 다음과 같이 자기의 연출 방향을 제시하였다.

첫째, 함남 도립 예술 극장에서 창조한 연극 ≪해바라기≫의 제반 성과에 대하여 연구하며 그들의 창조 경험을 청취하는 좌담회를 조직할 것이며 그 연극을 집체적으로 다시 한번 관람할 것.

둘째, 이번 연극 ≪해바라기≫를 창조하면서 제2대에 망라된 배우 동무들의 일반적인 부족점을 되고 잇는 무대 우에서의 배우의 유기적 자연을 보장하는 문제를 꼭 해결할 것이며 함남 도립 예술 극장에서 창조한 연극 ≪해바라기≫보다 더욱 발전시키기 위해서는 어떤 새로운 것을 위한 새 것을 연출해 낼 것이 아니라 어디까지나 작품의 사상에 충실하며 주인공의 내면 세계를 비롯한 매개 인물의 내면 세계를 깊이 파고 그 인물의 개성을 옳게 탐구하여 형상하는 데에 기본 고리를 둘 것.

셋째, 1930년대 김 일성 동지를 선두로 한 공산주의자들이 일제 통치하의 암담한 시기, 15여 성상에 걸친 항일 무장 투쟁에 직접 참가한 동지들과의 좌담회를 조직할 뿐만 아니라 항일 무장 투쟁 참가자들의 회상기 연구 발표 모임을 매일 아침 련습 전에 30분 동안 가질 것과 연극 ≪해바라기≫

창조에 도움이 되는 강연회와 영화 감상 조직을 비롯하여 조선 혁명 박물관과 전승 기념관을 견학하는 사업을 조직함으로써 자신이 더욱 더 혁명 전통의 사상으로 무장할 것.

넷째, 극장 예술 창조 준칙을 비롯한 제반 집단 규률을 엄격히 준수할 뿐만 아니라 사생활에 이르기까지 당의 문예 전사답게 ≪하나는 전체를 위하여 전체는 하나를 위하여≫ 생활하는 기풍을 확립할 것[8)

리서향은 국립연극극장 배우들과 본격적인 작업에 들어가기 전에 함남도립예술극장에서 공연한 〈해바라기〉를 먼저 관람하고 연구할 것을 제안했다. 모든 단원들이 연극을 보고 먼저 공연한 단원들의 이야기를 경청하자는 의미이다. 배울 것은 배우고, 부족한 것을 보완하여 더 나은 작품을 만들기 위해서이다. 그러나 리서향은 국립연극극장 배우들이 먼저 공연한 함남도립예술극장의 공연과 다른 연극을 창조해야 한다는 강박에 갇히기를 원하지 않는다. 더 발전된 작품이 새것을 의미하는 것이 아니라 작품에 충실한 것이라는 그의 당부는 원숙한 연출가의 여유를 보여준다.

본격적인 연습에 들어가서 리서향은 먼저 희곡의 주제를 분석한다. 리서향이 〈해바라기〉 연습에 들어가기 전 역사적 좌담회, 항일운동 참가자들의 기록 연구, 강연회, 영화감상 등을 강조한 것은 그가 역사적 맥락에서 희곡의 주제를 파악하는 입장에 서 있다는 것을 잘 말해준다.

---

8) 림철홍, 「(창조 경험) 국립 연극 극장의 연극 ≪해바라기≫ 창조 과정에서」, 『조선예술』 6호(1961), 21~24쪽.

첫째로 연출가는 희곡 ≪해바라기≫의 주제를 1930년대 김 일성 동지에 의하여 육성된 항일 유격대 대원이 어떻게 혁명에 충실했으며 적에게 포로 된 어려운 환경에 있으면서도 혁명에 대한 신념을 잃지 않고 인내성 있게 지혜로운 적후 공작으로써 투쟁의 출로를 찾지 못해 헤매고 있는 위만군 병사들을 항일의 길로 불러 일으킨 공산주의자의 불요 불굴의 혁명 정신이 라고 분석하였다.[9]

이와 같이 리서향은 희곡을 분석하는데 그 주제를 연습 초반부터 분명히 밝힌다. 주제는 '공산주의자의 불요 불굴의 혁명정신'이다. 줄 거리의 압축이라고 하기에는 '사상'이 강조되기에 '문학적 주제 분석', 또는 스타니슬랍스키식의 '초목표'에 해당하는 것으로 보인다. 리서 향에게 희곡분석은 곧 사상분석과 밀접히 연관되어 있다.

둘째로 사상성에 대하여 연출가는

김 일성 동지에 의하여 교양되고 단련된 항일 유격대-공산주의자들은 그 어떤 어려운 순간에도 태양을 따르는 해바라기와 같이 자기의 신념을 잃지 않는 불요 불굴의 투지와 반드시 적들을 타승하고야 만다는 승리의 신심을 보여 주고 있다고 말하면서

우리는 주인공 김 순실의 형상을 통하여 오직 혁명을 위하여 살며 혁명 을 자기의 생명보다도 더 귀중히 여기는 항일 빨찌산 시기의 우리 나라 공산주의자들의 전형을 보게 된다고 하였다. 주인공 김 순실의 굳은 혁명 적 신조와 백절 불굴의 투지, 계급적 원쑤에 대한 불타는 증오심은 그 어떤 역경에서도 인간을 열렬히 옹호하며 사랑하는 그의 뜨거운 인도주의

---

9) 위의 글.

정신의 요구와 일치되고 있기 때문이다. 뿐만 아니라 주인공 김 순실의 이와 같은 성격의 특질은 오늘 우리의 영광스러운 천리마 시대의 주인공들인 천리마 기수들의 새로운 인간 형상 속에 고동치고 있으며 그들의 기적적인 창조력의 원천으로 되고 있다. 때문에 오늘 우리나라 사회주의 혁명은 승리하며 평화적 조국 통일은 반드시 달성되리라는 신심을 더욱 굳게 한다. (밑줄—필자)10)

리서향은 이 작품의 사상은 어려운 순간에도 신념을 잃지 않는 것, 반드시 적들에게 승리한다는 것이라고 정리한다. 사상은 주제에 비해 보다 더 구체화되고 인물을 통해서 나타난다고 하겠다. 그런데 리서향이 주제와 사상을 굳이 구분하지만, 글을 통해 확인해보면 크게 구분되지 않는 것이 발견되므로 주제와 사상을 모두 통합해 '희곡의 주제 분석'이라고 말하면 무리가 없을 것이다.

2) 초과제와 갈등

리서향은 희곡의 주제와 사상 분석을 마치면 '초과제' 분석으로 들어간다. 앞에서 밝힌 바와 같이 리서향이 말하는 '주제/사상'이 스타니슬랍스키식의 '초과제'로 짐작되는데, 리서향은 초과제 분석을 별도로 언급한다. 그렇다면 리서향의 '초과제'는 무엇일까?

셋째로 초과제에 대하여 연출가는 작품에 반영되어 있는 작가의 사상과 의도의 집약적이며 구체적인 표현인 ≪혁명을 위하여≫라고 규정하였다.

───────────────

10) 위의 글.

이와 같이 분석한 연출가의 의도는 혁명 전통을 주제로 하는 연극을 창조하는 현실적 의의를 더욱 구체화하고 강조하기 위해서이라고 생각한다. (밑줄―필자)11)

리서향은 연극의 주제/사상이 '신념을 잃지 않는 것, 승리한다는 것'이라면, 작품의 초과제는 '혁명을 위하여'라는 것이다. 이를 리서향은 '사상의 집약적이고 구체적 표현'이라고 정의한다. 사상이 초과제를 위해 존재하는 것으로도 보이며, 초과제는 각 인물의 목표와 연관되어 있는 것으로 보인다. 사실 구분하기 모호한 점이 많다고 할 수 있다. 배우들 역시 혼란스러웠을 것으로 추측된다. 이후 리서향의 작업은 희곡에 나타난 기본 갈등을 분석하는 것이다. 리서향은 기본 갈등에 대해 상세히 설명하므로, 그대로 살펴보기로 한다.

   넷째로 희곡 ≪해바라기≫의 기본 갈등에 대하여
   연출가는 그것이 야마다를 비롯한 일본놈들과 그와 결탁한 위만군으로 대변되는 일제의 침략 세력과 주인공 김 순실을 비롯한 압박 받는 조중 인민의 혁명 세력이라고 말하였으며 부차적 갈등은 일제 내부의 갈등 즉 일제와 그에 예속된 중국인 위만군 간의 갈등이라고 햇다. 그러나 그는 방 진동이 기본 갈등의 대상이라고 말하였다. 또한 연출가는 희곡 분석에 대한 일련의 류의할 문제들에 대하여 말했다. 그것은 방 진동의 성격을 분석함에 있어서 연극의 결과만 생각하고 그를 갈등의 기본 대상이 아니라고 리해한 동무들도 있었기 때문이다. 여기에서 우리는 연극 ≪해바라기≫의 기본 갈등에 대한 일련의 특수성에 대하여 좀 론의할 필요성이 있다고

---

11) 위의 글.

생각한다. 우리가 이미 아는 바와 같이 희곡에서의 기본 갈등은 희곡의 초과제에로 지향하는 행동과 반행동 사이에 일어 나는 투쟁이다. 때문에 연극 ≪해바라기≫의 기본 갈등에서 희곡의 초과제에로 지향하는 행동선의 가장 대표적인 인물은 김 순실이며 반행동선의 가장 대표적인 인물은 위만군 지도관인 야마다일 것이다.

그러나 일제의 침략 세력을 약화시키며 일제를 고립시키기 위한 김 순실의 공작에서 보다 큰 난관을 조성하여 준 인물은 위만군 지도관인 야마다이기보다 위만군 중대장인 방 진동이다. 그것은 김 순실의 공작 대상으로서 혁명 세력으로 전환될 수 있으나 아직 투쟁의 출로를 찾지 못하고 헤매고 있는 여 수문, 등표, 로왕을 비롯한 위만군 병사들이 바로 일제 침략 세력의 충복자로 되고 있는 방 진동의 그릇된 허위적 량심에 의하여 기만되고 있기 때문이다. 이와 같은 사정은 김 순실로 하여금 무엇보다도 먼저 방 진동을 병사들로부터 고립시키는 공작을 선차적으로 하지 않으면 안되게 하였다. (밑줄－필자)12)

리서향은 희곡의 기본갈등을 초과제를 향해 나아갈 때 행동과 반행동 사이의 투쟁이라고 본다. 따라서 리서향이 포착하는 갈등은 '일제의 침략세력 vs 김순실과 조중 인민 혁명세력'이다. 그런데 면밀히 살펴보면 리서향이 갈등을 계속 세분화하는 것을 알 수 있다. 표면적으로는 '김순실 vs 위만군 지도관 야마다'의 갈등이지만, 더 파고들면 '김순실 vs 방진동'의 갈등이 있다는 것이다. 이 분석의 옳고 그름을 논하는 것은 무의미하다. 핵심은 리서향이 큰 갈등을 발견하고, 그 안에서 작은 갈등을 또 찾아낸다는 것이다. 갈등을 발견하는 것은 중요하다.

---

12) 위의 글.

리서향의 방식대로 분석하면 주인공 김순실은 하나의 갈등만을 갖는 것이 아니라 몇 겹의 갈등을 갖게 된다. 이것은 작품을 풍성하고 입체적으로 만들어준다. 단순히 악과 선의 대립 구조가 아니기 때문이다. 리서향은 이와 같은 분석이 작품을 살아있게 만든다고 믿는다.

여기에 바로 연극 ≪해바라기≫의 갈등의 심오성이 있으며 특수성이 있다. 갈등의 특수성을 바꾸어 말한다면 투쟁 형태의 특수성이라고 할 수 있을 것이다. 김 순실은 손 경재의 총살 사건을 계기로 방 진동을 병사들로부터 고립시켰을 뿐만 아니라 아봉에 대한 수행 문제를 통하여 인민들에게서까지 고립시켰다. 그리하여 방 진동은 3막 3장에서 공산주의자인 김 순실의 전면적이면서도 적극적인 공격에 의하여 그 앞에 항복하는 결정적 동기를 얻게 된다. 여기서 순실의 영향은 방 진동의 내면 세계에 심오한 내부적 갈등을 조성시킨다.

그리하여 주화의 피살 사건과 이와 관련한 놈들의 김 순실에 대한 사형 언도는 방 진동으로 하여금 어느 하나의 길을 결정적으로 선택하지 않을 수 없는 긴박한 정황으로 되게 한다.

이상에서 론의한 바와 같이 연극 ≪해바라기≫에서 방 진동은 갈등의 기본 대상 인물인 것이다. 때문에 방 진동을 갈등의 기본 대상으로 보느냐 보지 않느냐 하는 연출적 분석에서 이 연극의 운명을 좌우하게 될 것이며 바로 이로부터 이 연극의 갈등의 특수성을 규명하게 되며 심리극으로서의 특성을 찾아 보게 되는 것이다. 그러므로 연출가는 방 진동을 갈등의 기본 대상으로 분석하면서 바로 여기에서 갈등의 심오성을 찾았으며 이 연극의 류경을 ≪혁명적 심리적≫이라고 규정하였다. (밑줄-필자)[13]

---

13) 위의 글.

리서향이 제시하는 분석을 보면, 리서향은 확실히 가장 주되는 갈등을 분석 하고, 그 안에서 또 다른 갈등을 설정하는 것으로 보인다. 흥미로운 것은 리서향은 그것이 연극의 운명을 좌우한다고까지 강조한다는 점이다. 작은 갈등이 작품 곳곳에 배치될 때 인물은 입체적으로 구축되며 이로 인해 모든 장면이 관객의 집중을 유도한다. 리서향은 확실히 이러한 연극의 특성과 관객의 특성을 잘 알고 있는 연출가로 보인다. 중층의 갈등 설정이 리서향의 〈붉은 선동원〉을 성과작으로 만든 중요 요인 중 하나로 짐작된다.

3) 관통행동

리서향의 다음 단계는 관통행동 분석이다. 우리에게 익숙한 말로 치환하면 '인물의 목표'가 될 것이다. 관통 행동에 대한 북한의 일반적 개념에 대해서는 이미 상세히 언급하였기에, 여기에서는 리서향의 '관통 행동' 개념에 집중하기로 한다.

다섯째로, 이 작품의 관통 행동에 대하여 연출가는 ≪혁명을 위하여≫(이 작품의 초과제) 승리해 나가는 일관된 행동의 집약적이면서도 구체적인 표현인 ≪일제를 반대한다≫라고 분석하였다. 이상과 같은 기본적 분석을 기초로 하여 연출 작업은 계속 작업 분석을 심화시키는 데 집중되었다. 그러나 여기서 언급해야 할 것은 분석 방법에서 연출가의 수법적 특수성에 대하여서이다.[14]

---

14) 위의 글.

리서향은 관통행동을 긍정 인물의 행동목표와 동일하게 본 것으로 추측된다. 리서향에게 〈해바라기〉의 초목표(초과제)는 '혁명을 위하여'이다. 그런데 관통 행동은 '일제를 반대한다'라고 말한다. 등장 인물 모두가 일제를 반대할 수는 없을 것이다. 부정 인물은 일제에 협조하는 것이 인물의 목표/관통행동일 것이다. '일제에 반대'하는 인물은 김순실을 비롯한 긍정인물이며 그들의 목표이다. 따라서 리서향이 언급하는 관통행동은 초과제를 향해 나가는 일관되고 구체적인 긍정 인물의 행동이라 하겠다. 주목할 것은 이 과정에서 리서향이 연출가가 주의할 점을 당부한다는 점이다.

연극 창조 사업의 필수적 단계로써 희곡에 대한 문학 분석 작업이 많은 경우에 형식적으로 또는 소위 ≪창조적 단계≫를 위한 단계의 행사적 작업으로 진행되는 례를 우리는 적지 않게 보고 있다. 이런 경우에 소위 〈분석 작업〉은 분석 그 자체가 목적으로 되고 배우들의 형상 창조에 도움을 주지 못하며 그들의 성격 창조에 살과 피로 되게 하지 못하고 있다. 흔히 연출가의 추상적인 리론적 전개로 끝나는 경우가 많으며 때로는 연출가의 〈박식〉을 시위하는 데 그친다. 이러한 〈박식〉의 시위는 집단의 창조적 의도를 고무하고 불 붙이는 것이 아니라 배우들을 위축시키며 그들의 창조를 생기 없는 일반적인 것으로 이끌어 가기 쉬운 것이다. 그러나 ≪해바라기≫의 연출자는 이 문학 분석의 중요성을 강조하면서 이 작업이 바로 배우의 창조의 살과 피로 되어야 한다고 주장하고 있다. 이번 ≪해바라기≫창조 경우에서 문학 분석 작업은 연출가의 이와 같은 견해에 립각하여 읽기 작업을 했으며 이와 병행하여 창조 집단의 매개 성원의 작품에 대한 구체적인 리해 수준에 근거하면서 질문과 대답 또는 연출가로부터의 조연을 주는 방법으로 진행하였다. 이와 같은 방법은 역 속에 〈나〉를 〈나〉속에 역을 찾는 배우 예술 창조의 심리적

행정과 문학 분석 작업을 유기적으로 결부시키는 산 창조적 행정으로 된다.15)

리서향은 문학적 분석 작업이 행사처럼 진행되는 것은 작업에 도움이 안 된다고 강조한다. 분석 그 자체가 목적이 아니기 때문이다. 특히 연출가가 문학적 분석작업에서 추상적으로 접근하면 더욱 문제가 발생한다고 한다. 또한 연출가 자신이 얼마나 유식한지를 과시하는 것도 작품에 해를 끼친다고 한다. 연출가의 유식함에 배우들이 위축될 수 있기 때문이다. 리서향은 문학 분석 작업에서 연출가는 항상 분석이 배우의 살과 피가 되도록 주의해야 한다고 주장한다. 또한 연출가가 무엇을 일방적으로 가르치는 것이 아니라, 배우와 질문하고 답하는 방식으로 진행하라고 조언한다. 리서향은 이것이 역속에 나를, 나속에 역을 찾는, 문학 분석작업과 무대의 실제가 유기적으로 이어지는 방법이라고 본 것이다.

〈사진 1〉〈붉은 선동원〉 당위원장역의 배우 한동성(출처: 『조선예술』 7호, 1965)

---

15) 위의 글.

2. 행동분석법의 적용

1) 즉흥극을 통한 장면 구축

리서향의 〈붉은 선동원〉은 독특한 창작 과정을 갖는다. 당시 신인 작가 조백령은 직접 농촌을 방문한다. 농촌의 실상을 알기 위해서이다. 조백령은 농촌에서 〈붉은 선동원〉의 인물 최진오와 복선의 인물 구축에 단서를 얻는다. 극작가가 희곡에 대해서는 초벌 구상만을 가진 채 농촌을 방문하여 실제 인물을 통해 극중 인물구축에 도움을 받은 것이다. 이후 집단이 현장을 방문하여 다시 현장을 체험하고 작가에게 수정을 요구한다. 조백령은 이를 받아들여 대본을 대폭 수정한다. 작가와 집단의 협조 작업이 이루어진 것이다.

현지에 도착한 다음 날부터 그들은 하루에 네댓 시간을 자는 일과를 짜고 현지 생활을 시작했다. 조합원들과 꼭같이 일하면서 현실 체험을 위한 사업들을 조직해야 하는만큼 그래도 시간은 아깝기만 했다. 그들은 점심 시간부터 오후 5시경까지 연기 습작(에츄드)을 했고 밤에는 주로 조합원들과 담화를 했다. 일을 끝내고 돌아 올 때면 한 아름씩 토끼풀을 뜯어 왔고 조합원들의 청소 미화 사업도 협조했다. 그들은 자체로 부식물도 마련했고 농촌 협조대의 식사 조직 사업을 도와 주었다.[16]

이와 같이 〈붉은 선동원〉의 창작 집단은 현장을 방문해서 오후에는

---

16) 본사기자 장영구, 「성과작은 이렇게 탄생하였다: 연극 ≪붉은 선동원≫ 창조 과정을 중심으로」, 『조선예술』 1호(1962), 20~28쪽.

연극연습을 하고 밤에는 조합원들과 대화를 나누었다. 식사는 가능한 스스로 해결하면서 농민들의 도움을 받았고 이로써 농민의 삶이 무엇인지를 체험한다. 이 기간이 20일 정도이다. 흥미로운 점은 연기 습작에서 장면과 인물을 구축하게 되었다는 점이다.

≪공개 당 총회≫라고 제목한 연기 습작을 하게 되어 있던 어느 날이였다. 공훈 배우 박영신(최 진오의 처 역을 담당했었다)은 민주 선전실에 먼저 와서 한 구석에 웅크리고 앉아 있었다. 느닷없이 요란스럽게 문이 열리더니 ≪왜 아주머니 혼자 왔소≫하는 공손치듯한 추궁조의 물음 소리가 그의 가슴을 덜컥 내려 앉게 했다. 소리를 지른 사람은 관료주의'기가 있는 작업반장(강 로석 분)이였다. 그는 ≪...네, 령감이 평양갔다 온다고 하더니 아직 오지 않아서 혼자 왔시다...≫ 하고 더듬더듬 대답을 했다. 밖에서는 복선(류 경애 분)이가 누구인가와 또 와자지껄 싸움질을 하면서 소란스러운 분위기를 조성하고 있다....[17]

연기 습작에서 공훈배우 박영신은 공개 당 총회에 참석하는 즉흥극을 부여받았다. 박영신은 어떤 것도 준비하지 않고 즉흥극에 임했는데 왜 혼자 왔느냐는 작업반장의 추궁을 듣는다. 박영신은 당황해서 자신도 모르게 남편이 평양에서 아직 오지 않아서라고 답변한다. 이로써 연극 집단은 전혀 생각하지 못한 장면과 인물을 구축하게 된 것이다. 또한 박영신은 작업반장의 권위적 호통에 농촌의 여인이 이렇게 주눅 들 수 있으며 그 순간을 넘어가려 변명을 한다는 것도 몸소 체험한다. 다음 글은 즉흥극 연극연습이 작품에 기여한 것을 잘 말해준다.

17) 위의 글.

배우들은 이렇게 실속 있는 현실 체험에 기초한 연기 습작 과정을 통해서 작중 인물들의 형상적 핵을 구체적으로 파악했고 이에 토대해서 배역도 정해 갔다. 연극의 주인공 리선자(한 정숙 분)가 말하다가 돌발적으로 웃음 짓는다든가, 롱담 비슷한 허물 없는 어조로 선동 사업을 진행한다든가 무엇인가 깊이 생각할 때면 멍하니 서서 사색에 잠긴다든가 그러면서도 부정적 현상에 대해서는 따끔하게 말하는 등의 형상적

〈사진 2〉〈붉은 선동원〉 국립극장 선자역의 배우 한정숙(출처: 『조선예술』 7호, 1965)

세부들도 이 과정에 축적된 것이며 얼빠진 사람 같은 인상을 주던 관필(강효선 분)이가 그래도 자기 《주관》은 서 있는 청년으로 자라난 것 등도 이 과정의 소득이였다.18)

이와 같이 배우들은 현실 체험에서 인물의 여러 제스처를 포착한다. 주인공 리선자 역을 맡은 한정숙은 농촌 여성들을 보면서 그들이 갑자기 웃는 모습, 생각을 할 때는 멍하게 사색에 잠기는 모습을 보며 인물구축의 자료로 삼는다. 관필을 맡았던 강효선 역시 처음 막연하게 인물을 구축했지만 점차 주관이 있는 인물로 관필을 다듬어 간다. 리서향은 연습 과정에 즉흥극을 도입함으로써 배우들이 과장 없이 현실에 근거를 둔 인물구축에 접근하도록 도운 것이다.

---

18) 위의 글.

2) '나'에서 '역'으로, '역'에서 '나'로

리서향에게 즉흥극이 전부는 아니다. 그는 즉흥극을 통해 장면을 구축하지만 완성된 희곡에서 극중 인물들의 초과제, 관통 행동, 성격, 자서전을 파악한다. 주목할 것은 리서향이 '나'로부터 출발하여 '역'속으로 들어가며, 다시 '역'속에서 '나'를 찾는 방식을 선택한다는 점이다. 쌍방향적인 접근이라 하겠다. 이를 위해 리서향은 다음과 같은 기본적인 질문을 제시한다.

다음 단계는 우에서 말한 바와 같이 배우 예술 창조의 첫 발'자국을 내디디게 되는 과정으로서 역 인물들의 초과제, 관통 행동, 성격(자서전)을 파악하기 위하여 〈나〉로부터 출발하여 〈역〉속으로 들어 가며 〈역〉속에서 〈나〉를 찾는 배우 예술 창조의 심리적 행동인 것이다.
다시 말하면 배우들로 하여금 만약 내가 누구라면 어디서 무엇을 어떻게 하다가 어디로 무엇 때문에 어떻게 가는가? 하는 질문에 해답을 하게 하는 행정의 첫 단계라고 생각한다.[19]

리서향은 배우 자신이 극중 인물이라면 어디에 있었는가, 무엇을 했는가, 어떻게 했는가, 어디로 가는가 등의 질문에 답을 할 줄 알아야 한다고 한다. 이를 위해서 배우는 무엇보다 틀에 박힌 대답을 해서는 안된다. 역에 온전히 들어가야 하는 것이다. 단지 희곡의 대사에만 집중해서도 안된다. 언제, 어디서, 누구와가 항상 희곡에 제시되는 것이 아니기 때문이다. 다음은 이에 대한 구체적인 기록이다.

---

19) 림철홍, 앞의 글.

연출가 리 서향은 김 순실(박 묘성 분)의 상대 역으로 되는 방 진동(오 향문 분), 황 호(엄 도순 분), 여 수문(김 선화 분), 등 표(강 효성 분)들에게 허다한 질문을 련발하였다.

연출가 ≪황 호≫(연출가는 읽기의 둘째번 단계부터는 배우들을 반드시 그 역의 이름으로 지명하였다. 이러한 방법은 배우로 하여금 련습 중 또는 련습 외의 시간에까지도 역의 생활을 계속 추구할 수 있는 가능성을 주었다.)

황　호(엄도순) ≪네≫

연출가 ≪당신은 어디서 김 순실을 체포하였습니까?≫

황　호 ≪오늘 새벽 전투시 우리 부대를 혼란 속에 빠뜨리고 달아 나다가 막다른 벼랑에 이르러서 떨어져 죽으려는 순간 잡았습니다.≫

연출가 ≪체포할 때 광경을 말해 보시오≫

황　호 ≪물론 나의 부하들이 체포했습니다만 그것은 내가 체포한 것이나 다름이 없지요. 나는 졸병들을 앞으로 내 몰려 그 여자를 추격했습니다. 얼마 후 나는 언덕 우에서 〈공산당 잡았다〉 하는 병사들의 목소리를 들었습니다. 그래서 그리로 달려 가 보니 한 녀성 빨찌산 대원이 체포되여 있었습니다. 그의 군복은 보잘 것 없이 찢어져 있었고 부상으로 하여 얼굴과 몸에는 류혈이 보통이 아니였습니다. 그는 아무 말도 하지 않고 나를 노려 보았습니다. 그 눈초리는 나로 하여금 소름이 끼치게 하였습니다. 그러나 또 보면 마치 웃고 있는 것 같기도 했습니다.≫

연출가 ≪비웃고 있는 듯 했단 말이지요?≫

황　호 ≪네. 그렇습니다. 나를 비웃는 듯이 쳐다 보았습니다.≫

이때 연출가는 얼른 순실에게로 질문을 돌린다.

연출가 ≪순실 동무! 그랬는가요?≫

순 실 ≪네! 물론 저는 그때 나의 임무를 완수했습니다. 그리고…≫

연출가 ≪좋습니다. 그 광경을 잘 회상해 보십시오. 그리고 나중에 그것을
　　　나에게 말씀해 주십시오.≫

이렇게 함으로써 순실의 행동과 성격의 해명이 심오하게 되며 배우 박
묘성의 입을 통하여 조급하게 결론 되어 형상 추구가 그것에 국한되고
구속되지 않도록 해주는 것이다.[20]

리서향은 읽기의 두 번째 단계부터 배우들을 역의 이름으로 부른
다. 24시간 배우가 극중 인물로 살게 하기 위해서이다. 흥미로운 것은
리서향이 배우를 극중 이름으로 부를 뿐 아니라 배우가 '나'로부터
출발하여 '역' 속으로 들어가도록 희곡에 제시되지 않은 부분에 대해
서 질문한다는 점이다. 그렇다면 배우 엄도순은 희곡에 제시된 사건
인 '김순실을 체포한 것'만을 알아서는 안 된다. 구체적으로 어디에서
김순실을 체포했는지를 상상해야 한다. 더구나 리서향은 '어디서'뿐
만 아니라 체포할 때의 광경까지 자세히 말할 것을 요구한다. 물론
이에 대해서는 정답이 있을 수 없으며 필요하지도 않다. 믿을 수 있는
답변이면 충분하다.

또한 주목할 것은 극중 인물 황호와 순실이 같이 등장하는 장면에
서는 황호뿐 아니라 순실도 동일한 체험을 해야 한다는 것이다. 예를
들면, 황호가 '순실이가 자기를 비웃었다'고 말한다면, 순실도 자신이
황호를 비웃었음을 인지해야 한다. 이를 위해서는 배우들 간의 합의
가 필요하다. 두 배우의 체험이 동일해야 하기 때문이다. 합의는 근거
를 필요로 하는바, 배우들 간의 근거 있는 합의는 장면분석의 밀도를

---

20) 림철홍, 위의 글.

높이는 것이다.[21] 리서향의 이런 연출법은 스타니슬랍스키의 행동분석법에 가까운 것이라 하겠다.

 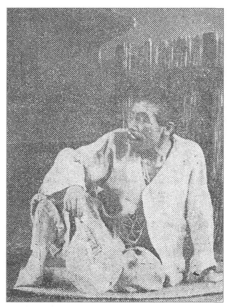

〈사진 3〉〈붉은 선동원〉 국립극장 공연 **복선 역, 공훈배우 류경애**(출처: 『조선예술』 9호, 1964)

〈사진 4〉〈붉은 선동원〉 국립극장 공연, 공훈배우 **리몽**(출처: 『조선예술』 12호, 1964)

3) 상상력을 통한 관계 구축

리서향이 질문을 통해 배우가 장면을 상상하도록 유도하고 배우들 간의 합의를 유도하는 것을 살펴보았다. 이 장에서는 질문을 통한 관계 구축에 대해 보다 자세히 보기로 한다. 이번에 리서향은 방진동(오향문)에게 질문한다.

---

21) 김정수, 『북한 연극을 읽다』(경진출판, 2019), 329쪽 참고.

연출가 ≪방 진동!≫

진 동 ≪네≫(배우 오향문은 방 진동의 호명에 얼른 대답한다.)

연출가 ≪당신은 4막 1장 이후 순실이가 재차 투옥되였을 때 그가 갇혀
       있는 감방을 방문하였습니다. 그때 순실은 당신에게 무엇을 말하
       던가요?≫

진 동 ≪나는 그와 함께 반란을 일으킬 것을 약속했습니다.≫

연출가 ≪그래요?≫(연출가는 의심스러운 눈초리를 던지며 재차 질문한
       다.)

연출가 ≪글세 당신이 그와 같이 솔직한 사람이라면 얼마나 좋았을가
       요?… 그러나 당신의 성격으로선 그런 대담하고 솔직한 제의를
       감히 했을가요?≫

진 동 ≪네. 물론 나는 계속 나의 자존심을 유지하려고 했습니다.≫

연출가 ≪그렇지요 옳습니다. 그랬을 것입니다. 그렇다면?≫

(배우 오 향문은 잠시 혼란 속에 빠진다. 그러나 연출가의 유도는 그의
창조적 상상력을 급속히 발동시킨다.) 그는 대답한다.

진 동 ≪그렇습니다. 나는 물론 속으로 조성된 난관에서 그를 구출할 방
       법에 대하여 그에게서 암시를 받으려고 했습니다. 그러나 그것을
       솔직한 토의의 형식으로가 아니라 주화의 살인 사건의 원인과 목적
       을 추구하는 형식을 취하면서 그 암시를 얻으려고 했습니다.≫

연출가 ≪그때 순실은 당신을 어떻게 대하든가요?≫

진 동 ≪그렇습니다. 그는 나를 무섭게 욕했습니다. 3막 3장에서와 같이
       나의 위선과 나의 자기 기만을 폭로했습니다. 민족적 량심이 있거
       든 총부리를 왜놈들에게 돌리라고 했습니다. 그리고 나가라고 웨
       쳤습니다.≫

연출가 ≪당신은 유감스럽게도 소기의 목적을 달성하지 못하고 감방을

나섰군요.≫

진　　동　≪그렇습니다.≫

연출가　≪그랬을가요?≫

(연출가의 의심스러운 눈초리에 배우 오향문은 또 한번 당황한다. 그러나 곧 그의 상상력은 또 한번 불붙기 시작한다.)[22]

　재미있는 연습 장면이다. 리서향은 배우 오향문에게 질문한다. 먼저 순실이가 있는 감옥을 방문했을 때 순실이 어떤말을 했냐고 묻는다. 오향문은 준비하지 못한 듯 하지만, 리서향의 질문에 열심히 대답한다. 이때 리서향은 의심스러운 태도를 갖는다. 왜냐하면 이 질문을 할 때 리서향은 오향문(방진동)의 캐릭터가 어떠한지를 염두에 두기 때문이다. 따라서 리서향은 오향문에게 당신이 그렇게 솔직한 사람인가, 대담한 사람인가를 질문한다. 리서향은 오향문이 연출의 의도대로 답하지 않을 경우에 계속 질문을 던지면서 오향문의 상상력을 발휘시킨다. 배우를 강제하지 않고 그 배우가 맡은 인물의 성격이 어떠한지, 그리고 관계가 어떻게 성립되는자를 유도하는 방식이다. 리서향이 배우를 연출의 의도대로 이끌면서 인물간의 관계를 구축하는 또 다른 예를 보기로 한다.

연출가　≪또 하나 물읍시다 4막 2장에서 순실이가 사형장에 끌려 나가면서 당신을 쳐다 봅니다. 그때 그 눈초리에서 당신은 무엇을 느낍니까?≫

진　　동　≪그는 마치 말 없이 나를 비겁한 민족 반역자라고 욕하는 듯합니

---

22) 림철홍, 앞의 글.

다.≫

연출가 ≪그리고…?≫

진 동 ≪그리고 그는 민족의 량심을 가진 자라면 왜놈을 향해 총부리를 물리라고 욕하는 듯합니다.≫

연출가 ≪그래서 당신은?≫

진 동 ≪나는 순실이가 사형장에 끌려 나가자 격분을 참지 못해 총을 들고 궐기합니다.≫

연출가 ≪그렇다면 당신은 감방에 찾아 갔던 날 밤 아무런 암시도 못받았던 것일가요?≫

진 동 ≪옳습니다. 받았다고 할 수 있습니다.≫

연출가 ≪즉 당신이 순실이를 추구하는 형식으로 암시를 요구한 것과 마찬가지로 순실이는 계속 당신을 폭로하고 비판하는 형식으로 당신에게 충분한 암시를 준 것이 아닐가요?≫

진 동 ≪그렇습니다.≫

연출가 ≪김 순실이는 참으로 현명한 녀성입니다. 다만 그와 같은 현명한 암시가 당신에게 즉시 해명 되지 못한 것은 당신의 부질없는 자존심이 방해했던 까닭입니다. 그것 때문에 또한 순실이는 당신에게 계속 강한 비판의 필요를 느꼈던 것입니다.≫

진 동 ≪그렇습니다.≫

(연출가는 이때 또 한번 기회를 놓치지 않고 순실(박 묘성 분)에게 질문을 던진다.)

연출가 ≪순실 동무! 그렇습니까?≫

순 실 ≪네≫

(순실은 쉽게 자기 행동의 내면적 행정을 해득하며 자기 성격의 알맹이에 침투한다.)[23]

리서향은 극중 인물 진동을 맡은 배우 오향문에게 4막 2장에 대해서 묻는다. 4막 2장에는 희곡에 순실이 사형장으로 끌려가는 장면이 있다. 리서향은 이것을 포착하여 방진동에게 사형장에 끌려가는 순실이 자신을 어떻게 보았는지를 묻는다. 이것은 인물 간의 관계가 성립되는 중요 연출법이다. 상대역이 나를 어떻게 대했는지를 시청각적으로 상상하게 함으로써 자연스럽게 관계와 장면을 구축해나가기 때문이다. 리서향은 질문을 통해 김순실이 현명한 여성이며, 방진동은 불필요한 자존심이 강한 인물이라는 것을 드러낸다. 이로써 배우들은 대사만이 아니라 보이지 않는 분위기로 연기의 풍성함에 도달하는 것이다.

그렇다면 이러한 과정으로 연습한 배우들의 연기는 실제 공연에서 호평을 받았을까? 황철은 "≪해바라기≫에서 방 진동 역 등 젊은 주인공들을 형상하여 성과를 거두었다. 그 주에도 ≪해바라기≫의 방 진동 역이 우수하였다. 태수 동무 자신도 그 역이 제일 마음에 들었고 또 창조 과정에서도 정열을 더욱 불태울 수 있었다고 말한다. 그러면서 제발 앞으로도 처녀와 련애하는 역할은 그만 두고 방 진동이와 같이 선이 굵고 똑똑한 역을 주었으면 좋겠다"고 말하며 배우들의 연기를 칭찬한다. 오향문은 주로 연애하는 역할을 했던 것 같은데, 이와 같이 무게감 있는 역할을 하며 성장하라는 선배 배우의 당부이다.[24] 다음 김봉환의 글 역시 배우들의 연기가 뛰어났음을 다시 입증해준다.

여기까지의 연기 형상에서 류 경애 동무가 발휘한 기교를 보자! 그의 괴벽스러운 성미는 반장아 가져온 벼'가마니를 지고 비칠거리며 내다 메

---

23) 위의 글.

24) 인민배우 황철, 「(신인 소개) 오늘의 신인들」, 『조선예술』 6호(1961), 33~36쪽.

치는 장면에서 뚜렷하게 나타나고 있다.

그리고 그는 상'스러운 것 같으면서도 서럽고 불만스러워하는 복선의 생활 속에서 응고된 그 성미를 뱉는 듯 한 대사의 구사로써 훌륭히 표현하고 있다. 뿐만 아니라 외로운 생활에서 주접이 붙고 되는대로 살아 왔으며 늘 식은밥과 싸늘한 그들 장에서 침식해 온 그의 생활 조건으로 인하여 생긴 습성들을 유 경애 동무는 진실한 자감으로 옳게 구현하고 있는바 그는 무대 우에서 으쓱으쓱한 기본 상태에서 늘 손을 량 겨드랑이에 끼고 다니는가 하면 걸음걸이는 아래'도리를 횡횡 내저으며 걷는다. 이는 복선 아주머니 형상에 배우가 중요한 알맹이를 포착했으며 그것은 훌륭한 기교로써 역 형상에 구현했다는 것을 의미한다. 그 외에 유 경애 동무의 체험 세계를 말해 주는 내부적 기교를 고찰해 보자. 3장에서 어데 갔다 오던 복선 아주머니는 자기 집에서 선자와 민청원들이 도배를 하고 있는 것을 발견하고는 주춤 놀란 채 그 광경을 한동안 바라보고 있다가 언덕길에 돌아 앉는다.[25]

김봉환은 복선역을 맡은 류경애가 인물의 성격을 잘 파악해서 대사를 내뱉듯이 하고, 항상 손을 겨드랑이에 끼고 다니며 휘휘 내젓는 걸음걸이를 평가한다. 배우들이 인물의 특성을 파악하여 작은 제스처에서도 빈틈이 없었다는 것이다. 또한 김봉환은 복선이 놀라는 장면에서도 무뚝뚝하게 돌아앉는 연기를 한 것에 대해서도 고평을 한다. 림철홍은 이것을 배우들의 '형상을 더욱 풍부하게 하기 위하여 각이한 인물들과의 관계를 통하여 전체 창조 집단의 집체적인 지혜를 더욱 무진장하게 발굴하기 위한 연출가의 의식적인 시도'가 빛을 발한

---

25) 김봉환, 「(연단) 배우의 기교와 소박한 연기」, 『조선예술』 1호(1963), 20~21쪽.

것으로 본다.26) 리서향은 의식적인 시도로 배우가 스스로 고민하게 하여 입체적인 인물구축과 관계 구축에 도달했다고 하겠다.

이제 리서향의 연출법을 정리해보기로 하자. 리서향은 먼저 희곡의 주제와 사상을 분석하고 초과제와 갈등을 분석한다. 특히 리서향은 갈등분석에서 주된 갈등을 찾은 이후 작은 갈등을 찾아낸다. 이로써 인물과 장면을 입체적으로 구축한다. 또한 배우와의 작업에서는 질문을 통해 배우가 희곡에 제시되지 않은 장면까지 상상하도록 한다. 이로써 상대와의 관계를 입체적으로 구성한다. 이러한 방식은 스타니슬랍스키적 기존 분석법이라고 하기에는 행동분석법적 요소가 다분하다. 리서향은 그 중 어느 하나라고 보기는 어렵다. 탁상분석과 행동분석을 혼용하는 방식이라고 하겠다.

〈사진 5〉〈붉은 선동원〉(출처: 『조선예술』 10호, 1965)

---

26) 림철홍, 앞의 글.

공훈 배우 리서향, 「(수기) 창작 노트에서」, 『조선예술』 6호(1961), 24~27쪽.

하나의 이런 문제가 제기되였다. 그것은 위대한 청산리 교시의 생활력을 예술적으로 형상하는 문제이다.

한 농민의 가정이 있다. 그는 과거 개인농 시기에는 70가마니를 거둬 들이고 산 유족한 농민이였다. 그런데 이 마을에는 농사가 잘 되지 않아서 분배를 받았다고는 하나 그것은 얼마 안 되는 것이였다. 이 농민 뿐만 아니라 이 조합의 전반적 생활 처지가 모두 그와 류사한 처지다.

그 원인은 첫째로 이 마을의 농지가 척박한 데서 온 것이라고 그 농민은 평가한다. 이 농민은 드디여 이 가난한 마을을 떠날 것을 결심했다. 그런데 오늘 조합에서는 완충기의 농사 준비를 위하여 퇴비 반출 작업이 한창이다. (…중략…)

그러나 이 농민은 여기에 관심이 없다. 그의 관심사는 오늘 자기 집에 손님으로 오겠다는 기별을 보낸 자식의 약혼 상대방의 아버지인 사돈을 정거장에서 맞이하며 그에게 때를 놓치지 않고 혼인 기일을 일년만 더 연기 하게 하여야 하겠다는 생각에만 골몰하고 있다.

사돈이 왔다. 사돈의 눈에 첫째로 띄인 것은 마당에 로적가리가 없는 것이였다. 그들은 방으로 들어와 토론한다. 이윽고 이 집에서 며칠 묵어 가리라던 사돈은 발끈해서 파혼을 선언해 나서며 자기 집으로 떠나간다.

사돈은 자기 딸이 이 가난한 동리에 시집을 와서는 한 평생 고생을 면치 못하리라고 단정한 것이다. 이때 이 광경을 우연히 목격하게 되는 긍정적 주인공은 가난으로 인하여 자식의 청혼을 끊게 되는 이 가정의 처지와 이 마을을 억누르고 있는 전반적 가난의 처지를 생각하며 흐느껴 운다. 이때 당 위원장은 이 긍정적 주인공에게 위대한 청산리 교시가 세상에 나왔다는 것을 알린다- (…중략…)

일방은 이 장면을 청산리의 교시를 접수하는 고상한 정서를 준비하는 비극이라고 주장하며 또 다른 일방은 이것을 모순과 불합리의 풍자적 희극이라고 주장한다.

일방은 이 장면을 청산리의 교시의 위대한 생활력을 천명할 수 있는 심오한 갈등의 단초이며 그 전형적 환경이라고 고집하며 다른 일방은 그것이 현실을 왜곡되게 연출해 낸 갈등이라고 규정한다. (…중략…)

첫째 이 작은 장면에서 일반적 ≪가난≫에 대한 관점은 현실에 근거한 관점인가, 아니다. 그것은 안출해낸 현실이다. 우리의 농촌은 이러한 일반적 ≪가난≫속에 짓눌려 있는 그러한 마을을 가지고 있지 않다. 그것은 오늘 삼척 동자도 확신을 가지고 말할 수 있는 일이다. (…중략…)

청산리 교시는 바로 이와 같은 우리 농촌 현실 속에 발생하고 있는 새로운 모순을 해명하여 준 것이며 그것을 타개할 위대한 지침을 우리에게 준 것이다.

그러나 제기한 작은 장면에서 청산리 교시의 위대한 생활력에 사회주의 경리 형태를 진동하지 않는 과거 중농의 성격을 통하여 낡은 자본주의적 사상을 대치시키고 있다. 이러한 반동적인 사상의 잔재가 아직 우리 농촌의 어느 구석에는 은밀하게 숨어 있을 수도 있다.

그러나 이에 대한 투쟁 방법은 보다 다양하고 세련된 우리 당의 방법이 있다. 그것이 만약 계급적 원쑤일 경우에는 프로 독재의 기능을 발휘할 것이며 우리의 전진을 가로 막는 요소라면 그를 고립시키며 제제하는 방법으로 투쟁할 수 있는 것이다. 그러나 청산리 교시는 사회주의적 생산 관계를 승리적으로 완성한 기초에서 사회주의 농촌 경리의 전진의 교시이며,

인간 개조의 교시이며, 천리마 운동의 승리의 교시인 것이다.

그러므로 이 위대한 교시의 위대한 생활력을 예술적으로 천명하는 데 있어서 제기된 장면의 성격과 갈등이 전형적인 것으로 될 수 없는 것은 자명한 일이다. 또한 제기된 장면의 갈등의 대상으로 등장한 우매한 반동적 성격은 그 개별적 운명으로서 비극일진대, 사회적 성격으로서는 하나의 풍자적 희극의 주인공일 따름인 것이다. (…중략…)

현실로부터 출발하는 것이 아니라 기존 극작술의 일반적 공식으로부터 시작하여 현실과 생활을 진실다웁게 반영하려고 할 대신 그것을 공식에 맞춰 재단하는 일부 작가 예술가들에 대한 적지 않은 론의와 진정한 충고가 거듭 제기되었다.

그러나 이것이 바로 안이한 길인 까닭으로 하여 일부 신인들이 매달리는 악습이며 그 심도에 따라서는 그 어떤 유해로운 질환이라고도 할 수 있다.

나는 이러한 소위 드라마뚜르기야를 고집하는 작가를 알고 있으며 그와 류사한 드라마뚜르기야의 영향을 받고 있는 몇몇의 신인 친구들을 가지고 있다.

그들은 물론 자기의 창작을 위하여 현실에 나갔다. 그러나 그들에게 있어서 현실 생활의 온갖 다양성과 그 의의와 심오성은 그것이 다만 자기에게 준비된 극작술이 공식에 들어맞는 한에서만 의의가 있는 것이였다. 그렇지 못할 경우에 그것은 극작술을 리해하지 못하는 무식한 현상이며 무가치한 자연이였다.

그들은 적지 않은 기간 현실에 나갔으나 현실에서 배우며 바로 현실이 요구하는 예술적 방법을 탐구하기 위해서가 아니라 소유한 자기의 극작술적 도식에 들어 맞는 생활 현상을 골라 내기 위해서였다. 그들 중에 어떤 사람은 이러한 현상을 골라 내는 대로 그 순서에 따라 준비된 구상의 제5막을 먼저 쓰고 다음 1막을 쓰고 그 다음 제3막을 쓸 수 있는 재능까지도

가지고 있었다. (…중략…)

현실 침투-이것은 먼 려정은 아니다. …필요한 것은 당정 안목이며 혁명
승리의 관점이다. 이것만이 오직 진실에 도달하는 것을 보장하는 유일한
려권일 것이다.

그리고 또 필요한 것은 현실과 진리를 존중하는 겸손하고 경건하고 진지
한 인간의 공산주의적 품성이다. 박 연암 선생은 글은 곧 사람이라고 했다.
다시 말해서 사람을 준비해야 한다.

그러므로 한 개 작품이 무대의 각광에 도달하는 길은 또한 현실 침투를
관통하는 길이며 당적 관점과 인간의 길을 통한 행정인 것이다.

안동학, 「연극 〈붉은 선동원〉 창조 수기: 연출 집단 작업을 중심으로」, 『조선예술』
11호(1962), 16~19쪽.

실로 연극 ≪붉은 선동원≫의 창조 과정과 그의 창조 성과는 수상 동지의
1960년 11월 27일 교시의 위대한 생활력과 그의 현명성을 다시 한 번 실증
해 준 것으로 된다.

리현리에 대한 수상 동지의 현지 지도가 있은 후 우리 극장 지도부는
수상 동지께서 농촌의 길 확실이라고 부른 리 신자를 형상하기 위한 결정을
채택하였다. 그리하여 그 곳에 작가를 파견하였는바 작가 조 백령은 현지
파견 40일 만에 초고를 들고 극장으로 돌아 왔다. 극장 예술 협의회에서는
즉시로 이 초고를 합평하였다. 합평회에서는 작품(초고)이 기본적으로 현
실 생활에 충실하고 있으며 청산리 정신이 옳게 구현되었다는 점에 의견
일치를 보았다.

즉 작가의 현실을 보는 관점이 옳았다는 것을 전제 하면서 좀 더 예술적
으로 다듬으면 좋은 작품이 될 수 있다는 결론을 지었던 것이다.

그런데 이 작품 창조 과정은 심히 어려운 난관 속에서 진행되었다.

극장 지도부는 이 작품의 높은 형상을 위하여 집단적인 지혜를 발동하게 되었는바 온 집단이 현실로 뛰쳐 나가서(6차에 걸쳐서) 창작을 방조하게 되었다. 그리하여 작품은 4회에 걸쳐서 대폭 수정하게 되었으며 결국 6월 말에 가서 일단 작품의 완성을 보았다.

그러면 작품 창작 과정에 주로 제기되였던 문제는 어떤 것들이었는가?

우선 부정 인물 설정에 관한 문제였다. 최 진오, 관필, 리 복선 등 부정 인물들이 우리 시대에 있을 수 있는 인물이며 전진 도상에 있는 부정이겠는가 하는 문제였다.

사회주의적 생산 관계가 유일적으로 지배하고 있으며 수리화, 전기화가 완성되고 기계화가 촉진 중에 있는 오늘의 농촌에서 분배 몫을 바가지에 담을 정도로 적을 수 있으며 실상 있다고 하더라고 이러한 현상을 무대에 올려 놓아서 어떠한 교양적 가치가 있겠는가 하는 것이였다.

다음으로 제기된 문제는 천리마 기수들의 형상에 있어서 사람과의 사업을 어찌 물질적 혜택을 베풀어 주는 것에 치우칠 수 있겠는가 하는 그것이였다.

례컨대 간장을 마련해 준다든가 솜옷을 벗어주며 도배나 해 주는 것으로 사람과의 사업을 대치할 수 있겠는가 하는 그것이다.

셋째로 제기된 문제는 청산리 교시에서 중요하게 강조된 사회주의 분배 원칙 준수에 대한 사상이 극히 불원만하게 반영되였으며 복선, 관필, 최 진오의 개조 과정이 너무나 평면적이며 설명적으로 처리된 것과 그것들이 호상 분리됨으로써 기본 갈등과 부차적 갈등이 뚜렷하지 않은 것 등이였다.

넷째로는 선자의 성격 형상에서 그의 애인 설정을 비당원으로 한 것 같은 매우 불필요한 것들을 주입한 그것이었다.

다섯째로 제기된 것은 대사의 진실성에 관한 문제, 그리고 주선과 주인공의 성격을 선명하게 하기 위한 극적 구성과 기교에 관한 문제 등이였다.

이상에서 제기된 모든 문제(현재 연극에서는 이 문제들이 완전히 해결되었다)들을 해결하는 과정은 우리 집단이 수상 동지의 11월 27일 교시를 실제적으로 관철하는 현실 체험과 창작에서 새로운 륜리를 확립하는 그러한 창조적 투쟁 과정이였다. (…중략…)

우리 연출 집단이 작품 수정에 기여할 수 있는 일부 배우 동무들과 함께 현지로 나간 것은 3월이였다.

당시 리현리 농촌은 농번기에 들어 선 시기였다.

청산리 교시 이후 수상 동지의 직접적인 현지 교시를 받은 이곳 협동 농장원들은 주야를 가리지 않고 일들을 했다.

그리하여 협동 농장원들과 한가히 만나 이야기할 시간이 허용되지 않았다. 그래서 우리는 우리의 계획이 실정과 맞지 않는다는 것을 절실히 느끼고 우선 포전에 선전실을 꾸리고 협동 농장원들과 자리를 같이 하였으며 그들의 일'손을 도와 가면서 현실을 료해하기 시작하였다.

현실 침투를 우리는 대략 세 단계로 나누어서 진행하였는데 매 단계마다 제기한 주요 과제는 다음과 같다.

우선 첫 단계는 전반적인 료해 단계이다. 이 단계에서는 농촌을 일반적 재료에 의하여 전면적으로 료해했다.

즉 청산리 교시가 농촌에서 어떻게 구현되고 있는가 하는 것을 일반적으로 고찰하였다.

그리하여 우리는 작업 반장, 협동 농자우언, 리당 위원장, 민청 간부 등 각계 각층에 망라된 일'군들과 주로 담화를 많이 하였다. 이 담화들을 통하여 우리 협동 농장의 정치 경제적 과업 즉 협동 농장의 전망에 대하여 상세히 알게 되었다. 뿐만 아니라 과거 이 곳 협동 농민들의 생활과 협동 농장이 조직된 후의 생활, 구체적으로는 협동 농장의 년혁까지도 깊이 알게 되었다.

일반적으로 이 단계에서는 이 곳 실정에 물젖는 그러한 단계였다.

다음 둘째 단계에서는 첫 단계에서 료해한 데 기초하여 현실 침투를 작품에 접근시키는 단계였다. 말하자면 현실에서의 체험 단계였던 것이다.

우리는 이 단계에서 직접 로동에 참가하면서 농촌 현실 속에서 벌어지는 깊은 측면, 인간 내면까지를 연구했다.

우리는 포전에 새벽 별을 보고 나갔다가는 저녁 달을 보도 돌아 왔다.

우리는 작업이 끝나면 반드시 총화에서는 무엇을 보고 무엇을 느꼈으며 협동 농민들의 에로가 무엇이며 또는 협동 농장원들이 무엇을 기뻐하며 그들의 희망과 요구는 무엇이며 그들이 해결을 기다리는 문제는 어떠한 것들인가 등 각 방면에 걸쳐서 구체적으로 이야기 되었다.

이런 사업은 각자가 보고 느낀 것을 정리하고 일층 공고화하는 동시에 호상 자기가 보고 느낀 것들을 교환함으로써 농촌 현실을 더욱 광범하게 료해할 수 있게 하였다.

여기서 우리는 배역에 대한 복안을 가졌다. 그리하여 복안에 대항되는 배우를 원형에 접근시키도록 하는 사업을 의식적으로 조직하였다. 그리하여 배우들은 이 단계에서 그 원형들-매개인의 경력과 생활 형편, 가족 관계, 친우 관계, 그들의 기호와 취미 등에 대하여 구체적으로 알 뿐만 아니라 원들의 사서한 동작 언어까지를 세밀하게 파악하게 된다.

례컨대 담배'불은 어떻게 붙이며, 농기구는 어떻게 다루며, 특징적으로 표현되는 습관은 어떤 것들인가 등등...

우리는 제1 단계에서 일반적이며 전면적으로 리현리 사람들의 특징들을 고찰하였다면 제2단계에서는 구체적이며 개별적으로 말하자면 김 동무며, 리 동무에 대하여 파악했던 것이다. 우에서도 말했지만 배우는 이 단계에서 직접 원형과 생활하게끔 되어 있었으므로 개별적 인간들에 대한 특질은 더 깊이 파고 들 수 있었다.

제3단계는 현지 실기 훈련 단계이다. 이 단계에서는 주로 습작을 하게 되는데 그 행정이 제2단계와 밀접히 련결된다. 물론 제1단계에서 제2 단계가 준비되며 제 3단계는 제2단계와 련관되지만 특히 이 단계는 제2 단계의 마지막과 거의 병행하여 진행하게 된다.

즉 낮에는 제2 단계인 로동을 계속하면서 밤과 또는 오전 아니면 오후를 때서 전적으로 습작을 진행하였다. 우리는 배우들의 실기 훈련을 지도하면서 그들로 하여금 직접 원형의 립장에 서게 하였다.

그리하여 모든 배우들은 리현리 협동 농장 제8 작업 반원으로서 또는 선동원 한 정숙, 당 위원장 한 동성등으로 참가하게 하였다. 여기서 연출 집단의 의식적이며 목적 지향성 있는 지도 사업에 대하여 약간 언급할 필요가 있다.

우리는 다음과 같은 방법으로 실기 훈련을 지도했다. 례컨대 공개 당 총회 〈청산리 교시를 받들고 100만톤 증산 운동의 중간 총회〉라고 실기 훈련 제목을 제시한다. 이에 근거해서 제2 단계에서 한 동성 당 위원장과 같이 로동에 참가한 동무에게 당 위원장으로서의 보고를 준비시킨다.

그러나 대부분 배우들에게는 습작을 위한 사전 준비 기산을 주지 않았다.

연출 집단 성원들은 구역 당에서 나온 지도원으로 회의에 같이 참가한다. 회의에서는 당 위원장 한 동성 동무의 보고에 뒤'이어 토론들이 전개된다.

그러면 여기서 배우들은 현실 침투가 무대적 자감 상태로 련계를 갖게 되며 최대한의 주의력이 발동되며 현재까지의 현실 침투에서 소유한 체험들을 보고 듣고 느낀 것이 총 동원되여 정리 체계화한다.

연출 집단은 희곡 형상의 전망과 관련시켜 문제를 제기한다.

연출 집단: ≪당 위원장 동무의 보고에서 유 경애 동무가(복선 역) 일을 잘 했다고 했는데 우리(연출 집단은 구역 당 지도원의 립장에서 말한다)가 알기에는 그렇지 못 한 것 같습니다.

동무들이 아는 바에 의하더라도 그 동무의 집은 천리마 시대의 협동 농장

원의 집으로서는 허용될 수 없는 정도로 위생 문화적으로 락후하지 않습니까.≫

연출 집단의 이러한 문제 제기에 근거하여 일련의 농장원들은 지도원의 발언을 지지하여 토론을 진행한다.

유 경애 동무도 자기 생활에 대하여 이러니저러니 시비를 하게 된다. 또한 회의(실기 훈련)에서는 강 효선 동무가 작업장에 늦게 나온 데 대하여 그 리유를 캐게 된다. 그는 평양에 있는 자기 친척 집에 편지를 썼다고 대답한다.

그러면 또 장내는 편지 내용을 묻는다. 그러나 강효선 동무의 대답이 신통치 않으면(솔직했건 솔직하기 않았건) 농장원들은 구체적 재료를 들어 가면서 그를 비판한다.

연출 집단은 이렇게 하여 배우 실기를 지도하는 한편 작품의 형상을 보다 심화할 수 있는 일련의 문제를 포착하기도 한다. 그리고 이와 같은 훈련을 통하여 배역에 대한 복안을 확정할 수 있었던 것이다.

이상이 대략 우리 연출 집단이 ≪붉은 선동원≫ 창조를 앞두고 리현리에서 현실 침투를 위한 생활의 전말이다.

그런데 이 기간 우리 연출 집단은 다만 배우들과의 작업만 한 것은 아니었다. 우리는 배우들의 실기 훈련을 지도하면서 이에 직접 작가를 참가시켰다.

이것은 배우들과 우리 자신들이 현실 체험의 소재를 작가에게 제공해 주는 것으로 되었다. 말하자면 희곡 창작에 직접적인 방조를 준 것으로 된다.

우리는 희곡 창작을 방조하며 현실 연구의 심오성을 기하기 위하여 정치 실무 학습을 하루도 빠지지 않고 진행하였다. 특히 당 정책 학습에서는 청산리 교시와 리현리 교시를 중심으로 해서 문학 예술 분야에 대한 당 결정과 수상 동지의 교시를 집중적으로 연구하였다.

이것은 현실을 보는 우리 안목을 비상히 넓혀 주었다. 이리하여 우리는 회고의 초고에서 이미 제기되었던 부정 인물 설정 문제, 가난한 협동 농장에 관한 문제 등을 비롯하여 일련의 문제들에 대한 석연한 해답을 보았으며 예술적 형상 문제에 있어서도 명확한 로정을 잡을 수 있었다.

말하자면 천리마 기수의 일반적인 특징은 어떤 것이며 농촌에서 사회주의 분배 원칙은 어떻게 진행되고 있으며 농업 생산에 력량을 집중시키는 문제를 정확히 밝힐수 있는 구체적인 형상을 찾을 수 있었다. 실로 이것은 우리가 학습과 병행되는 현실 침투를 함으로써만 획득할 수 있었떤 소득이었다. 우리는 이에 기초하여 무대 창조에 들어 갔다.

현지 체험 제3단계의 련습의 형태와 류사하다고 해서 습작 단계와 무대 창조 단계를 혼돈해서는 안되였다. 그리하여 우리는 작품의 문학적 분석도 정확히 했으며 정식으로 배역도 발표한 후에 련습에 착수하였다.

그러나 현실 침투 단계에서 작품에 근거하여 현실 체험을 철저히 한 것만큼 작품 분석이 손쉽게 이루어진 것만은 사실이다. (…중략…)

우리는 여기서 작품에 대하여 론의할 것이 아니라 창조 과정에 제기되였던 문제들과 그것을 어떻게 해결하였는가에 대한 연출 집단의 작업을 중심으로 말하겠다.

우리는 무대 창조에 들어 가서도 집체적 력량을 백방으로 발양하는 데 온갖 력량을 기울였다. 제1장, 막이 오르면 최 진오 집에서 그의 부처간에 벌어지는 대화를 통하여 지난해 농사 형편이 좋지 못하였음을 알게 된다.

어제가 분배날이였는데 이 마을은 조용하다기보다 오히려 외롭기까지 하다. 그것은 금년 분배를 넉 톤씩이나 받은 강 건너 마을에서 들려 오는 흥겨운 농악 소리로 하여 더욱 그렇다.

이 때 선자가 등장하여 외출하려는 진오를 발견한다. 선자는 어떻게 하면 일을 더 잘 해서 남부럽지 않게 살 수 있겠는가 하는 일념으로 차 있다.

그는 안사돈 마중을 구실로 일하러 안 나온 진오에게 협동 농장의 전망을 말하며 청산리에서 수상 동지가 말씀하신 대로만 하면 우리 협동 농장도 분배를 많이 받을 수 있다고 강조한다.

그러나 진오는 이에 반발하며 관리 위원회에서 일을 잘 못했고 이 곳은 땅이 척박하여서 암만 일을 잘 하여도 별 수 없다고 자기 고집을 부리는가 하면 개인농 때를 회상하면서 만사를 못마땅히 생각한다.

1장 마지막에는 선자가 시끄럽게 군다고 선자에게 화까지 낸다. 이는 안사돈이 왔다가 가난한 협동 농장이라고 딸을 주기를 싫어하는 눈치로 감촉한 것과 관련한 부아의 폭발이기도 했다.

이렇게 선자와 최 진오와의 투쟁을 여기에서 연출 집단은 최 진오를 일련의 불평을 가진 개인 리기주의자로만 강조한 것이 아니라 그의 근면성을 잊지 않는 방향에서 형상하려고 했다. 말하자면 락후한 인물이라고 해서 그가 가지고 있는 긍정적인 측면바저를 망각할 수 없었던 것이다.

이것은 6장에 가서 최 진오가 개조되는 것과 밀접히 련관되여 있었다. 즉 긍정적인 바탕을 가진 그의 개조는 그에 의거해 있었다.

연출 집단은 최 진오를 불평도 말하고 선자에게 화도 내는 사람이지만 일을 하려는 근로성이 강한 농민으로 되도록 창조하였다. 그래서 막이 오르자마자 최 진오로 하여금 밭에서 일을 하다가 들어오게 하였으며 선자에게 화를 내고서도 또 밭으로 일하려 나가는 최 진오로 되게 하였던 것이다. 때문에 최 진오의 부정성은 시대적 전형에 모순되는 것이 아니였다.

우리는 복선 아주머니와 관필이의 형상에 있어서도 이 원칙을 잃지 않았다.

김봉환, (연단) 배우의 기교와 소박한 연기, 1963년 제1호 (루계 77호), 20~21쪽.
우리 배우 예술은 최근 년간 불후의 형상들을 낳았다. 그 중에서도 특히 리 선자(한 정숙 분), 리 복선(유 경애 분), 김 순실(김 선옥 분), 해철(최

계식 분) 일련의 높은 형상들이 우리 무대를 장식하였다. 이와 같은 성과는 당과 수상 동지의 지극한 배려와 지도에 의해서만 가능하였다는 것은 너무나 똑똑한 사실이다. 수상 동지는 매개 연극 작품을 보시고 구체적인 교시를 주심으로써 우리 무대 예술의 전반적 발전과 배우 예술의 창조적 성과에 기대한 기여를 하시었다. 특히 ≪인민의 이름으로≫를 보시고 하신 교시에서는 밑천은 말과 동작이라고 하시면서 배우의 기량을 향상시킬 데 대하여 중요하게 강조하시었다.

또한 11월 27일 교시에서는 천리마 기수 형상을 위한 일련의 강령적인 방향을 제시하시었다. 우리는 수상 동지의 교시를 받들고 그의 관철에 온갖 정력을 다 바침으로써 천리마적 현실에 튼튼히 발을 붙이고 군중 속에서 예술을 창조하는 배우로 되었다. 이것은 우리들로 하여금 보다 높은 기교와 무진장한 창조적 원천을 소유케 하였다. (…중략…)

그러면 진정한 의미에서의 소박한 연기란 과연 어떠한 것인가?

소박한 연기라는 말의 본질은 소인 연기를 말함이 아니다. 높은 기교와 함께 의식적인 창조의 체험을 통해 생활의 본질을 진실하게 구현하는 가장 형상적인 연기라고 나는 생각한다. 그것은 뚜렷하고 명확한 개성적 형상을 말한다. 다 아는 바와 같이 형상의 중심에는 성격이 놓여 있으며 그것은 항시 개성을 통해 살고 있는 것이다.

인물의 성격적 특질들과 속성들을 찾아 내녀 길러 내기 위한 꾸준한 탐구를 통해 배우 자신이 인물의 생활 환경에서 살기 시작하였을 때 비로소 한 개의 인물이 탄생되는 것인바 이에 있어서 배우의 높은 기술이 동반되면 될수록 탄생된 인물 형상은 보다 강한 생명력을 가지게 되는 것이다.

우리는 그 실례를 ≪붉은 선동원≫의 리 복선 역을 담당한 공훈 배우 유 경애 동무에게서 찾을 수 있다. 배우는 제3장에서 보여 준 연기를 통하여 배우의 기교가 형상에서 어떤 역할을 노는가 하는 문제에 대한 대답을 선명하게 주고 있다. 복선은 떡두꺼비 같은 아들과 선자에 못지않은 인사성 바른 야무진 딸을 한 날 한 시에 미국 놈에게 뺏기고 홀로 남은 녀인이다. 그의 마음은 전쟁의 풍랑 속에서 거칠어질 대로 거칠어졌다. 이러한 생활은 그에게 괴벽한 성미를 조장시켰다. 그는 남들이 자기를 업수이 여긴다고만 생각하면서 일상 생활에서 곡해하기가 일수고 사람들을 진정으로 믿지 않는다. 그런데 그는 우리 시대의 붉은 선동원 선자의 진실한 태도에서 탄복하지 않을 수 없었다. 그는 선자가 ≪래일부터 아주머니네 집에 와서 살면서 딸 노릇을 하겠어요.≫하고 말하였을 때 눈물을 삼키면서 자기의 본심으로 돌아 갔다. 그는 착한 어머니 마음으로 선자를 덥석 끌어 안으며 ≪에구 망할년≫하고 울음을 터뜨리고 만다.

여기까지의 연기 형상에서 유 경애 동무가 발휘한 기교를 보자! 그의 괴벽스러운 성미는 반장아 가져온 벼'가마니를 지고 비칠거리며 내다 메치는 장면에서 뚜렷하게 나타나고 있다.

그리고 그는 상'스러운 것 같으면서도 서럽고 불만스러워하는 복선의 생활 속에서 응고된 그 성미를 뱉는 듯 한 대사의 구사로써 훌륭히 표현하고 있다. 뿐만 아니라 외로운 생활에서 주접이 붙고 되는대로 살아 왔으며 늘 식은밥과 싸늘한 그들 장에서 침식해 온 그의 생활 조건으로 인하여 생긴 습성들을 유 경애 동무는 진실한 자감으로 옳게 구현하고 있는바 그는 무대 우에서 으쓱으쓱한 기본 상태에서 늘 손을 량 겨드랑이에 끼고 다니는가 하면 걸음걸이는 아래'도리를 횡횡 내저으며 걷는다. 이는 복선 아주머니 형상에 배우가 중요한 알맹이를 포착했으며 그것은 훌륭한 기교로써 역 형상에 구현했다는 것을 의미한다. 그 외에 유 경애 동무의 체험 세계를 말해 주는 내부적 기교를 고찰해 보자. 3장에서 어데 갔다 오던 복선 아주머니는 자기 집에서 선자와 민청원들이 도배를 하고 있는 것을 발견하고는 주춤 놀란 채 그 광경을 한동안 바라보고 있다가 언덕길에 돌아 앉는다.

그 사이에 그는 안에서 벌어지는 민청원들의 이야기며 그리고 선자의 지성과 자기의 모든 속단을 련관시켜 한 주목에 짜 본다.

그는 선자와 민청원들, 우리 시대의 지향가 정신에 진정으로 탄복한다. 그는 뜨거운 눈물을 흘리게 된다. 이 장면에서 유 경애 동무의 연기 형상의 세부를 고찰해보자!

그는 처음에는 소리 없이 어깨만을 들먹인다. 그 다음에 비로소 그는 울음을 터뜨리는데 그 소리는 극히 낮으면서도 무엇인가 웅장한 것이 험루어져 내리는 듯한 감을 준다.

그것은 가슴이 아프도록 자기를 뉘우치며 자기를 꾸짖으며 자기를 반성하는 인간의 어찌 할 수 없는 강렬한 심리적 폭발이였으며 내면 세계의 장엄한 광경이였다.

배우는 그처럼 심오한 내'적 충격을 원숙한 기교로써 훌륭히 구사할 수 있었던 것이다. (…중략…)

이럴진대 어찌 배우 기교를 무시할 수 있겠는가?

그런데 지난 시기 일부 평론들에서는 배우의 이러한 기교가 마치도 연기 형상의 소박서을 거세한다는 듯이 주장했었다. 그러면서 이렇게 주장한 사람들은 ≪소인 연기≫를 소박한 연기 형상의 극치로 묘사했던 것이다.

우리는 그 실례를 개성 시립 예술 극장의 연극 ≪월봉 마을 사람들≫을 평가한 일부 평론들에서 찾을 수 있었다.

그런데 과연 ≪월봉 마을 사람들≫의 연기자들을 두고 소박한 연기(우에서도 언급했지만 필자의 견해로서는 진정한 의미에서의 소박한 연기란? 연기 형상의 예술적 극치라고 간주한다)를 수행했다고 말할 수 있겠는가? 이에 대해서는 그들의 연기 형상을 분석하는 것으로써 대답을 대치할 수 있을 것이다.

이 연극의 호철 역 형상을 두고 주로 분석해 보자!

배우는 이 역을 수행하였다. 꼭같은 배우 자신의 개성으로 연기했던 것이다. 그의 연기에서는 예술적 향취와 문화성이 부족하게 느껴진다. 더욱이 정리되지 않은 말투 즉 정서의 결핍으로부터 굴곡이 없는 일률적인 평범한 대사 구사와 박진력 없는 행동으로써 역 형상의 요구를 완전히 충족시키고 있지 못 한 것이다. 말하자면 생활적 본질을 참축성 있게 예술적으로 구사하는 것이 아니라 생활의 이모저모를 기록적으로 토막적으로 보여 주는 데 그쳤던 것이다.

그렇기 때문에 관중은 그의 연기에서 당 일'군의 뚜렷한 현상을 보지 못 하며 감흥을 느낄 수 없었던 것이다. (…중략…)

이와 같은 경우는 정원의 역 형상에서도 찾아 볼 수 있다. 이 배우도 배우적 기교의 미숙성으로 하여 생활이 요구하는 생동하고 소박한 연기 형상을 보여 주지 못 하였다.

우리는 형상이 없는 ≪연기≫는 소인 연기로 간주하는바 그러한 형상에 대해서는 철저히 배격해야 할 것이다. (…중략…)

필자가 강조하는 것은 배우의 체험된 정서는 높은 기교로써만 훌륭히 체현될 수 있다는 그것이다.

배우는 감정적인 표현 예술가이다.

그러므로 형상의 질을 높이기 위한 열'쇠는 바로 훌륭한 배우적 기교에 있는 것이다.

김순익

: 스타니슬랍스키의 발전적 적용

김순익은 한국 전쟁 시기부터 1960년대 중반까지 활동한 연출가이며, 연출 작품에는 〈불'길〉(신고송 작, 국립극장, 1950),[1] 〈우리나라 청년들〉(박태영 작, 최남인 장치, 주영진 조명, 국립극장, 3막, 1952),[2] 〈로동자〉

[1] "1950년초 국립 극장에서 상연한 연극 ≪불'길≫(4막 5장)은 해방 후 인민 경제 부흥 발전을 위한 제강·로동자들의 혁신적인 로력 투쟁을 반영하였다. 이 작품은 로동자 출신 기사동 형태로 대변되는 혁신과 황 기사장으로 대변되는 보수 간의 기본 갈등을 주축으로하여 다양한 모순의 발현 우에 구성되었다. 작기 및 창조 집단은 이 연극의 다주체적인 구성상 특성을 옳게 살려 잘 조화된 사건의 안배로써 슈제트의 산만성을 극복하였으며 사건의 통일을 보장하였다. (…중략…) 창조 집단은 복잡하고 첨예한 극적 환경 속에서 주인공의 전형적 성격을 비교적 원만히 형상하였다. (…중략…) ≪불'길≫의 모든 창조적 성과는 연극 창조에 망라된 전체 성원들의 강선 제강소에서의 진지한 현실 연구 및 체득에 의하여서만 가능하였다. 실로 연극 ≪불'길≫은 민주 건설 시기 국립 극장 레파토리에서 빛나는 자리를 차지하며 그 공연 회수에 있어서도 최고 기록을 내였다." 조선예술사, 『빛나는 우리 예술』(평양: 조선예술사, 1960), 34~36쪽.

[2] "1952년 국립극장에서 창조한 연극 ≪우리 나라 청년들≫은 이 시기 인민 군대의 투쟁 모습을 반영한 장막극 중에서 새로운 성과를 거둔 작품이다. 이 연극은 우리 나라 청년들의 집단적 영웅주의와 혁명적 락관주의를 생동하게 반영하였다. (…중략…) 작가 및 연출자는 인민군 용사들의 전투 생활을 다양하게 반영하며 그들의 영웅적 위훈이 발휘될 수 있는

(강원 도립 예술 극장, 1959),[3] 〈산울림〉(리동춘 작, 원산연극단, 1961)[4] 등이 있다. 이 중 〈산울림〉은 1959년 초연 이후 1963년 경희극 영화 〈산울림〉으로 제작되었고 1990년대에 성황당식 연극으로 재공연되었으며, 2010년에는 국립연극단이 재공연하여 김일성상을 수상했다. 국립연극단에서 공연한 〈산울림〉은 4월 27일부터 10월 5일까지 500회 공연을 했으며 40만 관객을 동원했다. 이같이 〈산울림〉은 북한 연극계에 이름을 남기는 연극이 되었다.

1950년부터 활동한 북한 연출가들이 1964년 '연출 준비를 어떻게 해야 하는가?'라는 주제로 토론회를 열었을 때 김순익이 참여한 것을 보면 적어도 김순익은 1960년대 중반까지 북한에서 인정받는 연출가로 활동한 것으로 보인다.[5] 그는 이 토론회에서 연극에서는 '연출가

그러한 우월한 자질과 특질을 여러 측면에서 발랄하고 생기있게 밝혀내는데 창작적 심혈을 기울였다. (…중략…) 작가와 연출가는 청춘의 매력과 아름다움으로 가득찬 청년들의 각양한 군상 속에서 당의 의지를 체현한 중심 주인공 김석기의 전형적 성격을 부각하는데 각별한 정열을 기울였다. 탄광 출신인 김석기는 (…중략…) 김석기는 '그리구 우리의 상부는 지금 우리의 운명에 대하여 우리 자신보다 더 근심하고 있을 것이오, 그리고 우리 당만이 현대의 기적을 창조하오. 자, 이런 형편에 내가 왜 태평이 아니겠느냐 말이요.'라고 전사들에게 말한다. (…중략…) 김석기는 전투 임무 수행에서 상부 명령에 충직하며 하부에 대하여 엄격한 강철 같은 품성의 소유자이며 동시에 폭이 넓고 아량이 있으며 또한 풍부한 내면 세계와 서정적 드라마를 품은 매혹적인 산 인간이다." 위의 책, 61~63쪽.

3) 리령은 〈로동자〉에 대해 "천리마 기수들의 영웅적 위훈을 반영한 현실적인 주제의 작품"으로 회고한다. 위의 책, 112쪽.

4) "천리마 기수의 전형 창조에서 중요하게 제기되는 문제의 하나는 갈등의 새로운 성격이다. 천리마 현실에 상응한 새로운 갈등의 탐구 로정에서 연극 ≪산울림≫은 하나의 의의 있는 성과를 거두었다. 원래 천리마 현실의 비적대적 갈등은 적대적 투쟁에 기초한 갈등과 그 특징이 같을 수 없다. 그러나 초기에 일부 연극에서는 천리마 현실을 취급하면서 갈등을 지내 과장하고 부정을 확대함으로써 편향을 발생시켰다. 그런데 ≪산울림≫은 계속 혁신의 꿈을 안고 사는 석철이와 주관적으로는 일을 잘 하려고 생각하면서도 자만 도취한 관리 위원장 송재 간의 갈등을 취급하면서 보수주의와 자만 도취병에 걸린 낡은 것을 비판하였다. 그 후 우리 연극은 천리마 현실의 취급에서 갈등 묘사의 새로운 성과들을 련속적으로 달성하였다." 「연극 운동의 20년」, 『조선예술』 5호(1957), 2~10쪽.

5) 박재욱, 「(연출 분과 토론회에서) 연출 준비를 어떻게 해야 하는가?」, 『조선예술』 5호

의 개성이 개입'될 수 있으며, 연극은 '현대성과 집단 및 무대적 특성이 고려된 구체적이며 행동적인 것으로 되어야 한다'고 강조하면서 '작가의 개성과 연출가의 개성이 융합되지 못하면 그 작품은 집체적으로 구상될 수 없으며 무개성적인 형상으로 떨어'진다고 주장한다.6) 연극은 연출의 개성과 동시대성이 통합되어야 한다는 것이다.

한편 김순익은 작품 분석의 중요성을 강조한다. 그는 작품 분석은 '연극의 씨앗인 최고 과제를 규정 짓는 작업으로서, 목적은 작가의 예술적 구상과 행동 조직의 기본인 갈등 력량 관계, 성격 등 모든 것을 파내는데' 있는데 '일부 연출가가 사상, 주제의 파악에로만 직선적으로 들어감으로써 최고 과제를 정확하게 파악하지 못한 채 작업에 들어가는 예들이' 있어서 안타까우며 '작품의 구체적인 사건들을 통해서 기본 사건(중심 사건)과 중요 사건들을 개별적으로 분석 종합하지 않고서는 작가의 예술적 구상을 파악할 수 없으며 작가의 개성과 양상을 연구할 수 없다'고 주장한다.7) 그가 언급한 전체적 연출 구상은 다음과 같다.

1) 총적 방향에서(사상 예술성)이며 그 중에는

    ㄱ) 최고 과제와 교양 목적

    ㄴ) 종류와 양상

    ㄷ) 주제 등이 포함되며

2) 성격 구상에서는 역의 위치, 관통 행동(희곡)과의 관계, 사회 계급적

(1964), 34~36쪽. 이 토론회에 참가한 연출가는 정리일, 김인, 김덕인, 정태유, 리단, 라세득, 김순익, 한웅, 박춘명, 안영일이다.

6) 위의 글.

7) 위의 글.

성격과 개성적 특징, 역 인물의 관통 행동과 자서전이 나오며,

3) 외적 형상(수단)으로서 장치, 조명, 의상, 공예, 분장, 음악(효과)을 찾아 내며

4) 연극의 행동 조직에서는 슈제트적인 구성, 계기, 막과 장의 구분, 사건의 발전상(단위 구분) 구체적인 무대 행동선(템포, 리듬, 미잔스쩨나) 등을 찾으며

5) 분위기에서는 시대 사회상을 보게 된다.

둘째 요소인 연출 수법상 구상에는

1) 작업 방법 2) 생활 조직(련습 일정표) 3) 배역표들이 들어 가며,

셋째 요소인 경제 기술적 구상에는

1) 무대 설비와 기술적 조건 2) 예산 편성 등이 들어 있어야 한다.[8]

위의 김순익의 글을 보면 그가 상당히 체계적인 연출 작업을 지향하며 스타니슬랍스키 방식의 분석을 중요시하는 것을 알 수 있다. 분석의 핵심은 초과제, 최고 과제, 관통행동, 자서전 등이므로 이 핵심어를 중심으로 김순익의 연출법을 분석하기로 한다.

1. 희곡분석: 초과제, 관통행동, 기본사건

1) 연극적 초과제

북한에서 사회주의 사실주의는 창작의 기본으로 뿌리를 내렸고 스

---

8) 위의 글.

타니슬랍스키의 연극론은 정전이 되었다. 이에 따라 초과제, 관통행동 등은 북한 연극계에 익숙한 용어가 되었다. 그런데 김순익은 북한 연극계에서 스타니슬랍스키의 용어 개념이 일치하지 않는 것을 포착한다. 그는 자신이 초과제에 대해 깊이 다루고자 하는 것은 '첫째로 초과제는 연극의 사상을 보다 뚜렷이 하기 위한 기본적인 창조 수법임에도 불구하고 초과제에 대한 리해와 활용에서는 이러 저러한 불일치가 존재하고 있으며, 둘째로 현대성 구현 문제와 관련하여 초과제가 가진 본래의 개념을 발전시킬 필요가 있다고 생각하기 때문'이라고 밝힌다.9) 이에 그는 먼저 초과제의 개념을 분명히 하고자 한다.

> (…상략…) ≪초과제≫의 내용과 기능은 본래
> 첫째로 작품의 씨앗으로 되는 사상의 표현이여야 하며 둘째로 작품을 쓰게 한 사상적 지향의 표현이여야 하며 셋째로 집단의 모든 창조적 지향이 그에로 집중되는 총괄적 목적이여야 하며 넷째로 창조 집단이 종국적으로 구현해야 할 창조 과제여야 한다고 리해되여 왔다.
> 요컨대 ≪초과제≫는 희곡 분석의 귀착점—작가의 예술적 구상의 비밀을 알게 하는 열'쇠이며 동시에 연극 창조 집단의 구상의 출발점이며 전체 창조를 인도하는 목적지이다.
> ≪초과제≫를 설정한 의도는 이렇게 명백하며 연극 예술의 인식 교양자적 가치를 높이는 데 있어서 거대한 의의를 가진다.10)

위의 글을 요약하면 초과제는 작품의 씨앗인 사상의 표현이며 전체

---

9) 김순익, 「(우리 시대 연출가와 그의 작업) 초과제」, 『조선예술』 11호(1963), 28~32쪽.
10) 위의 글.

작품을 인도하는 목적지이다. 이 일반적 정의에 김순익이 반대하는 것은 아니다. 그가 문제 제기를 하는 이유는 이 개념을 적용하는데 당시 북한 연극계에 불일치가 많았기 때문이다. 김순익은 오류를 크게 '1. 초과제를 아직 실현되지 않은 미래에 대한 작가의 염원으로만 간주하고 그것을 창조에 도입하는 것, 2. 초과제를 작가가 인민들에게 호소하려고 하는 말(사상)으로서가 아니라 등장 인물의 생활적 목적으로만 간주하고 창조에 도입하는 것'으로 나눈다.[11] 압축하면 오류는 1. 초과제를 작가의 염원으로만 보는 것, 2. 초과제를 등장 인물의 생활적 목표로만 보는 것이다. 김순익은 1의 경우는 다음이 문제라고 지적한다.

첫째 우리 시대 작가들의 작품의 사상은 작가의 사상—미래에 대한 념원에서도 밝혀지지만 그가 당면하여 관심을 두고 해명한 작품의 기본 사상에서 모든 속성이 더 선명하게 밝혀진다는 것.

둘째 현대성 문제를 념두에 두고 있지 않다는 것.[12]

위의 글로 김순익의 주장을 완전히 알기는 어렵지만 최소한 그가 '초과제는 작가가 쓴 작품 속에서 더 선명하게 나타난다는 것, 초과제는 현실과 관련있어야 한다'고 보는 것은 알 수 있다. 작가는 무엇보다 극중 인물, 북한의 표현을 빌리면 긍정 인물을 통해서 자신의 사상을 표현하기 때문이다. 이어지는 김순익의 글을 보면 그가 말하는 초과제의 개념을 보다 더 구체화할 수 있다. 작품을 예로 들은 글이라

---

11) 위의 글.
12) 위의 글.

다소 길지만, 김순익이 주장하는 초과제를 이해하기 위해 살펴보기로 한다.

백 인준의 ≪두메 산 속에 꽃이 핀다≫와 리 동춘의 ≪산울림≫은 다 같이 1960년 완충기 해의 산간 지대 농촌 현실을 묘사한 작품들이며 다 같이 계속 혁신, 계속 전진을 주장하면서 정도의 차이는 있지만 보수주의 소극성과 경험주의를 비판하고 있는 작품이다. 뿐만 아니라 두 작품이 모두 100만 톤 알곡 증산과 다각 경리로서 협동 농민들의 생활을 보다 유족하게 할 것을 당면한 생활 과제로 하면서 주인공들에게 사회주의 락원에 대한 리상을 부여하고 있는 점에서도 같다.

그러면 이 두 작품을 구별케 하는 기본적인 특성들은 무엇인가?

두말할 것 없이 그것은 작품의 모든 형식을 결정케 한 작품의 문제성과 그의 해명의 차이에서 두 작품은 각각 자기의 특성을 발휘한다.

같이 사회주의 공산주의 미래를 지향하는 두 작가가 지방은 다르나 서로 커다란 성과를 올린 두 산간 지대 농장을 찾아 갔다.

백 인준은 생활 속에서 당 정책을 이악하게 관철시켜 농장의 생활을 전변시킨 한 어린 관리 위원장의 당성에 감동되였으며 리 동춘을 행복해진 생활 속에 묻혀 성과를 자랑만 하고 더 크고 휘황한 미래에 대하여 덜 생각하는 농장을 보고 성과를 치하는 하면서도 해학적 웃음을 금치 못했던 것이다.

하여 백 인준은 우리 당 정책에 대한 태도- 당성 문제 해명을 통하여 행복에로 가는 지름'길을 밝혔으며 리 동춘은 리상에 대한 문제를 해명하면서 원대한 리상을 가지고 그를 실현하기 위하여 약진할 것을 관객들에게 호소하고 있다.

이 작품들을 창조 집단이 받았을 때 무엇이 집단을 감동시키고 흥분시켰겠는가? 작가를 감동시킨 바로 그것들이었을 것은 자명한 일이다. 그러면 무엇이 창조 집단 매개 성원의 창조 의욕을 발동시키고 끌어 당기였겠는가? 이것도 명백하다.

≪나도 저런 당성을, 나도 저런 리상을 가지고 약진 해야 한다≫라고 자기들의 결의를 다졌을 것이며 선전 선동가로서의 자각이 ≪이렇게 살아야 한다≫라는 구호를 들고 무대 우에 서고 싶게 했을 것이다.

때문에 창조는 이 점에서부터 출발돼야 할 것이며 다른 것 아닌 바로 이것을 창조 목표를 해야 할 것이며 매개 성원은 창조 목표인 ≪이렇게 살아야 한다≫를 예술적으로 부각하기 위하여 매혹적이며 생동한 배우역의 지향으로서의 ≪초과제≫(작품의 초과제가 아니다)를 찾아야 할 것이다. (밑줄−필자)13)

김순익은 백인준과 리동춘의 작품을 읽은 후에 감동 받은 것, 즉 '나도 저런 당성을 가지고 약진해야 한다'라는 결의 또는 '이렇게 살아야 한다'가 초과제라고 설명한다. 예를 들면 '어려운 현실을 이기고 당에 충성한다'가 초과제인 것이다. 그렇다면 스타니슬랍스키가 초목표의 예로 든 '존재의 비밀에 대한 이해'(〈햄릿〉) 또는 '보다 나은 삶에 대한 염원'(〈세자매〉)과는 결이 다르다. 문학적이라기보다는 연극적 목표인 것이다. 다시 말하면 김순익이 말하는 초목표는 '이상사회를 이루자'가 아니라 그것을 위해 '당이 내린 과제를 수행한다'가 되는 것이다.

다음 주목할 것은 김순익이 이 초과제를 현실에 적용해야 한다고 주장한다는 점이다. 이어지는 김순익의 주장을 보기로 한다.

---

13) 위의 글.

작가의 본질적인 사상 즉 미래에 대한 념원만에 치중한 ≪초과제≫는 지난 시대 작가들의 작품 및 그들의 사상과 정서를 구현하는 데는 적합하였지만 당의 로선과 정책을 일치하게 받들고 공산주의 미래를 지향하여 나가는 우리 시대 작가들의 작품과 그들의 사상과 정서를 구현하는 데는 적합지 않다는 결론을 얻게 한다.[14]

연출가가 희곡 작품에서 초과제를 분석했다고 해도 그 작품이 쓰인 시점이나 배경이 과거라면 분석한 초과제는 과거에는 적합할지 모르지만 공연을 하는 현재에는 적합하지 않다는 것이다. 따라서 분석한 초과제는 공연 시점의 북한 당국의 정책을 반영해야 한다는 것이다. 물론 김순익은 작가의 사상을 존중한다. 김순익의 주장은 작가의 사상을 염두에 두고, 분석한 초과제를 현실에 적용하자는 주장이다. 이것은 연극이 현실을 반영해야 한다는 연극의 기능에 대한 김순익의 신념일 수도 있다. 초과제에 대한 김순익의 두 번째 주장은 현실 반영인 것이다.

다음 주목할 것은 김순익은 초과제가 열려있는 것이므로 창작 과정에서 초과제는 변경될 수 있다고 주장한 점이다. 다소 독특한 주장으로 보일 수 있지만 공감할 수 있는 것이다. 연출가가 뛰어나다고 해도 처음부터 완벽하게 희곡을 분석하는 것은 실상 불가능하다. 시간이 흐르면서 연출가의 관점이 변할 수 있으므로 초기에 분석한 초과제는 달라질 수 있는 것이다. 오히려 연출가가 처음에 분석한 초과제를 끝까지 고집하는 경우에 더 많은 문제가 발생하기도 한다. 이런 면에서 김순익은 상당히 유연한 연출가로 보이는데 최종적으로 김순익은

---

14) 위의 글.

자신이 주장하는 초과제를 다음과 같이 정리하다.

　　이 경우 ≪초과제≫란 어떤 개념을 가져야 하겠는가? 여기서는 본래의 개념이 아니라 ≪작가의 사상과 감정+집단의 사상과 정서-〈초과제〉≫란 새로운 공식으로써만 설명할 수 있을 것이다.15)

　　이와 같이 김순익은 초과제를 정의한다. 작가의 사상을 존중하고 그 위에 지금 공연이 올라가는 시간과 공간의 정서를 통합하는 것, 그것이 초과제인 것이다.

　　이제 김순익이 언급한 인물의 초과제를 살펴보기로 한다. 김순익은 배우가 초목표를 부각시키기 위해서 인물의 초과제를 찾아야 한다고 주장한다. 김순익은 분명 이것은 초과제이기는 하지만 작품의 초과제는 아니라고 말

〈사진 1〉〈불길〉
(출처: 『조선예술』 5호, 1965)

한다. 작품의 초과제와 인물의 초과제를 구분하는 것이다. 이 지점에서는 김순익은 안영일과 동일한 맥락에 서 있는 듯하다. 김순익이 언급하는 인물의 초과제는 결국 인물의 목표이기 때문이다. 김순익의 설명을 보기로 하자.

　　희곡 〈불사조〉의 주인공 리 두성의 생활 목표는 만난을 극복하고 본대

---

15) 위의 글.

로 귀환하여 조국 광복을 위한 성스러운 투쟁을 계속하자는 것이다. 그러나 작가 송영은 이 소재를 통하여 우리 인민들을 〈불사조〉 정신으로 무장시킬 것을 목표로 하고 있는 것이다.[16]

여기에서 김순익은 '생활 목표'라는 표현을 한다. 그러나 맥락상 '생활목표'는 인물의 초과제와 동일해보인다. 따라서 희곡 〈불사조〉의 초과제가 '불사조 정신으로 무장하자'라면, 주인공인 리두성의 초과제(생활 목표)는 '만난을 극복하고 본대로 귀환하여 조국 광복을 위한 투쟁을 계속한다'이다. 이것은 별개의 문제가 아니다. 등장 인물들의 초과제는 작품의 초과제와 연결되기 때문이다. 그렇다면 김순익의 앞의 글을 적용해서 인물의 초과제를 설명하면 다음과 같을 것이다.

이 경우 ≪인물의 초과제≫란 어떤 개념을 가져야 하겠는가? 여기서는 작품의 초과제 개념이 아니라 ≪작품의 초과제를 의식+인물의 사상과 정서-〈인물의 초과제〉≫란 새로운 공식으로써만 설명할 수 있을 것이다. (필자 재구성)

위의 글은 필자가 시도해본 것이므로 김순익의 주장을 완벽히 표현했다고 할 수 없다. 그러나 분명한 것은 김순익은 연극의 초과제는 희곡의 초과제와 다르며, 인물의 초과제 역시 희곡의 초과제와 다르다고 본다는 점이다. 연극의 초과제와 인물의 초과제는 별도로 찾아야 한다는 것이다. 다소 개념이 모호하여 김순익 자신 역시 명쾌하게 설명하지 못하는 아쉬움이 있지만, 이러한 김순익의 입장은 스타니슬

---

16) 위의 글.

랍스키 시스템을 연극적으로 발전시키려 한 시도라고 보기에는 무리가 없을 것이다.

2) 다양한 관통행동

김순익은 작품의 초과제와 인물의 초과제를 설명한 이후 관통 행동을 언급한다. 북한은 관통행동에 대해 일반적으로 '희곡에 등장한 긍정 인물들에 의하여 일관하게 수행되는 행동들과 그를 반대 혹은 저지시키려는 부정적인 인물들 간의 충돌과 발전 과정에서 형성'되며 '그것이 하나의 축과 같이 한 줄로 꿰뚫고 정렬된 등장 인물들의 모든 행동들을 련속된 연극의 관통 행동'이라고 설명한다.[17] 이 정의를 보면 개별 인물들이 갖는 인물의 목표는 아닌 것으로 보인다. '등장 인물들의 모든 행동'이며 이것은 긍정 인물과 부정 인물간의 충돌과 발전 과정에서 형성된다.

『조선예술』편집부는 이에 대해 설명한 바가 있는데, 편집부에서는 관통행동을 개별 인물보다는 긍정 인물들의 공통된 행동으로 보는 경향이 있다.[18] 긍정 인물은 각기의 초목표를 가지고 있지만 그들의 다양한 행동을 일으키는 공통된 목표가 관통 행동이라는 입장이다. 이 지점에서 김순익의 독특성이 드러난다. 다음은 관통행동에 대한 김순익의 글이다. 개념은 맥락 속에서 이해해야 하므로 그대로 인용해보기로 한다.

---

17) 편집부, 「(배우지식) 관통행동」, 『조선예술』 3호(1964), 편자 홍재범, 『스타니슬랍스키 시스템과 『조선예술』』(호모 루덴스, 2017), 163~165쪽.
18) 앞의 안영일 편 참조.

작품의 생활적 지향(조국을 광복하고 싶다든가 또는 사회주의 락원을 건설하고 싶다.)은 작품의 긍정적 주인공들의 생활 목표임에 틀림 없으나 매개 배우-역들의 성격(사상)적 지향과 전적으로 동일하지는 않다. 물론 작품의 긍정적 주인공의 생활적 지향이 작품의 생활적 지향과 전적으로 합치될 수는 있다. 그러나 긍정 인물 계렬의 모든 배우-역들의 지향이 작품의 생활적 지향과 항상 전적으로 합치될 수는 없는 것이다.

이로부터 배우-역은 작품의 생활적 지향을 직선적인 지향으로 하고 창조할 것이 아니라 그에 기초하면서도 보다 생활 체험적인 자기의 《초과제》와 《관통 행동》에 굳건히 립각하여 창조해야 한다는 결론이 나온다.

작품과 연극의 관통 행동은 예술적으로 취급한 생활 현상의 총체이다.

희곡 《산울림》의 생활 현상 즉 락주와 석철…등이 달랑달랑 당나귀를 타고 가는 송재와 달수를 자기들이 천리마에 옮겨 싣고 공산주의 미래의 상징인 아득한 범바위산 보물고 개발에로 달리는 《관통 행동》은 응당 실제 생활 현상과 같이 공산주의 미래를 앞당기려는 지향성을 가진다. 그러나 이 지향성은 등장 인물 매개인의 개성적 지향들, 례를 들면 대오의 선두에 서서 막힌 고리를 풀어 주어 공산주의 미래를 앞당기게 하는 당 위원장 락주의 《관통 행동》의 지향, 농장원들에게 꿈을 안겨 주고 그 휘황한 꿈을 향하여 약진케 하는 석철의 《관통 행동》의 지향, 석철을 도와 큰 일에 한 몫 끼는 서 로인의 《관통 행동》의 지향…등등, 당에 의하여 지도되는 개인적 지향들이 종합되여 이루어진 일반화된 지향-사회적 지향인 것이지 매개 배우-역의 환경, 기질, 감각, 미래에 어떻게 되여 어떻게 살겠다는 성격적 지향과 완전히 합치되는 그런 지향은 아니다.

다시 강조하거니와 창조에 있어서 배우-역이 수행 하여야 할 것은 또 수행할 수 밖에 딴 도리가 없는 것은 생활 체험적인 각자의 《초과제》와 각자의 《관통 행동》들이다. 이 때에만 지향성을 내포한 작품-연극의

≪관통 행동≫이 개성적으로 형상화될 수 있는 것이다.

만약 사회적 지향을 작품의 ≪초과제≫로 간주하고 매개 배우 – 역들이 직선적으로 그것을 지향할 때, 결국 배우-역들이 모두 결과를 가지고 연기하게 될 것이며 배우-역의 개성도, 지향을 내포한 작품-연극의 ≪관통 행동≫의 개성도 형상될 수 없으며 결국 작품은 자기의 사상과 정서를 뚜렷이 구현 못하고 불가피하게 류형성을 띠게 될 것이다.19) (밑줄—필자)

위의 김순익의 글을 보면 김순익은 배우가 초과제와 관통행동 모두를 갖는다고 주장하는 것을 알 수 있다. 그런데 면밀히 살펴보아도 초과제와 관통행동이 어떻게 구분되는지 명쾌하게 이해하기는 어렵다. 또한 편집부가 정의하는 관통행동과도 일치하지 않는 것으로 보인다. 김순익이 예를 들은 바에 의하면 〈산울림〉에서 락주와 석철의 관통행동은 송재와 달수를 범바위산 보물고 개발로 달리는 것, 서노인의 관통행동은 석철을 도와 큰 일에 한 몫 끼는 것이다. 이것은 관통행동뿐 아니라 초과제(인물의 목표)로 보이기도 한다. 여전히 모호하므로 다음 김순익의 글을 보면서 관통행동을 더 고민해보기로 하자.

여러 극장에서 상연된 ≪해바라기≫를 례로 든다면 어떤 극장은 이 작품의 ≪초과제≫를 ≪조 중 인민의 친선을 강화하여 공동의 원쑤 일본 제국주의를 타도하고 조국을 광복하자≫로 규정하고 있다.

과연 이 규정이 긍정적 등장 인물 전체 즉 순실을 제외한 기타 인물들, 여 수문, 등 표, 성 일당, 란씨, 성 영복…등의 직선적인 생활 목표로 될 수 있겠는가? 물론 반영할 수 있는 긍정적 요소와 필연적 조건을 가지면서

19) 김순익, 앞의 글.

도 이들은 이들 대로의 생활적 지향을 가지고 생활하면서 순실의 역할에 의하여 자기들의 조국 광복에로 지향하고 행동하게 되는 것이다.

과연 이 규정이 ≪초과제≫의 수법적 기능을 충분히 반영하였다고 할수 있겠는가? 반영되었으나 부족하다고 인정된다.

우리 눈에는 지향성을 가진 작품-연극의 ≪관통행동≫ 정도로 밖에 접수되지 않는다.[20]

김순익은 〈해바라기〉의 초과제가 '조중의 친선을…강화하여…조국을 광복하자'라면 이것은 초과제라기보다는 관통행동이라고 말한다. 이유는 긍정적 인물인 순실을 제외하면 다른 인물의 생활목표가 될 수 없기 때문이라는 것이다. 이러한 주장에 긍부정을 논하는 것은 불필요하다. 분명한 것은 김순익에게 초과제는 큰 개념이며, 관통행동은 그보다 작은 개념이라는 점이다. 그렇다면 김순익의 입장은 연극의 초과제가 있고, 인물의 초과제가 있고, 그보다 작은 관통행동이 있다는 것이다. 따라서 김순익이 주장하는 관통행동은 '인물의 초목표와 맞물린 인물의 어떤 작은 행동들'에 가까운 개념이라 하겠다.

3) 주제에 기여하는 기본사건

김순익의 연출 작업에서 중요한 또 하나는 '기본사건'이다. 연극은 사건의 연속이라 할 수 있는데 남한에서도 인물을 변화시키거나 행동으로 유도하는 사건을 분석하는 것은 기본이다. 다음 김순익이 말하는 사건을 보기로 한다.

---

20) 위의 글.

기본 사건이란 무엇인가?

기본 사건이야말로 희곡을 구성하고 있는 복잡한 사건 체계의 골간으로써 작품의 주제-사상을 직접 구현하고 있는 희곡의 중추 즉 희곡의 기본 갈등선의 발현 형태이다.

때문에 기본 사건은 희곡의 기본 생활의 기본 관계 즉 발단과 절정을 동시에 갖게 된다.[21]

김순익에 의하면 기본사건이란 작품의 사상/주제를 반영하는 갈등이 발현되는 것이다. 사건은 희곡을 기-승-전-결로 분석할 때 분류의 거점이 된다. 김순익은 작품을 예로 들어 설명한다.

≪산울림≫은 밭머리 회의, 석철의 행방 불명, 로력 조직, 교양, 석철과 금단의 련애, 기선과 옥음의 련애, 제초기 창안, 홍수 등의 많은 사건들로 구성되여 있다. 그러나 그 중 주제-사상을 직접 밝히면서 ≪산울림≫이란 이야기의 중심을 이루고 있는 사건은 밭머리 회의 석철의 행방 불명, 로력 조직, 홍수 사건들을 주요 매듭으로 하고 있는 범바위산 개간 사건이다.[22]

기본사건에 대한 김순익의 설명은 비교적 쉽게 이해된다. 〈산울림〉은 여러 크고 작은 사건들로 구성되어 있는데, 그 모든 것이 기본 사건은 아니다. 〈산울림〉의 주제와 맞물려 있는 사건이 중요하며 그것은 밭머리 회의, 석철의 행방 불명, 범바위산 개간이라는 것이다. 이것이 발단과 절정 등을 유도하기 때문이다. 개념을 보다 정확하게

---

21) 김순익, 「『단상) 기본사건」, 『조선예술』(1965.11~12), 29~31쪽.
22) 위의 글.

하기 위해 김순익은 〈햄릿〉을 예로 든다. 그에 의하면 햄릿에서 기본
사건은 '부왕의 죽음'이다. 부왕의 죽음으로 기-승-전-결이 이루어지
기 때문이다. 다만 김순익은 기본사건과 기초사건을 구분한다.

〈사진 2〉 〈산울림〉의 리당 위원장, 배우
전두남(출처: 『조선예술』 9호, 1965)

〈사진 3〉 〈산울림〉 옥금역의 배우 리형숙
(출처: 『조선예술』 8호, 1965)

기본 사건과 따로 떨어져 있는 기초적인 발단 사건은 작품의 기본 생활
의 인과적 측면을 밝히는 데 있어서 중요한 역할을 담당하고 있지만 작품
의 진수를 밝히는 면에서는 역시 자체가 가지고 있는 주제적 성격의 제한
성으로 하여 기본 사건과 대등할 수는 없다는 것을 알게 된다.[23]

---

23) 위의 글.

기초사건은 작품의 사상을 밝히는 것에 이르지 못하므로 기본사건이 될 수 없다. 김순익은 인물을 역동적으로 움직여 작품의 주제와 관련 있게 하는 것을 기본 사건으로 보는 것이다. 예를 들면 〈햄릿〉에서 기본 사건은 '부왕의 죽음'이며, 기초사건은 기본 사건과 관계 있는 것, 즉 햄릿이 부왕의 죽음을 밝히기 위해 '연극을 준비한다'와 같은 것이다. 따라서 기본 사건은 작품의 주제를 드러낼 수 있는 핵심적 사건이라 하겠다.

2. 인물과 연기: 소원, 공감, 초상

1) 소원과 행동

김순익은 인물 구축에서 성격을 중요시한다. 그는 작품을 예로 들며 인물 구축을 위해 무엇이 필요한지를 설명한다. 김순익에 의하면 인물 구축의 핵심은 소원, 행동, 색깔이다. 이 이 3가지가 인물을 개성적으로 창조하는 기본이 된다는 것이다. 이에 대한 설명을 보기로 한다.

소원- 성격을 규정하는 기본 요소 즉 세계관, 신념, 리상의 세계
행동- 성격을 밝히며, 그의 마음 속에 깊이 간직되어 있는 소원의 그윽한 향기를 발산시키는 성격 창조의 기본 수단
※ 소원은 행동의 목표이며 동시에 행동의 동기[24)

---

24) 김순익, 「(설문) 어떻게 해야 성격이 극적으로 해명되는가: 소원, 행동, 색깔-자료철 중에

김순익은 소원은 인물의 신념/이상이라고 보며, 행동은 소원을 발산시키는 것이라고 설명한다. 또한 그는 소원은 행동의 목표이며 행동의 동기가 된다고 하는데, 그렇다면 소원은 인물이 극에서 가장 달성하고 싶은 것, 인물의 목표라 할 수 있다. 이것으로는 충분한 이해가 불가능한데 다행히 김순익은 각자에 대해 개념을 정의한다.

소원

소원은 극의 인물이 ≪어떻게 살려는 사람인가?≫를 심오하게 규정하였을 때에만 성격의 세계관, 신념, 리상의 세계를 끌고 뚜렷하게 반영할 수 있을 것이다.

순실의 독백에 반영된 그의 독백의 세계- 참다운 공산주의자가 되는 것은 순실의 본질을 반영하기는 하면서도 작품이 안겨 주는 순실의 형상에 비할 때 아직 일반성을 면치 못 한다.

≪참다운 공산주의자가 되는 것≫…순실의 진실한 지향성을 반영하고는 있으나 어딘가 아쉽다. 그리고 막연하다.

석방 이후에 그가 수행하고 있는 행동들... 경재에 대한 일관되고 강인한 사랑... 아붕에 대한 관대하고 강인한 사랑, 그리고 조직과 조직원들에 대한 희생적인 혁명적 사랑... 사랑 사랑..., 그렇다. 그의 모든 행동은 사랑에 근거하고 있으며 인민을 구원할 것을 지향하고 있다... 사랑은 그의 성격의 중요 속성이다.

그리고... 란씨의 품에서 어머니를 느끼는 순실도 스쳐 지내 버릴 수 없다. 어머니의 참혹한 죽음이 그로하여금 총을 잡게 하지 않았는가?! 사랑... 어머니!

서」, 『조선예술』 9호(1965), 10~12쪽.

어머니의 사랑은 깊고도 굳세다. 순실이도 어머니에게서 이런 사랑을 배웠는지 모른다. 아니 배웠을 것이다. 그리고 이 사랑은 사장 동지의 휘하에서 더욱 혁명적으로 심화되고 공고화되였을 것이다.

참다운 공산주의자로 되려는 순실의 소원의 세계는 이 방향으로 더욱 심화되여 구체적인 것으로 되어야 한다.[25]

김순익은 순실의 소원이 '참다운 공산주의자가 되는 것'이라고 하기에는 추상적이라고 본다. 보다 구체적이어야 한다는 것이다. 그렇다면 '참다운 공산주의가 되는 것'은 인물의 초목표인 것일까? 소원은 이와는 다른 것이라고 한다. 김순익의 글을 보면 소원은 희곡 분석에서 나타나는 인물의 목표가 아니라 인물의 성향과 관련 있는 것으로 보인다. 김순익은 거듭 '사랑'을 강조하는데 실상 사랑은 인물의 목표가 될 수 없다. 어떤 인물이 사랑이 넘친다면 그것은 인물의 성격에 가깝다고 해야 할 것이다. 그렇다면 김순익이 말하는 소원이란 인물의 성격/성향을 의미한다고 할 수 있다.

다음 행동을 보기로 한다.

행동

행동의 규정은(소원도 그러하다) 반드시 극의 인물의 립장에서 규정되여야 한다. 객관적 서술이 아니라 극 인물의 마음을 짚었을 때만, 두뇌에 의한 기억의 방법으로가 아니라 마음에 간직하는 감득의 방법으로만 행동을 창조할 수 있기 때문이다.

순실의 행동은 온갖 역경에도 굴하지 않고 일제의 력량을 자기의 력량

---

25) 위의 글.

으로 끌어 들임으로써 혁명 력량을 강화하는 것이다... 이 내용을 순실은 자기의 두 번째 독백에서 훌륭히 집약하고 있다. ≪사랑하는 사람들, 불쌍한 사람들... 그들은 반드시 우리의 벗으로 될 것이다≫라고.

　이것은 순실의 행동 목표(지향)이며 행동 자체이며 그리고 순실의 마음이다. 행동의 규정은 반드시 이 세측면을 갖춘 규정일 때에만 극의 인물의 본질적 행동으로, 배우-역의 지향성으로 될 것이다.26)

김순익은 행동이 극의 인물의 입장에서 규정되어야 한다고 말하는데, 연이은 설명을 보면 소원과 다른 점을 알기 어렵다. 그런데 앞에서 김순익은 분명 행동은 소원을 이루기 위한 것이라고 정의한 바 있다. 소원이 '사랑'이라면, 행동은 '그들은 반드시 벗이 될 것'이라는 마음이라는 것이다. 이것은 인물의 목표가 될 수는 없다. 따라서 소원과 행동은 인물의 성격/성향과 연관되는 것을 의미한다고 하겠다.

2) 정열과 공감

김순익은 연기에 대해서도 그 중요성을 언급한다. 김순익은 자신이 존경하는 배우 황철의 '체험이란 흥분이 아니라 신명인 것이다'라는 언급을 배우의 기본으로 본다. 배우는 무엇보다 창조적 의욕이 있어야 한다는 것이다.

　그러나 좋은 희곡과 역을 대한 배우는 단순한 정열이 아니라 창조 의욕-정열을 가지고 역이 되려는 강한 지향을 불 붙이면서(모름직이 이 지향은

---

26) 위의 글.

≪나≫와 ≪그≫를 통일시키는 심리학적 기초일 것이다) 정열적으로 창조 즉 체험에로 돌입한다.

이 강렬한 지향 즉 창조 의욕-정열의 내용은 무엇인가? 그것은 인간-배우의 세계관과 신념, 창조에 임한 배우의 작품과 역에 대한 미학적 평가와 파악 그리고 그의 혁명적 기백과 예술적 개성이다.[27]

김순익은 배우가 정열이 있어야 하는데, 그것은 배우의 신념과 배우가 작품에 대해 갖는 미학적 평가라고 한다. 배우가 역과 연극에 열정을 가져야 한다는 뜻으로 읽히는데, 김순익은 작품을 예로 들어 구체적으로 설명한다.

그러면 창조 의욕-정열과 창조에 대해 말해보자.
≪남녀의 어머니≫에서의 순녀 역을 창조한 배우 라 승임의 경우 순녀 역은 첫 대면에서부터 배우를 흥분시켰다.... 배역을 맡은 그는 온 정열을 역 창조에 퍼부었다. 밤에 자다가도 대사가 튀여 나올 정도로 정열이 북받쳐서 일어나 역을 탐구하곤 하였다... 이것은 희곡과 역에 대한 공감이 생동한 생활 경험으로 하여 더욱 절실하여져서 강렬한 창조-의욕 정열을 발동시킨 례다.[28]

위의 글은 어떤 방법론이라기보다는 배우가 역에 있어서 열정을 가질 것을 당부한 정도로 보인다. 황철을 유난히 존경하는 김순익은 황철의 "창조 과정에서 배우가 희곡의 분석과 역 인물의 연구를 끝내

---

27) 김순익, 「(연기 리론) 창조적 의욕-정열」, 『조선예술』 1호(1966), 9~10쪽.
28) 위의 글.

고 본격적인 창조 과정에 들어서면서부터 배우는 토막토막 끊어진 체험 과정을 경험하게 된다. 이 과정에서는 그 끊어진 체험 토막들이 점점 깊어지면서 나중에는 체험을 련속할 수 있게 된다. 그러나 처음 련속되지 않은 체험 과정에서는 체험되는 부분만 흥이 나고 마음 흐뭇함을 느끼지만 체험이 끊어지는 대목에서는 연기는 안되고 배우 자신도 우울해지는 그것이다. 이 때 배우는 실망하지 말고 역 속으로 파고들어 가기 위하여 의식적이며 정력적인 노력을 기울여야 한다"는 말을 빌려 체험을 강조한다.[29] 여기서 주목할 것은 김순익이 '공감이 체험 창조의 바탕'이라고 믿는다는 점이다.

창조된 공감은 창조 의욕–정열에 반작용하여 창조 의욕–정열을 풍부화한다. 상상 역시 그러하다. 환경과 정황의 내용을 풍부화할 뿐만 아니라 성격의 소원과 행동의 세계를 우선 심화한다.

때문에 심화된 소원은 한층 더 힘찬 매력으로써 창조 의욕–정열을 발동시켜 행동을 낳게 한다.

역이 되려는 강한 지향으로서의 창조 의욕–정열은 더욱더 ≪나≫와 ≪그≫를 유기적으로 통일시키면서 배우에게 ≪적응≫의 옷을 새로 입히고 상대 역과의 교감에로 돌진케 한다. 기본적으로 교감은 갈등이다. 교감을 통하여 더욱 강해졌으며 성격화된 행동은 한층 기세 드높게 호상관계의 물'결을 헤치면서 소원하는 세계에로 지향하여 역을 개성화한다.[30]

김순익의 주장은 창조 의욕이 있어야 정열이 생기며, 그것이 어떤

---

29) 위의 글.
30) 위의 글.

소원을 만들어내고, 역이 되려는 강한 창조 욕망을 가져온다는 것이다. 이것이 배우와 인물을 통합시키면서 배우는 점차 인물이 되어가며 이로써 상대 역과도 교감할 수 있다는 것이다. '나'와 '그'에 대한 전문적인 해석은 보이지 않지만, 배우가 인물을 연기할 때 배우 자신과 연기할 인물이 분리되어서는 안 된다는 것은 분명하다. 배우가 자신이 연기할 '극중 인물'의 옷을 입고 인물과 기본적으로 교감해야 한다는 주장이다. 그는 이 교감을 통해 상대역과의 교감이 가능해진다고 거듭 강조한다.

3) 초상과 알맹이

김순익은 배우가 역을 맡았을 때 초상작업의 필요성을 언급하며 '바로 이것이다'를 인지하는 것이 중요하다고 주장한다. 관객이 배우를 만나듯이 배우 역시 인물을 만나게 된다. 그 인물을 개념적 인물이 아니라 살아있는 인간으로 만나야 하는 것이다. 다음은 이에 대한 공훈 배우 김선영의 글이다.

공훈 배우 김 선영은 ≪뢰우≫에서의 관이를 창조하던 당시를 회상하면서 다음과 같이 말하고 있다. ≪희곡의 표지를 들치고 〈창백한 얼굴에 입술만이 약간 붉다.라고 쓴 관이의 모습에 대한 설명을 읽자 나에게는 관이의 젊음, 자유를 갈망하는 그의 마음이 절절하게 나의 가슴 속 깊이에로 파고 들면서 그가 입은 옷 모양까지를 포함한 역의 초상이 선명히 안겨왔다. 이 안겨 온 초상이 얼마나 정확하였던지 관이의 형상을 완결할 때까지 나는 아무런 보충 작업도 없이 창조를 끝 맺었다. 그 때 나는 남편이 강건하는 그 지긋지긋한 약을 대리는 냄새를 맡았고, 또 남편의 방에서 풍겨 오는 아편 냄새까지를 맡을 수 있었다. 그래서 나는 밉살스러운 남편과의 호상 관계를 더 실감 있게 보여 줄 수 있었다. 그때 나는 처음으로 역 속에 들어가면 냄새까지도 맡을 수 있다는 것을 경험했다. 이렇게 〈바로 이것이다〉로 잡혀진 역일 때만이 이러한 경지에 도달할 수 있다고 생각한다.≫31)

모든 배우들의 성격창조 방식이 다르겠지만 김선영은 확실히 희곡에 있는 인물을 시청각적으로 인식하는 것으로 보인다. 김순익은 이것을 '초상'이라고 명명하며 이 초상작업의 중요성에 주목한다. 김순익이 초상작업에서 초점을 맞추는 것은 인물의 외형을 포함하지만 인물의 본질이다. 이것은 스타니슬랍스키의 '신체를 통한 인물묘사'와 맥을 같이 한다고 하겠다.

(…상략…) 실제로 그 인물을 신체를 통해 어떻게 구축해야 하는지는 잘 모르겠다고 말했다. (…중략…) "외형 없이는 내적 성격묘사나 이미지의 전달이 불가능하지. 신체를 통한 인물묘사가 인물의 내부를 설명하고 보여줄 때만 그게 가능하네."라고 말했다. (…중략…) "대부분, 특히 재능있는 배우들의 경우에는 인물의 내면을 제대로 이해하면 신체묘사는 저절로 따라오게 되네. (…하략…)32)

스타니슬랍스키는 배우가 내적으로 무엇을 느끼든 그것은 외형으로 전달된다고 말한다. 동시에 스타니슬랍스키는 인물의 내면을 제대

31) 김순익, 「〈체계와 형상〉 초상과 알맹이」, 『조선예술』 7호(1966), 4~6쪽.
32) 스타니슬랍스키, 이대영 역, 『성격 구축』(예니출판사, 2001), 16쪽.

로 이해하면 신체묘사는 저절로 따라온다고 주장한다. 일면 옳은 관점이지만 아는 것과 표현하는 것은 별개이듯이 이해한다고 해서 언제나 외형이 따라오는 것은 아니다. 다만 스타니슬랍스키의 핵심은 인물의 본질에 대한 이해 없이 외형에 초점을 두는 것은 무의미하다는 것이다. 김순익은 이 점에서 스타니슬랍스키와 맥을 같이 한다. 김순익은 그 본질을 '알맹이'라고 표현하는 것이다.

본원이란 물론 알맹이이다. 알맹이가 확정되지 않을 때 구체적이며 정확한 초상이란 있을 수 없다. (…중략…) 이런 점에서 김선영의 판이 창조 경험은 역 인물을 총체로서 파악 감득한 좋은 실례이다. 봉건적인 질곡에 항거하고 열렬하게 자유를 갈망하는 한 중년 부인의 정신 세계의 본질을, 희곡과의 첫 상봉에서 금방 규정할 수 없었다고는 생각할 수 없다. 그러면 성격의 구체적인 파악 없이 그렇게도 선명하고 정확하게 초상을 잡을 수 있었을 것인가? 무엇에 기초하여 생긴 초상인가? 이것은 그 배우의 오랜 창조 경험, 그리고 그의 지식과 생활 경험의 심도 및 기교에 의하여 이른바 ≪배우의 본능적 파악≫에 의하여 직관적으로 알맹이가 파악될 것이다.[33]

김순익은 배우가 인물의 외적인 초상을 구현하기 위해서는 극중 인물의 본질에 접근해야 한다고 강조한다. 그것이 알맹이이며, 알맹이는 배우의 경험, 지식, 기술 등에 의해서 파악된다고 주장한다. 이에 김순익은 배우가 처음 대본을 받았을 때 인지되었던 초상이 중요하며, 그것을 알맹이로 완성하기를 촉구한다. 알맹이는 초상을 풍부하게 하는 열쇠인 것이다.

---

33) 김순익, 앞의 글.

이와 같이 김순익의 연출법은 스타니슬랍스키의 방식에서 출발한다. 초과제, 관통행동, 초상 등 스타니슬랍스키의 용어를 그대로 사용하기도 한다. 그러나 김순익은 스타니슬랍스키의 시스템을 발전시키고 변화시킨다. 이러한 그의 시스템이 북한에서 어느 정도 일반화되었는지 확인할 수는 없다. 그러나 김순익을 스타니슬랍스키 시스템을 발전적으로 적용한 연출가라고 평하는 데 무리는 없을 것이다.

참 고 자 료

김순익, 「(체계와 형상) 초상과 알맹이」, 『조선예술』 7호(1966), 4~6쪽.

역의 파악과 관련하여 우리 배우들은 ≪바로 이것이다≫라는 말을 많이 한다.

공훈 배우 김 선영은 ≪뢰우≫에서의 관이를 창조하던 당시를 회상하면서 다음과 같이 말하고 있다. ≪희곡의 표지를 들치고 〈창백한 얼굴에 입술만이 약간 붉다.라고 쓴 관이의 모습에 대한 설명을 읽자 나에게는 관이의 젊음, 자유를 갈망하는 그의 마음이 절절하게 나의 가슴 속 깊이에로 파고들면서 그가 입은 옷 모양까지를 포함한 역의 초상이 선명히 안겨 왔다. 이 안겨 온 초상이 얼마나 정확하였던지 관이의 형상을 완결할 때까지 나는 아무런 보충 작업도 없이 창조를 끝 맺었다. 그 때 나는 남편이 강건하는 그 지긋지긋한 약을 대리는 냄새를 맡았고, 또 남편의 방에서 풍겨 오는 아편 냄새까지를 맡을 수 있었다. 그래서 나는 밉살스러운 남편과의 호상 관계를 더 실감 있게 보여 줄 수 있었다. 그때 나는 처음으로 역 속에 들어가면 냄새까지도 맡을 수 있다는 것을 경험했다. 이렇게 〈바로 이것이다〉로 잡혀진 역일 때만이 이러한 경지에 도달할 수 있다고 생각한다.≫

이렇게 역이 ≪바로 이것이다≫로 파악되면 될수록 즉 역 인물의 성격적 본질, 하나로 잡혀진 개성적인 진수 등이 명확히 알려지면 알려질수록 또 그것들이 화폭으로 안겨 오면 안겨 올수록 그것이 절실한 공감을 일으키면 일으킬수록 배우의 창조는 빛나는 것이다.

역의 형상적 파악의 의의는 이러하다. 그런데 역에 대한 작업에서 주요한 자리를 차지하고 있는 이 문제와 관련하여 아직 해명을 요구하는 문제가 있는바 그것은 초상작업과 알맹이와 관련된 일련의 문제들이다.

초상 작업과 관련하여 다음과 같은 실례가 있다. 신의주 연극단의 배우리 인희는 《인간이 잘 그려진 작품은 처음 쭉 내려 읽을 때 벌써 상상력이 발동되며 인물의 초상이 명확하게 눈앞에 떠오른다. 나는 이렇게 되지 않으면 창조에서 아주 고심하게 된다. 때문에 나는 창조적인 자료를 축적하기 위하여 일상적으로 관찰 작업을 계속 하고 있는데 대상의 외적 행동을 관찰하면서 그의 성격을 탐구한다. 역 인물 창조에서도 나는 이와 같은 방법을 취한다. 그래서 역을 맡으면 나는 그의 외적인 특징에 관심을 먼저 돌린다》라고 역에 대한 자기의 작업 방법을 이야기하고 있다.

이와는 반대로 이 극장의 배우 조 순조는 역 인물의 외형 창조에만 치우칠 수 있는 초상 작업을 경계하면서 《배우의 창조 과정은 신뢰를 위한 투쟁 과정》이라고까지 역인물의 내적 파악이 중요함을 강조하고 있다.

물론 이 두 배우들의 견해는 완전히 호상 배제는 두 개의 극단적인 견해들은 아니다. 왜냐 하면 초상 작업을 극히 소중히 생각하고 있는 리 인희는 《두메 산 속에 꽃이 핀다》의 관리 위원장 역 창조와 같은 데서는 주인공의 관통 행동을 찾기 위하여 무진애를 썼으며 또 조 순조의 경우에도 그가 창조한 일련의 형상들을 볼 때 그가 전적으로 외형 창조를 도외시하는 것이 아니라는 것을 알 수 있기 때문이다.

그러나 본질적으로는 이 문제가 배우 예술에서의 내용과 형식 문제를 건드리는 중요한 문제로서 우리 배우 예술예술의 과학적인 창조 체계 확립과 형상의 질을 제고하는 문제를 해결하는 데 중요한 배중을 차지하는 기본 문제 중의 하나이다. 때문에 이 문제는 신의주 연극단 하나에 극한된 문제가 아니라 일반적인 성격을 띠는 문제이다.

주지하는 바와 같이 우리가 초상이라고 말할 때 우리는 그 인간의 성격을 외적으로 규정하는 영상-모습을 념두에 둔다. 그런데 이 초상의 특성은 실제 인간의 외모와는 달리 형상의 본질을 체현한 표현적인 모습이라는데 있다.

무릇 예술가의 창조 작업에서 구상이 없는 창조란 있을 수 없다. 배우의 초상 작업이란 성격의 시각적 파악이며, 표현이며 구상이다. 특히 배우 예술은 다른 예술과 달리 각별하게 이 초상 작업이 요구된다. 웬가 하면 우선 배우의 창조는 배우—이미 자기 모습을 가지고 잇는—자신에 근거해서 성립되며 문학과는 달리 무대적 성격의 특성으로부터 출발하여 무대 우에서 진행되는 행동 전반을 통/하여그 인간의 전 생애를 총적으로 규정 짓는 성격을 선명하게 창조해야 하기 때문이다.

공훈 배우 김선영은 초상 작업의 필요성을 다음과 같은 각도에서도 고찰하고 있다. 즉 ≪예술적 형상이란 단지 생각만으로는 그려지지 않습니다. 나에게 있어서는 어머니로서 생활하는 산 모습을 진실하게 그리는 것이 연기를 잘하는 것입니다. 특히 희곡에 씌여져 있는 작가의 요약된 몇 마디 대사와 설명문 만으로 인간 생활의 진실한 전모를 다 보인다는 것은 힘든 것입니다. 때문에 나는 역을 맡는 말부터 어머니의 모습을 찾기에 시간을 허비했습니다.≫

뿐만 아니라 리 인회가 정당하게 이야기하고 있는 바와 같이 훌륭한 작품의 성격들은 배우가 바라든 안 바라든간에 자기의 영상을 뚜렷한 형상으로서 배우에게 안겨 주는 것이다. 그러한 영상—초상이야말로 성격 파악의 단초로도 되며 동시에 성격 창조의 단초로도 되는 것이다. 이러한 초상을 무엇 때문에 경원하겠는가?

초상 작업은 배우의 창조에서 적지 않은 비중을 차지하고 있는 성격 해명의 중요 고리의 하나이다. 그렇다고 초상 작업을 제 1차적 위치에 놓고 초상의 탐구와 창조에만 주되는 관심을 돌릴 수는 없다.

≪일편단심≫의 구마다 역을 창조한 젊은 배우는 ≪이번 나는 구마다를

형상화하면서 표상으로부터 들어 가면서 언어 행동의 특성부터 찾았다. 행동 련습 단계까지는 역을 감득한다고 칭찬까지 받았는데 무대 련습에 들어 서자 이렇게 나가서는 안 되겠다는 것을 깨달았다. 그것은 표상 창조에만 모든 것을 몰아 넣다나니까 심리적 움지임에서 오는 행동을 정리할 수가 없었기 때문이다.≫라고 자기의 쓰라린 창조 경험을 피력하고 있다.

보는 바와 같이 잘못된 초상 작업은 도리여 배우의 창조에 커다란 손실을 주며 심한 경우에는 형식주의까지 산생시킨다.

그러면 초상 작업을 어떻게 할 것인가?

≪배우는 역 인물의 초상을 가져야 한다.-공훈 배우 엄 미화는 말한다.-이것은 나의 신념이다. 문제는 초상을 걸어 놓고 하는가 배우의 몸에 붙이고 하는가 하는 데 중요한 차이가 있다.≫

옳다. 초상을 걸고 할 경우 배우의 창조는 그에 대한 모사 또는 모방에 떨어질 것이며 따라서 행동보다도 앙상한 모습만이 떠돌아 성격의 정신생활 창조를 저애할 것이다. 때문에 초상은 ≪몸에 붙이고 해야 한다.≫

인민 배우 황 철, 태 을민 동지들을 비롯한 형상 창조의 명수들이 그러한 것처럼 ≪근육의 감각≫에 의한 창조만이 초상 창조 문제를 해결할 수 있는 정상적인 길이다.

그러나 이것만으로 초상 작업과 관련된 문제를 다 해명했다고 할 수는 없다.

≪근육의 감각≫에 의한 창조도 물론 중요하다. 그러나 이 작업에 들어 가기 이전에 수행하여야 할 중요한 문제가 또 있지 않겠는가? 아직 초상은 생명을 갖지 못 한 것이다. 초상을 창조하는 작어벵 앞서 우리는 초상을 산생시킨 그 본원을 확정하고 먼저 그에 공감하고 그것을 자기의 것으로 만드는 것이 필요하다.

본원이란 물론 알맹이이다. 알맹이가 확정되지 않을 때 구체적이며 정확한 초상이란 있을 수 없다.

혹자는 이 글의 서두에서 례로 든 김 선영의 초상 파악에 대한 경험을 례로 들고 이 문제에 대한 의견을 제기할 수도 있을 것이다. 그러나 이 경험 역시 알맹이 작업과 초상 작업의 호상 관계를 실증하고 있다.

이런 점에서 김선영의 판이 창조 경험은 역 인물을 총체로서 파악 감득한 좋은 실례이다. 봉건적인 질곡에 항거하고 열렬하게 자유를 갈망하는 한 중년 부인의 정신 세계의 본질을, 희곡과의 첫 상봉에서 금방 규정할 수 없었다고는 생각할 수 없다. 그러면 성격의 구체적인 파악 없이 그렇게도 선명하고 정확하게 초상을 잡을 수 있었을 것인가? 무엇에 기초하여 생긴 초상인가? 이것은 그 배우의 오랜 창조 경험, 그리고 그의 지식과 생활 경험의 심도 및 기교에 의하여 이른바 ≪배우의 본능적 파악≫에 의하여 직관적으로 알맹이가 파악된 것이다.

여기에 그러한 례가 또 하나 있다.

공훈 배우들인 리 몽, 유 경애, 엄 미화는 역의 파악과 관련한 우리들의 질문에 이구 동성으로 ≪희곡을 읽으면 즉시로 확확 들어 온다. 그런데 이것이 결국에는 만들어지고 만다.≫라고 대답하고 있다.

알맹이는 초상의 단순한 본원이 아니라 초상을 구체화하며 풍부하게 만든다. 남포 연극단의 배우 최 두혁은 ≪불'새≫의 박 로인을 형상할 때 처음에는 역에 대해서 아무런 창조 의욕도 느끼지 못 했었다. 그래 처음에는 그저 조선 사람들은 전에 어떻게 살아 왔다는 것이라도 보여주는 거시 필요하다고 생각하였다. 그래서 조그마한 상투를 튼 꼬부랑 할아버지로 박 로인의 초상을 구상한 정도였다. 그러나 전국 예술 축전에 참가하는 ≪불'새≫의 상연 의의를 생각하고 역을 사랑하려고 노력하기 시작했다. 그러던 중 어느 날 ≪사랑≫이라는 역의 알맹이를 파악했는데 그것은 그의 행동의 요인으로 되는 손자와 자식들에 대한 사랑을 의미했다.

이로부터 그는 점점 이 알맹이에 매혹되었으며 따라서 행동 목적 추구가 적극화되었고 창조의욕—정열이 강하게 불타올랐다. 그리하여 그는 점점 이 단역의 개성화를 위하여 역의 세부를 파고 들었다. 결과 그는 지팽이에 코물을 닦는 수건을 달게 되었고 때 묻은 버선을 신게 되었고, 죽어 가는 사람의 걸음걸이, 그와 상응한 말 등을 창조하였다.

초상은 성격의 알맹이를 ≪바로 이것이다.≫로 파악되었을 때에만 비로소 생명을 부여 받는 것이다. 이러한 창조경험 역시 허다하다. ≪붉은 선동원≫에서 공훈 배우 유 경애가 창조한 복선 역 경험이 그러했으며 ≪아침노을≫에서 배우 김 상옥이 창조한 세포 위원장 역 창조가 또한 그러했다.

바로 이러하기 때문에 일반적으로 우리 배우들은 첫 인상으로 파악되는 초상을 역 창조에서 중요시하면서도 그것에 매달리지 않고 역 인물의 알맹이의 탐구를 위하여 온 심혈을 기울이게 되는 것이다 그리고 또 알맹이를 파악하였을 때에 있어서도 초상 창조에 급급하지 않고 알맹이의 완전한 감득과 이로 인하여 이루어진 자감에 기초하여 모든 정황에서 그것의 개화를 창조하면서 내적 성격의 특이성을 창조하는 데 주되는 관심을 돌리는 것이다. 물론 이 과정에 초상 작업이 병행되는 것은 두말할 것도 없다. 단지 초상 작업이 전면에 나서지 않을 뿐이다. 초상의 보충과 검열, 파악된 그 정도에서의 행동적 시도 등이 알맹이 작업과 병행되여 나가는 것이다.

초상에 근거하여, 그것으로부터 출발하여 역을 창조하는 일부 동지들의 경우에 있어서도 결국 창조 과정은 알맹이의 탐구와 알맹이의 창조에로 지향하여 나가는 것이다.

인민 배우 황 철은 ≪우리는 행복해요≫ 연출 과정에 배우들에게 다음과 같이 말하였다. ≪역은 항상 특수하게 개성적으로 완벽하게 수행하라. 어떤 인물에게든지 들어맞을 수 있게 무난하게 하지 말라. 우선 자기가 형상하는 인물의 중추 신경을 잡으라. 그래야 제험할 수 있다. 중추 신경-그것은 역의 기본적인 욕망이며 개성적 본질이다. 우선 기본적이고도 본질적인 것을 틀어 쥐고 그것을 충분히 리해하고 자기의 정서와 육체로 감득하고 모든 것, 아주 적은 것까지 그 중추 신경에 복종되고 그것에 의하여 움직여져야 한다. 정확하게 형상된 역의 인물은 전 존재(일체 요소)가 바로 그 기본적인 것과 본질적인 것에 의하여 개성(습성, 취미, 욕망, 음성, 몸부림까지)이 형성되기 때문이다.≫

배우의 형상 창조의 기본 고리, 그것은 역 인물에 대한 알맹이의 파악이며 알맹이에 의한 창조이다. 그러면서 알맹이는 초상 창조의 도움을 받아 구체적인 풍모를 더욱 나타내게 된다.

정리일

: 공동창작과 연극성

정리일은 1950년대 후반부터 1960
년대 중반까지 활동한 연출가이다.
1960년은 북한 연극계에서 새로운 바
람이 일었던 시기이다. 김일성의 1960
년 11월 27일 교시가 그 분수령이라
할 수 있는데, 이 교시의 핵심은 '집단
적 현실 침투와 적극적인 집단적 창조'
이다. 정리일은 북한 당국의 지침을
따라 작가와 배우들과 공동창작으로
독특한 연출법을 구축한다.[1]

〈사진 1〉 연출가 정리일
(출처: 『조선예술』 10호, 1965)

---

1) "해마다 쉬지 않고 계속 연출하고 있을 뿐만 아니라 그 때마다 새로운 연출적 기량을
보여 줌으로써 우리를 무한히 기쁘게 하여 주고 있는 연출가 정리일. 그는 최근에도 장막극
≪우리는 밀영에서 자랐다≫와 ≪영웅 조 군실≫을 성과적으로 연출하였다. 특히 연극

연출작품에는 〈백로산의 영웅들〉(1958), 〈인민의 이름으로〉(1959), 〈청춘의 활무대〉(지재룡 작, 원산연극극장, 1962), 〈우리는 밀영에서 자랐다〉, 〈영웅 조군실〉, 〈인민의 이름으로〉, 〈새 생활의 길에서〉, 〈불'새〉(지재룡 작, 남포 연극단, 1965) 등이 있으며, 이 중 대표작은 〈청춘의 활무대〉와 〈불'새〉라 할 수 있다. 〈청춘의 활무대〉는 천리마 시대 북한 당국의 지침을 잘 반영하였을 뿐 아니라 긍정과 부정의 갈등에서 벗어나, 긍정과 긍정의 가벼운 갈등을 소재로 하는 경희극으로 고평을 받았으며,[2] 〈불'새〉는 뛰어난 연출구도로 안영일의 인정을 받았다.[3] 그럼에도 불구하고 정리일은 좋은 연극을 만들기 위해 무엇보다 중요한 것은 연출가의 철저한 준비, 극단 단원들에 대한 정확한 이해, 과학적 작업이라고 말한다.

그러면 연출 구상이란 무엇인가? 그것은 앞으로 상연될 연극을 미리 본다는 것이며 이것은 아주 정확하게 과학적이여야 한다. 작가와의 공동

≪영웅 조 군실≫은 재창조하는 연극들의 질이 일반적으로 낮아지는 종래의 경우와는 달리 먼저 창조한 집단보다 훨씬 훌륭한 성과를 거둠으로써 연출 예술의 창조적 역할을 보여 주었다. ≪인민의 이름으로≫, ≪새 생활의 길에서≫, ≪청춘의 활무대≫ 이렇게 더듬어 보면 사실 그는 별로 실패함이 없이 계속 상승선을 긋고 있는 연출가다. 그런데 그는 요즘 어디로 갔는지 보이지 않는다. 알아 본즉 남포 연극단에서 창조하는 연극을 연출하기 위하여 작가와 벌써 현실을 체험하며 떠난 지 오래라는 것이다. 작품은 ≪우리나라 사회주의 농촌 문제에 대한 테제≫가 제시한 과업을 관철하기 위하여 줄기찬 투쟁을 전개하고 있는 협동 농장원들의 보람찬 생활을 그린 장막극 ≪대지의 영웅≫이라고 한다." 기자, 「그는 무엇을 하고 있는가?」, 『조선예술』 9호(1964), 31쪽.

2) "금번 축전은 우리의 경희극 분야에서도 새로운 전진을 이룩하였다는 것을 보여 주었다. 원산 연극 극장이 창조한 경희극 ≪청춘의 활무대≫의 창조적 성과가 이를 말해주고 있다. (…중략…) 작품에는 어로 작업의 기계화를 위한 투쟁에서 산생되는 소극성과 보수주의를 해학적인 웃음으로서 불사르며 모든 난관을 락천적으로 뚫고 나가는 청년 어로공들의 즐겁고 자랑찬 생활이 생동하게 구현되었다." 문화상 박웅걸, 「거대한 성과, 긴요한 과업: 8. 15 해방 17주년 연극 부문 예술 축전 총화보고 (요지)」, 『조선예술』 1호(1963), 8~13쪽.

3) 부교수 안영일, 「(체계와 형상/연출리론) 연출구도」, 『조선예술』 11~12호(1966), 19~22쪽.

작업 과정을 연출 구상 과정으로 보는 견해가 있지만 이것은 정당하지 않다. 이 단계에서 연출가는 작가의 유일한 방조자로서 그의 의도-싹을 지지하며 언제나 원칙적 립장에서 집단과 작가와의 사이를 조절하며 유도하는 조산원의 역할을 수행하여야 한다. 연출 구상은 작가의 초고가 떨어진 다음에 철저한 계단별 작업을 걸쳐 이루어져야 한다. 그의 첫 작업은 희곡에 대한 문학 분석이다. 이 과정에 작품의 주제, 사상, 사건, 갈등 등이 해명된다. 특히 대사에 대한 깊은 연구(매개 대사의 의의를 밝히는 작업)와 연극의 최고 과제 및 관통 행동을 파악한 다음, 해당한 당 정책을 연구하고 현실 속에 침투하여 작가의 창작 과정을 순차적으로 체험함으로써 작품에 담겨진 주제, 사상, 현대성, 극적 구성, 형상적 질, 집단의 력량 등에 대한 정확한 타산을 가져야 한다. 동시에 미술가와 에스키스에 대한 최종적인 합의를 보며 초벌 에스키스에 의한 모형 무대를 통하여 인물들의 행동선과 미쟌쓰제나를 확증하고 재정 예산까지 수립해 나가야 한다. 이에 연출 구상의 초벌이 서는데 이것을 문장으로 서술하는 과정에 구상은 완성되여 간다. 이 서술은 산문 작품처럼 세부까지 묘사되여야 하며 서술 된 것은 다시 연출가의 비판적 눈으로 재검증되여야 한다. 이에 기초하여 희곡에 대한 연출적 수정 작업을 진행한 후 연출 계획(작업 방법 일정표)을 확정해 가지고 창조 집단 앞에 나가야 한다.[4]

정리일은 연출가의 작업은 무엇보다 정확해야 한다고 주장한다. 정리일 자신이 작가와 공동작업을 하지만 그것이 작가의 부재를 의미하는 것은 아니라는 것이다. 그는 공동 작업에서도 연출가의 역할은

---

[4] 박재욱, 「(연출분과 토론회에서) "연출 준비를 어떻게 해야 하는가?"」, 『조선예술』 5호 (1964), 34~36쪽.

작가의 입장을 지지하며 작가와 단원들 사이의 중재라고 본다. 또한 작가의 초고가 완성되면 연출은 단계별로 희곡의 문학분석을 해야 하며, 대사 연구를 하고, 최고과제와 관통행동을 파악해야 한다고 본다. 이제 작가와의 현실 체험과 배우와의 공동 작업을 즐기는 새로운 시도를 하면서도, 전통적인 분석을 중요시하는 그의 연출법을 살펴보기로 한다.

1. 현장체험과 희곡창작

1) 현장체험을 통한 줄거리 창작

정리일의 독특한 연출법은 무엇보다 현장체험을 중요시한다는 점이다. 그는 한 달 반 정도의 시간으로 작품을 형상화한다. 작품의 소재는 당의 지침에 따라 항상 현실에서 찾는다. 일례로 〈청춘의 활무대〉는 수산물 80만 톤을 생산하라는 당의 지시를 받고 당에 충성하는 청년들을 소재로 한 경희극이다. 정리일은 이 작품에서 공동창작을 시도하는데, 정리일 자신이 〈청춘의 활무대〉 연출에 대해 기록한 바 있으므로 그의 글을 먼저 살펴보기로 한다.

그리하여 나는 우선 55일 간의 창조 기일을 앞두고 구체적인 전투 계획을 수립하였다. 계획의 중요 내용은 3일 간은 수산 부문 당 정책을 연구한 것, 10일 간은 작가와 미술가, 배우들과 같이 다시 현실에 침투할 것, 2일 간은 얻어진 생활 소재에 토대하여 희곡의 줄거리를 더 세밀하게 짤 것(작가와 공동작업), 나머지 40일은 작가는 작품을 쓰고 동시에 연출 작업(희곡

의 줄거리에 근거하여)을 조직할 것 등이였다.5)

위의 글을 토대로 공동창작을 시도한 〈청춘의 활무대〉의 연출 작업을 보면 다음과 같이 정리할 수 있다.

1~3일: 당 정책 연구
4~15일: 작가, 미술가, 배우들과 현실체험(10일간)
16~18일: 체험한 소재를 토대하여 희곡의 줄거리 쓰기(작가와 공동작업)
19일~55일: 작가는 작품을 쓰는 반면, 연출가는 작가와 배우와의 작업

정리일은 북한 당국이 강조하는 소재를 연극의 주제로 삼는다. 당국이 수산물 생산을 장려하면 그것을 주제로 설정하고 먼저 당 정책을 연구한다. 이때부터 작가와 모든 단원들이 작품의 주제를 공유하는 것이다. 이후 작가/단원들과 함께 직접 현장을 방문한다. 주목할 것은 1~2일의 방문이 아니라 10일 정도 머물면서 실제로 어촌 노동자들의 생활을 체험한다는 점이다. 작가가 희곡을 어느 정도 구상은 해놓을 수 있지만, 작가는 실제 현장에 가서 체험한 것을 토대로 희곡을 완성하는 것이다. 다음 글은 단원들이 어부 노동자의 생활에 깊숙이 관여한 것을 잘 보여준다.

주야 공연을 보장한 후 짬을 타서 어로 로동자들의 가정을 반문하여 가정 부인네들이 남편들을 도와 어떠한 좋은 일들을 하는가 하는 문제를

---

5) 정리일, 「경희극 ≪청춘의 활무대≫의 연출 과정을 더듬어 보면서」, 『조선예술』 11호 (1962), 34~35쪽.

취재하였으며 남자 배우 동무들은 이미 현실 침투에서 얻은 소재에 근거하여 회곡의 줄거리를 심화할 수 있는 방도를 연구하였다.[6]

이와 같이 정리일은 어부 노동자들의 생활을 보는 것에 그치지 않고 작가 지재룡과 함께 가정을 방문한다. 그 이유는 생활에서 생생한 소재를 얻어 회곡에 반영하기 위해서이다. 그렇다면 회곡은 생활에서 소재를 취할 경우 얼마든지 변경할 수 있는 열려있는 텍스트인 것이다.

다시 진행된 현실 침투에서 우리에게는 좋은 성과들이 마련될 수 있었다. 례컨대 청년들의 락천성을 보여 주는 문제에서도 전진을 가져 오게 되었는바 기왕의 줄거리에는 5장에서 배가 항해하다 암초에 걸려서 난관에 부닥쳤을 때 주인공이 배 밑으로 잠수하여 배를 구원하게 되는 모험주의적 행동을 통하여 주인공의 성격을 보여 주려고 했다면 <u>현실 침투와 그에 토대하여 토론들을 광범히 진행한 결과</u>는 낙지를 더 많이 잡을 목적으로 주인공이 낙지의 특성을 연구하려 색등을 가지고 들어가게 함으로써 그 사건 속에서 주인공의 성격과 리상을 보여 줄 수 있게 하였다. (…하략…) (밑줄－필자)[7]

이와 같이 단원들은 현장 체험으로 회곡을 바꾸기도 했다. 예를 들면 기존의 회곡에서는 주인공이 배 아래로 잠수하여 배를 구하는 장면이 있었다. 그런데 현장을 체험하면서 한 사람이 배를 구하는 영웅적 행동은 현실성이 없는 것을 알게 된다. 이러한 현장 경험을

---

6) 위의 글.
7) 위의 글.

토대로 작가를 비롯한 단원들은 주인공이 배를 구하는 것이 아니라 낙지를 더 많이 잡기 위해 배밑으로 잠수하는 것으로 장면을 변경한다. 주목할 것은 '그에 대하여 토론을 광범위하게 진행'했다는 점이다. 희곡을 변경할 때 연출가, 작가, 미술가, 배우들이 모두 모여서 치열하게 토론하고 기존 희곡을 수정한 것이다. 당시 북한에서는 분명 새로운 시도라 하겠다. 굳이 리서향과 비교하자면, 〈붉은 선동원〉의 조백령도 현장방문을 하지만 정리일의 방식이 보다 적극적이다. 희곡이 완전히 열린 텍스트인 것이다. 이러한 방식은 북한 연극계에서 신선하게 받아들여진 듯 보인다. 연출가 리양건 역시 〈새살림〉(1963)을 연출하면서 공동창작 방식을 시도하기 때문이다.[8] 잠시 리양건의 작업을 살펴보기로 한다. 〈새살림〉은 1958년 6월 북한 당국이 전원회의에서 결정한 '지방 산업 발전'을 소재로 삼았다. 리양건의 희곡 창작은 더욱 과감하다.

희곡 창작 과정

≪후에 방조를 받는 한이 있더라도 우리의 힘으로 해 보자!≫ 집단은 결의를 단단히 다졌다. 현지에 나갔던 창작조 성원들이 총장을 중심해서 모여 앉아 프로트를 만들기 시작했다.

그들은 지방 산업이 낮은 단계로부터 높은 단계로 발전한 전 기간을 일반화할 수 있는 륜곽적인 구상을 세웠다.[9]

---

8) 리양건은 한국전쟁 이후부터 1960년대 초반까지 활동이 발견되는 연출가이며, 대표작에는 〈동트는 대지〉(1955)와 〈새살림〉(1963)이다. 이외 작품이 발견되지 않는 것을 보면 활발한 연출을 했다고 보기는 어렵다.

9) 장영구, 「(로동 계급의 전형 창조를 위하여) 생활과 연극 창조」, 『조선예술』 1호(1964), 14~17쪽.

이 기록을 보면 〈새살림〉에는 전문 작가가 부재한 것으로 보인다. 부족하면 후에 도움을 받기로 하고 현장에 나간 단원들이 모두 모여서 플롯을 만드는 보다 혁신적인 작업인 것으로 보인다.

처음엔 리 완호 동무를 창작조 성원들의 의견을 기록하는 창작 서기 격으로 정했다. 그러나 그 후에 그들은 이 서기가 단독으로도 창작조 성원들의 의견을 반영한 프로트를 만들어 낼 수 있다고 인정하게 되었다. 그리하여 그를 주필 격으로 정하고 그에게 프로트 작성 책임을 지웠다. 초보적인 프로트가 되었다. 이 무렵에 극단은 극작가 리 동춘과 작품의 문제성에 대해서 의견을 교환할 수 있는 기회를 얻었다.10)

리양건의 〈새살림〉 단원은 현장에 먼저 들어갔고 각자 작품에 대한 의견을 냈다. 전문작가가 없었기에 의견을 기록하는 서기를 두었을 뿐이다. 후에 기록을 담당한 서기가 단원들의 의견을 받아들여 플롯을 만든 것이다. 아마추어 작가의 탄생이다. 리양건은 오히려 이런 작업이 의미 있다고 주장한다. 의무적으로 희곡을 쓰는 것이 아니라 현장체험을 하면 희곡을 쓰지 않고는 견딜 수 없기 때문이라고 한다.

녀성들의 지혜와 능력을 믿지 못하는 사상 잔재가 격파되였다는 이야기를 들은 작가는 몹시 흥분했다. 그리고 그는 희곡 창작을 방조할 의향을 제기했다.
여기서 극단은 극작가들에게 희곡을 내놓으라고만 요구할 것이 아니라 그들이 작품을 쓰지 않을 수 없게 해야 한다는 귀중한 교훈을 찾았다.

---

10) 위의 글.

그후 고쳐진 프로트를 가지고 도내 작가 력량을 동원해서 합평을 했다. 초보적인 프로트 때와 마찬가지로 기계화 이야기가 지배적이라는 의견이 나왔다. 기계 이야기를 하자면야 구태여 지방 산업 공장을 취재대상으로 할 필요가 없는 일이었다.

그리하여 다시 프로트를 고쳐 가지고 극작가와 합의를 보았다. 여기까지에는 후에 문제'거리가 된 3막 은숙이네 집 장면이 없었다.

이 때까지는 탁아소, 낡은 공장 새 공장하는 식으로 말이 나뉘여졌었고 이야기의 주선도 주인공 혜영이가 그처럼 수준이 낮은 음전이를 기술을 배우게 해서 공장 기계화의 앞장에 세웠다는 것이였다.

그러나 이것으로는 아무래도 장막의 용량을 채울 수 없었고 따라서 주인공의 성격 형상을 제한할 것이였다. 그리하여 집단에서 한 막, 한 막을 써 가는 과정에 3막이 나오고 봉녀네 고부 관계도 출현했다.[11]

물론 아마추어 작가가 쓴 희곡이 완성본은 아니다. 〈새살림〉팀은 전문 작가와의 만남을 통해 발표하고 조언을 들었다. 그 과정에서 없었던 장면이 추가되기도 한다. 이것은 단원들이 생소한 희곡을 받는 것이 아니라 이미 창작 과정에서부터 희곡을 인지한다는 장점이 있다. 또한 의견을 모은다는 것은 단원 각자의 관점에서 의미 있는 것이 희곡에 반영된다는 것을 의미한다. 희곡 분석의 반은 이미 자연스럽게 진행된 것이다.

---

11) 위의 글.

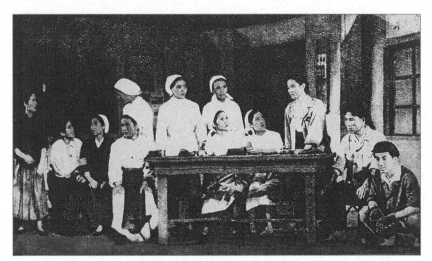

〈사진 2〉 〈새살림〉 4막 2장(출처: 『조선예술』 11호, 1964)

한편 정리일은 〈청춘의 활무대〉를 작업할 때, 전문 작가 지재룡이 있었지만 한 장면뿐 아니라 전체 희곡의 줄거리 방향 자체를 현장에서 취득한다.

우리는 현실 속에서 희곡 줄거리의 완성을 위하여 그야말로 많은 예술적 탐구를 진행하였다. 우리는 한 세포 위원장을 만났었다. 그는 배 우에서 세포 위원장 사업을 잘 해서 사업소 당 위원회 지도원으로 갓 조동되여 온 동무였다. 그는 우리에게 매우 귀한 생활 체험을 이야기해 주었다. 그가 이전에 탄 배에는 오랜 경험을 가진 사람이 있었다. 이 사람도 새로 배치되여 온 청년들과의 사업을 잘 하지 못 했었다. 새포 위원장이였던 이 동무는 선장이 군중들 앞에서 사업상 결함을 비판 받는 것을 제일 싫어한다는 것을 포착했던 것이다. 그래서 그는 선장과의 개별 사업을 강화하는 한편 청년들 앞에서 선장의 위신도 세워 주고 또 청년들에게 선장을 존경하게끔 지도했다. 이렇게 되자 이 배에서는 새로운 혁신이 일어났다. 이 사실은 우리에게 많은 것을 생각하게 했다.

　우리는 여기에서 선장과 청년들의 성격 형상과 관련된 일련의 기본 문제들을 포착할 수 있었다. 그리하여 경희극의 기본 웃음의 동기로 된 ≪된다 된다 해라 해라≫의 대사가 나올 수 있었던 생활적 론리를 탐구할 수 있었다.12)

　정리일의 〈청춘의 활무대〉 단원들은 현장에서 만난 세포 위원장에게 줄거리 완성의 결정적 단서를 받는다. 북한은 각지에 당에서 파견한 세포위원장이 있으며, 세포위원장은 파견된 곳에서 지도자의 역할을 한다. 젊은 세포 위원장은 의욕에 넘쳐 어촌에 왔지만 선장은 오랜 경험이 있는 노동자이다. 특히 선장은 자신의 일에 전문적이라는 자부심이 있었기에 젊은 세포 위원장이 공개적으로 자신의 문제점을 지적하는 것을 견디지 못한다. 어촌에 경험 없는 세포위원장이 지도자의 역할을 할 경우, 어촌에서 태어나고 자란 어부 노동자와 갈등을 갖기 마련인 것이다. 이러한 실제 이야기를 들은 〈청춘의 활무대〉 단원들은 이것을 희곡 줄거리의 핵심으로 삼는다. 정리일과 단원들은 무엇이 갈등인지를 생생하게 포착할 수 있었던 것이다. 그렇다면 〈청춘의 활무대〉는 관객의 호응을 받을 수밖에 없다. 생경하게 북한 당국의 구호를 외치는 것이 아니라, 관객들의 현실에 일어난 일을 소재로 당국의 지침을 전달하기 때문이다.

---

12) 정리일, 앞의 글.

2) 원형을 통한 인물과 대사구축

현장을 체험하고 생생한 생활에서 희곡의 줄거리를 구축한 이후 정리일은 극중 인물을 구축하고 대사 작업에 들어간다. 이 단계에서도 현실 체험은 기본이다. 다음 정리일의 글은 그가 어떻게 인물을 구축했는지 잘 보여준다.

우리는 취사원 봉녀의 형상도 현실 속에서 직접적으로 탐구했다. 우리는 한 저예망선을 찾아 가서 취사원을 좀 만나자고 청했다. 한 청년이 대답하기를 그 처녀는 몸이 아파서 결근했다는 것이였다. 그 이야기를 옆에서 듣고 있던 한 로파가 ≪처녀는 요즘 바람이 났어. 날날이 패야≫라고 했다. 다음 날 우리는 그 처녀를 만났는데 로파가 왜 그 처녀를 날날이 패라고 했는지 알 수 있었다. 사실인즉 이 처녀는 영화 ≪갈매기호 청년들≫을 보고 바다로 왔는데 다른 배들에서는 문화 오락 사업이 잘 되는데 자기가 탄 배는 그렇지 못한 것이 불만스러워 다른 배로 이동해 보겠다고 했다는 것이였다. 우리는 이 처녀의 청년다운 지향을 충분히 리해할 수 있었다. 그리하여 우리는 취사원 봉녀의 성격을 풍부화할 수 있었다.[13]

정리일이 파견나간 어촌에는 실제로 취사원이 있었다. 하필 취사원이 결근을 해서 직접 관찰할 수 없었지만 한 노파가 취사원 처녀에 대해 정보를 주게 된다. 취사원 여성은 영화를 보기 위해 결근을 한 것이다. 주목할 것은 정리일이 여기에서 〈청춘의 활무대〉 취사원 봉녀의 캐릭터를 포착한다는 점이다. 정리일은 실제의 원형 인물을 토

---

13) 위의 글.

대로 극중 인물 취사원 봉녀를 건강하고, 호기심 많고, 도전적인 여성으로 구축한다. 이러한 인물은 살아있는 인물일 수밖에 없다. 현장에서 들은 정보를 바탕으로 구축했기 때문이다. 또한 이 역을 연기하는 배우 역시 치밀한 분석을 하지 않아도 인물구축에 어려움을 겪지 않는다. 직접 원형인물을 체험했기 때문이다.

이 단계를 거쳐 어느 정도 인물이 구축되면 그 다음 단계는 대사 구축이다. 정리일은 여기에서 즉흥극을 적극 활용한다.

연출 작업이 대본(희곡)없이 진행된다는 것은 보통 상식으로써는 리해하기 힘든 일이다. 그러나 우리는 이것이 가능하였다. 우리는 충분한 타산 밑에서 이 방법을 시도하였다. 전체 창조 성원들은 작가가 집필 중에 있는 희곡의 구체적인 줄거리를 다 알고 있었다. 연출가는 그 줄거리에 근거하여 배우 집단과 같이 즉흥 실기를 진행하였다. 미술가 역시 희곡의 구체적인 줄거리에 근거하여 5장에 달하는 장치 초고 작성에 착수하였다. 조명 효과 의상도 다 같이 이러한 방법으로 자기 사업에 착수하였다.[14]

정리일은 연출 작업이 대본 없이 진행되는 것이 가능하다고 주장한다. 연출가가 충분히 고민을 한다면 단원들이 희곡의 줄거리를 알고 있기에 가능하다는 것이다. 다만 정리일이 강조하는 것은 고정된 희곡이 없다는 것이 연출가의 계획이 없는 것을 의미하는 것이 아니라는 점이다. 연출가는 이미 인지하고 있는 줄거리에 근거해서 즉흥 실기를 진행해야 하는 것이다. 그래도 완성된 희곡이 없이 배우와 작업하는 것은 만만치 않을 터, 정리일은 다음과 같이 해결한다고 밝힌다.

---

14) 위의 글.

(…상략…) 역시 제일 곤난한 것은 배우와의 작업이였다. 배우와의 작업도 희곡이 떨어지면 우선 문학 분석을 하고 실기에 들어 갔다. 배우들은 희곡의 줄거리를 알고 있었기 때문에 문학 분석을 쉽게 할 수 있었다. 주요 배역들은 1장에서부터 벌써 등장 인물들의 지향과 관통 행동을 파악하게 되었다. 그리하여 즉흥적인 언어를 구사하면서 진실한 행동을 보여 주었다.15)

정리일은 '희곡이 떨어지면'이라는 재미있는 표현을 한다. 정리일과 단원들은 희곡이 완성되기 이전부터 연습을 시작한 것이다. 불가능해 보이지만 단원들이 희곡의 줄거리를 알고 현실 체험을 했기에 가능했던 것이다. 배우들은 즉흥적으로 대사를 전개할 수 있고, 행동도 인물과 밀착되어 보여 줄 수 있었다. 이때 중요한 것은 연출가가 순간적으로 튀어나오는 배우들의 대사를 놓치지 않는 것이다.

나는 배우들의 실기 훈련을 지도하면서 등장 인물들의 성격에 더 적합한 대사들을 생각해 냈다. 나는 매장마다 배역들의 적절한 즉흥 대사와 내가 생각해 낸 대사를 낱낱이 연출 일기에 기록하여 두었다가 작가에게 넘겨 주었다. 작가는 어느 하나 거부하지 않고 다 접수하여 주었다. 나는 배우와 연출 작업에서 얻어진 대부분의 대사를 그대로 희곡에 집어 넣을 것을 제한하면서 그 뜻을 작가에게 전달하고 모든 대사를 작가의 희곡의 양상을 보장토록 하였다.16)

---

15) 위의 글.
16) 위의 글.

정리일은 즉흥극을 하면서 배우가 전개하는 즉흥 대사를 모두 꼼꼼히 기록한다. 이때 연출가 자신이 생각해낸 대사 역시 연출 일기에 기록한다. 후에 배우의 즉흥대사와 정리일 자신이 생각한 대사를 작가에게 넘겨준다. 작가는 이 모든 것을 받아 적고 자신의 작품에 용해하여 희곡과 인물을 완성하는 것이다. 당시 북한으로서는 파격적이라 할 수 있는 공동창작의 문을 연 것이라 하겠다. 이것은 리양건의 〈새살림〉에서도 동일하게 나타난다.

> 이러한 생활 체험 없이 우리는 ≪새 살림≫에서 보는 바와 같이 흘러 넘치는 생활성과 생활적인 대사들의 구사를 생각할 수 없다.
> 그것이 없이 극단은 당적 녀성—해영을 비롯해서 음전, 봉녀, 순애, 정희, 춘옥, 계숙 모, 은숙과 같은 각이한 형의 가정 부인들의 성격을 발견할 수 없었을 것은 명백하다.
> 그것이 없이 혜영과 철수, 경식과 정희, 은숙과 그의 남편(등장하지는 않았지만) 과 같은 대조적인 부부 관계와 봉녀와 최씨, 은숙과 김씨의 경우와 같은 서로 다른 고부 관계의 설정과 정당한 해명을 생각할 수 없었을 것이다.17)

리양건의 〈새살림〉 배우들 역시 현장에서 생활을 체험했기에 즉흥극을 통해 생생한 대사를 전개하게 되었다. 리양건은 심지어 인물의 성격 구축도 현실의 체험이 있기에 가능했다고 한다. 이것을 토대로 인물간의 관계, 즉 부부관계와 고부 관계 역시 생생하게 구축하게 된다. 뿐만 아니라 리양건은 현실에서 차용한 것으로 장면까지 구축

---

17) 장영구, 앞의 글.

했다. 다음을 보기로 한다.

　현실에 대한 집단의 그처럼 진지한 태도가 있었기 때문에만 탁아소에서
뛰노는 자기의 아들 딸들의 재롱스러운 모습에 이끌리여 어린애들처럼
춤 추고 노래 부르는 장면(2막 1장)이라든가 오작품으로 된 메달을 두고
벽보에 크게 쓰라고 하는 장면(4막 1장)과 같은 당과 수령과 우리 제도의
고마움으로 하여 눈 시울 적게 하는 장면의 설정과 연출 연기 형상을 가능
하게 했던 것이다.
　또한 스위치에서 튀는 섬광이 무서워서 작대기로 스위치를 누르려 하고
종으로 리용되면 하잘 것 없는 포탄 깍지에서 그처럼 아름다움 우리 시대
인간들의 정신 세계가 울려 나오게 한 것과 같은 세부들의 발견도 그렇게
말할 수 있는 것이다.[18]

〈사진 3〉〈새살림〉　　　　　　　〈사진 4〉〈새살림〉 혜영 역의
(출처: 『조선예술』 9호, 1964)　　　　　　배우 리인희
　　　　　　　　　　　　　　　　(출처: 『조선예술』 12호, 1964)

18) 위의 글.

리양건은 2막 1장과 4막 1장을 현실에서 가져왔다. 마을의 잔치 장면에서 아이들이 뛰어노는 장면, 오작품으로 된 메달을 벽보에 크게 쓴 장면은 모두 현실에서 가져온 것이다. 또한 작은 배우의 제스처까지 현실에서 차용했다. 스위치에서 튀는 섬광을 피하려고 작대기로 스위치를 누르는 제스처는 공장 경험이 없는 배우들이 생각만으로는 만들 수 없는 장면이다. 리양건은 〈새살림〉에서 현실체험을 통해 장면과 섬세한 제스처를 완성한 것이다.

그렇다면 이같이 완성한 작품에서 배우들의 연기는 어떠했을까? 다음은 〈청춘의 활무대〉의 배우들에 관한 글이다.

작품에서 중심적 역할을 수행하고 있는 리 규득(선장역)과 류 하룡(운기 역)의 연기만을 놓고 말한다고 하더라도 우리는 그들이 희극적 감각을 다분히 소유한 재능 있는 연기자들이라고 서슴 없이 말할 수 있다.

그들은 자기들이 발견한 흥미 있는 성격적 특징들과 재치 있는 연기로써 우리를 충분히 ≪웃겨≫ 주었으며 그로 하여 우리들과 함께 다정히 생활하였다.

그리고 리 봉호(기망 아바이 역), 리 영우(로 아바이 역)도 흥미 있는 성격적 씨앗을 발견했으며 현실과 자신들에 대한 고집 불통한 신뢰의 감각을 통하여 두 성격이 서로 조화를 이루면서 중심 인물들의 ≪충돌≫을 야기시키는 ≪중계자≫적 역할을 잘 수행하였다.

극장은 젊은 녀배우인 김 춘자에게 대담히 넓은 활무대를 제공해 줌으로써 새로운 재능을 발굴하였는바 이는 크게 자랑할 만 한 성과가 아닐 수 없다. 우리는 얼핏 보기에는 작은 역인 최씨(박 수선), 오씨(권 화자)의 형상들에서도 남정네들이 사업을 념려하여 나선 부인네들의 심정을 보는 바 그들은 복잡한 사건들로 하여 웃음이 흥성거리는 무대적 환경 속에서도

부드러운 감정과 률동을 창조하였다.[19)]

신창규의 평을 보면 배우들의 연기는 보통 이상이었던 것으로 보인다. 〈청춘의 활무대〉가 경희극으로 가벼운 웃음을 전제하기에 연기에서 엄격한 잣대가 작용하지 않았을 수도 있다. 그러나 기망 아바이와 노아바이는 가벼운 인물이 아님에도 불구하고 호평을 받는다. 이에 대해서는 라세득도 의견을 같이 한다. 다음은 정리일의 〈불'새〉에 대한 평이다.

연극 ≪불'새≫의 박로인형상을 보자. 활동처럼 구부러진 허리, 가냘픈 지팽이 안간힘을 써가면서도 등에 업은 단 하나의 혈육인 손자 성도에게 젖을 얻어먹이려고 애쓰는 그의 모습(걸음걸이, 거동)은 손자를 살려보겠다고 애쓰는 할아버지의 심정, 원한 많은 세상을 하직하는 그의 내며세계를 훌륭히 구현하고 있다.

이러한 현상작업에 대하여 배우 최두혁은 다음과 같이 말한다.

≪나는 처음에 박로인의 비극적운명을 보여주기 위해 때묻은 지팽이에 매단 코수건, 때묻은 버선으로 죽거가는 사람의 거동을 보여주려고 시도했다. 그러나 련습과정에 나자신이 이것이 자연주의적인것이라는 것을 깨닫고 그의 육체적거동만을 남기고 나머지는 삭제해버렸다. 그것은 잡다한 세부적지님도구보다 박로인의 특징적인 거동만으로도 역인물의 내면세계를 정확히 반영할수 있다고 생각되였기 때문이다.≫ 우리는 여기서 배우의 조형적형상수단들이 호상유기적으로 련관되여있다는 것을 알 수

---

19) 신창규, 「(평론) 우리 시대를 보여준 락천적 웃음: 경희극 ≪청춘의 활무대≫를 보고」, 『조선예술』 10호(1962), 30~33쪽.

있다.[20)

　라세득은 〈불'새〉에서 박노인의 연기를 상찬한다. 박노인은 별다른
의상을 구비하지 않았다. 구부러진 허리와 가냘픈 지팡이가 전부인
듯 보이는데, 손자를 살리려는 거동에서 할아버지의 깊은 마음을 잘
드러냈다는 것이다. 상찬이라고 볼 수 있는데 반면 다소 배우의 연기
를 폄하하는 글이 발견되기도 한다. 남철손의 글이다.

　그런데 작년도 축전 무대에 등장한 배우들의 연기에서 나타난 중요한
결함의 하나가 바로 역에 대한 배우들의 체험과 사색의 결핍에 있었던
것이다. 이것은 작품에 비교적 큰 사변과 격렬한 투쟁이 담겨지고 역 인물
-투사들의 활동이 그려졌다고 해서 적지 않은 배우들의 연기가 격한 감정
과 기질을 표현하는 데로 쏠리고 있는 데서 찾아 볼 수 있다. 례컨대 연극
≪불'새≫의 주인공을 담당한 최명관의 연기 형상만 놓고 보더라도 배우는
조국 없는 설움으로 하여 온갖 불행한 운명을 겪으면서 성장 발전해가는
성도의 성격을 심원한 사색과 체험 속에서 연기하지 못 했던 것이다.
　이것은 연극 2장에서 자살하려고 철로에 뒤여 들었던 채옥이와 만나는
장면에서의 연기, 로동자들에게 아베의 간교한 책동을 폭로하는 장면(3
장), 자치회를 선거하는데서 연설하는 장면(4장), 아버지가 적들의 총에
맞아 운명했을 때의 독백 장면, 사형장에서 놈들의 총에 맞은 후 굴둑에
묻은 시간탄을 꺼내 오는 행동 등에서 나타나고 있다.
　이 장면들에서 배우는 역 인물의 내면 세계의 변화 과정이 안받침된

20) 라세득, 「(체계와 형상) 연기리론: 연기형상의 외적표현수단(2)」, 『조선예술』 11호(1966),
　　11~12쪽.

행동으로 일관시키지 못 하고 다분히 일반적인 호소와 역의 행동의 외피만을 보여 주었을 뿐 주인공의 정신 사상 속에 깃든 사색과 의지를 보여 줌이 부족하였던 것이다. (밑줄—필자)[21]

남철손은 〈불'새〉에서 최두역의 박노인에 대해서는 고평한다. 그러나 이외 배우들은 연기에서 결함을 갖는다고 말한다. 주목할 것은 결함의 원인이 '사색'이 부족하다는 점이다. 남철손은 배우들이 3장과 4장에서도 독백을 하는데 표면적인 모습만 보일 뿐 진실로 사색과 의지는 없었다는 것이다. 이에 그는 '역 창조에서 배우의 정열이 뜨겁고 창조적 경험이 풍부하다고 해도 역 인물의 생활과 행동에 대한 체험이 부족하고 역에 대한 사색과 이해가 깊지 못 할 때 산 인간을 형상화할 수 없'으며 '역에 대한 배우의 풍만한 사색과 체험이 빈약했을 때 어차피 그 배우의 정열과 기백은 공허한 것으로 되며 또한 그 연기 형상 자체도 진실하지 못'한 것이 되므로 '역에 대한 배우의 체험은 어디까지나 등장 인물들의 사색 의지 정서 그리고 지향들에서 흘러 나오는 심리적 변화 과정을 체험하는 동시에 그 인물의 행동과 성격을 낳게 한 사회 력사적 환경과 정치, 경제, 문화에 이르는 각 방면의 생활 실태를 충분히 파고 들어야 하는 것'이라고 주장한다.[22] 안영일 역시 이와 같은 입장이다.

(…상략…) ≪불'새≫의 주인공 박 성도의 형상들은 인간의 심오한 내면 정신 세계를 진실한 체험 속에서 재현할 대신에 극 인물에 대한 상식적이

---

21) 남철손, 「(체계와 형상) 풀어야 할 첫째 고리」, 『조선예술』 4호(1966), 12~13쪽.
22) 위의 글.

〈사진 5〉〈청춘의 활무대〉봉녀   〈사진 6〉〈불'새〉 박로인 역의 배우 최두혁
(출처: 『조선예술』 8호, 1965)   (출처: 『조선예술』 2호, 1966)

고 피상적인 인식과 파악으로부터 출발하였기 때문에 사회주의 사실주의
가 요구하는 진실한 성격 형상을 이룩하지 못하였다.

사회주의 사실주의 연기 형상에서 개성화는 기형적인 것, 과장된 것과
는 인연이 없다. 연기 형상에서 외'적인 과장과 기형화는 도식을 산생하는
기초로 된다.[23]

안영일이 지적하는 것은 〈불'새〉의 인물들이 피상적인 연기를 전개
했으며 이것은 사회주의 사실주의와 무관한 것이라는 점이다. 안영일
의 외적 과장과 기형화라는 표현은 다소 지나치게 느껴지지만 남철손

---

23) 부교수 안영일, 「(체계와 형상) 진실한 창조, 심오한 형상」, 『조선예술』 4호(1966), 8~11쪽.

과 라세득의 연기평을 같이 놓고 보면 지나치다고 단정하기도 어렵다. 그렇다면 정리일의 〈청춘위 활무대〉와 〈불'새〉에서 배우들의 연기는 성과작으로 평가받은 연극의 연기보다 다소 떨어진다고 볼 수 있다. 배우가 열정을 갖고 현장에 투입되었으나 현실을 소재로 한 연극에서 깊이 있는 사색은 부족했다고 하겠다. 그러나 정리일이 현장체험을 통한 실험을 시도한 것은 평가받아야 할 것이다.

2. 분석과 연극성의 강화

1) 사상과 초과제

정리일의 연출 작업은 현장 체험을 통한 희곡 창작과 인물 구축에 대해서만 발견되며 이 이상의 연출 작업에 대한 글은 발견되지 않는다. 아쉬운 점이지만 다행히 동일한 작업을 하는 리양건의 연출 작업 기록은 발견된다.

희곡 완성 과정

현지 탐구의 총화와 더불어 희곡에 대한 제정리가 시작되였다. 우리는 먼저 작품의 주제 사상, 최고 과제, 관통 행동, 기본 갈등, 기본 사건 등을 구체적으로 분석해 가면서 견해들을 하나 하나 통일시켜 나아갔다.

기본 주제… 가정 부인들도 당당한 로동 계급의 성원으로 돼야 한다.

부주제…공산주의적 가정 륜리 문제

사상성…가정 부인들에게도 큰 힘이 있으며(지혜와 능력) 그 힘을 믿고 자각시키기만 하면 못할 일이 없다.

부사상…어머니들은 가정에서도 공장에서도 살림을 알뜰히 꾸려야 한다.

최고과제…지방 산업 공장은 가정 부인들로 꾸려야 하며 또 그들은 공장의 당당한 주인이 될 것을 원한다.

관통 행동…가정 부인들이 로동을 헐하게 하며 기술을 소유하게 하며, 제 발로 걸을 수 있게 해야 한다.

기본 갈등…녀성들의 힘을 맏는 사상과 그 힘을 믿지 않는 사상 간의 갈등이다.

기본 사건…가정 부인들의 무자각성과 기술 장비의 락후성을 퇴치하기 위한 공장의 기계화, 기술 전습[24]

리양건은 희곡이 완성된 이후 기본 주제, 부주제, 사상, 부사상, 최고 과제, 관통 행동, 기본 갈등, 기본 사건을 분석한다. 각각의 개념에 대해서는 앞에서 다루었으므로 여기에서는 생략하기로 한다. 김근엽이 다음과 같이 언급한 것을 보면 정리일 역시 리양건과 유사한 분석 작업을 거쳤을 것으로 보인다.[25]

24) 장영구, 앞의 글.
25) 아래의 표는 김근엽의 글을 재구성한 것이다. 김근엽, 「(연단) 더 밝혀야 할 것이 있다」, 『조선예술』 5호(1964), 17~18쪽.

〈표 1〉 희곡분석

작가명	각이한 주제의 작품들	문학 분석으로서의 작품(희곡)의 사상, 작가의 사상적 표현	희곡을 인식한 연극 창조 집단의 행동 목표 ≪연극의 초과제≫	작가의 사상적 지향(념원) 작가의 알맹이
지재룡	경희극 ≪청춘의 활무대≫(바다 생활)	수산물 80만톤 고지를 기어이 점령하기 위한 투쟁에서 보수주의, 신비성을 극복하고 계속 혁신 계속 전진하려는 사상	바다를 통한 공산주의 건설을 위하여!	사회주의 락원 공산주의 건설!
	경희극(단막) ≪올해에도 제비도≫(농촌 생활)	나라의 모든 일에 솔선 주인이 되려는 사상	알곡 500만톤 고지 점령을 위하여! ※(1963년도 상연물 기준)	
리동춘	※원리는 우와 같다	※원리는 우와 같다	※원리는 우와 같다	

위의 표에서 〈청춘의 활무대〉를 보면 정리일이 희곡 완성에만 그치지 않는 것을 알 수 있다. 정리일은 작품을 통해서 사상적으로 무엇을 보여주어야 하는지를 설정하고, 연극에서 보다 구체적으로 무엇을 보여주어야 하는지(초과제)를 설정한다. 정리일에게 사상은 문학적인 것이고 초과제는 연극적인 것으로 보인다. 이와 같은 작업이라면 장

〈사진 7〉〈불'새〉 남포연극단
(출처: 『조선예술』 11~12호, 1965)

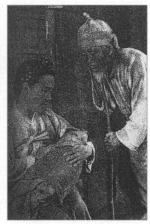

〈사진 8〉〈불'새〉 남포연극단
(출처: 『조선예술』 11~12호, 1965)

면의 목표 역시 분석했을 것이며 배우들 역시 인물의 목표와 각 장에서의 목표를 분석했을 것으로 짐작된다. 정리일은 공동창작과 희곡의 연극적 분석을 병행했다고 하겠다.

2) 스펙터클의 강화

정리일은 배우와 공동창작을 통해 희곡을 완성하면 주제, 사상, 초과제를 분석했다. 이제 정리일의 무대 연출에 대해 살펴보기로 한다. 이에 대한 정리일의 글은 발견되지 않지만, 연극을 보고 남긴 비평들은 발견된다. 먼저 박선경의 평을 보면 비교적 인상적인 장면을 연출한 것으로 보인다.

> 1장에서 박 로인(최 두혁 분)이 주인공 박성도를 보현(리 영애 분)에게 맡기는 장면의 연출적 처리는 연출가의 깊은 사색과 정열적인 탐구에 의한 연출적 의도와 형상력으로 하여 매우 인상적이였다. 이 장면에서 연출가는 일제의 무단 통치의 총검 아래 신음하는 1910년대 조선 인민의 비참한 생활 처지와 그 속에서 태여난 주인공의 비극적 운명에 대한 극적 기대를 능숙하게 조성했다.[26]

박선경은 1장을 특히 주목하며 박노인이 주인공 박성도를 보현에게 맡기는 장면이 인상적이었다고 전한다. 이 장면만으로 일제 통치 아래 신음하는 조선 인민의 비참함이 시각적으로 잘 드러났다는 것이

---

26) 박선경, 「(연극축제평) 생각한 것과 보여준 것: 연극 〈불새〉의 연출 형상」, 『조선예술』 11~12호(1965), 12~14쪽.

다. 이 장면에 대해서는 안영일 역시 '주인공이 자지러지게 울음을 터뜨릴 때 거리에서 〈앞으로 갓〉하는 구령소리와 일제 군대의 군화소리가 괴물처럼 들리고 제련소 굴뚝에서는 검은 연기만이 소리 없이 나오'며 '이 화폭을 통해 일제의 무서운 억압 속에서 태어난 주인공의 험준한 행로를 시대적 분위기 속에서 잘 보여' 주었다고 평한다.27) 긍정적 평가로 보이는데 의외로 정리일 연출에 대해 불편감을 표하는 글도 상당수 발견된다. 다음을 보기로 한다.

(…상략…) 《불'새》의 연출에서는 연극의 종합적 향상 수단들을 연출적 의도에로 집약시키기 위한 대담하고 줄기찬 창조적 노력을 보였다. 그러나 그 연출에서는 <u>연출가의 사색과 문학적 탐구보다는 연극적인 것, 의도적인 것으로 하여 생활 묘사의 진실성을 훼손하는 결과를 가져 왔다</u>.28)

(…상략…) 〈불'새〉(남포연극단)의 교훈처럼 관중을 놀래울 정도로 눈에 띄우게 하는 행동조직은 <u>연출기교를 시위하는 것 외에 별 의의가 없다</u>. 연출 기교는 응당 연기 형상을 위하여서와 모든 종합 부문의 진실한 조화미를 위해서만 필요한 것으로 되어야 할 것이다. (밑줄-필자)29)

안영일과 리철홍은 정리일 연출력을 그다지 인정하지 않고 있다. 그 이유는 연출기교를 시위한다는 것이다. 이것이 부정적으로 생각되어야 할 것일까? 보다 정교한 글이 필요한데 다행스럽게 변경환은 정리일의 연출을 장마다 조목조목 언급한다. 변경환의 글을 보기로

---

27) 부교수 안영일, 「(체계와 형상) 연출구도」, 앞의 책.
28) 부교수 안영일, 「(체계와 형상) 진실한 창조 심오한 형상」, 앞의 책.
29) 리철홍, 「(체계와 형상) 연출가의 행동조직」, 『조선예술』 11호(1966), 16~17쪽.

하자.

　(…상략…) 이러한 개성적 특성은 연극 ≪불'새≫에서도 반영되고 있다. 그러나 연출가는 연극 ≪불'새≫의 연출형상에서 자기의 창조적 면모(긍정적인 특색)를 일관하게 견지하지 못했다. 그것은 1장과 5장에서 보여준 훌륭한 개성적면모와는 달리 극의 발전에 따라(2,3,7,8,9장 등) 발로시킨 편향을 두고 그렇게 말할수 있다. 1장에서 암흑이 드리운 해방전의 시대적 참상을 박차고 소생하려는 우리 로동계급의 순결하고도 억센 성격적미를 심어놓기 위하여 연출가가 탐구한 연출적언어들은 매우 놀라운것이였을 뿐더러 그의 종합적형상에서도 재능있는 연출수법을 보여주었다. 이리하여 1장에서 연출가의 개성적면모는 강한 박진력을 가지고 당해시대에로 육박하였다. 그러나 2장 ≪철도자살을 기도하다가 구원되는 장면≫은 1장과 전혀 사정이 다르다. 그것은 주인공들의 행동조직과 형상적형식을 탐구하는데서 외형적인것에 치우침으로써 자기의 개성적모순을 발료시켰던 것이다. 주인공 성도가 불붙는 용광로 굴뚝에서 살아난것도 기적적이며 철도자살을 하려던 애인과 만나는것도 한발자국 늦어서 기차가 지나가는것도 신기하다. 그런데다 관중석으로 금시 달려들듯한 기차, 시각, 청각적효과로서 무대공간을 꽉 채운 기관차가 금시 지나간 뒤에 한오리의 각광을 받아서 반사되는 주인공들의 움직임, 이 모든 것은 진실치 못하고 관중을 놀라게 하였다. 이러한 편향은 3장, 8장, 9장들에서도 찾아볼수 있었다. (밑줄—필자)30)

위의 변경환의 글은 정리일 연출의 특징을 잘 보여주는 귀한 기록

---

30) 변경환, 「(평론) 연출가의 예술적개성」, 『조선예술』 12호(1966), 11~13쪽.

이다. 정리일의 연출력에 대한 평가를 떠나 정리일이 관중석으로 금방 달려들 듯한 기차 등 스펙터클을 강조하는 연출가라는 것이다. 이 시도가 성공적이었을 수도 있고 실패였을 수도 있다. 중요한 것은 정리일이 줄곧 받는 비난이 외형적인 것에 치우치는 것, 연출 기교를 시위하는 것이라는 점이다. 그런데 이 비난은 조금 바꾸어보면 당시 연출가에 비해 정리일이 과감하게 시청각적 요소들로 표현했다는 증거가 될 수 있다. 다음 글은 이를 다시 한번 입증해준다.

> 연출가가 도입한 군화 소리(효과)는 1장과 2장 사이의 근 24년 간의 긴 세월의 비약을 해결함에 있어서도 유효 적절하였다. 이것으로 해서 관중들은 성장한 주인공의 정신 세계에로 무리 없이 침투하게 되는 것이다.[31]
> 또한 연출가는 이에 조국을 상징하는 랑만적인 음악과 조명 처리에서 서해의 해돋이와 음향 효과(물'새 소리)등을 도입함으로써 관중을 주인공의 정신 세계에로 보다 깊이 침투하게 하고 조국의 자유로운 창공을 훨훨 나는 듯 한 정서적 감흥 속에 잠기게 했다. 이 외에도 연출가의 의도와 형상이 연극의 주제–사상적 과제를 해결함에 있어서 긍정적으로 기여한 대목들을 적지 않게 찾을 수 있다.[32]

이 글은 정리일 작품의 음악과 음향에 관한 글이다. 정리일은 군화 소리로 장면의 주제를 부각시킬 뿐 아니라 시간의 흐름에도 군화소리를 사용한다. 또한 조국을 상징하기 위해 물새 소리를 들리게 해서 주인공과 관객 모두 정신적으로 공감하게 한다. 또한 무대에 세운

---

31) 박선경, 앞의 글.
32) 위의 글.

〈그림 1〉 〈불'새〉 장치 스케치(출처: 『조선예술』 6호, 1966)

'굴뚝의 위압적인 모습은 먼 배경의 분위기 속에서 그것도 어디까지나 공간을 지배하는 시각적인 중심에 서 있어 마치 어떤 사건의 절정을 향해 육박하는 괴물의 그림자처럼 보'이게 했다.[33] 그렇다면 정리일 무대 연출의 핵심은 성공과 실패를 떠나 연극성의 강화, 스펙터클의 강화라 하겠다.

이와 같이 정리일은 북한 연극계에서 공동창작이라는 새로운 연출법을 제시한 연출가이다. 1960년대 리서향 역시 이런 방식으로 작업했지만 정리일은 보다 적극적으로 공동창작을 시도한다. 그러나 정리일은 희곡의 분석 작업을 소홀히 하지 않는다. 현장체험을 통해서 완성된 희곡에서 사상과 초과제를 찾아내고 무대에 있어서는 스펙터클을 강화한다. 정리일을 남한의 용어로 표현하면 실험극 연출가라 하겠다.

---

33) 성원, 「(단평) 연극 〈불'새〉 장치의 분수령」, 『조선예술』 6호(1966), 33쪽.

신창규, 「(평론) 우리 시대를 보여준 락천적 웃음: 경희극 ≪청춘의 활무대≫를 보고」,
『조선예술』 10호(1962), 30~33쪽.

　원산 연극 극장은 경희극 ≪산울림≫의 창조에 뒤'이어 금번에 또 경희극
≪청춘의 활무대≫를 창조함으로써 극장의 사상 예술적 면모를 확고히 수
립하는 길에 들어 섰으며 창조적 개성과 얼굴을 보여 주기 시작하였다.

　지 재룡 작 ≪청춘의 활무대≫는 수산물 80만톤 고지를 점령하기 위한
어로 일'군들의 당에 대한 충성심과 생활의 락천성을 묘사한 희극 작품이
다. (…중략…)

　작품에서 중심적 역할을 수행하고 있는 리 규득(선장역)과 류 하룡(운기
역)의 연기만을 놓고 말한다고 하더라도 우리는 그들이 희극적 감각을 다분
히 소유한 재능 있는 연기자들이라고 서슴 없이 말할 수 있다.

　그들은 자기들이 발견한 흥미 있는 성격적 특징들과 재치 있는 연기로써
우리를 충분히 ≪웃겨≫ 주었으며 그로 하여 우리들과 함께 다정히 생활하
였다.

　그리고 리 봉호(기망 아바이 역), 리 영우(로 아바이 역)도 흥미 있는
성격적 씨앗을 발견했으며 현실과 자신들에 대한 고집 불통한 신뢰의 감각
을 통하여 두 성격이 서로 조화를 이루면서 중심 인물들의 ≪충돌≫을 야기
시키는 ≪중계자≫적 역할을 잘 수행하였다.

　극장은 젊은 녀배우인 김 춘자에게 대담히 넓은 활무대를 제공해 줌으로
써 새로운 재능을 발굴하였는바 이는 크게 자랑할 만 한 성과가 아닐 수
없다. 우리는 얼핏 보기에는 작은 역인 최씨(박 수선), 오씨(권 화자)의 형상

들에서도 남정네들이 사업을 념려하여 나선 부인네들의 심정을 보는바 그들은 복잡한 사건들로 하여 웃음이 흥성거리는 무대적 환경 속에서도 부드러운 감정과 률동을 창조하였다.

사실 경희극에서는(좀 더 이야기할 수 있다면) 녀성들과 ≪작은 역≫들의 형상에 특별한 주의를 돌려야 하는 것이다. 주인공들을 둘러 싼 이들의 세심하고 부드러운 정서적 반응은 주인공들의 ≪맹활동≫을 더욱 조장시킴으로써 성격을 부각시켜 준다. (…중략…)

하여 이 연극을 청춘의 활무대로 만들게 하는 데 가장 선차적 인물들인 웅기의 친우들, 순보(문 흥상), 민호(홍 광휘), 무전수 학선(김 영옥)을 비롯하여 기사(최 말능) 및 기타 전체 청년들의 형상은 중요한 의의를 가진다.

그들은 모든 것에 준비되여 있다. 그들은 자/기들의 공상을 지금 당장 실현시킬 기세에 충만된 경희극의 주인공들이다. (…중략…)

그들에게는 헌신성과 대담성이 있으며 바다의 랑만, 청춘의 희열과 함께 사랑, 고민, 주저와 같은 것들이 있다. 이 모든 요소들이 연기자들에게 좋은 활무대를 펼쳐 놓은 것도 당연하다.

그리하여 이 청춘들은 당에 고무되면서 바다를 정복해 나간다. 배우 황정복은 당 위원장 역에서 경험과 새 것을 옳게 배합함으로써 기적을 낳게 하며 사회를 전진시키는 우리 시대 당 일'군의 전형을 창조하였을 뿐만 아니라 이 어려운 역이 희극적 흐름에서 탈선되지 않도록 하는데 성공하였다.

배우는 청춘의 활무대-동해 바다에서 벌어지는 투쟁의 키를 자신만만하게 잡고 있는 당 일'군의 믿음직한 성격을 창조하였을 뿐만 아니라 희극적 성격들의 각종 충돌과 갈등을 정서적 가모하의 방법으로 해결해 줌으로써 극적 관계에 유기적으로 참여하였으며 내'적으로 유모어의 감정이 풍부한 인간-당 위원장을 생동하게 형상하였다.

≪청춘의 활무대≫에 등장한 모든 사람들이 우리 시대의 거세찬 흐름에

합류하고 있는 긍정 인물이다. 때문에 작가와 집단은 그들을 모독하는 비웃음으로써가 아니라 빨리 전진하는 줄거운 생활에서 일어 나는 낡은 고집과 자만자족 등 행실에 대하여 정서적 가모하의 방법으로 깨우쳐주며 새 성격이 형성되여 가는 흥미 있는 인간 관계를 통하여 우리 시대의 생활 락천성을 구가하기 위한 진정한 노력을 기울였다.

때문에 연출자를 비롯한 창조 집단은 긍정 인물들을 ≪우습개≫ 묘사하는 데 겁내 ㄹ필요가 없었으며 시종 일관 객석을 흥성거리는 웃음 속에 몰아 넣었다. (…중략…)

쓰따니쓸랍스끼의 말을 빌어 쓴다면 ≪경희극-이것은 완전히 현실 세계이다. 그러나 거기에는 매 걸음마다 비상 사건으로 충만되여 있다. (…중략…)

경희극의 등장 인물은 아주 생활적이며 평범하다. 그들을 절대 〈괴력한〉 인간으로 생각해서는 안 된다. 반대로 그들은 가장 평범한 사람들이다. 그들의 특성은 모든 것을 완전히 신뢰하는 것≫이다.

≪청춘의 활무대≫에 등장한 사람들의 지향을 념두에 두고 볼 때 그들은 제각기 자기들의 계획과 공상들에 신심을 가지고 대하는 것이며 그것을 진실로 믿는 감정이 앞서서 대담한 행동을 수행하고 있는 것이다.

선장과 기망 아바이는 수동식 로라로 11톤을, (이것은 대단한 성과이다.) 웅기를 비롯한 청년들은 그물로 30톤 이상을, (물론 그렇게 된다면 좋지, 그러나 그것은 공상이라고 늙인이들은 단정한다) 그리하여 이 두 ≪진영≫ 간에는 흥미 있게 엮어진 비상 사건들과 우연성으로 하여 극적 관계와 ≪충돌≫이 희극적으로 벌어진다. 전진하는 시대의 론리 대로 보수주의 경험주의는 파도 속에 사라지고 활무대에는 새 것의 승리, 진정한 우의로 하여 더욱 즐겁고 명랑 해진 청춘의 경음악이 울린다…

선장 역을 수행한 리 규득의 연기에 대하여 말한다면 그는 바로 이 신뢰의 무기를 잘 다루는 배우였다고 할 수 있다.

선장 역은 이 경희극에서 아마 가장 어려운 역이였을 것이며 생경한 과장이 진실을 압도할 수 있는 요소가 다분히 있을 수 있는 인물들이다. 그야말로 경희극적 인물이다.

사업 의욕에 가득 차고 몹시 다망한 선장은 자기 자신이 경험주의에 빠졌으며 실제상 청년들의 공상을 가로막고 있다는 진리에 대하여서는 아랑곳하지 않고 다만 자기가 설정한 공상에 절대적인 신뢰를 보내면서 ≪처음에는 끓었다가 인차 식어지는 특성≫을 가진 청년들의 심정에 알맞게 ≪애정≫을 가지고 지도한다. (즉 자신도 모르게 방해하지만) 연기자는 역의 관통행동에 충실하였다.

항상 분주한 걸음으로 오가는 그의 거동에서 그것이 충분히 나온다. 일초도 머물러 있기를 달가와하지 않는 그의 습관, 그의 확고한 신심(고집)이 잘 나왔다.

선장은 또한 청년들의 성격을 ≪연구≫한 결과 그들에게서 ≪하지 말라고 하면 더 기를 쓰고 하다가도 스스로 뉘우치고 단념하고 마는≫ 그런 습성을 발견했기 때문에 그는 이 특성을 ≪리용하여≫ 자주 ≪해라, 해봐, 하면 돼≫라는 ≪격려사≫를 즐겨 사용하면서 가짜 맞장구도 쳐 보는 것이다. (즉 자기도 모르게 진짜 맞장구를 친다.)

연기자는 관객들의 폭소 속에서도 이 어려운 자신의 행실에 대하여 신심을 가지기 때문에 그는 신뢰의 감각을 놓치지 않고 행동한다. 한편 청년들은 선장의 ≪격려≫에 탄복되면서 자기들의 행동적 과제들을 적극적으로 실행하는 행실들을 찾아 내야 한다. 이렇게 하여 착각은 비상 사건을, 비상 사건은 오해에로 또 착각을 조성시키는 ≪뒤범벅≫이 속에서 련속적인 행실들을 낳게 하는 것이며 이 ≪뒤범벅≫(희극적 정황)이 속에서 배우들은 신뢰의 감각을 잃지 않음으로써 진실을 창조할 수 있었다. (…중략…)

선장이 처연들에 대한 당 위원장의 태도를 ≪당 위원장 동지의 마음하고 내 마음하고 꼭 같다.≫고 단정하는 것은 모두 연기자의 이 신뢰의 감각이 없이 이루어질 수 없는 성격적 특징들이다. 하기 때문에 배우가 항상 심각한 표정을 하고 있는 선장을 그렸으며 억양과 심리적 공간이 역의 부단한 내'적 활동에 의하여 인상적으로 표현되도록 심혈을 기울였을 것이다. (…중략…)

배우들은 자기들의 매 행실마다 폭소를 던져 주는 관객의 면전에서 이 어려운 신뢰의 감각을 옳게 견지해 나갔으며 따라서 무대 우에 생활을 부여하였다.

경희극은 관객이 절반 이상 만든다고 한다.

다시 말해서 객석에서 던져 주는 웃음이 배우들의 자감에 유익한 흥분을 조성시킬 수 있는데 이러한 감정과 흥분은 아주 중요하다. (…중략…)

경희극은 그 속에 등장한 인물들의 몸'짓의 경쾌성과 정서, 재치 있게 발굴된 인상적인 행실들과 몸'짓, 억양들로써 매혹적이여야 한다. 경희극에서 서투른 동작과 억양을 듣는 것 만큼 불유쾌한 것은 없다.

경희극은 정서의 진실과 고도의 재치를 요구하는 예술이다. ≪청춘의 활무대≫는 이러한 경희극의 요구에 대답을 준 재능 있는 배우들을 시위하였다. (…중략…)

유 화룡은 희극 종류에서 특징적인 경쾌성과 률동감을 풍부히 지닌 재치 있는 연기를 보여주었다. (…중략…)

유 화룡은 역 인물의 심리적 변화 과정을 사이나 공간에서 아주 재치 있게 발견한 육체 행동들과 억양으로써 정확하게 표현하고 있다. 그는 다만 연극의 주인공의 위치에서 이러저러한 행실을 수행할 뿐만 아니라 명료성과 재치로써 무대 우에 명랑한 색채를 부여하고 있다.

그는 눈'짓 하나 몸'짓 하나라도 소홀히 여기지 않았는바 희극 배우에게 필수적인 유모어의 감각을 다분히 소유한 연기자로 등장하였다.

취사원-봉녀 역으로 출연한 김 춘자의 연기에서 특징적인 것은 연기의 과장적 수법을 옳게 적용함으로써 아주 인상적인 인물을 만들었다는 점이다. (…중략…)

영화 ≪갈매기호 청년들≫을 보고 바다로 뛰여 왔다는 이 처녀에게도 자기의 기막힌 공상과 랑만이 있다. 봉녀도 자기가 할 수 있는 일이라면 모든 것을 다하여 헌실할 수 있는 청춘의 한 성원이라고 생각하기 때문에 현재 하고 있는 일(밥 짓는 일)에 긍지를 느끼며 한시도 따분히 있기를 달가와하지 않는 명랑한 성격을 가진 녀성이다.

녀배우는 자기 주위의 모든 것에 깊은 관심을 가지고 대하고 있으며 ≪뚱뚱한≫ 체격으로써 ≪민활하게≫ 동작하려는 그의 행실들을 홍미있게 찾아냈다.

그리하여 자기에게 제공된 제한된 공간을 넓은 활무대로 변경시켰다. 경희극 연기에서 이 순박성과 천진란만성은 신경과 같은 역할을 논다. 그것은 인물의 무대 생활을 지속시켜 주는 요소이다. ≪늙은≫ 배우이건 젊은 배우이건 이 순박성과 천진란만한 기분이 없이는 자기의 희극적 인물을 창조하기 어려울 것이다. ≪청춘의 활무대≫의 로인네들인 기망 아바이, 로 아바이들의 성격을놓고 보더라도 우리는 경희극 연기에서 특징적인 이런 천진란만성을 잘 들여다 볼 수 있다. (…중략…)

경희극이 다른 극 종류와 특별하게 구별되는 중요한 특성의 하나는 그것이 풍부한 음악성을 동반하고 있다는 점이다. 이것은 반드시 ≪청춘의 활무대≫에 음악과 무용을 독립적으로 삽입하라는 것은 아니다. (…중략…)

≪청춘의 활무대≫에서도 음악은 많이 울렸으나 그것은 거의나 다 연출적 분위기나 혹은 장면의 감동을 강조하기 위한 음악으로만 인입되였기 때문에 좀 유감스러웠다. 그러나 단 하나, 취사원인 봉녀가 2장에서 음식을

지으면서 부르는 소곡(小曲)이 경희극적 감각에 대답을 주었다고 볼 수 있다. 그것은 봉녀가 부르는 소곡을 통하여 역 인물의 심리가 경희극적 분위기 속에 명랑하게 순박하게 흘러 가는 것이 엿보이기 때문이다.

《씨나치긴》이라는 옛 경희극을 지도하면서 쓰따니쓸랍쓰끼는 이렇게 말한 적이 있다.

《경희극 줄거리는 자연히 소곡에로 넘어가야 하며 소곡은 또 무용에로 넘어 가야 한다. 때문에 배우는 대화나 동작의 형식이 변화되여 가는 것을 의식하지 말면서 산문적인 대화로부터 운문으로, 세태적 동작으로부터 자연히 조형적인 것에로 흘러 가야 한다. 음악, 무용, 언어, 행동 감각은 경희극에서 모두 하나의 조화미를 이룬다. 여기에 이 형식의 우점이 있으며 어려운 점이 있다.》

배우의 표현술에 중요한 의의를 부여하면서 그에 대한 과학적 체계의 수립을 위하여 노력해 온 황철은 《배우는 피부로 느끼고 근육으로 아는》 기술을 가지고 있어야 한다는 말을 즐겨 사용하였다. (…중략…)

모든 좋은 연극의 성과는 연출가, 미술가를 비롯한 전체 창조 집단의 공동의 노력의 결과이다. 연출가(정 리일)는 미술가와 함께 총체적으로 희극적 색채와 경사가 풍부히 체현된 극적 분위기와 구도의 발견으로써 생활 락천적인 경희극 창조의 라침판을 옳게 잡았다.

리득규, 「창조 일기 몇 토막」, 『조선예술』 4호(1964), 5~7쪽.

8월 2일

오늘은 배역을 발표하는 날이다. 나는 두근거리는 가슴을 억제하지 못하면서 총장 동지 말'소리에 귀를 기울이였다. 선장 역에 나의 이름이 떨어졌다. 순간 나는 저도 모르게 머리를 번쩍 들었다. 경희극 《산울림》에서도 나는 보수성에 걸린 반장(달수)과 생활하지 않았던가! 다시 생각해 봐도

앞이 캄캄해졌다. 동일한 경희극 양상에서 같은 보수주의를 내포한 인물을 어떻게 비반복적인 개성으로 형상할 것인가? 그리고 또 산과 바다는 다르지만 ≪산울림≫의 작업 반장(달수)이나 ≪청춘의 활무대≫의 선자이나 그의 지도자적 위치는 동일하지 않은가? 더군다나 오늘의 보수주의자를…

3천 톤 프레스가 나의 어깨를 내려 누르는 것만 같았다.

8월 6일

1장에 대한 실기 총화를 가졌다.

연출가나 배우들은 나의 실기에 대하여 이구동성으로 ≪산울림≫의 달수와 같다는 것이다. 그 말은 당연하였다.

그것은 나 자신부터 그렇다는 것을 느끼고 있었으니까…

나는 연습장에 혼자 남았다. ≪어째서 같을가? 물론 보수성은 같다고 하지만 사람이 다르고 직업이 다르고 생활이 다르고 부여된 환경이 다른데?…≫

나는 다시 인물을 대조하면서 파 보기 시작하였다.

달수는 삼 대째 내려 오면서 산이 하늘을 찌르는 법동 산'골에서 사는 본토백이다. 지금은 옛말에서나 들을 수 있는 정배 살이한다는 험준한 심산 속, 제사 때나 정월 초하루에야 백미로 고깔밥을 씌운다는 심산 유곡 무데 산'골에 태여난 달수, 그는 지주에게 2중 3중으로 착취를 받으면서 살아 왔고 해방 후에 비로소 평생의 소원이던 땅을 분여 받아 반듯한 삼간 집을 짓고 살게 되었다. 지금 달수는 그 산'골에서도 하얀 이밥에 고기'국만 먹으로 명절날이면 배장방이 대신 비단 두루마기를 떨쳐 입고 떵떵거리며 산다.

그런데 왜 보수주의 병에 걸렸는가?

그것은 자만자족하는 관리 위원장 송재의 보수성에서 전염된 것이다.

생활이 풍부해지니까 안일성이 생기고 과거 머슴살이와 소작살이 습성이 몸에 밴 달수로서 관리 위원장의 말이라면 무조건 따라 나설 것은 당연한 일이다. 즉 천리마를 타지 못 하고 당나귀를 타고도 만족해하는 송재와 무조건 발을 맞추는 달수이다.

그러나 ≪청춘의 활무대≫ 선장의 원형인 저에망선 593호 선장은 어릴 적부터 바다의 파도와 싸워 온 사람이고 성격적 측면에서도 과학적으로 인정만 되면 물불을 가리지 않고 뛰여 드는 사람이다.

그러니까 달수는 소극성을 띤 보수주의자요 선장은 경험주의를 고집하면서도 과학적인 근거가 인정될 때까지만 보수주의를 부리는 것으로 되는 것이다.

그런데 왜 나의 실기 결과는 달수와 선장이 같다는 말을 듣게 하였는가?

나는 아직 선장의 생활선을 진실하게 파악하지 못 한데 그 원인이 있다는 것을 깨달았다.

나는 다시 작가와 연출가의 의견을 받으면서 선장의 안케트를 작성하기 시작하였다.

8월 8일

오늘 련습을 시작하기 전에 나는 우선 새로 작성한 안케트를 다시 상기하여 보았다. 그런 다음 1장에서 선장의 관통선의 알맹이로 되는, 자기가 연구한 넉줄로라로 처음 3톤 200의 낙지를 잡았다는 기쁨을 가지고 무대에 올라섰다.

첫 대사를 상대 역에게 건넨 나는 순간적으로 전에는 느껴보지 못 했던 새로운 것을 감각했다.

어째선지 나의 유기체가 자연스럽게 움직여지는 것이였다.

련습을 끝낸 나는 기쁨을 느끼였다.

어느덧 나의 체내에서는 고기잡이 배를 삼켜 버릴 듯 덤벼 드는 파도와 싸워 이긴 선장, 남한테 좀체로 지기 싫어하는 선장, 성과를 거두면 외'적으로는 사양하면서도 내'적으로 자기를 과신하는 선장, 이러한 선장의 내면 생활이 걸음을 떼기 시작했던 것이다.

8월 12일

오늘 련습에서는 1장에서 5장까지 관통해서 훑어 보았다.

어쩐가 모르게 나의 마음을 불쾌하였다. ≪왜 그럴가? 기본적인 관통선에서는 리탈되지 않았다고 생각되는데…≫

나는 조 령출 동무에게 문의했다. ≪왜 나의 기분 상태가 좋지 않을가요?≫ 그랬더니 조 령출 동무도 련습중에 선장 형상에 대해서 얼굴을 찡그렸다고 한다. (…중략…)

그것은 선장이 일관해서 큰소리만 치는 관료주의자로 되었기 때문이라는 것이다. 나는 머리가 아찔해짐을 느끼였다. 그것도 그럴 것이 나는 선장이 관료주의자라고는 추호도 생각해 본 일이 없었기 때문이였다.

나는 조용히 눈을 감고 1장에서 5장까지 그려 보았다.

과연 매개 장면마다 큰소리치지 않은 적이 없었다. 그렇다. 조 령출 동무의 지적이 정당했다.

나는 자기도 모르게 무릎을 치면서 벌떡 일어 났다. 관료주의자가 되었기 때문에 그렇게 기분이 나빴음을 깨달았던 것이다. 그러나 나는 겁을 먹기 시작했다. 현실에 이런 관료주의자가 존재하는가? 현지 생활을 하면서도 이러한 선장은 보지 못 하지 않았던가.

만약 이대로 형상된다면 현실 외곡으로 인하여 관객에레 얼마나 불쾌감을 주게 될 것인가.

오늘의 부정은 천리마 기수들과 함께 웃으면서 손잡고 나가는 인물이며 더군다나 이 작품은 경희극으로서 선장의 부정적 측면을 웃음으로써 시정시키는 즉 관객이 웃는 가운데서 부정적 측면이 비판되여야 할 것이 아닌가. 선장이 손님에게 증오의 대상으로 되여서는 절대로 안 될 것이다.

오늘까지 선장의 형상은 낙지잡이 60일 전투 기간에 로라식으로 낙지를 한 마리라도 더 잡으려고 큰소리만 치는 측면만 강조되였다는 것을 나는 깨달았다.

나는 다시 현지 생활 수첩을 들춰 보았다. 거기에는 낙지잡이 기간에 있은 선장에 대한 일과 뿐이지 그 성격을 특징 지을 수 있는 생활과 경험은 없었던 것이다.

8월 16일

때를 가리지 않고 저에망선 593호 선장에게 접근하여 그에게서 긍정적 측면을 많이 찾아 내는 것이 당면 과업이다.

어제 두 번씩이나 선장 동니제 집을 방문하였으나 별로 신통한 것을 얻어 내지 못 했다 선장은 부인하고 롱담을 꽤 하는 것 같은데 나만 나타나면 그런 빛도 보이지 않는다. 오늘은 선장이 아직 배에서 돌아 오지 않았기에 그의 딸(초중 1년 학생) 옥순에게 물어 보았다.

≪옥순아, 아버지가 배에서 돌아 오시면 술을 좋아하시냐? 그렇지 않으면 영화를 좋아하시냐?≫

건강하게 생기나 귀여운 옥순이는 수줍어하면서 대답하는 것이였다. ≪어머니 말씀을 들으면 아버지가 전에는 술을 많이 잡수셨는데 정전 후부터는 많이 마시지 않는다고 해요. 아버지는 내가 부르는 노래를 제일 좋아해요. 그렇기 때문에 바다의 노래는 모르셔도 소년 단원들이 부르는 노래노래는 거의 다 아셔요.≫

≪응, 그래 그리고 아버지가 어떤 책을 보시든?≫

≪아버지는 회상기 책을 제일 많이 보세요. 배에서 돌아 오시기만 하면 꼭 바다에서 연구하신 회상기 내용을 저에게 이야기해 주시군 해요.≫

≪응 그래?!≫ 나는 바싹 구미가 동해서 거듭 물었다.

≪그래 옥순아 아버지가 민청원들은 좋아하시지 않으시지?≫

≪아니요 아버지는 동무들이 찾아 올 적보다도 오빠들이 집에 오면 더

재미나는 이야기하시는데요.≫

이 때 선장 동지의 말'소리가 멀리서 들려 왔다. 옥순이가 부친을 마중하러 밖으로 뛰여 나갔다.

나는 방안에 앉은 채 밖에서 들려 오는 부녀 간의 이야기를 들을 수 있었다.

≪옥순아 어저께 네가 부르든 그 〈손풍금 소리 울려라〉라는 노랠 오늘 라지오에서 들었단다. 어디 아버지 앞에 한번 다시 불러 보지 엉?≫

≪원…아버지두, 만나기만 하면 그저 노래 밖엔 몰라.≫

뒤'이어 선장의 웅글진 코'노래 소리가 들려오고 까르르하고 웃는 옥순이의 웃음 소리가 들려 왔다. 그러지 부녀 간의 합창이 자연스럽게 들려 오는 것이였다.

8월 17일

어제 옥순이가 나에게 준 재료는 정말 선장 역 형상의 살과 뼈가 되었다.

선장이 회상기 학습을 열심껏 하는 것, 청년들을 친자식 같이 사랑하는 것, 어린 딸과 노래를 부르는 것, 나는 이러한 생활선들을 부각시킬 데 대하여 작가 연출가들과 합의를 보았다. 그렇아여 1장 마지막 장면에 등장할 때 뒤'생활에서 회상기를 연구하다 나오는 것으로 했고 청년들을 사랑하게 되는 타당서은 하나밖에 없는 외아들이 해병이라는 데서 찾았다.

그리하여 5장에서 용기가 바다 속에 시험하러 들어 갈 때 걱정되여서 ≪웅기 동무≫라고 부르던 것을 ≪웅기야!≫로 고치였다. 그런데 딸과 합창하는 것이 문제거리였다.

한 장면 아주 설정히 놓자면 군더더기로 될 것 같고 그렇다고 빼자면 아쉽고 하여 4장에나 넣자고 했는데 4장 정황은 그걸 허용하지 않았다. 그후 시험이 실패 됐지, 신문엔 30톤씩 잡는다고 보도됐지, 한즉 도지히 딸과 노래를 부를 수는 없었던 것이다.

곰곰히 생각해 봐도 궁리가 트이지 않았다. 그러나 더 생각해 보자. 선장은 글쎄 부를 수 없지만 딸만은 부를 수 있지 않는가. 그렇지, 선장은 그들을 성공시킬 것을 생각하는 한편 방안에서는 딸이 가야금에 맞추어 ≪손풍금 소리 울려라≫를 부를 수 있다. 그러면 아버지의 세계와 딸의 세계가 희극적으로도 잘 대조될 것이 아닌가. 연출가와 합의를 보고 그 장면 련습에 착수했다.

나는 신문에 실린 대로 어떻게 하면 1인 당 30톤이란 낙지를 잡을 것인가 하고 고심하는데 방안에서 딸의 노래 소리가 들려 왔다. 나는 잠시 노래 소리에 귀를 기울이였다.

≪…사람들 화목하게 사는 내 조국 한없이 좋네 우리의 아버진 김 일성 원수님…≫

나의 눈 앞엔 수상 동지의 초사화가 떠올랐다. 나는 가슴에 깊은 가책을 느끼였다.

기적에 기적을 쌓는 이 시대에 나는 왜 주저하고 동요하는가? 순간 수상 동지의 초상화 앞에 나의 머리는 저저로 수그러졌다.

이때 객석에서 연출가의 환성이 터져 올랐다. ≪그 장면은 성공이요!≫…

8월 30일

연극에 대한 일정한 평가들이 있었다. 내 자신으로/말하면 이번 선장 형상이 이 만큼이라도 된 것은 작년에 ≪산울림≫을 창조한 경험이 있었기 때문이라고 생각된다.

나는 이번 창조 과정을 통하여 두 가지 문제를 새롭게 느끼었다.

첫째는 적대 계급이 아닌 오늘 현실의 부정 인물을 형상함에 있어서 부정적 측면보다 긍정적 측면을 더 깊이 탐구해야 된다는 그것이다. 다른 극적 양상보다도 경희극은 더욱 그러하다고 생각한다. 만약 작자가 그런 생활선을 지어 주지 않은 경우에 있어서도 배우는 뒤'생활을 그런 방향에서 창조해야 할 것이다.

다음으로 내가 느낀 것은 희극적인 정황에서의 예술적 과장에 대한 문제이다. 희극일지라도 역시 생활의 진실을 떠날 수는 결코 없는 것이다. 이것을 번연히 알면서도 경희극 ≪산울림≫ 창조 당시에는 웃음이 적다하여 배우가 인위적인 과장으로 웃음을 만든 대목들이 많았다고 생각된다.

실례로 2장에서 관리 위원장이 ≪그런 식으로 사람을 교양하면 되우?≫ 함녀서 땅을 칠 적에 내가 지나치게 놀라는 것으로 관중을 웃기는 장면이 바로 그것일 것이다. 지나치게 과장하다나니 련습할 적마다 나 자신이 웃는 바람에 연출가에게 한두 번만 지적 받지 않았다. 그러나 이번 창조시에는 배우 자신은 한 번도 웃이 않았다. 그것은 선장의 성격에서 희극적인 핵을 옳게 잡았기 때문이라고 생각한다. 그 핵이 희극적 정황에 가서 과장되여 폭발하여도 배우 자신에게는 더욱 진실답게 느껴졌으며 따라서 우습지 않았다.

나는 금번의 어린 경험을 살려 희극 창조에서 더욱 좋은 성과를 거두리라…

김인

: 체현/체험과 행동분석법

김인은 1960년대 활동한 연출가로 북한에서 '시대 정신에 대한 예리한 감각과 생활에 토대한 예술적 구상을 통하여 박력과 진취적이며 격정 높은 기백으로 형상을 심화시'켰다는 평가를 받는다. 김인은 다작의 연출가라기보다는 글을 통해 북한 연극의 발전에 기여한 연출가이다. 연출작품에는 〈지평선〉(오철순·황광역 합작, 남포연극극장, 1961, 1962),[1] 〈대하는 흐른다〉(김인·김형주 공동연출, 연극영화대학, 1962)[2] 등

---

[1] 〈지평선〉은 북한에서 천리마 시대의 전형적 예술을 옳게 반영한 성과작으로 특히 주제의 적극성에 있어서나 예술적 형상의 심오성에 있어서 좋은 모범을 보여준 작품으로서 새 시대의 농촌 현실을 형상하려는 창조 집단의 진지한 노력이 그대로 엿보인다고 평가받는다. 문화상 박웅걸, 「(거대한 성과, 긴요한 과업) 8.15 해방 17주년 연극 부문 예술 축전 총화보고(요지)」, 『조선예술』 1호(1963), 8~13쪽.

[2] 《대하는 흐른다》는 해방 후 로동 계급의 지원 하에 농민들이 지주를 때려 눕히고 토지 개혁을 실현하는 계급 투쟁 과정을 폭 넓고 문화성 있게 취급한 점에서 특기할 작품의 하나이다. 특히 이 연극은 우리 나라 연극의 후비를 양성하는 대학의 신인들이 창조한 점에서 더 큰 우리의 기쁨으로 되고 있다. 우리 연극 예술의 젊은 세대들은 《대하는 흐른다》에서 새로운 탐구의 시도를 보여 주었으며 농촌 계급 투쟁의 서사시적인 화폭을 창조

이 있다. 당시 북한은 공동창작과 공동연출의 이점을 강조하며 공동 작업을 장려했는데, 〈대하는 흐른다〉는 이런 당국의 지침에 따른 결과로 보인다.[3]

김인은 연출분과 토론회에서 연출가의 작업을 연출 의도, 연출 구상, 연출 실현으로 밝힌 바 있다.

> **연출가 김 인**은 ≪지평선≫, ≪대하는 흐른다≫의 연출 경험을 례증하면서 ≪연출 준비≫는 원칙적으로 세단계로 구분되여 진행되여야 한다고 지적하였다. 즉 첫 단계로 연출 의도(연출가의 지향)가 서야 하며 둘째 단계로 배우와의 문학 분석 과정에 연출 구상(리지적인 것)이 서야 하며 셋째 단계로 총적 실현(연출 실현)은 형상 단계에서 각각 준비되여야 한다.
> 그러면 연출 의도란 무엇인가? 그것이 작품이 제기한 문제성, (사회적 성격을 띤 것) 방향(연출 방향), 방법(추리 방법), 민족적 풍격(민족적 특성과 시대성), 무대 문화(무대 미술의 방도)등에 대한 연출가의 지향이다. 이 지향을 창조 집단 앞에 발표함으로써만 그윗 창조성을 계발시킬 수 있다. 연출 구상과 총직 실현안은 해당한 창조 단계에서 구상하고 발표하는 것이 보다 효과적이며 구체성과 과학성을 담보할 수 있다.[4]

김인은 연출가가 작업에 들어가기 전에 작품을 통해서 무엇을 보여 줄 것인가를 결정하고 발표해야 한다고 말한다. 그 이후 단원들과

해 냈다." 리재덕, 「연극 운동의 20년」, 『조선예술』 10호(1965), 2~10쪽.

3) 〈대하는 흐른다〉는 김인과 리단에 의해 연출되었다. 김인의 연출은 1962년, 리단의 연출은 1963년으로 보인다. 이 글에서는 김인 연출의 작품을 분석하기로 한다.

4) 박재욱, 「(연출 분과 토론회에서) 연출 준비를 어떻게 해야 하는가?」 『조선예술』 5호(1964), 34~36쪽.

본격적 작업에 들어가는데 이때 김인은 연출가가 문학 분석 작업과 무대 실현을 진행해야 한다고 주장한다. 그러나 김인이 이론적 분석에만 치중하는 것은 아니다. 그는 체험 연기를 중요시하며 내면 연기를 '교묘히 가장한 아무것도 없는 연기'로 본다. 배우가 내적으로 어떠하든 배우의 연기는 외적으로 표현되어야 한다는 것이다. 이에 김인은 문학적 분석을 토대로 하면서 내적 연기를 경계하여 행동분석법을 적극적으로 활용한다. 이제 그의 연출법을 살펴보기로 한다.

1. 체현/체험의 연기

김인은 연기란 '외형의 육체적 체형, 이른바 연기자가 역 형상을 창조함에 있어서 그가 됨으로 하여 역의 내부와 외부를 꾸리는 연기자 자신의 가면'이며 '이 □□ 배양 과정을 체현 과정'이라고 설명한다.[5] 김인에게 연기는 외적으로 보여지는 것이며 배우는 '되는 것'이다. 그는 이것을 '체현'이라고 명명한다.[6]

이 체현 과정은 연기자가 단지 자기 정서를 연기하거나 역의 자서전적 프란을 따라가는 것이 아니라 자기의 개성적인 창작적 자립성으로써 □□애 지어진 환경을 창조하면서 역의 외형적 육체의 성격성을 획득해나가는 기능을 말한다.[7]

---

5) 김인, 「연기의 성격성」, 『조선예술』 10호(1959), 31~34쪽.
6) 이 글에서 □는 독해불가를 의미한다.
7) 위의 글.

김인은 연기에 대해서 '외형적 육체'를 강조한다. 배우는 인물의 내면 심리를 파악하고 그것을 외형적으로 표현해야 한다는 것이다. 물론 외형을 위해서 배우는 인물의 내면을 정확히 알아야 한다. 그런데 김인에게 더욱 중요한 것은 배우가 그 인물이 '되는 것'이다. 김인은 배우 리단의 경우를 예로 든다.

〈크레믈리의 종소리〉에서 혁명의 수령 위대한 레닌의 형상을 창조하면서 리 단은 〈나날이 나는 레닌의 인간 속에 유혹당해 들어 갔다. 천재만이 가질 수 있는 레닌의 혁명의 감정과 청춘의 열정, 적극성, 생활의 개조에 대한 태도들이 큰 알맹이가 되어 내 몸에 침투되기 시작하였다.

레닌의 성격상 특징과 행동의 이모저모를 기백과 연구 자료의 수집에 분망하였다〉라고 하면서 레닌의 로작품을 연구하며 그의 생애와 행동을 전하는 자료들을 정독하며 인간 레닌의 특징적인 알맹이들을 찾아내면서 평범하고 친근한 참으로 □□□의 레닌 즉 수령이며 철학가이며 사상가인 그의 정신적 아름다움, 그의 인간성을 창조했다. (밑줄-필자)[8]

김인은 배우 리단의 레닌 형상을 이상적인 인물구축 작업으로 본다. 리단이 레닌 속으로 들어갔다고 하듯이 배우 자체가 인물이 되는 것을 중요하다고 본 것이다. 이를 위해 김인은 배우가 리단과 같이 인물의 모든 자료를 탐색하고 생각하고 특징을 찾아내기를 요구한다. 그럼으로써 배우는 '인물'을 체현하기 때문이다. 체현은 체험과 결이 다르다. 단순히 인물의 상황과 사건을 직간접적으로 체험하는 것이 아니라, 배우가 인물 자체가 되는 것이 체현이다. 김인에게 '체현'은

---

8) 위의 글.

연기의 중요 키워드라 하겠다.

1) 탈(脫)심리주의

김인은 북한의 연극이 북한에서뿐 아니라 사회주의 이웃 국가에서
도 호평을 받는다고 자부심을 갖는다. 이러한 시점에서 북한 연극
배우들은 무엇보다 연기에 더 발전을 이룰 것을 강조한다. 이에 대한
김인의 주장을 보기로 한다.

> (…상략…) 주지하는 바와 같이 재능 있는 배우일수록 더 한층 구현을
> 위한 기술에 심중한 관심을 두며 시대 정신과 성격을 체현하기 위한 내면
> 기술에 크게 관심을 두면서 온갖 재능을 숙련시켜 나가는 것이다.
> 그러나 이와 반대로 일부 배우들은 예술적 형상에서의 기량과 창조 체
> 계, 그리고 리론까지도 소홀히 함으로써 경험주의와 우연성에 매달리고
> 있는바 이는 참된 연기 예술과는 인연이 없는 것이다. 우리들의 창작적
> 재능, 잠재 의식 등은 배우의 지식과 형상 수단을 통하여 제2의 무대적
> 진실, 말하자면 무대 감각으로 옮겨 져야 한다. 그러나 이 무대 감각의
> 기저에 깔린 연기자의 시대 감각, 재질, 특성을 떠나서는 무대 감각의 진실
> 에 대하여 론의할 수 없다. (밑줄─필자)9)

이같이 김인은 연극 배우들이 무엇보다 예술적 형상에서 기량을
쌓고 이론도 열심히 공부할 것을 강조한다. 배우가 경험이나 우연성
에 매달리는 것을 경계하며 잠재 의식을 끌어내 무대적 진실로 옮겨

---

9) 김인, 「(배우예술과 현대성) 배우와 시대감각」, 『조선예술』 4호(1963), 18~21쪽.

야 한다는 입장이다. 여기에서 김인은 '체험/체현'을 강조한다.10) 배우가 '허구로도 인물을 창조할 수 있지만, 그 허구라는 것도 생활 체험을 떠나서는 불가능'하다는 것이다.11) 그러나 김인은 '체험에만 끝나는 심리주의 연기자들과 허구 일반을 강조하는 공상가'들에게도 반대한다.12) 다음 황철을 상찬하는 김인의 글을 보기로 한다.

인민 배우 고 황철은 이에 대하여 다음과 같이 말하였다. ≪체험이란 흥분이나 도취보다도 훨씬 높은 령역이며 규모가 크며 정열적이면서도 아주 랭철하고 질서 정연하게 시계 속 같이 면밀하며 그것은 또한 최대한의 주의 집중이 실현되는 때이며 따라서 잠재 의식의 발로가 가장 완벽한 단계를 말하는 것이다≫라고 하면서 배우의 기교는 체험 속에서 생겨 나고 체험 속에서 성장하며 체험 속에서 꽃이 핀다고 하였다. 계속 하여 그는 허구에 대하여 ≪배우란 허구로써 형상을 창조하는 사람이기 때문에 무엇을 생각하든지 어떠한 생활을 하든지 상관 없이 어떤 인간이라도 마음대로 창조할 수 있다고 떠벌리는 소위 리론을 배격해야 한다≫고 지적하면서 천리마 기수와 같이 사고하고 행동하지 않고서는 오늘의 천리마적 현실을 형상할 수 없다고 하였다. (밑줄—필자)13)

김인은 황철의 말을 빌려 체험이 무엇인지 설명한다. 체험이란 흥분도 아니며 도취도 아니다. 최대한의 주의 집중인 것이며 배우의

---

10) 김인은 체현과 체험을 모두 사용하는데, 본 글은 체현을 경험 이상을 의미하는 것으로 본다.
11) 위의 글.
12) 위의 글.
13) 위의 글.

기술은 이 체험 속에서 생겨난다. '체험하는 연기자의 재능이란 생활의 정서적 기억을 토대로 하여 뚜렷한 개성을 창조하고 그의 념원과 관통 행동을 통하여 생활의 본질적이며 전형적인 면들을 무대 감각으로 밝힐 줄 아는 그런 능력'이라는 것이다.[14] 다소 추상적인데, 다음 연기자들이 경계해야 할 것을 밝히는 김인의 글은 그가 어떤 연기를 지향하는지에 대한 단서가 된다.

> 첫째 그것은 연기에서의 무맥한 일반화와 공식화된 《틀》을 극력 반대한다. 공식화된 《틀》을 가지고 있는 연기자들도 시대를 관찰하고 그의 본질을 탐색하려고 한다. 그러나 그 《틀》은 시대적 본질을 탐구하며 인물 성격을 전형화하는 데 있어서 크게 장애로 되는 것이다. 이런 사정은 연기자가 옳게 관찰 수집한 생활적 체험이 배우의 독창성으로써 유일한 성격성을 창조해야 한다는 요구를 제기한다.[15]

김인은 '틀'이 있는 연기를 강력히 반대한다. 물론 '틀'을 가진 배우들도 인물의 본질을 연구할 수는 있다. 그러나 이미 배우가 틀을 가지고 있다면, 배우 자신이 맡은 인물의 전형화에 방해가 된다. 무엇보다 배우는 편견을 갖지 말고 본질을 탐구하라는 것이다. 이를 위해 김인은 배우가 인물이 처한 상황에 빠져들어서 독창적으로 인물의 성격을 창조하라고 말한다. 그는 배우가 섣불리 열정만으로 접근하는 것을 지속적으로 경계하며 다음과 같은 연기를 경계하는 것이다.

---

14) 위의 글.
15) 위의 글.

때문에 배우가 연기의 열정과 기백 자체를 창조하거나 연기한다고 생각해서는 안 된다. 가령 그 자체를 연기한다고 하면 필연코 배우의 외'적 열정과 과장과 허위적 연기를 면할 수 없게 될 것이다. 배우의 외'적 인 열정과 분발은 참된 연기의 열정의 진실f과 무대 감각과는 인연이 없다. 따라서 이것은 엄격한 의미에서 창조를 죽인다. 왜냐하면 외'적 열정과 분발은 반드시 생경한 배우 자신을 보여 주며 로련한 배우인 경우에는 자기의 버릇으로 하여 역을 자기도 아니요, 역도 아닌 제3의 기형아로 바꾸어 놓는다. 그러면 왜 이런 류의 외'적인 열정과 불발이 나오게 되는가?[16]

북한의 긍정 인물은 대부분 모든 고난을 물리치는 인물로 열정과 기백이 가득하다. 그런데 김인은 그러한 인물을 연기한다고 해서 열정과 기백 자체를 연기해서는 안 된다고 주장한다. 열정과 기백은 행동의 결과이기 때문이다. 인물이 처한 환경을 연구하지 않고 섣불리 열정과 기백을 보여주려 할 때 이상한 인물을 창조하게 된다는 것이다.

그리하여 지난 시기에는 류형적이며 도식적인 역의 형(찌프)들이 나왔다면 근년간에 와서는 그와는 좀 다른 형태, 즉 긍정적 주인공이면 혁명과 수령에 대한 충실성, 불요불굴의 혁명 정신, 조국과 인민에 대한 사랑, 동지애, 원수에 대한 불타는 증오, 부정 인물들인 군경, 지주, 자본가 그의 앞잡이들의 경우에는 포악성, 잔악성, 교활성, 비겁성 등의 일면적 특징만으로 역의 생활과 성격을 대신하는 편향으로 나타나고 있다.[17]

---

16) 김인, 「(평론) 다시 한 번 체험 연기를 론함」, 『조선예술』 6호(1965), 9~12쪽.

한편 김인은 1960년대 중반에 나타난 또 다른 연기의 문제점을 지적한다. 1960년대 이전에는 인물이 지나치게 도식적이었다면 1960년대에는 긍정 인물과 부정 인물이 한가지 특징만을 강조하는 편향이 나타난다는 것이다. 부정 인물이라도 그 안에 선함도 있을 수 있는데 배우들은 일면의 특징만을 강조한다는 것이다. 연기에서 상당히 발전된 주장이라 하겠다. 이에 김인은 배우가 막연한 정서로 연기하는 것을 거듭 경계한다.

둘째로는 ≪배우적 정서≫로 연기하는 현상을 경계하는 그것이다. 체험연기는 역의 정서 속에서 배우가 상상하고 행위하는 그 인물의 론리와 생활 속에서 살 것을 요구한다.[18]

이와 같이 김인은 배우가 정서로 연기하는 것, 즉 감정으로 연기하는 것을 경계한다. 헤어지는 장면이면 '슬픔'을 예상하게 되는데, 이 '슬픔'이라는 감정을 연기하지 말라는 것이다. 그 인물이 어떤 상황에서 여기까지 왔으며, 상대는 누구이며, 왜 헤어져야 하는가를 먼저 논리적으로 분석할 것을 당부한다. 김인의 '배우는 무엇보다 감정과 무대감각을 혼돈해서는 안된다'는 주장은 감정과 상황의 파악을 구분하라는 의미이다.[19] 그는 이러한 연기는 심리연기와 분명 구분된다고 강조한다.

체험연기는 내면 연기로 교묘히 가장한 심리주의 연기도 반대하지만

---

17) 위의 글.
18) 김인, 「(배우예술과 현대성) 배우와 시대감각」, 앞의 책.
19) 위의 글.

또한 역의 리상과 연기자의 타산이 있는 것 같기는 하나 후더운 결정과 진심의 맥박을 느낄 수 없는 공허한 내부적 정서의 연기도 극력 반대한다. 공허한 내부적 정서의 연기를 사랑하는 연기자들은 자기류의 취미와 기호를 좀체로 깨뜨리기 힘들어한다. 그들은 (심)지어 참된 무대적 매력 대신에 자기의 개체적인 유기적 매력을 이모저모로 무대에 시위하며 이미 선천적으로 간직된 소질과 기량, 말하자면 자체 매력과특성까지도 악용함으로써 결코는 그 좋은 유기적 자연과 씨앗까지 놓쳐 버리며 나아가서는 남에게서 ≪기술≫과 틀을 빌려 오는 데까지 이른다. 이것은 완전히 창조를 희생시키는 것이다. 이 얼마나 무서운 말인가?[20]

흥미로운 점은 김인은 내면 연기를 폄하한다는 것이다. 비록 심리주의 연기가 무엇을 계산하는 것처럼 보일 수 있지만, 그건 그저 배우 자신의 취미와 기호에서 벗어나기 힘들다는 주장이다. 더구나 심리주의 연기가 강하면 오히려 배우는 자신이 가진 특성을 과시하기도 하며, 그 결과 창조성은 상실된다는 것이다. 그래서 김인은 거듭 배우가 자기도취에서 벗어나야 한다고 강조하며 관객을 속이지도 말고 유혹하지도 말라고 당부한다. 김인의 핵심은 "배우가 자기의 정서로서가 아니라 역의 견지에서 생각하고 웃고 울고 부르짖어야 하며, 그 때에도 배우는 자기를 관찰할줄 알아야 한다"는 것이다.[21]

---

20) 위의 글.
21) 위의 글.

2) 사색과 관찰

김인은 이어서 배우의 사색과 관찰의 중요성을 강조한다. 그에게 '관찰은 체험과 정서적 기억을 기본으로 무한한 상상과 허구의 날개를 펼치면서 진행'되기에 '관찰은 상상력을 퍼내는 원천'이다.[22]

진정한 관찰의 힘을 정확한 시대적 안목으로써 대상을 침착하게 발견하는 데 있으며 주요하게는 그 모든 것을 형상적으로 파악해야 하는 바로 거기에 있다. 배우의 형상적 사색과 관철의 빈곤은 《틀》에 째인 《배우적 정서》를 낳게 되는 전제로 된다. 문제는 시대의 본질 주인공의 내면세계의 성격적 특징들은 형상적으로 파악하고 펼쳐 놓음으로써 생활적 진실을 무대적 진실로 재현하도록 하여야 한다. 형상의 내용을 주는 것은 배우 자신이 아니라 시대의 소산인 가장 격동적인 생활이다. 배우는 그 속에서 가장 전형적인 것들을 묶어 내야 한다.[23]

진정한 관찰이 빈곤해지면 배우의 연기는 틀에 박힌 것이 된다. 배우는 진실한 인물 창조와 진실한 연기를 위해 틀에 박힌 연기를 벗어나야 하는데, 그것을 가능하게 하는 것이 대상을 냉철하게 관찰하는 것이다. 이로써 올바른 형상 구축이 가능하며, 김인에 의하면 올바른 형상이란 "역의 개성이 두드러지면서도 형상을 수행하는 배우의 특색을 반영"하는 것이다.[24] 물론 관찰과 감정이 분리될 수는 없다. 이에 대해 김인은 더욱 구체적으로 배우들에게 조언한다.

---

22) 위의 글.
23) 위의 글.
24) 위의 글.

(…상략…) 배우들은 관찰에서 온갖 창조적 개성을 탐구하기 위한 주관적 요인(동기)들을 많이 만들어야 한다. 이에 대한 좋은 례를 우리는 쏘련의 저명한 배우 베.웨.쓔낀에게서 찾을 수 있는바 그는 위대한 혁명의 수령 레닌을 형상하면서 쓰딸린의 회상기(쓰딸린은 자기 회상기에서 이렇게 말했던 것이다. ≪레닌 자신이 〈혁명은 억압과 착취를 받는 자의 명절이다〉라고 한 바와 같이 레닌은 혁명의 나날에 항상 기뻐하였으며 혁명의 결정적 순간이 닥쳐 왔을 때 그의 얼굴은 어떤 특별한 광선으로 비쳐 주는 듯 하였다.≫)에 무한히 감동되였으며 거기에서 역 형상을 위한 내면적인 동기를 얻었다고 말하였다. 그는 형상의 예술적 일반화에 있어서 력사적 구체성과 개성적 특징들을 결합시키면서 현대성의 견지에서 레닌의 형상의 기본적이며 본질적인 면들을 강조해 나감으로써 불후의 형상을 창조할 수 있었던 것이다.[25]

배우의 관찰대상은 반드시 살아있는 대상만을 의미하지는 않는다. 만약 역사적 인물을 연기해야 할 경우, 최대한 그 인물에 대한 자료를 수집하고 탐독하여 거기에서 단서를 발견하여 역을 형상해야 한다는 것이다. 이와 같이 김인은 배우 예술에서 역 형상을 위해 '관찰'을 가장 핵심으로 본다. 그것을 토대로 '역의 자서전, 내면독백, 속대사 속에 뿌리 박힌 인간을' 창조해야 하는 것이다. 김인은 이것을 '인간성격의 핵'이라고 설명하며, 올바르게 관찰을 할 경우에는 항상 본질과 굳게 연관된 역의 알맹이를 찾을 수 있다고 주장한다. 김인은 이에 대해 예를 들어 설명한다.

---

25) 위의 글.

그러나 역할의 알맹이를 발견하기란 용이한 일이 아니다. 희곡과 역이 주어진 조건에서 처음부터 알맹이를 찾으려고 초조하게 서둘 것이 아니라 전 창조 과정을 통하여 점차적으로 그것이 감각되여야 하며 견고한 행동에로 옮겨질 수 있도록 되어야 한다. 말하자면 의식적인 발견이 내'적 행동에로과되여 버려야 한다. 만일 속단해 버린 알맹이—레하면 ≪붉은 선동원≫의 최 진오가 ≪나는 고집 불통이요≫하고 행동해 보라! 그것은 필연코 결과를 연기하게 되면서 생활과 성격의 핵과는 인연이 없는 비전형적인 그 어떤 것을 창조하게 될 것이다. 때문에 배우의 시대 감각에 의하여 관찰되고 창조적으로 발견된 역의 알맹이는 역의 개성 속에 있어야 한다. 배우는 우선 희곡의 본질을 깊이 해부하고 거기에서 행동하여야 할 자기의 로선을 설정하며 역의 시대적 사명을 밝혀 내야 한다. 이렇게 되면 자연히 역의 성격적 특이성을 발견되며 동시에 역할의 알맹이가 감각된다.[26]

역의 알맹이란 인물의 성격과는 무관함을 알 수 있다. 배우가 자신이 맡은 인물을 ' 고집불통', '비열한' 등으로 생각한다면 그것은 전혀 성격의 핵이 아니라는 것이다. 따라서 김인은 인물의 핵을 발견하기 위해서는 먼저 희곡을 깊이 연구하라고 조언한다.

때문에 희곡에서부터 알맹이를 찾는 것도 좋은 일이다. 희곡 ≪붉은 선동원≫의 알맹이는 ≪위대한 청산리 교시 대로 하면 못 할 일이 없다≫는 확고 부동한 진리이다. 여기로부터 수상 동지의 교시를 받들고 ≪인간에 대한 극진한 사랑과 이신작칙의 모범으로 사람을 교양 개조하는 것≫은 주인공 리 선자의 알맹이로 된다. 연극 ≪지평선≫의 주인공 강 춘식이

---

26) 위의 글.

체현하고 있는 시대 감각과 그의 성격의 내외적 특징 가운데는 숙천 교시를 관철하기 위한 투쟁 과정에서 표현되는 당과 수령에 대한 무한한 충실성과 신뢰, 그리고 난관을 뚫고 나가는 강의성이며 둘째로는 공산주의 도덕, 혁명적 동지애가 풍만한 인간으로서 당성, 인간성, 문화성이 겸비된 그것이며 셋째로는 오직 《그》에게만 고유한 독특한 얼굴, 새 것에 대한 열망, 그를 실현하기 위한 인내력과 제자력 등이 포함되어 있다. 이 세 가지 측면을 종합하면 하나의 강 춘식의 알맹이가 발견되는바 그것은 미래 공산주의 농촌 건설의 《꿈》과 이를 실현 하기 위한 온갖 시련을 극복하는 《자제력》일 것이다.[27]

위의 글에서 알 수 있듯이 김인은 희곡의 알맹이/목표를 먼저 파악하고, 그 가운데에서 인물의 목표가 무엇인지를 파악해야 한다고 강조한다. 이것이 역과 긴밀한 관계에 있기 때문이다. 김인은 감정도 심리도 아닌, 철저한 관찰에 바탕을 둔 이성적인 작업을 해야 한다고 당부하는 것이다. 배우는 무엇보다 무대에서 빛나는 매력이 있어야 하는데 그것은 의식적으로 만든다고 만들어지는 것이 아니다. 이런 작업을 하는 가운데서 결과적으로 매력이 생긴다는 입장이다. 그렇다면 김인 작품의 배우들은 연기에서 어떤 성과를 거두었을까? 평론을 통해 배우들의 연기를 살펴보기로 한다.

연극 《지평선》의 주요한 성과의 하나는 이 문제를 옳게 처리하고 있는 점이다.
중대장 강 춘식은 당성이 강하고 원칙성이 있을 뿐만 아니라 기술을

---

27) 위의 글.

소유하고 있으므로 중대 내 소대들을 당적 과업 수행에로 정확하게 동원할 줄 알며 기술적으로 지도할 줄 안다. 그는 소대장이 감이 나지 않는다는 구실로 해안틀에서 뜨락또르를 딴 데로 돌렸을 때 그 잘못을 단언 바로잡았으며 소대 내의 일련의 기술 문제들을 직접 풀어 주고 지도해 준다. 그는 앞날을 멀리 내다보면서 기술 문제를 풀어 나가는바 50일 전투의 긴장된 시각에로 문섭이로 하여금 제초기를 창안케 하며 영준이의 대학 입학을 위해 성의 있는 노력을 다한다.

당성과 함께 기술을 소유한 로동 계급의 성격을 창조한다는 것은 생산 공정의 기술적 해설 속에 로동자의 성격을 묻어 버린다는 것을 의미하지 않는다. (…중략…)

다음으로 로동 계급의 전형 창조에서 중요한 것은 높은 당성과 아울러 풍부한 공산주의적 인간성, 고상한 문화성을 소유한 그들의 성격적 특징을 예술적으로 뚜렷이 천명하는 문제이다.

이것은 천리마 시대의 로동 계급 기술 혁명과 문화 혁명을 수행하고 있는 로동 계급의 형상에서 반드시 해결하여야 할 문제이다.

≪지평선≫의 강 춘식은 바로 당성, 인간성 문화성을 겸비한 로동 계급의 전형으로 형상되였다.

그는 강철 같은 결단성을 가진 사림인가 하면 모든 사람들을 한 가슴에 그러안는 포용력이 있으며 패기가 있고 전개력이 있는 일'군인가 하면 어머니처럼 다정하고 너그러운 사람이다.

그는 사람과의 사업을 잘 하며 하부에 내려가서 문제를 풀어 주면서 이신작칙하는 지도 일'군이다. 그는 영준, 문섭, 복남 등 청년들의 애로를 민감하게, 세심하게 포착하고 그를 제때에 풀어 준다.[28]

---

28) 권택무, 「(론설) 로동 계급의 보다 훌륭한 형상화를 위하여」 1호(1963), 14~16쪽.

권택무의 글을 보면 〈지평선〉의 배우들은 비교적 입체적으로 인물을 구현한 것으로 보인다. 중대장 강춘식이 당성으로 철저히 구축된 인물이 아니라 어머니처럼 다정한 면도 있다는 것은 인물의 한 면만을 필요 이상으로 강조하지 않은 결과이다. 다소 이상화된 인물로 보여서 현실감이 있었을까 하는 의문도 들지만, 특별히 어색했다는 언급이 없는 것을 보면 이상화된 인물이 주는 거부감에서는 벗어난 것으로 보인다. 그렇다면 김인의 연기지도는 일정 부분 성과를 거두었다고 하겠다.

〈사진 1〉〈대하는 흐른다〉 4막,　　　　〈사진 2〉〈대하는 흐른다〉-황서방(리몽 분)
　　　평양연극영화대학　　　　　　　　　(출처: 『조선예술』 8호, 1965)
　　(출처: 『조선예술』 8호, 1964)

2. 문학분석과 행동분석

김인은 연극작업에 대해 상당한 열정을 가졌다고 스스로를 회고한다. 김인이 '첫 장막의 연출을 맡았을 때 온 무대를 삼겨 버릴 듯 한 정열을 가지고 창조 집단과 같이 현실에 침투하고 작품도 분석하고 배우를 비롯한 집단의 종합 부서들과의 작업을 진행'했다는 회고는 이런 사실을 뒷받침한다.29) 그러나 김인은 시연회에서 많은 지적을 받았다. 이것이 연출법에 대해 숙고하는 계기가 된 것으로 보인다.

> 내가 첫 연출 작업을 총화하면서 스스로 느끼게 된 것은 왜소한 생활적 경험 또한 연약한 연출 체계우에 올라 앉은 자기 자신이 가소롭기 짝이 없다는 점이였다. 따라서 나는 연극의 형상성은 창작가들의 사상과 지혜와 의지, 령감과 기교에 의해서 좌우되지만 중요하게는 현대 연출학이 도달한 확신성 있는 토대-실천에서 론증된 과학적인 연출 체계가 없이는 극 무대의 종합적 형상을 옳게 다룰 수 없다는 결론에 새삼스럽게 도달하였다. 물론 나는 연출을 신비화하거나 체계를 우상화하는 경향을 반대한다.30)

김인은 생활의 경험을 했다고 해도 그것은 아주 왜소한 경험일 뿐이며 그것을 토대로 연출을 하는 것은 너무도 가소로운 것이었다고 말한다. 중요한 것은 과학적인 연출 체계가 있어야 한다는 것이다. 또한 시대의 전형을 우상화하고 신비화하면 도식화된 무대적 틀을 발로시킬 수 있다고 주장한다. 이에 그는 '인간 생활의 내면적 미를

---

29) 김인, 「(우리시대 연출가와 그의 작업) 연출체계의 과학성」, 『조선예술』(1963.8), 21~24쪽.
30) 위의 글.

추구한다고 하여 연극 예술의 기본 특성의 하나인 행동선을 부인하는 경우는 모두 잘못된 것'임을 깨닫는다.[31] 김인은 이후 과학적 연출 체계 수립에 몰입한다.

1) 희곡과 인물

김인 연출법의 기본은 사회주의적 사실주의이다. 실상 이것은 북한 연극계의 지향점이며 북한 연출가들의 지향점이다. 사회주의적 사실 주의에서 출발하는 그는 연출가가 제일 먼저 부딪히는 문제는 희곡의 문학적 작업과 무대를 위한 작업이라고 본다.

김인은 희곡 분석에서 연출가가 많은 미학적 이론으로 배우들에게 문제를 제시해주어야 한다고 주장한다. 이를 위해 연출가는 무엇보다 시대 감각과 극적 관계를 탐색해야 하는데 그것이 희곡과 역에 대한 분석이라고 설명한다.

> 희곡과 역에 대한 분석 – 지어진 일정한 문학 분석 규범에 의거하여 희곡과 역에 대한 사상적인 분해를 진행하며 그 기초 우에서 순차적으로 극적 구조 분석을 진행한다. 이리하여 작품에 대한 사상과 예술적 방향이 희곡론적으로 밝혀지면 이에 토대하여 역의 성격 형상의 지반을 확고히 다지는 작업을 진행한다.[32]

이와 같이 김인은 희곡과 인물 분석에서 '사상적 분석'을 제시한다.

---

31) 위의 글.
32) 위의 글.

작가가 희곡을 통해 무엇을 말하고자 하는가에 대한 분석으로 시작하라는 것이다. 김인은 그것을 기초로 기-승-전-결 등의 구조 자체를 분석하라고 말한다. 연극 자체에 어떻게 리듬을 부여할지는 희곡의 구조 분석과 밀접한 관계를 맺는다. "희곡의 정확한 구조 분석을 통해서 극 전체의 흐름을 하나의 리듬체계로 이해할 수 있으며, 그에 따라 또한 작품의 스타일도 만들어"지기 때문이다.[33] 김인은 구조를 통해 연극에서 리듬을 찾고자 하는 것이다.

그 다음은 역에 대해 분석인데 이에 대해 김인은 구체적으로 언급하지는 않는다. 그러나 김인의 글을 맥락적으로 파악할 때, 이것은 인물의 목표/관통행동으로 보인다. 인물이 무엇을 하려고 하는가를 찾는 작업이기 때문이다. 희곡의 구조를 분석하는 것을 보면, 인물 분석에서도 기-승-전-결에 따라 인물이 무엇을 하려는지를 같이 분석한 것으로 추측된다.

희곡과 인물의 분석의 다음 단계는 인물의 성격 창조이다. 김인은 이 작업이 연출 체계의 기본 핵이라고 주장한다.

> 인간 성격 형상의 창조-이는 연출 체계의 기본 핵이며 문제의 초점이다. 성격 형상 창조 준비 과정에서 연출가의 주 되는 미학적인 초점은 시대의 귀감으로, 전형으로 되게 하는 거기에 력점을 두면서 긍정 부정 역의 성격을 창조하도록 온갖 체계적인 방조를 주는 데 있다.[34]

연극은 배우의 예술이기에 인물창조는 어떤 면에서 연극의 성패를

---

33) 안민수, 『연극연출: 원리와 기술』(집문당, 1998), 128쪽.
34) 위의 글.

좌우한다고 할 수 있다. 김인은 이때 연출가가 반드시 인물이 전형이 되도록 도움을 주어야 한다고 주장한다. 어떤 틀에 박힌 인물이 아니라, 살아있는 생동감 있는 인물의 구축이 최종 목표이다. 김인은 극과 성격의 사회적 지반을 연구하는 것이 인물 구축 작업의 절반이라고 본다.

이렇듯 분석 단계에서 벌써 성격의 절반은 안겨 온 것으로 된다. 여기서 중요하게 놓쳐서는 안 될 체계의 기본 문제는 정확한 역의 념원과 관통 행동선의 발견, 지어진 환경, 사건, 사실들에 대한 유기적인 배합과 타산, 그러면서 예술적인 자서전의 근간을 들추어 내며 역의 알맹이에 대한 막연한 감촉 등의 예상과 형상의 지향을 밝히는 것이다. 이 모든 것은 연출 체계 내에 포함된 가장 기본적이며 초보적인 단계이다.[35]

김인은 이 단계에서 인물의 관통행동과 행동선을 발견해야 하며, 그때의 환경과 사건을 분석하라고 말한다. 관통행동, 행동선, 환경, 사건은 서로 유기적으로 배합되기 때문이다. 김인은 이때 필요한 것이 인물의 자서전이라고 본다. 한 인물이 어떻게 성장을 해서 여기까지 왔는지를 탐색할 때 살아있는 인물이 구축될 수 있다는 입장이다. 그런데 이 모두는 초보적인 연출 작업이다. 그러나 이 초보적 단계가 탄탄히 이루질 때 인물구축과 무대 요소와의 논의가 탄탄히 이루어질 수 있는 것이다. 김인은 이 초보적 단계를 마치면 연출가는 무대, 의상 등 다른 분야의 전문가들과 논의하는 단계로 들어가라고 말한다.

---

35) 위의 글.

〈사진 3〉〈대하는 흐른다〉 3막2장, 국립연극극장(출처: 『조선예술』 11호, 1964)

2) 감정과 성격

김인은 문학 분석의 다음 단계로 행동 분석을 제시한다. 김인에 의하면 '이 단계에서는 연기 습작을 위주로 하면서 배우가 각 단계를 소화하고 궁극의 목적–형상의 결실을 맺기 위해 연출가가 연기진을 비롯한 온 형상 집단을 묶어세우'는 것이 목적이다.[36] 다소 이해하기 쉬운 표현은 아니지만, 분명한 것은 배우와의 작업에서 연기에 대한 작업이라고 하겠다.

---

36) 위의 글.

(1) 습작의 행동분석

김인은 '습작의 행동분석'이 분석의 방법일 뿐 체계는 아니라고 한다. 그렇다면 습작의 행동 분석이란 초보적인 분석단계인 것으로 보인다. 탁상에서 문학적 작업을 하고 난 이후, 그 분석 작업을 토대로 그 위에 행동을 입히는 단계라는 것이다. 이 연기 습작은 완전한 무에서 생산되는 것은 아니다. 다음은 김인의 연출법을 알 수 있는 중요 단서를 인용해보기로 한다.

(…상략…) 형상창조를 머리로써만이 아니라 배우의 온 유기체의 침투를 기본으로 하면서 가볍고 자유로운 유기적 행동으로부터 계속적인 행동을 통하여 희곡과 역의 형상에로 접근하는 이 길은 얼핏 보기에 자기의 사명을 상실한다고 볼 수도 있다. 허나 대략 이 단계에서 체계의 기본으로 깔려 있는 것은 낡은 체계에서 인위적으로 세워진 분석과 체현 사이에 오는 모순을 제거하는 중요한 로정이다. 이것은 역을 창조함에 있어서 ≪그≫의 립장에서가 아니라 ≪나≫의 립장에서 나의 의식, 나의 행동으로부터 역과 융합되어 결과적으로 ≪그≫의 성격성을 획득하는데 기여하고 있다. 또한 독자적인 창작가로서의 배우의 자립성이 무한히 개방되며 배우의 내면적 및 육체 행동의 일치성, 그로부터 야기되는 언어 생활에 대한 문제가 제기된다. 이 시기의 말 행동은 제멋대로의 무절제를 의미하는 것이 아니다. 체계의 기초는 기실 참된 무대적인 생활어의 창조를 요구한다.[37]

김인은 극의 인물로 접근하는 것이 중요하다고 강조한다. 위의 글

---

37) 위의 글.

에서 주목할 것은 '낡은 체계에서(는) 분석과 체현 사이에 모순'이 있다고 언급한다는 점이다. 탁상에서 문학적 분석을 한 이후 배우가 서서 움직일 때 분석과 움직임이 서로 모순되는 점이 있다는 것이다. 이 모순을 제거해야 한다는 것이 김인의 주장이다. 배우는 '나'이며 극중 인물은 '그'이다. '나'와 '그' 사이에 간격을 제거하는 것이 중요한데 연기 습작이 이에 도움이 된다는 주장이다. 아쉬운 것은 김인이 '나'로부터의 출발에 대해서 구체적으로 언급하지 않는다는 점이다. 따라서 다음 김기수의 글을 참고하기로 한다.

따라서 배우 예술의 주요 과업은 배우 자신의 생기 발랄한 인간적 자연을 말살하지 않고 무대적 형상을 창조하는데 있다. 자기의 유기적 자연을 죽인다는 것- 이것은 형상의 약동한 정신 세계를 훼손시키게 하며 막연한 감정과 자기 속에 없는 전혀 ≪딴 것≫을 가져 오게 한다.

이것을 퇴지하기 위하여 사실주의 극장 예술에서 배우의 역에 대한 작업 과정의 필수적 조건으로서 ≪나로부터≫ 출발한다는 원칙을 내세우는 것이다.

형상을 연기하지 말고, 감정을 연기하지 말고 처음에는 역의 생활 조건에서 자기를 발견하려고 하라! - 이것은 사실주의 배우 예술의 요구이다. ≪…이 방법으로 당신은 처음으로 역 속에서 자기 자신을 감각하게 될 것입니다. 이렇게 할 때 자기 자신 속에서 모든 역을 성장시키는 그리 힘들지 않을 것입니다. 생기 발랄하고 진실한 인간적 감정-이것은 역을 위한 훌륭한 지반입니다.≫(스따니슬랍스끼)

그럼 ≪나로부터≫ 출발하여 행동한다는 것은 무엇을 의미하는가? 이것은 무대 우에 자기 자신으로 남아 있어도, 역을 배우 자신에게 적응시켜도 무방하단 말인가?

≪나로부터≫ 출발하여 행동한다는 것- 이것은 자기 자신을 연기해도, 작가의 형상을 차요시해도 좋다는 것을 의미하지 않는다. 이것은 배우 자신의 유기적 자연으로부터 출발함을 의미하며, 형상을 자기에게 글어다 맞출것이 아니라 형상으로 가야 한다는 것을 의미한다.

모든 것은 명백하다. ≪나로부터≫ 출발해야 한다. 그러나 형상으로 되어야 한다. 배우 예술의 주요 사명은 작가가 제시한 성격을 무대에 재현해야 하며 재구현해야 한다는 것을 한시도 망각해서는 안 된다.

고리끼는 예술가는 무엇으로부터 시작할 것인가? 란 질문에 대답하면서 예술가는 무엇보다도 성격을 보아야 한다, 라고 대답하였다. 이것은 배우들에게도 합당한 말이다. 배우도 무대 우에서 무엇보다도 성격을 체현해야 한다. 바로 이것은 참된 재구현이 없이는 이룩될 수 없다.

스따니슬랍스끼는 재구현의 창조 과정을 나-배우와 그-형상이 상호 작용하는 복잡한 변증법적 과정으로 리해하였다. 이것은 바로 ≪자기 속에서 역을 발견하며 역 속에서 자기를 발견하라≫는 것이다.

따라서 그에 의하면 배우가 희곡의 부여된 환경을 평가하며 열정적인 사색, 감정, 한상으로써 그 속에 침투한다는 것은 바로 형상을 재구현키 위한 활주로라는 것이다.[38]

김기수는 배우가 극중 인물을 연기할 때 무의식중에 부담이 생겨서 전혀 존재하지 않은 기이한 움직임과 말을 전개하므로 기이한 인물을 창조하는 경향이 많다고 말한다. 그는 이것을 방지하기 위해서 '나'로 출발하라고 권한다. 물론 이것이 전부가 아니다. '나'로부터 출발할

---

38) 김기수, 「(배우 예술의 현대성) 역 형상과 배우의 창조적 개성」, 『조선예술』 8호(1963), 25~28쪽.

뿐이다. 최종적으로는 '나'와 '극중 인물'을 오고 가면서 진실한 감각을 유지한 채 점점 극중 인물에 접근하는 것이 중요하다. 김인은 이를 위해서 습작의 행동분석을 제안하는 것이다.

김인은 연기 습작의 또 다른 중요한 점으로 결과로 나타나는 '감정'을 든다. 행동 분석이 '항상 과학적이며 체계적인 무대 임무-창작 임무를 제공함으로써 정확한 임무 수행이 되기만 하면 곧 그에 상응한 정확한 정서(감정)가 야기'된다는 것이다.[39]

생활에서와 같이 무대 행동의 법칙은 사람들의 감정이 행동보다 선행하는 것이 아니라 행동이 감정을 끌어 내는 것이다. 때문에 연기자들은 반드시 행동을 통해서 역의 성격과 그의 특성들을 추구하고 밝혀야 한다. 례하면 황홀, 비장, 울음 그 자체는 야기된 결과(감각)이지 무대 임무도 행동도 아니다. 문제를 그를 야기시키는 행동과 행동의 목적이 바로 무대 임무라는데 있다. 그러므로 연출가들은 배우들에게 무대 임무를 마련하고 체계를 접수시킴에 있어서 일반적이며 막연한 감촉으로 그 결과를 요구해서는 안 된다. 왜냐하면 감각만으로써는 역의 임무를 완성할 수 없으며 다만 행동으로써만 그를 완수할 수 있기 때문이다.[40]

김인은 사람의 감정이란 행동보다 우선하는 것이 아니라 행동이 감정을 끌어낸다고 본다. 실상 이에 대해 옳고 그름을 논하는 것은 불필요하다. 김인이 '행동 다음이 감정'이라고 본다는 사실이 중요하다. 예를 들면 김인은 '슬퍼서 운다'면 우는 것이 먼저가 아니라, 그

---

39) 김인, 앞의 글.
40) 위의 글.

울음을 가져온 것이 무엇인지를 찾아야 한다는 것이다. 따라서 연출가는 배우에게 울거나 웃으라고 강조할 수 없다. 그것은 행동과 상황에서 기인하는 것이기 때문이다. 감정은 연기하는 것이 아니다.

역의 감정과 그의 성격 – 이는 소여의 무대 임무를 완성한 결과의 소산이다. 때문에 배우들은 자기의 정서와 감각을 연기해서는 안 되며 그의 조건을 행동으로 차곡차곡 찾으면서 수행해야 한다. 물론 이 로정에는 많은 난관이 놓여 있다. 따라서 이를 적극적으로 뚫고 나가야 한다. 여기에 바로 행동 예술이 행동 예술다운 데가 있는 것이다. 행동의 적극성 이는 배우 예술의 근간이며 성격 형상을 창조하는 주요 단계다.[41]

이와 같이 김인은 감정을 감각으로 보며 배우가 감각을 연기하지 말 것을 조언한다. 배우가 오직 인물의 목표를 향해 갈 때 난관을 극복하거나 누군가와 협조해야 하는 여러 상황이 발생하는데, 이 과정에서 감정/감각이 결과적으로 발생한다는 것이다. 그것이 인물의 성격을 창조한다는 입장이다. 김인은 이를 위해서는 습작을 통해 역을 분석해 나가는 것이 도움이 되며, 최종적으로 연출가는 배우가 다음까지 도달하도록 도와야 한다고 주장한다.

이 시기 배우의 무대적 과제에서 해결을 요하는 것은 배우의 유기적 행동과 무대 자감, 말하자면 배우의 제반 기본 요소들을 작품과 역에 근거하여, 때로는 그와 류사한 과제를 제시한 체계적인 연기 습작을 통해서 역을 분해해 나아감으로써 무대 태도 즉 대상에 대한 인식과 태도를 점차

---

41) 위의 글.

가지면서 진실과 심리의 감각을 창조하며 무대상의 진실을 낳게 하는 것이다. 이 시기 놓쳐서는 안 될 것은 행동의 적극적인 침투와 행동의 삼대 요구로(원인, 목적, 결과)부터 출발하여 행동의 론리와 순차성과 타산 등을 따지고 나중에는 무대 임무의 세 가지 요소 즉 그는 무엇을 할 것인가? (행동) 나는 왜 이것을 하는가? (의문을 풀며), 나는 어떻게 할 것인가? (적응의 방법)을 창조하여야 한다는 점이다.[42]

〈사진 4〉 〈대하는 흐른다〉
(출처: 『조선예술』 11호, 1966)

〈사진 5〉 〈대하는 흐른다〉
(출처: 『조선예술』 11호, 1964)

김인은 연기 습작은 역을 분석하는 것이며 그 구체적 분석 대상은 인물의 대사와 움직임이며 그것의 원인, 목적, 결과라고 한다. 배우가 움직이는데 왜 움직이며, 무엇을 위해 움직이며, 그 결과 무엇이 생산되었는지를 분석해야 한다는 것이다. 그런데 이 단계에서는 확실히 '그'가 아니라 '나'로 접근을 해야 하며 분석한 희곡에 토대를 두어야 한다. 그럼으로써 상대와의 관계가 생산되고 갈등, 모순 등이 찾아진

---

42) 위의 글.

다는 것이다.

(2) 성격 형상의 발전

다음 단계는 숨은 대사를 찾아 배우가 희곡의 대사를 말이 되도록
하는 작업이다.

> 또한 이 단계에서의 체계의 중심은 역의 정신적 및 육체적인 합성체로
> 서의 ≪말≫형상에 대하여, 그의 무대적인 숙련에 심중한 고려를 돌릴 것
> 을 요구한다.
> 희곡에 분포되고 로출된 매개 대사에는 수없이 많은 숨은 대사가 있다.
> 때문에 대사의 뜻, 사념이 옳게 잡혀지지 않는 말 행동의 진선성과 공허
> 성 습벽, 비문화성들을 극력 제거해야 하며 말의 영상, 속대사, 내면 독백,
> 그의 자유로운 구사를 대단히 높이 강조해야 한다. 언어에는 음악성과
> 률동성이 있으며 따라서 박자와 속도를 정확히 유지해야 한다. 체계의
> 기본은 끝으로 일정한 종합 형상들이 하나의 통일된 자기의 질서와 조화를
> 이루면서 화려하게 무대 문화로서 장식되고 결속될 것을 요구한다.[43]

배우가 움직임에만 초점을 맞추면 어느새 배우의 말은 인물의 말에
서 벗어날 우려가 있다. 또한 탁상에서 분석했던 대사 이외에도 움직
임으로 많은 숨은 대사가 발견된다. 속대사와 숨은 대사에 대한 김인
의 글을 살펴보기로 한다.

---

43) 위의 글.

일반적으로 행동이란?

심리(내부)적 및 육체(외부적 행동의 통일을 의미하며 그의 합성체로서의 말 행동도 포함된다. 숨은 행동도 전부 그 행동 가운데 있다.

그러면 숨은 행동이란 무엇인가?

그것은 첫째 독백 혹은 교제 속에서 짧게 혹은 련속으로 진행되는 말 속에 숨은 〈속대사〉이다.

사람은 항상 생각하며 또 느낀다. 그러나 자기를 생각하고 느낀 것을 다 말할 수 없는 속대사가 나온다. 속대사는 역이 대사말을 끊임 없이 흐르는 내면적으로 감촉할 수 있는 명백한 생활인 것이다. 적지 않게 창작의 의의는 속대사 속에 있다.

또한 극 작품 전체, 주로 심리적 측면에 자리 잡고 있으며 역의 최고 과제 및 감동 행동선과 굳게 련관지어 련속을 이루고 있는 〈내면 독백〉이다.

이는 역의 내면적인 일체 생각들과 영상들을 대사 속에 숨기 혹은 대사 속에 깔아두면서, 내면적 생활을 재생시키면서 적극적인 행동을 불러 일으킨다.

이렇게 배우의 예술은 작은 말을 가지고 많은 것을 말하며 그리 많지 않은 대사 뒤에서 관객의 크고 내밀한 내면적 생활을 볼 수 있게 한다. 행동 속에 숨은 이 저류는 의의적으로 되며 기쁨으로 된다.

단체코는 이것을 〈제2 프란〉이라고 부르고 있다. 실생활과 마찬가지로 드라마뚜르기야에 담겨진 행동은 크나 작으나 이 〈속대사〉, 〈내면독백〉을 무진장하게 깔고 있다. 이것을 창조하는 것은 역의 성격화를 기하는 큰 방도로 본다.[44]

---

44) 김인, 「연기의 성격성」, 앞의 책.

속대사와 내면독백은 인물이 다 말하지 못한, 그러나 내면으로는 끊임없이 흐르고 있는 인물의 의식이다. 인물이 작은 대사를 말한다고 해도 그 안에 흐르는 의식은 풍성할 수 있다. 김인은 이것을 포착하고 드러내는 것을 연출가와 배우의 의무로 본다. 배우는 속대사와 독백을 자유롭게 상상하며 대사를 전개해야 하는 것이다. 이 과정에서 배우들은 옳지 않은 습관들을 철저히 버려야 한다. 이 작업이 철저해질수록 대사 자체에 있는 음악성이 나타나며 박자와 속도가 생긴다.

이렇듯 모든 내외의 예술적 뜻들이 합쳐지고 예술적 구도가 조절되고 온 종합 집단이 희곡의 념원을 향하여 관통 행동선에 련결되고 박자와 속도가 완연히 일치되는 최종 단계에서의 체계의 또 하나의 기본 요구는 연극에서 《연극》을 제거해 버리는 문제이다. 그리하여 연극으로 하여금 사실주의적 체험의 예술로서 관객들을 매혹하게 하여야 한다.[45]

그 다음 단계는 모든 것을 배우의 관통과제에 연결하고, 인위적인 연극으로 보이지 않게 하는 것이다. 마치 현실에서 일어나는 것처럼, 연극을 하고 있지 않은 것처럼 최종적으로 관객에게 보여주어야 한다.
이와 같이 김인은 배우가 '나'로부터 출발해서 인물의 목표를 수행하고 숨은 대사를 발견하여 진실한 연기를 전개할 것을 주장한다. 이로써 관객이 실제를 보는 것처럼 느끼는 연극에 도달하자는 것이다. 제4의 벽을 통해서 관객이 보는 것처럼.

---

45) 김인, 「(우리시대 연출가와 그의 작업) 연출체계의 과학성」, 앞의 책.

3. 무대연출: 시청각적 요소의 강화

김인은 행동분석의 단계를 다 마친 이후, 무대연습 단계를 제시한다. 이 단계는 보다 복잡하고 종합적이다. 그는 이 단계를 '성격 형상의 뚜렷한 발전과 확증, 표현과 조형, 역의 성격성의 노출과 정리, 역의 내재(박자와 속도) 및 그의 총적 무대적 조율, 연출가의 종합적인 연출 구사 및 연출 체계와 그의 예술적 지향의 총적 실현을 이룩하는 가장 엄숙하고 격렬한 무대 연습 단계'로 본다.[46]

이 단계는 성격 형상의 뚜렷한 발전과 그의 확증, 표현과 조형, 역의 성격성의 로출과 그의 추고, 정리, 역의 내래률(박자와 속도) 및 그의 총적 무대적 조률, 연출가의 종합적인 연출 구사 및 연출 체계와 그의 예술적 지향의 총적 실현을 이룩하는 가장 엄숙하고 격렬한 무대 련습 단계이다. 이 단계에서는 역시 체계의 중심에 성격 형성 창조가 높이면서 부차적인 종합 부서들과의 사업, 례하면 장치에서는 - 구도, 선, 양식, 립체, 채색, 회화, 분위기, 생활 구사 초점 등이 확인되며 조명에서는 - 빛, 광도, 음영, 여음, 자연 및 분위기 묘사, 그의 력점들이 합의 결정되며 기타 음향, 음악, 자연 소음 등의 효과와 공예, 의상 및 제작자들과의 사업이 진행된다. 그러나 체계의 기본은 인간 성격의 창조를 위한 보다 높은 연출학과 배우 미학의 유기적인 환상의 배합을 제기하고 있다.[47]

이와 같이 김인은 무대연습을 인물의 성격을 적극적으로 표현하고,

---

46) 위의 글.
47) 위의 글.

인물의 리듬을 발견하고, 점점 완성도를 높이는 단계로 보는 것이다. 동시에 무대 장치, 조명 등의 작업을 이 단계에서 진행한다. 이전에 했었던 모든 작업은 무대연습 단계에 적용시켜야 한다. 그런데 이러한 설명을 특별하다고 보기는 어렵다. 모든 연출가는 무대연습(리허설)에서 이와 같은 작업을 진행하기 때문이다. 따라서 무대연습 자체보다는 실제 공연이 어떠했는지를 살펴보기로 한다. 김인은 자신의 연출법을 작품에 어떻게 실현했을까? 다행히 〈대하는 흐른다〉에 대한 김유근의 평이 발견된다. 다소 길지만 공연을 상상하기 위해서 옮겨보기로 한다.

연극 《대하는 흐른다》(연극 영화 대학)에서 음향 효과의 사상-예술적 성과는 그것이 시종 일관하게 연극의 사상과 역-인물의 성격 형상을 선명하게 부각시킴에 이바지하였다는 데 있다.

제2막 제1장 배 덕수의 집 대문 소리에도 이 장면에 등장하는 인물들의 성격적 특질이 매우 생동하고 진실하게 반영되여 있다.

즉 창조자들은 극히 단순한 이 음향으로 해당한 환경의 분위기를 조성하는 동시에 음의 단조로운 반복을 제거하는 대조의 수법으로써 역-인물들의 성격적 특질을 재치있게 부각시키고 있는 것이다.

제3막 제1장, 비룡강 장면의 음향 효과도 역-인물의 성격 형상을 부각함에 있어서 높은 경지에 도달하고 있는 례의 하나이다.

이 장면에서 역-인물의 성격과 음향 효과와의 유기적 통일은 호상 작용 속에서 훌륭히 이루어졌다.

적탄에 맞은 장 길봉이의 고매한 정신 세계를 부각시키기 위하여 연출가는 세차게 달리는 기관차 소리와 힘찬 기적 소리를 련상의 수법으로 도입하였다.

우람차게 들려 오는 기적 소리를 귀'전에 들으면서 길봉은 ≪내가 기관 차를 타야 할 텐데…≫라고 말한다.

이 대사는 비록 짧으나 그것은 혁명에 이바지하려는 그의 불타는 심정 의 토로이며 로동 계급의 혁명적 지조와 최후 승리에 대한 신념을 훌륭히 말해 주고 있다. (…중략…)

이렇게 완결된 형상은 역과 음향 효과가 호상 밀접히 련관되고 통일된 속에서만이 이루어질 수 있는 것이다.

만일 련상의 수법으로 이 순간의 기적 소리를 도입하지 않았더라면 장 길봉의 대사는 생활적 론리가 명백하지 못 할 것이며 싱거움이 뒤섞여 관객들에게 그처럼 진실한 공감을 자아 내지 못 했을 것이다.

장 길봉의 희생은 주인공 마 영기의 성격 발전에 새로운 계기를 열어 준다.

연출가는 음향효과로써 이것을 부각시키기 위하여 상징적 수법과 강조 의 수법을 결합시켜 장 길봉의 형상을 방불하게 안겨 주는 기적 소리를 재삼 도입하였다.

주인공이 장 길봉의 모자를 으스러지게 부여잡고 흐느낄 때 들려 오는 장엄한 기적 소리는 로동 계급 청년의 혁명적 투지를 상징하면서 장 길봉 이와 같이 혁명적 기치를 높이 들고 나아가려는 마 영기의 굳은 결의를 몇 백마디의 말보다 더 힘 있고 함축성 있게 표명하여 주었다. 이러한 형상은 음향 효과가 역-인물의 성격을 뚜렷이 부각함에 있어서 얼마나 거대한 역할을 놀고 있는가를 보여 주는 좋은 실례이다.[48]

김유근은 〈대하는 흐른다〉에서 집 대문 소리, 기적소리 등 음향

---

48) 김유근, 「(평론) 역 인물의 성격 형상과 음향효과」, 『조선예술』 5호(1964), 14~16쪽.

효과를 상찬한다. 김인은 단조로울 수 있는 장면에서 반복되는 대문 소리를 활용함으로써 극 인물의 성격을 반영한 것이다. 또한 장길봉의 장엄한 죽음 장면에서는 기적소리를 활용함으로써 그 죽음이 미래를 향한 투쟁이라는 암시를 한다. 주인공이 장길봉의 모자를 손에 쥘 때 동일한 기적소리를 다시 들리게 함으로써 청각 이미지로 관객에게 장엄함과 인물의 성격을 반영한 것이다. 어떤 말보다 상당히 효과적인 청각 이미지였던 것으로 짐작된다. 한진섭 역시 김유근과 동일한 맥락에서 언급하는 것을 보면 김인의 연출력은 상당히 인상적이었던 것으로 보인다.

연극 ≪대하는 흐른다≫의 전 화폭에 체현된 그의 이러한 형상적 의도와 요소들은 매두 깊은 감동으로 작품의 사상을 반영시켜 주었다. 비룡강 장면인 3막 1장을 례들어 보자. 연출가는 계급적 원수의 총탄에 맞아 운명하는 장 길봉의 형상에 연출가적 력점을 찍음으로써 장 길봉의 높은 정신 세계 즉 로동 계급의 생활, 락천적이고 굳센 성격적 풍모를 감명 깊에 개성화하였다. 그것은 총탄에 맞고도 농민들에게 지주 계급의 본성을 인식시켜 주는 해설 장면, 운명 후 그의 정신 세계를 상징해 주는 기관차의 힘찬 음향 효과 등 기타 극 발전의 중요 요소마다에서 연출가의 박력 있는 개성적 속성을 발견하게 된다.[49]

김인은 장길봉이 총에 맞아 죽는 장면에서 장길봉의 높은 정신세계를 강조하기 위해서 음향을 적극 활용한다. 기관차의 힘찬 소리를 통해 죽음이 죽음으로 그치는 것이 아님을 강조하는 것이다. 한진섭

49) 인민 배우 한 진섭, 「(평론) 성장한 연출 예술」 12호(1964), 16~20쪽

은 이를 포착하고 김인을 박력 있는 연출로 고평하는 것이다. 김인은 무대연출에서 배우만이 아니라 적극적으로 시청각적 이미지를 활용한 것이다.

이제 김인의 연출법을 정리해보기로 한다. 김인은 먼저 배우의 인물구축을 위해 심리주의적 연기를 경계한다. 인간에 대한 사색과 관찰을 기본으로 하는 것이다. 다음 희곡분석 단계에서는 연기 습작으로 접근한다. 여기에서 김인은 배우의 불필요한 언행을 제거하고 배우가 인물로써 존재하도록 한다. 이후 최종 무대에서는 이 모든 것을 무대 요소가 시청각적으로 돕도록 계획한다. 김인은 냉철한 분석을 토대로 무대의 요소를 적극 활용하여 연극성을 풍부하게 하는 연출가라 하겠다.

〈그림 1〉〈대하는 흐른다〉-비룡강 장면 창작화(출처: 『조선예술』 8호, 1964)

김인, 「연기의 성격성」, 『조선예술』 10호(1959), 31~34쪽.

천리마의 기세로 내닫는 우리 나라 현실은 연기가 □□ 보다 높은 미학적 안목과 고도로 되는 연기 기량의 소유를 요구한다. (…중략…)

우리는 어느 역이든지 성격이 있어야 한다고 인정한다. 때문에 어느 연기자를 물론하고 모두가 성격 창작의 창조자가 되어야 할 것으 자명한 일이다.

연기의 성격은 외형의 육체적 체형, 이른바 연기자가 역 형상을 창조함에 있어서 그가 됨으로 하여 역의 내부와 외부를 꾸리는 연기자 자신의 가면이다. 이 □□ 배양 과정을 체현 과정이라고 한다.

이 체현 과정은 연기자가 단지 자기 정서를 연기하거나 역의 자서전적 프란을 따라가는 것이 아니라 자기의 개성적인 창작적 자립성으로써 □□애 지어진 환경을 창조하면서 역의 외형적 육체의 성격성을 획득해나가는 기능을 말한다.

재능있는 연기자에 의하여 창조된 형상의 성격화 및 외형적 구현은 자기가 정확히 역에 내면적 심리 상태를 창조한 데서 나온 것이다. 외면적 성격화 그것은 외면적 형상을 통하여 □□ 형상의 성격화 그것은 외면적 형상을 통하여 한 개 형상이 □ 내면 생활을 □□히 그린다는 말이다. 체현한 성격상의 구현은 연기자의 가장 중요한 임무이다. 왜냐 하면 연기자는 응당 무대에서 성격 형성을 □□해야 하기 때문이다. □□을 창조하고 그를 표현한다는 것은 자기 자신이 주인공의 생활로써 산다는 것을 의미한다.

≪전적으로 안전하게 그가 상상하는 그 인물의 생활로써 살지 않으면 안된다≫고 아. 오쓰뜨롭쓰끼는 말하였다.

연극 〈불사조〉에서 리 두성의 성격 형상을 창조함에 있어서 공훈 배우 리 단은 〈혁명을 위해서는 자기 목숨을 티끌만큼도 여기지 않고 자기를 희생하는 거 김 장군에 대한 다함없는 존경과 그 분의 말을 항상 자기 생활 의 신조로 삼고 있는 리 두성의 진면모는 간난 신고에 쌓인 그의 자서전에 서부터 찾을 수 없다〉라고 하면서 자서전의 그 사실을 체험하고 체현하면 서 외부적 성격성을 장악함으로써 령하 40도에 혹한 밀림 속에서 백날 동안 놈들의 박해와 병마와 싸워 이기는 기념비적 불사신의 성격 형상을 창조하 였다.

〈크레믈리의 종소리〉에서 혁명의 수령 위대한 레닌의 형상을 창조하면 서 리 단은 〈□날이 나는 레닌의 인간 속에 유혹당해 들어 갔다. 천재만이 가질 수 있는 레닌의 혁명의 감정과 청춘의 열정, 적극성, 생활의 개조에 대한 태도들이 큰 알맹이가 되어 내 몸에 침투되기 시작하였다.

레닌의 성격상 특징과 행동의 이모저모를 기백과 연구 자료의 수집에 분망하였다〉라고 하면서 레닌의 로작품을 연구하며 그의 생애와 행동을 전하는 자료들을 정독하며 인간 레닌의 특징적인 알맹이들을 찾아내면서 평범하고 친근한 참으로 □□□의 레닌 즉 수령이며 철학가이며 사상가인 그의 정신적 아름다움, 그의 인간성을 창조했다.

이렇듯 생활은 □□□ 형상이든가 혹은 일럭의 인간 성격을 해명할 것을, 더욱이 정치적으로 사색하는 예술가로서 인민의 위업을 위한 열정적이고 비판형식인 투사로서.... (…중략…)

일반적으로 행동이란?

그것은 첫째: 독백 혹은 교제 속에서 짧게 혹은 련속으로 진행되는 말 속에 숨은 〈속대사〉이다.

사람은 항상 생각하며 또 느낀다. 그러나 자기는 생각하고 느낀 것을 다 말할 수 없는 대사 속대사가 나온다. 속대사는 역의 대사말을 끊임 없이 흐르는 내면적으로 감촉할 수 있는 명백한 생활인 것이다. 적지 않게 창작의 언어는 속대사 속에 있다.

또한 극 작품 전체, 주로 심리적 측면에 자리 잡고 있으며 역의 최고 과제 및 관통 행동선과 굳게 련관지여 련속을 이루고 있는 〈내면 독백〉이다.

이는 역의 내면적인 일체 생각들과 영상들을 대사 속에 숨겨 혹은 대사 속에 깔아두면서, 내면적 생활을 재생시키면서 적극적인 행동을 불러 일으킨다.

이렇게 배우의 예술은 작은 말을 가지고 많은 것을 말하며 그리 많지 않은 대사 뒤에서 관객은 크고 복잡한 내면적 생활을 볼 수 있게 한다. 행동 속에 숨은 이 저류는 역의 것으로 되며 기쁨으로 된다.

단체코는 이것을 〈제2의 프란〉이라고 부르고 있다.

실생활과 마찬가지로 드라마뚜르기야에 담겨진 □□은 크나 작으나 이 〈속대사〉, 〈내면 독백〉을 무진장 하게 깔고 있다.

극단한 례이기는 하나 〈불사조〉의 리 두성(리단, 김진연 분)은 4막 2장에서 긴 독백을 한다.

〈아~ 새싹〉으로부터 시작하여 〈에라 모르겠다. 씨원히 알아나 보자(크게 누구야!)〉라고 말한다.

우리는 이 장면에서 〈속대사〉와 〈내면 독백〉이 뒤엉켜 있는 행동 속에 숨은 행동을 충분히 본다. 일관된 〈내면 독백〉을 이루고 있는 것은 김일성 원수 항일 빨찌산 용사답게, 건실한 공산주의자답게 살아야 하며 그 무엇도 나를 해치지 못한다는 굳은 신념과 혁명의 승리와 김일성 장군을 믿고 동지들을 생각하며 순옥을 사랑한다. 그러면서도 항상 만약을 생각하여 고민과 초조, 공포도 있다. 그러듯 동지 한 복남이가 나타나자 리 두성은 〈인제와서 뭧하니. 도구 가거라, 어서 도루 가거라.. 이것봐라, 이건 노루 껍질이다(형용을 하며) 이만하던 것이 요렇게 됐다. 아루 요만큼씩 베어 먹었다, 먹어봐

라, 맛이 어떤가〉

우리는 이 눈물 겨운 말 행동에서 너무나도 뚜렷한 〈속대사〉를 발견한다. (…중략…)

역 대사의 본질 속으로 즉 〈속대사〉와 〈내면 독백〉에 파고 들기 위해서는 반드시 주의력을 완전히 실질적인 생활에로 상상하는 영상에로 집중할 필요가 있다.

극의 주제 및 괴고 과제는 외부로 표현되는 행동의 관통선 및 대사에만 의거하는 것이 아니라 숨은 〈속대사〉 〈내면 독백〉으로서 완성된다. 이는 역의 성격을 결정하고 무대적 대상과의 관계를 명확히 한다. 그러나 알아야 할 것은 성격을 확정한 후 여기에 근거하여 숨은 대사를 찾아 내야 한다. 왜냐 하면 숨은 대사는 역의 발앗에 근거하여 표현되기 때문이다. 그러므로 연기자가 역의 온갖 가능성, 조건, 저류, 씨앗들을 발굴하여 체험하고 체험하면서 한 개 성격을 구비할 때 그것은 분장한 것 같지 않고 역에 성격으로 생동하게 되는 것이다.

그렇게 되면 무대에서 자기를 연기하는 것이 아니라 역의 생활을 연기하게 되는 것이다. 때문에 주요한 것은 생활을 표상에서가 아니라 참되고 진실한 련속에서 해야 하며 역의 형상을 창조해야 한다.

상기한 바와 같이 성격성은 내면적 및 외면적 성격성으로서 두 개 부분으로 나누어서 말할 수 있는데 그 두 부분은 호상 작용하면서 뚜렷하고 개성화된 성격 형상을 만들어 낸다. 그러나 반드시 알아야 할 것은 외면적 성격성은 내면적 성격성이 필연적 결과라는 것을 기억해야 한다.

그러나 반대로 외면적 성격성은 내면적 성격성에 영향을 주는 일면도 있다.

〈불사조〉에서 영웅적인 고지 침투에서 부상당한 리두성, 김 수옥, 최소년을 중심으로 한 후방 평인 생활, 특히는 리 두성이 석달 □□□ 그

모진 추위에 부상 당한 다리를 끌고 밀림과 혹산 속에서 지내는 장면, 박부관이 치료할 수 없는 자기 발 때문에 한숨을 짓다가 결국 자기 발을 스스로 절단하려고 하는 계기들은 완전히 생리적 결함으로 출발해서 외면으로부터 내면 성격성에 영향을 주면서 뚜렷한 개성적 성격을 부각시킨다. 상기 실례는 외면적으로 변화를 가져 올 때는 유기적 자연으로 내면과 호상 결합되는 것을 의미한다. 반대로 무대엣 외부적 거동은 반드시 내면적 심리의 체험과 결합해야 하며 그렇지 않으면 훌륭하고 산 성격의 형상을 창조해 낼 수 없는 것으로 된다. (…하략…) (□는 독해불가—필자)

인민배우 리재덕, 「(평론) 기술 혁명의 선구자들에 대한 진실한 형상: 연극 〈지평선〉을 보고」, 『조선예술』 12호(1962), 16~18쪽.
    금번 남포 연극 극장 예술 창조 집단은 농촌에서의 기술 혁명의 거점인 농기계 작업소와 뜨락또르 운전수들의 생활을 취급한 연극 ≪지평선≫(홍광, 오 철순 작, 김 인 연출)을 성과작으로 창조함으로써 현실 주제 창작에서의 새로운 국면을 해결하였다.
    연극은 금년도 알곡 500만 톤 고지 점령과 수상 동지의 숙천 교시 관철에 궐기한 농촌 기술 혁명의 선구자들인 뜨락또르 운전수들의 투쟁 모습을 진실하게 형상함으로써 현대성 구현에서 일보 전진을 보여 주었다. (…중략…)
    작품의 기본 사상을 대변하는 주인공–중대장은 다음과 같이 말하고 있다. ≪당이 우리 로동 계급을 농촌으로 보낸 건 땅을 가는 데만 있는게 아니요. 더 나아가서는 래일의 농촌 공산주의 농촌의 리상을 품고 그 실현을 위한 선구자로서 보낸 거요. 오늘의 뜨락또르 작업으로써 만족하겠는가.
    모든 작업을 기계화시킬 그런 리상과 목표가 없이 로동 계급의 선구자라구 말할 수 있소! 우리는 그런 싹을 발견하고 키워 나가야겠소≫(…중략…)

연극은 작품의 기본 바탕으로 하고 있는 로동 동맹에 대한 문제를 집단주의 사상과의 련관 속에서 보여주고 있다. 그렇기 때문에 이 작품에 반영된 집단주의 사상은 작품의 지향성을 해명함에 있어서 결정적인 역할을 한다.

작품에서의 집단주의 사상은 박 수동 소대라는 하나의 집단을 통하여 그리고 강 춘식이가 지도하는 중대 전반을 통하여 더 나아가서는 협동 농장과 농기계 작업소와의 통일을 통하여 보여 준다. 바로 이 통일 속에 로농동맹의 사상이 안받침되여 있으며 로동 계급의 선구자적 역할과 령도적역할이 뚜렷이 반영되고 있다. (…중략…)

작품에서 이야기되고 있는 제초기 창안 문제는 비단 작업반장 리 경화한 사람의 의식 개변에만 중요한 의의를 부여한 것이 아니다. 보다 중요하게는 작업반장의 대사에서 표현되고 잇는 바와 같이 제초기 창안 문제를 둘러 싸고 ≪된다≫, ≪안 된다≫하고 옥신각신하는 일부 농민들의 그릇된 경해를 개변함에 있어서 결정적인 힘으로 되었던 것이다. (…중략…)

연극에는 우리 시대 인간들의 산 개성들이 생동하게 움직이고 있으며 시대 정신이 기운차게 나래치고 있다.

박 수동 소대는 례년에 70일 걸리던 기경 써레 작업을 단 50일로 단축하는 긴장된 투쟁-≪50일 전투≫를 진행한다. 첫 10일 간의 총화에서 박 수동 소대는 승리의 우승기를 타게 됨으로써 대원들의 사기가 더욱 높아진다. 그런데 이들은 자체의 생활이 제기하는 피할 수 없는 세계를 겪지 않으면 안된다.

소대장 박 수동과 그를 지지하는 운전수 학범은 작업의 질은 어떻든지간에 작업의 량에만 눈을 파게 된다.

이들의 근시안적 사업에는 시간이 감에 따라 많은 결함을 동반하게 된다. 그것은 중대장의 부임과 함께 더 뚜렷하게 드러난다.

하진 소대장 박 수동이도 그리고 학범이도 소대를 생각하며 집단의 ≪영예≫를 위한 일하려고 하는 것만 사실이다. 그러나 그것이 근시안적이며 본위주의적이라는 데 중요한 오유가 있는 것이다.

박 수동은 중대장에게 다음과 같은 말을 한다. ≪(단호하게) 난 중대장 동무가 농장의 립자에 섰는지 우리 농기계 작업소의 립장에 섰는지 알 수 없는데가 있수다…≫

중대장은 랭철하게 ≪농장의 립자오가 작업소의 립장이란 따로 없소.≫ 라고 반박한다.

어떻게 농장의 립장과 농기계 작업소의 립장을 분리할 수 있겠는가?

작가는 연극의 대립을 이렇게 설정하였는바 이 대립은 극적 타당성을 가지고 작품의 주제 사상을 해명하면서 생활적으로 해결되여 간다. 말하자 면 중대장 강춘식의 고상한 사상적 지향이 생활을 통하여 소대장 박 수동에 게 납득되였을 때 그는 심각하게 자기를 뉘우치는 것이다. (…중략…)

연극 ≪지평선≫의 주인공을 비롯한 각이한 인간 개성들은 생동하게 살 고 있다.

주인공 중대장을 보더라도 그는 우리 시대 정신의 체현자로서 높은 리상 을 가지고 있으며 그 실제 행동으로써 자기 리상의 참뜻을 보여 주는 인간 이다. (…중략…)

그는 집단과 생활의 선두에 서서 모든 사람들을 한길로 이끌어 나가는 농촌 기술 혁명의 기수이다. 그는 동지로서 슬픔과 기쁨을 같이 하는 높은 인간성의 소유자일 뿐만 아니라 자신의 모범으로써 동지들을 깨우쳐 주는 혁명 일군이다.

그는 부정 앞에서 비판의 칼날을 조급하게 드는 그런 인간이 아니라 지도 자답게 침착하고도 여유 있는 그러한 지도 일'군이다.

그러면서도 그는 청춘답게 쾌활하며 랑만적이며 정력적인 인간이다. 그 는 자신이 옳다고 인정하였을 때는 강렬한 투쟁을 감행할 줄 아는 그러한 투지력을 가진 인간이기도 하다.

그 외에도 박 수동 소대장을 비롯하여 인상적인 영준이며 문섭, 특히 작업반장 리 경화의 형상들은 전형적으로 개성화되여 있다. (…중략…)

연출가 김 인은 자기의 연출 의도를 시대에 대한 벅찬 랑만과 기백에 두고 있는데 그것은 전적으로 옳았다.

왜냐하면 시대적 랑만은 이 작품이 제시하고 있는 공산주의적 농촌 건설에 대한 사상과 밀접하게 련관되여 있으며 집단과 생활을 사랑하는 일련의 성격 혁상과 결합되여 있기 때문이다.

소대장이 경쟁에서 우승기를 타 왔을 때의 장면에서 문섭의 체조기 창안을 도와 그의 몫까지를 도맡아 하겠다고 나서는 뜨락또르 운전수들 그리고 영준이가 대학으로 떠나면서 졸업 후 다시 오겠다고 약속하는 장면들은 연출의 의도를 훌륭히 살리고 있었다.

이 연극에서 막과 막, 하나의 극적 정황들에서도 우리 시대 남녀 청춘들의 벅찬 생활적 랑만과 기백을 느낄 수 있게 한 것은 연출가의 노력이 컸기 때문이다.

3막 달'밤 장면은 연출의 지향성이 가장 강하게 풍기는 장면의 하나였다.

서정적이면서도 랑만적인 이 장면은 심오한 사상 예술성을 체현하고 있다.

이 달'밤은 단순히 교교한 그러한 달'밤이 아니라 아득한 지평선상에 환하게 솟아 오르는 달, 어두웠던 천지를 황홀하게 밝혀 주는 그 거대한 자연 현상은 력사의 그 어떤 변천을 가져 오는 듯 위대한 창조적 힘을 솟구치게 한다. (…중략…)

그는 우리 시대의 정서와 랑만을 이야기함에 있어서 고저 장단에 심중한 주의를 돌리면서 그것을 매우 자연스럽게 처리하였다. 연출은 3막에서 서정적인 장면에 련이어 벌어지는 중대장과 소대장의 격렬한 론쟁 장면을 능숙한 고저 당단의 변화로써 이행하고 있다.

그것은 달의 움직임에서 나타나고 있는바 이 장면에서 달의 이동은 극의 흐름과 밀접한 조화를 이루고 있는 것이다. 연출도 그렇듯 복잡한 극적 분위기 속에서도 극의 고저 장단을 깨뜨리지 않고 근기 있게 계속 끌고 나가는 것이다.

또한 연출가는 사소한 무대 장치들에 이르기까지 세심한 주의를 돌리고 있는바 뜨락또르 운전수들이 사용하는 기름통 하나만 두고 보더라도 이쪽 저쪽으로 움직이는 기름통은 이들의 약동하는 생활을 구체적으로 표현하게 하였다.

연출가의 이러한 점은 연출적 구도에서도 찾을 수 있으며 매개 역 형상의 하나의 거동에서도 보게 된다. (…중략…)

특히 주인공 중대장 역 형상은 아주 훌륭하였다. 배우 박 태식 동무는 주인공의 높은 정신 세계를 우리 시대의 각이한 인물 호상 관계 속에서 또 그의 충도로가 대립 속에서 보여 주는 데 성공하였다.

그는 당적이며 고상한 정신적 특질을 소유한 역 인물의 내면 세계를 심오하게 추구하였으며 진실하게 구현하였다. 그리하여 그는 자기 역으로 하여금 지도자다운 정중성과 강한 의지를 풍기게 하였으며 레일의 공산주의 농촌을 체현케 하였다.

그가 창조한 중대장의 고매한 인간성은 예리한 통찰력과 유기적으로 통일되면서 마침내 꿈 많은 젊은 세대들의 심리 세계에로 깊이 침투하여 그들을 감동케 하고 또 그럼으로써 그들의 지도자로, 생활의 창조자이며 안내자로서 존경과 신뢰를 받게 되는 것이다.

소대장 역을 형상한 최 명관 동무의 연기도 훌륭하였다.

그는 자기 역에 대한 옳은 평가를 내리고 있으며 그에 기초하여 매우 정확하게 형상하였다. 자칫하면 이런 인물은 외형적 묘사에 치우칠 수 있다. (…중략…)

작업반장 리 경화의 형상은 농촌에서 흔히 볼 수 있는 개성적인 인물로서 극히 생동하였다.

이 인물도 소대장과 같이 자기 딴에는 작업반을 생각하지만 좀 더 큰 것을 볼 줄 모르는 제한성을 가진 인물이다.

그러나 소대장과는 엄격히 구별된다.

그는 자기류의 생활적 견해 양식을 소유한 독특한 개성의 소유자이다.

배우는 자기 역의 개성적 특질을 예술적으로 매우 훌륭하게 그리고 집약적으로 표현하였다.

례컨대 제 1막에서 배우는 작업반장이 소대장으로부터 작업중을 도로 찾았다가 다시 돌려 주게 되는 내'적 충동을 훌륭히 구사하고 있는바 그것으로써도 배우느니 역의 성격적 특질로 만족하게 구현하고도 남음이 있었다. (…중략…)

한 가지 실례만 더 들어 보자, 작업반장은 자기 반에 돌렸던 뜨락또르를 해안들에 올린다는 말을 듣고 격분하여 등장한다. 이때 관리 위원장으로부터 정당한 충고를 듣게 된 그는 두말 없이 한 쪽견에 가서 쭈크리고 앉는다. 관중은 가만히 앉아 있는 작업반장의 뒤'모습 밖에 볼 수 없다. 그러나 그의 무언의 행동에서 관중은 내'적 심리를 충분히 감득하게 되는 것이다.

이것이야말로 배우 예술의 극치가 아니겠는가?

실로 배우 최 두혁 동무의 작업반장 형상에서는 주목할 만한 점들이 많았다. (…중략…)

미술도 훌륭하였는바 열두삼천리'벌의 생활을 자연스럽게 매우 섬세하게 반영하고 있었다.

특히 3막 호수'가의 달'밤 장면은 무대 미술의 거대한 형상력을 남김 없이 시위하고 있었다.

달이 지평선의 첫 얼굴을 내밀었을 때와 중천에 떴을 때의 색광은 확연한 구별을 이루고 있었으며 그의 움직임과 분위기의 흐름은 얼마나 섬세한지 몰랐다. 물론 이것은 조명가와의 공동 작업에서 이루어진 것이다.

「(창조수기) 나의 연출적 지향: 연극 ≪지평선≫ 연출을 담당하고」, 『조선예술』 12호(1962), 18~21쪽.

연출자의 작업—이는 선차적으로 시대 정신의 감득과 그의 접수에 있으며 그를 심장으로 연구하고 형상적으로 주름잡는 예술적 구현에 있다. (…중략…)

또한 연출의 힘은 매개 예술가들을 참된 창작가—형상가로 배양시키면서 그들을 작품 형상에 드높은 긍지와 확신을 갖도록 조직 동원하여 형상적 결실을 극복하게 한다. 바로 이것이 연출이 초보적으로 하여야 할 과업들이다. 그러나 연출가의 직업상의 특이성은 연출 공적이 표면에 나타나거나 그것의 요란한 시위를 꺼려하며 늘 겸손하게 보이기 위하여 보이지 않는 깊고 먼 고장에 숨는 것을 자기의 지조로 삼고 있다. 그러면서 그의 성공은 응당한 일로 간주되지만 실패시에는 책임을 면치 못 한다. 연출 작업의 속성에는 실로 말과 글로는 다 표현할 수 없는 탐구하여야 할 문제들이 많다. (…중략…)

희곡 ≪지평선≫의 지향은 모든 농사를 기계가 하고 사람들은 다만 그 시중만 드는 그런 공산주의 농촌 건설을 위한 투쟁이다. (…중략…)

극의 중심에는 첫째도 둘째도 인간이 놓여져야 하며 성격과 개성이 뚜렷하게 나타나야 함은 자명한 일이다.

사람들을 생산 공정에 매워 놓거나 정치적 표어와 구호만을 웨치게 하거나 작품의 지향과 사상을 미리 로출하는 인물로 되게 하여서는 안 된다.

문제는 인간 정신을 보여 주어야 하며 사색과 행동을 보여 주어야 한다.

(…중략…)

　　연극 ≪지평선≫의 성격과 형식은 그리 새로운 것은 없다. 허지만 등장 인물들의 정신 생활까지도 포함한 모든 무대 장식에 이르기까지 무대 문화를 한 걸음 예술적으로 아름답게 끌어 올리려는 지향은 있었던 것이다.

　　이는 역의 성격 구현에서도 무대 장치에서 그의 종합적인 무대 실험에서 다소 시도되었다.

　　연극 ≪지평선≫의 특징은 서정적 정극으로 규정 지을 수 있다.

　　이는 그 누구의 묘안도 아니였으며 현실 침투에서임은 현실의 소신이였다. (…중략…)

　　연출이 배우와의 작업에서 기본으로 제기하는 것은 현실 침투에 근거하여 배우들을 현실 원형에 접근시키는 한편 무한량의 예술적 허구를 발양케 함으로써 전형적 환경에서의 전형적 성격을 창조케 하는 그것이다. (…중략…)

　　이 배우와의 작업에서 연출가의 주요 과제의 하나는 배우가 역에 대한 시대 정신을 파악한 다음에는 시대 정신에 토대한 그 역을 인간–배우에게 옮겨 놓는 문제 즉 형상의 옷을 입히는 문제는 대단히 중요하다.

　　이 작업에서 연출가는 배우를 흥분시켜 주며 사색을 발동시켜 주며 우리 예술의 체계를 재인식시켜 주는 말하자면 형상을 야기시켜 주는 온갖 수단을 다 발휘하여야 한다.

　　이 때에 연출가는 자기 류로 배우를 구속하지 말아야 하며 배우의 독창적 지향성을 흐리게 하지 말아야 한다. (…중략…)

　　배우에 의하여 탐색되고 연출가와의 환상의 배합에 의하여 역의 지반이 잡히고 형상의 씨앗이 엿보이고 알맹이가 간직되고 그리고 그것이 빛과 매력을 형성하게 되는 과정에 배우는 수난의 과정(황홀, 번민)을 동반한다. 이 시기에는 필연코 작든 크든 간에 배우의 생호라의 빈곤, 연기 기량의 빈약을 느끼게 되는 것이다. (…중략…)

배우들과의 작업에서 이 모든 내외'적인 어려운 과제들은 결국 성격 형상을 위해 필요하다.

역의 성격성은 배우의 전망과 역의 전망이 완연히 하나의 통일된 시대의 산아로서 뚜렷한 얼굴을 가진 《그》로 되어야 한다. 그러나 이 모든 형상적 결실들은 조선 사람인 《나》의 민족적 풍격으로 구가되어야 한다.

성격 창조는 배우로 하여금 역의 과거 생활과 그의 자서전에서부터 출발하여 생활의 매 단계, 그의 □□들을 형상적으로 체득케 하며 정서적 기억을 환기시켜 그것이 배우의 몸에 계획으로 뿐만 아니라 리지 감성적으로 안겨올 때부터 시작되는바 연출가는 그를 잘 불러 일으켜야 하며 친절히 검토하여 주어야 하며 극과 역의 형상적 조화에로 가꾸어 나가야 한다.

또한 연출가는 배우들로 하여금 작품의 그 지향성을 향하여 관통 행동선을 굳건히 견지하도록 희곡의 매 사건들과 기타 주어진 환경들을 잘 파악하고 타산하도록 하며 특히 중요한 것은 역의 호상 관계와 성격 발전 과정, 역의 초점 설정에 최대의 주목을 돌려야 한다.

《지평선》 창조 사업에서 연출가는 배우와의 작업에서 제기되는 이 문제에 각별한 주목을 돌리면서 매개 인물들에 필요한 성격을 부여하였다.

《지평선》 무대 미술은 굳건히 현실에 의거하면서도 예술적 허구로 만들어진 것이 특징이다. 말 그 대로 열두 삼천리'벌은 무연한 대지로 펼쳐져 있다.

그러나 실현된 무대 미술은 서정이 깃든 회화성과 립체성을 훌륭히 살리면서 배우의 모든 행동과 작품의 사상적 지향에 엄밀히 복종되여 있다. 말하자면 미술 자체의 독자성을 훌륭히 살리면서 극의 전체와 배우의 행동에 복종되여 있다. 뿐만 아니라 조명도 의상도 그 외에 무대 미술 분야가 옳게 실현됨으로써 연출가의 의도를 충족시켰다.

미지의 봄을 알리는 서곡과 함께 막이 오르면 아득한 지평선이 펼쳐진다. 새벽 안개가 대지에 피여 오른다.

아침 노을이 찬연히 비끼는데 어데선가 들려 오는 뜨락또르의 소음이 잠을 깬 대지의 교향악에 합류한다.

은은히 밝아지는 무대적 분위기는 서정적 정극의 맛을 완연히 나타낸다. ≪지평선≫의 무대 미술은 첫막부터 이렇게 연출의 지향성을 훌륭히 살리면서 극히 작은 묘사에 이르기까지 작품의 주제-사상성에 철저히 복종되여 있다. 주지하는 바와 같이 무대 미술은 연출의 집대성된 온 지혜가 결실을 이루게 되는 부문이라고 하여도 과언이 아닐 것이다. (…중략…)

우리는 현존 무대를 다양하게 쓸 줄 알아야 하며 개조 발전시켜야 할 것이다.

무대의 옆 가림막은 언제까지 계속 있어야 하며 무대 평판 널과 그 새□ 들은 계속 보여야 하며 하늘의 배경은 반드시 뒤에만 있어야 하며 무대 등퇴장은 상하수에만 국한되여야 하며 조명 배선과 그 위치는 움직일 수 없는 것으로 되어야 하며 막은 반드시 있어야만 되는가?(…중략…) 우리는 무대의 변천을 회전과 빼랍식 무대, 그리고 꺽쇠의 소리를 제거한 것만으로는 만족할 수 없다.

연극 ≪지평선≫에서는 그닥 큰 개조는 시도하지 않았으나 평판 막을 리용한다든지 전체적으로는 집약화□□그러면서도 무대 형상의 조형화를 형성하는 것과 같은 시도를 취하였다. (□는 독해불가-필자)

리철홍

: 공동연출로 연극을 풍성하게

　　리철홍은 1960년대 초중반에 활동한 연출가이며 연출 작품에는
〈정성〉(류기홍 작, 리철홍·송영학·박대서 공동연출, 신의주 연극단, 1964)이
있다.[1] 앞에서 밝혔듯이 1960년 11월 27일 김일성의 교시 이후 북한
예술계는 대중의 집체적 지혜를 작품 창작에 받아들였다.[2] 북한 당국
이 북한 연극계에 공동연출을 장려했을 때 다수의 연출가는 기꺼이
당국의 지침을 받아들였으며 리철홍은 그 중 한 명의 연출가였다.[3]
물론 집체 창작은 다소의 문제를 안고 있었다.

---

1) 북한은 〈정성〉에 대해 "인간에 대한 지극한 사랑과 원수에 대한 불타는 증오를 안고 미제
　 야수들에 의하여 불구가 된 한 소녀에게 정성을 다하여 만난을 극복하고 그를 완치시켜
　 씩씩하게 대지를 활보케 한 우리 세대 의로 일'군들과 인민들의 공산주의적 륜리에 대해
　 형상화한 연극"이라고 설명한다. 조선중앙통신사, 『조선중앙년감』(조선중앙통신사, 1965).
2) 「(평론) 연출 예술에서의 집체 창작 문제」, 『조선예술』 10호(1964), 2~3쪽.
3) 리철홍의 작품 이외에 공동 창작에서 성과를 거둔 작품에는 〈두만강〉(변경환·서창식·박
　 대서 공동연출, 해주연극단, 1962)이 있다.

첫째로 창조 집단의 전체 성원들을((심)지어는 극장의 행정 일'군들까지) 연출가로 선언해 버리는 그러한 ≪집체 연출≫이다. 즉 이러한 집단에서는 누가 연출이고 누가 배우인지조차 구분하기 어려우며 모두가 연출가이고 모두가 작가도 되는 것이다. 그리하여 연습은 주로 이러한 ≪연출가≫들의 열렬한 토론 속에서 진행 되는 데 바로 이 토론이야 말로 유일한 연출-창조 방법으로 되고 있는 것이다. (…중략…)

둘째는, 일부 연출가들이 자신의 약점으로 하여 창조 집단의 선두에 서지 못 함으로써 결국 자기의 지휘 능력을 상실하게 되며 시간의 흐름에 따라 점차 그 어떤 다른 사람에게 연출 작업을 양도하지 않으면 안 되는 경우이다.[4]

공동 창작은 토론과 합의를 기본으로 한다. 연출가 1인의 지도라기 보다는 구성원 전체가 활발한 토론을 하며 창작 하는 방식이다. 연출가 1인의 관점을 넘어 공동의 지혜를 모은다는 장점이 있지만 작품에 대한 일관된 방향이 부족하다는 한계를 안고 있는 것이다. 그러나 이와 같은 어려움에도 불구하고 〈정성〉은 좌담회에서 성과작이라는 평가를 받는다.

한백남-이외에도 ≪정성≫, ≪곡산 빨찌산≫을 비롯한 일련의 연극들이 창조되여 각광을 받았거나 지금 창조 중에 있습니다. 특히 우리는 ≪정성≫에는 일정한 결함이 있고 또 여러 가지 론의할 문제들을 제기하고 있는 것이 사실입니다. 그러나 ≪정성≫은 그가 제기한 문제로 봐서도 그렇고 연출 연기상으로 봐서도 공산주의 교양에 기여할 좋은 작품이라고

---

4) 위의 글.

생각합니다. ....

　김응하-≪아득령≫과 ≪정성≫을 비롯한 일련의 연극들의 연출은 시사적이며 연기도 훌륭하였다고 생각합니다. ....

　안영일- ≪아득령≫도 그러하지만 ≪정성≫에는 정말 연출이 있다고 말할 수 있다고 생각되었습니다. 이 연극에는 연출가의 주장과 뜻이 있었으며 연출적 개성이 명확했습니다. 이 연극들에서의 연출적 조직은 특히 우리들이 배워야 할 점이라고 봅니다. (밑줄-필자)5)

　1964년 북한 연극계에서는 『조선예술』 100호 발간을 기념으로 연출가, 무대 미술가, 평론가, 배우 등이 모여서 좌담회를 열었다.6) 안영일은 이 자리에서 분명 〈정성〉을 성과작이라 언급하며 연출에서 배울 것이 많은 작품이라고 언급한다. 연출적 개성이 명확했다는 것이다. 리재덕 역시 북한 연극 20년사를 집필하며 〈정성〉을 성과작으로 인정한 바 있다.7) 리철홍은 어려움을 안고 있는 공동 연출에서 분명 성과를 남긴 연출가인 것이다.

　리철홍은 공동창작을 하는 가운데 그의 연출 과정을 기록한다. 북

---

5) 「조선예술 100호 발간에 제하여 좌담회: 혁명적 시대와 연극 예술」, 『조선예술』 12호 (1964), 2~6쪽.

6) 이 좌담회에는 강진(무대 미술가) 김욱(연출가) 김수회(연출가) 리재덕(연극인 동맹 위원장 인민 배우) 구강(연출가) 김덕인(연출가) 권택무(평론가) 리철홍(연출가) 리수약(연출가) 안영일(부교수 연출가) 윤한주(평양 극장 예술 부총장) 한백남(동맹 서기장) 김응하(편집 부장) 박영신(국립 연극 극장 총장 인민 배우) 태을민(인민 배우) 허일(인형 극장 예술 부총장)이 참가했다. 모두 북한 연극계에서 성과작을 남기며 인정받는 연극인들이다.

7) "≪붉은 선동원≫, ≪산 울림≫, ≪청춘의 활무대≫, ≪아침 노을≫, ≪새 살림≫, ≪지하 전선≫, ≪정성≫, ≪꽃은 계속 핀다≫, ≪지평선≫, ≪박 길송 청년 돌격대≫, ≪아득령≫, ≪태양의 딸≫, ≪청년 시절≫, ≪습격≫, ≪전사들≫, ≪대하는 흐른다≫ 등은 항일 투사들과 천리마 기수들 그리고 조국 전쟁 시기 인민군 용사들의 투쟁을 형상화하는데 바쳐진 이 시기의 성과작들이다." 리재덕, 「연극 운동의 20년」, 『조선예술』 10호(1965), 2~10쪽.

한 연출가의 연출노트라는 점에서 귀한 자료이지만 아쉬운 점은 '연출안(2)'만이 발견되어 '연출안(1)'의 내용을 확인할 수 없다는 것이다.[8] 그러나 '연출안(2)'를 꼼꼼히 살펴보면 리철홍의 연출법을 어느 정도 짐작해볼 수는 있다. 그는 무대 도면을 펼치고 배우들이 어디에서 어떻게 움직여야 할지를 꼼꼼히 선으로 기재한다. 또한 대사의 아래에 배우들이 어떻게 말하고 움직여야 할지를 기재하며 배우들의 연기를 유도해나간다. 리철홍의 연출안과 무대도면은 그의 연출법을 알려주는 중요 자료가 될 것이다. 이를 토대로 리철홍의 연출법을 알아보기로 한다.

1. 성격: 원형과 체험

리철홍은 연출가가 분석해야 할 중요한 요소로 인물의 성격을 언급한다. 먼저 리철홍이 연극을 관람하고 문제점을 지적한 글을 보기로 한다.

다음은 연극 〈한길〉(개성연극단)을 보고 리철홍이 남긴 글이다.

　한두 마디의 대사나 그것도 없는 군중역들과 사업할 경우에 연출가의 앞에 나서는 과업은 해당 배우와의 창조적 사업을 통한 심원한 성격의 조직화이다. 성격 분석, 배우와의 공동 작업 기타 일련의 창조적 협조의 과정을 거치지 않고 무대에 올려놓은 행동들은 초기에는 기계적인 순종,

---

8) 리철홍의 연출안은 리철홍, 「(연출안) 정성의 진수를 탐구하는 길에서(1)」, 『조선예술』 3호(1965); 리철홍, 「(연출안) 정성의 진수를 탐구하는 길에서(2)」, 『조선예술』 4호(1965)가 있다. 이 중 현재 발견된 것은 『조선예술』 4호(1965)이며, 이 글이 본 글의 분석 대상이다.

다음에는 제멋대로 하는 우습강스러운 것, 돋보이려는 것, 얼굴을 객석으로부터 가리우려는 것, 심지어 무대 종막 뒤에 숨으려는 것 등의 비정상저인 것들로 될 것이다. 이것은 연출가의 행동조직이 비과학적이였다는 것을 말해주는 것이다.9)

리철홍은 어떤 경우에도, 심지어 한두 마디의 대사만이 있는 배우와 작업할 때에도 연출은 인물의 성격을 살려야 한다고 주장한다. 연출가가 희곡의 인물을 어떤 분석도 없이 무대에 올리면, 그 인물은 연극 전체를 여러 측면에서 방해하는 요소가 되고 심지어 연극의 완성도를 떨어뜨린다는 것이다. 리철홍은 연극의 성패에서 중요한 요소로 살아 있는 인물 구축을 드는 것이다. 주목할 것은 리철홍이 이를 위해 원형 찾기와 체험을 중요시한다는 점이다. 다음 〈정성〉에 참여한 배우의 글을 보기로 한다.

이로부터 얻어진 결론은 우선 배우가 생각해야 할 것은 당위원장이라는 직책이 아니라 고상한 인간의 풍모를 갖춘 혁명가라는 것이다. 이러한 견지에서 창조한 것이 연극 ≪정성≫의 당위원장역형상이라고 할수 있다.
역을 맡은 배우들의 모두가 그러한것처럼 우선 나도 역인물의 사상정신세계의 파악을 위해서 원형을 찾았고 그와의 생활을 하였다. 내가 찾은 원형은 어느 병원의 당위원장이였다. 나는 그와의 생활을 같이하면서 먼저 그 인간을 파악하는데 예봉을 돌렸다. 그리하여 부모처자들을 사랑하고 가정생활에서 근면할뿐만 아니라 모든 면에서 활동적인 품성 등이 하나하나 나의 유기체에 배기 시작했으며 병원내 성원(의사 간호원 등)들과

9) 리철홍, 「(체계와 형상/연단) 연출가의 행동조직」, 『조선예술』 11호(1966), 16~17쪽.

환자들과의 사업을 더 연구하였다. 어느 당일군이 사람과의 사업을 안하랴만 특히 병원 당위원장은 이 사업을 그야말로 구체적으로 심도있게 잘하지 않으면 안된다는 것을 느끼게 되었다. 나는 이러한 사업을 내 생활에 구현하도록 의식적으로 노력하였다. 이러는 과정에 다소나마 정치일군다운 생활적 체취가 싹트기 시작했으며 병원 당위원장의 생활이 점차 나의 유기체속에서 움직이기 시작했다.10)

배우 심하담은 〈정성〉에서 당위원장 역할을 맡았다. 그가 인물구축을 위해 진행한 것은 리철홍과 맥을 같이할 수밖에 없다. 연출가의 방식을 떠난 배우의 독립적 작업은 불가능하며 불필요하기 때문이다. 따라서 이 글은 리철홍의 인물구축을 알게 하는 중요 단서이다.

리철홍은 먼저 극중 인물의 사상과 정신세계를 파악한다. 이후 배우들에게 현실에서 원형을 찾기를 권한다.

〈사진 1〉 〈정성〉 당위원장
(출처: 『조선예술』 6호, 1966)

예를 들면 극중 인물이 헌신적인 의사라면, 현실에서 그와 유사한 의사를 찾아서 관찰하라는 것이다. 리철홍은 이것으로 그치지 않는다. 그는 배우들이 일정 시간 원형의 인물과 같이 살기를 권한다. 원형으로 찾은 현실 인물의 말과 행동이 배우에게 내면화되도록 하기 위함이다. 리철홍의 이와 같은 방식은 배우가 인물로서 무대에서 '생활'

---

10) 심하담, 「(평론) 잊혀지지 않는 형상」, 『조선예술』 10호(1966), 14쪽.

하는 것을 유도하는 방식이라 하겠다.

2. 행동: 움직임의 근거 찾기

리철홍은 희곡분석에서 인물의 행동 분석에 특히 집중한다. 무대에서 배우의 행동이 외적으로만 형성되지 않도록 하기 위해서이다. 하경민 연출의 〈그날을 두고〉를 보고 지적하는 다음 리철홍의 글은 이를 잘 말해준다.

> 자기 집 마당에서 그가 오고 가는 행동은 심히 피상적이다. … 마루 곁에 와서 고개를 숙인다. 다시 울바자 쪽으로 간다. 또 고개 숙인다. 다시 마루 곁으로 온다. 고개 숙인다. 다시 울바자로 간다. 고개를 숙였다가 머리를 들어 하늘을 쳐다본다… 왔다 갔다…고개 숙이고 또 숙이고 머리를 들어 하늘을 쳐다본다. …왔다 갔다… 고개 숙이고 또 숙이고 하는데 여기에 뚜렷한 행동목적이 없다. 그의 걸음은 심각한 것 같으나 뜻이 없다. 내용없이 걸어가고 걸어오고…배우가 무대를 ≪제 마음대로≫ 횡단한다는 것은 좋은 현상이 아니다.[11]

위의 글을 보면 〈그날을 두고〉에서 배우의 움직임은 적지는 않은 것으로 보인다. 분명 움직이고 있는데 리철홍은 이를 두고 비판한다. 배우가 무대 위에서 어떤 목적 없이, 의도 없이 그저 움직인다는 것이다. 리철홍은 배우의 심리적인 움직임을 진실하게 분석하고 그것을

---

11) 리철홍, 「(체계와 형상/연단) 연출가의 행동조직」, 앞의 책.

무대에 옮겨야 한다고 주장한다. 그렇다면 구체적으로 어떤 분석 과
정을 거치는 것일까? 이에 대해서는 리철홍이 남긴 연출안을 보기로
한다. 다음은 〈정성〉의 2장으로 추정되며 리철홍의 연출안을 재구성
한 것이다.[12]

〈표 1〉 리철홍의 연출안 2장 재구성(필자)

희곡	분석
⑧ 숙희 문 열고 나온다. 신발을 신으려다가 따뜻한 온기, 할아버지에게로 하는 숙희, 운보와 서로 쳐다볼 뿐 말이 없다. 숙희의 눈시울에 이슬이 맺힌다.	⑧ 할어버지 신을 말리웠구만요, 고마워요, 할아버지의 아픈 심정 나도 잘 알아요, 그러기에 선옥인 더 공부해야 해요, 네? 선옥이도 훌륭한 사람이 되야 해요, 네!
⑨ 운보 숙희를 물끄러미 쳐다보다가 고개를 저으며 퇴장, 따라가는 숙희...	⑨ 숙희야... 그렇지만 너한테 업혀서야 중학 3년을 또 어떻게 보내겠니? 요 기특한 것이 날 더 괴롭히지 말려무나

희곡에는 대사가 제시되어 있지 않다. 그런데 리철홍은 이 짧은
장면에서 인물이 어떤 마음으로 움직이는지, 어떤 생각을 하는지를
구축해나가는 것이다. 물론 그것은 전체적 맥락 속에서 찾는다. 할아
버지 운보는 다리가 불편한 선옥이를 업고 학교에 다니는 숙희에게
감사한 마음을 갖는다. 그 마음을 숙희도 알고 있기에 둘 사이에는
말이 필요 없는 것이다. 이와 같은 분석은 배우가 작은 움직이든 큰
움직이든 움직임의 근거를 찾게 하여 막연한 연기를 탈피하게 한다.
또 다른 장면을 보기로 하자. 다음 3장 역시 리철홍의 글을 재구성하
였다.

---

12) 리철홍, 「(연출안) 정성의 진수를 탐구하는 길에서(2)」, 『조선예술』 4호(1964), 29~30쪽.

〈표 2〉 리철홍의 연출안 3장 재구성(필자)

희곡	분석
3장에서 김 태근 선옥이를 업고 마당에 내려 선다. … ≪우리 바람 쏘이려 나갈가?≫	
① 신발을 조심조심 신는다.	① 선옥이의 뜸 자리와 침 자리가 아플세라 유동을 주지 않으려는 태근,
② 하늘을 우러러 보며 천천히 걸어서 울타리를 나가 정원 멀리 언덕에 올라 선다.	② 별도 많기두 하다…선옥이를 어떻게 해야 한담, 무릎 고정 수술을? 그건 안 되지, 그렇다면…그렇다면…다른 방도는 없지 않은가?
③ 업히는 선옥이 밤하늘에 총총히 반짝이는 고운 별을 손으로 가리킨다. 김 태근 하늘을 쳐다보고 몸을 돌려 다시 정원으로 들어오려 서서 생각에 잠긴다. 선옥은 여전히 황홀한 밤하늘과 멀리 바라 보이는 높은 집들의 불'빛과 가로등을 보면서 신비한 세계에 잠긴다. 태근 발'길을 옮긴다. 뜰안으로 들어 온다.	③ 음-별이 많지?! 곱지?! 저건 은하수라는 거란다. 저기 박죽 같이 생긴 일곱 개 별이 있지 않니? 저건 북두 칠성이란 거야, 그래 그래 너도 인제 저 별을 따을 수 있다. 너 혼자서도 저 거리를 거닐면서 곧 별도 찾고 애기별도 찾게 될 거야.
④ 정원의 나무'잎을 만지작거리는 선옥이, 태근 걸음을 멈추고 선옥이의 행동을 주시한다. 선옥이가 나무'잎을 놓자 태근 급히 집 쪽으로 걸어 간다.	④ 나무'잎이 곱지? 파란 나무'잎, 너두 인제 네 발로 서서 이렇게 높은 나무'잎도 만져 보고 고운 잎을 골라서 식물 표본도 만들어야지.
⑤ 고개를 들어 멀리 앞을 바라 보는 태근 순간 못박인 듯 움직이지 않는다. 선옥이는 여전히 방글방글 웃는다.	⑤ 순간-그런데 어떻게 걸리워야 하겠는가? 선옥이의 가슴 속은 지금 얼마나 크나 큰 희망과 미래에로 나래를 펼치고 있는가? 지금 내 등에 엎여서…그런데 방도는? 방도는?
⑥ 선옥 조용히 태근의 목을 끌어 안고 고개를 태근의 어깨에 묻는다. 태근 선옥이 쪽으로 고개를 돌린다. 좌우편으로 요람인 양 움직이는 태근.	⑥ 이 애가 또 부모 생각이 나는 모양이군(선옥은 태근의 등에 엎科 아버지의 숨'결을 느낀다.) 글쎄 내가 너의 아버지 구실을 못 하는구나 너의 아버지가 되어 주마 나의 선옥아!
⑦ 담당 간호원 명숙 뛰여 들어오다가 문득 서서 태근을 바라 본다. ≪선생님!≫	⑦ 명숙-세상에 이런 분이 어디 있을가? 난 손옥이를 위해서 선생님처럼 하지 못 했어요, 전 선옥이의 친 언니가 되지 못 한가봐요, 선생님 전 전…

리철홍은 3장에서 위와 같이 인물의 행동 하나하나를 분석한다. 희곡을 보면 특별할 것이 없는 그저 객관적인 기록이다. 그러나 리철홍은 무대 위에서는 어떤 행동도 무의미한 것은 없다고 믿는다. 태근이가 선옥이를 조심스럽게 업고 나온다면 그 이유가 있어야 한다. 예를 들면 태근은 선옥의 뜸자리가 아프지 않도록 하기 위해 조심스럽게 나오는 것이다. 또한 태근이 별을 본다면 그냥 보아서는 안된다.

별을 보면서 선옥이를 어떻게 해야 할지 고민한다는 상상을 하는 것이다. 또한 태근에 대한 리철홍의 분석은 태근의 내면 독백일 수 있는데 이로써 배우는 점점 자신의 행동에 정당성을 갖게 된다. 그렇다면 이러한 접근은 연기에서 성과를 거두었을까? 인민배우 한진섭의 평을 보기로 하자.

그것은 우선 인간 성격 형상에서 여실히 표현되였는바 연출가는 인간 심리 세계의 착잡한 변화 과정을 통하여 주인공의 높은 정신적 면모를 부각시키는데 성공하였다. 이것은 바로 배우의 형상에 구체적으로 체현되고 있다. 례하면 연극 1장에서 로인을 설복시켜 선옥이를 병원으로 데려간 김 태근 의사의 행동, 선옥이를 영원히 걷게 하기 위하여 무릎 성형수술을 발견한 것(2장), 자기 뼈를 떼 내여 선옥이의 다리 수술에 바친 것(5장) 등이 그러하다. 이 외에도 로인(배우 로 고성)의 연기 형상을 례를 들 수 있는바 선옥이가 다리를 편 것을 만져 보는 동작과 그에 대한 평가, 딸기 맛에 대한 감각(3장), 수술을 끝낸 후 귀'속말로 선옥일 부르는 모습(5장) 등 매개 배우들의 동작 하나 말(대사) 한 마디에 연출가의 섬세하고 사려 깊은 배려가 깃든 흔적을 볼 수 있다.[13]

한진섭은 〈정성〉에 출연한 배우들의 연기를 하나하나 들면서 노인이 선옥의 편 다리를 만져보는 행동 등을 상찬한다. 모든 배우들이 대사 하나하나를 살아있게 전개했는데 그 이유는 연출가의 섬세한 분석 때문이라며 리철홍에게 공을 돌린다. 그렇다면 리철홍의 접근법은 공연에서 상당한 효과를 이루어냈다고 하겠다. 이와 같이 리철홍

---

13) 인민 배우 한 진섭, 「(평론) 성장한 연출 예술」, 『조선예술』 12호(1964), 16~20쪽.

은 희곡에 제시되어 있지 않는 장면과 움직임에서 배우와 함께 '근거'를 찾는 방식으로 성과를 거두었다고 하겠다.

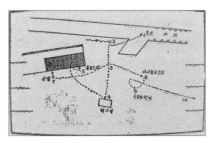

〈그림 1〉〈정성〉 연출노트
(출처: 『조선예술』 4호, 1965)

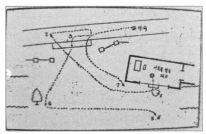

〈그림 3〉〈정성〉 연출노트
(출처: 『조선예술』 4호, 1965)

3. 구조: 리듬과 템포

리철홍은 인물의 행동 분석을 마친 다음 단계로 연극의 구조를 분석한다. 희곡을 '기-승-전-결'로 나누어 작품에 리듬감을 부여하는 것이다.

4. 구성에 대한 고찰

△ 발단(1장)

김 태근 의사, 앉은 뱅이-선옥이 발견 원인? 미제의 만행,

≪기어코 고쳐 보리라!≫

△ 발전(2장)

선옥이가 다리를 펴다.

선옥의 리상 크다. 꿈을 실현시켜 주자. 그런데 어떻게? 무릎 고정술?

아니 그럴 수없다. 그러나?…

아직은…

숙희와 안 희연의 방문

배 옥련의 퇴원

선옥이 걷고 싶다. 또 걸어야 한다. ≪선옥아 너도 꼭 걸어 나갈 수 있다.≫

기술 부원장에게 ≪무릎 고정 수술안≫이 제기되다. 고정시키면 영원히 비청 다리를 되고 말 것이 아닌가? 그럴 수 없다!

토끼 25호 실험 성공, 앞이 보인다.

선옥이는 금실이더러 ≪어머니≫라고 한다.[14]

희곡 자체는 이와 같이 발단과 발전이 표기되어 있지 않다. 리철홍은 그럼에도 불구하고 구조 분석을 연출의 역할로 보는 것이다. 희곡이 보다 명료해지고 연극에 리듬이 부여되기 때문이다. 그런데 리철홍은 한 장면 안에서도 어떤 구조가 이루어져 있는지를 분석해야 한

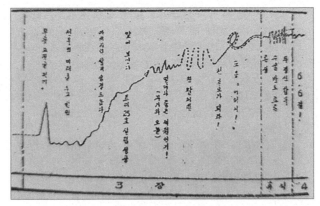

〈그림 4〉 〈정성〉 3막 구조분석(출처: 『조선예술』 4호, 1965)

---

14) 리철홍, 앞의 글.

다고 본다.

리철홍이 분석한 도표(〈그림 4〉)에 의하면 3장은 상승곡선을 탄다. 그런데 어떤 변화도 없이 직선적으로 가는 것이 아니라 그 안에 수많은 굴곡이 있다. 실상 한 장면은 확대해보면 수많은 굴곡으로 이루어져 있다. 이와 같은 구조는 "사건들이 반드시 인과관계에 의해 연결되어 앞 장면은 뒷장면의 원인이며 뒷장면은 앞장면의 결과로서 만들어진 이야기의 짜임새"이다.15) 이로써 관객은 장면과 장면을 이해하게 되는 것이다. 다음은 절정과 해결이다.

△ 절정(5장)

문제는 수술에 필요한 통뼈!

여기서 구할 것인가? 선옥이 자신의 것은 체질이 약해서 곤란하다.

당 위원장이 자기 뼈를 떼려고 하다.

내 뼈를!- 김 태근

내 뼈를!- 장 달수

내 뼈를!- 간호원들

태근이 일어 서려고 애쓴다. 수술에 견딜 수 있는 정신이 생기다. 환자와 의사의 심장이 합류되다. 그렇다. 긴장된 전투가 기다린다. 수술 선서, 수술 준비!

△ 해결

대단원-수술이 진행되다. ≪아버지!≫

해결 - 선옥이 대지를 활보하다.16)

---

15) 안민수, 『연극연출: 원리와 기술』(집문당, 1998), 128쪽.

16) 리철홍, 앞의 글.

리철홍은 그 다음 수술을 하는 장면을 절정으로 보며, 성공적인 수술 이후 선옥이 걷는 것을 해결로 보고 있다. 리철홍의 이 같은 연출법은 무엇보다 연극에 리듬과 템포를 불어넣게 된다. 이러한 리듬체계는 '각 단위별로 빠르기와 높낮이, 그리고 강약의 대비 등을 통하여 종합적으로 이루어지는데 이것들의 분석 자료가 있어야 배우의 소리나 움직임 뿐만 아니라 조명, 음향 등 여러 요소들과의 기술적인 배합과 조절이 가능'해진다.[17] 리철홍은 구조 분석을 통해 연극에 리듬과 템포를 부여하는 것이다.

4. 장치: 이미지에 기여

리철홍은 장치 역시 어떤 이미지로 기여해야 한다고 본다. 작품이 부드러운 전투성을 보이는 장면이라면 장치는 이에 맞게 숭고한 선, 부드러운 색채, 섬세한 장치로 기여해야 하는 것이다. 이를 위해 다른 소도구 역시 '백두산이 보이는 삼지연 풍경화, 우뚝 서 있는 대리석 원주, 푸른 싱싱한 참대나무 등'이라고 한다.[18] 이때 조명은 무대와 같이 움직여야 한다. 리철홍이 말하는 장치와 조명을 같이 보기로 한다. 다음은 리철홍의 글을 재구성한 것이다.

---

17) 안민수, 앞의 책, 128쪽.
18) 리철홍, 앞의 글.

〈표 3〉 리철홍의 장치와 조명 연출안 재구성(필자)

	장치	조명
1장	아담한 기와집 시내'물과 나무 다리, 드레박거는 나무, 말뚝, 둘러 친 강냉이 짚 울바지... 여기에 홍 운보의 사랑의 손'길이 깃들어 있다. 멀리 가까이 밥짓는 아침 연기	아침, 태양은 구름을 뚫고 불우한 가정에 해빛을 비쳐 준다. 새 날의 아침 조국의 아침은 숙희와 선옥이의 붉은 넥타이가 더 붉게 타게
2장	선옥의 입원실, 정성의 진수를 상징하는 대리석 원주와 침대 나무, 선옥의 꿈을 상징하듯 붉은 꽃이 담긴 화병과 침대 머리 맡에 걸려 있는 소년단 넥타이	청정한 정오 선옥의 방을 비쳐 주는 해'빛 따사롭다
3장	의사 김 태근의 집 교외의 단층 문화 주택의 일부 꽃 무늬의 벽돌 울타리에 무궁화 정원, 주인공의 서재와 걸려 있는 바이올린, 마루에 세워 놓은 꼬마 가야금	저녁 노을 불탄다. 시간은 흘러 총총한 별나라 은하수
4장	병원 외과 의무실, 드높은 창문 그 너머로 떠가는 꽃구름과 6.6절 고무 풍선의 춤, 중앙에 수상 동지의 초상화, 원주와 참대나무	6.6절의 아침
5장	수술실로 통하는 수술 준비실, 영사막 뒤로 수술실, 원주와 참대 나무	밤 12시! 숭고한 정신 세계를 부각, 특수 조명 무영등 시간은 흘러단다. 아침 태양은 창살로 들어와 한 가정으로 단합된 우리 제도를 찬양하라!
6장	높이 트인 창문이 달린 대 휴게실, 선옥이가 걸어 갈 꽃 무늬 주단 중앙에는 큰 문! 문은 금장식	꽃 구름이 피여 오르다. 태양이여 만면에 웃음을 지으라.

이 표를 보면 리철홍은 무대와 조명의 분위기가 일치하도록 계획하는 것을 알 수 있다. 예를 들면 선옥의 집에는 미래의 승리를 암시하는 햇빛을, 입원실에는 회복을 암시하는 따스한 햇빛을, 수술실로 들어갈 때는 단합된 모두의 마음을 반영하는 햇빛을 활용하는 것이다. 이러한 양상은 음악에서도 동일하다. 리철홍은 연극 〈정성〉에서 "대조적 수법을 적용하여 주인공이 사색하는 장면에서 멀리 들려 오는 아동들의 노래 소리"를 활용했다.[19] 이로써 그는 다음과 같은 평을 받는다.

박영신-우리 극장에서 ≪정성≫에 대한 합평회를 가졌는데 모두 ≪정

---

19) 김명규, 「음악 효과의 형상성」, 『조선예술』 10호(1965), 44~46쪽.

성≫에는 연출, 연기, 무대 미술 할 것 없이 그야 말로 정성이 있다고 하던데요. 마루만 해도 그렇지요 얼마나 반들반들 윤이 났어요. 정말 사람이 사는 것 같지 않았어요. 작은 소도구 하나도 모두 알뜰하고…[20]

이 밖에도 인간들의 내면 세계와 성격 발전을 선명하게 부각시킨 음악 효과며 깨끗하고 정성 어린 보건 일'군들의 정신적 속성들을 빈틈 없이 밝혀준 조명 처리, 기타 배우들의 분장의 모든 측면에서 생활을 진실하게 반영하려는 연출가의 섬세한 개성미와 성의 있는 창작 태조는 매우 교훈적이였다.[21]

리철홍은 조명과 음악뿐 아니라 모든 무대요소 즉 마루, 작은 소도구, 분장에서도 정성을 기울인다. 이 모든 요소들이 이미지로 작품에 기여하도록 하기 위해서이다. 그는 공동연출을 하면서 스타니슬랍스키와 같이 꼼꼼히 연출 노트를 작성하면서 원형과 체험으로 인물의 성격을 구축하고, 배우들의 움직임에 근거를 부여하고, 희곡에 리듬과 템포를 설정하고, 장치가 이미지에 기여하는 연출법을 구축한 것이다.

---

20) 「조선예술 100호 발간에 제하여 좌담회: 혁명적 시대와 연극 예술」, 앞의 책.
21) 인민 배우 한 진섭, 「(평론) 성장한 연출 예술」, 앞의 책.

「(평론) 연출 예술에서의 집체 창작 문제」, 『조선예술』 10호(1964), 2~3쪽.

집단적이며 종합적 예술인 연극 예술은 본래의 특성으로부터 출발하여 창조에서의 집체성을 요구한다. 그렇기 때문에 집단의 사상 예술적 지도자이며 조직자인 연출가는 연극 창조에 참가하는 모든 예술가들의 창조적 열정과 지혜를 백방으로 계발하면서 그것을 하나의 목표-최고 과제에로 지향시켜야 한다. 이에 있어서 연출가는 집단-대중의 길 안내자이며 그들의 이러저러한 의견을 종합하여 정당한 결론을 내림으로써 집단적 의견을 확립하고 그것으로써 연극을 완성시켜 가는 키잡이로 되어야 한다.

만약 연출가가 집단의 의견에 귀를 기울이지 않거나 그것을 무시한다면 그는 필경 독단을 범하게 될 것이며 다름 아닌 ≪연출 독재자≫로 될 것이다. 우리는 이미 오래 전에 이러한 ≪독재자≫들과의 투쟁을 선포하였으며 또 투쟁에서 단연 승리하였다. 지금에 와서는 집체적 지혜에 의거하지 않는 연출가란 우리의 대렬 내에 있을 자리도 없다.

특히 수상 동지의 1960년 11월 27일 교시 이후 우리 예술의 모든 부문과 함께 연극 창조에서도 대중의 집체적 지혜는 더욱 발양되기 시작하였으며 그로 하여 연극 예술의 발전은 일층 비약을 이룩하였다. 인민상 계관 작품인 ≪붉은 선동원≫, ≪해바라기≫등을 비롯한 성과작들은 모두 례외 없이 집체적 지혜에 의하여 연출 창조된 모범으로 한다.

그러나 연출 예술에서의 집체 창작의 원칙적 립장에서 볼 때 반드시 언급하지 않으면 안 될 몇 가지 편향들이 나타나고 있다. 그것은 한 마대로 말하여 집체 창작이라는 명목 하에 연출가의 예술적 개성과 창조에서의그의 역할을 과소 평가하거나 무시해 버리는 평향들이다. (…중략…)

첫째로 창조 집단의 전체 성원들을(시어는 극장의 행정 일'군들까지) 연출가로 선언해 버리는 그러한 ≪집체 연출≫이다. 즉 이러한 집단에서는 누가 연출이고 누가 배우인지조차 구분하기 어려우며 모두가 연출가이고 모두가 작가도 되는 것이다. 그리하여 연습은 주로 이러한 ≪연출가≫들의 열렬한 토론 속에서 진행 되는 데 바로 이 토론이야 말로 유일한 연출-창조 방법으로 되고 있는 것이다.

그런데 왕왕 이 론쟁은 매개 ≪연출가≫들이 자기의 연출적 제안들을 정당화하기 위한 고집스러운 의견들의 충돌로 되고 있으며 그 중에는 지어 창조와는 하등의 관련도 없는 사변적인 것들도 없지 않다. 이렇게 되다 보니 연출 작업은 방향이 없이 되며 시간은 무제한으로 흐르고 론쟁은 끝이 없게 된다. 그리하여 시간의 촉박을 느끼게 될 때에야 비로소 다수결에 의거하거나 지도부의 조치에 의하여 부랴부랴 창조를 다그치게 되는바 기실 이러한 연출 작업의 결과가 무엇을 낳을 것인가에 대해서는 구태여 말할 필요가 없는 것이다.

둘째는, 일부 연출가들이 자신의 약점으로 하여 창조 집단의 선두에 서지 못 함으로써 결국 자기의 지휘 능력을 상실하게 되며 시간의 흐름에 따라 점차 그 어떤 다른 사람에게 연출 작업을 양도하지 않으면 안 되는 경우이다.

2쪽: 이것은 마치도 서투른 장기'군이 장기를 두는 과정에 점차 훈수'군들의 조언에 의하여 자기의 립장을 잃게 됨으로써 사실에 있어서는 누가 장기의 주인인지조차 알 수 없게 되는 경우와도 류사하다. 이때 창조의 성과 여부는 담당 연출가에게 달려 있는 것이 아니라 ≪훈수'군≫들의 즉흥에 많이 의거하게 된다. 이때 만일 연출가가 맹목적으로 옳지 않은 의견에 따르게 되면 심한 경우에는 엄중한 과오까지 범하게 된다. 우리는 이러한 뼈아픈 교훈을 ≪소문 없이 큰'일 했네≫의 창조 과정에서 찾았다.

우리가 ≪집체 연출≫에 의해서 창조된 적지 않은 작품들에서 보아 오는 것처럼 연출 예술에서의 집체 창작의 원칙을 소홀히 할 때 그 만큼 연극 운동의 손실을 보게 되는 것이다.

그러면 연출 예술에서의 집체 창작의 요구는 무엇인가?

그것은 첫째로, 창조 집단의 광범한 지혜를 적극(그야말로 적극적으로) 발양시키는 것이며 둘째로, 그러한 집단적 의견을 유도하고 창조를 사상-예술적으로 옳게 지도할 수 있으며 창조의 모든 성과와 실패에 대하여 대중 앞에 책임 지는 그러한 연출가의 존재와 그의 예술적 개성이 창조에서 노는 귀중한 역할을 충분히 인정하는 것이며 셋째로 창조 성원들의 이러저러한 모든 의견들은 창조의 조직자이며 예술적 지도자인 연출가의 개성적 사유에 의하여 집중된 다음에 다시 집단 속에 예술적 형상으로 일반화되는 그러한 순환적인 과정을 통하여 창조가 진행되여야 한다는 것이다.

연극은 물론 창조 집단-대중이 만들어 낸다. 그러나 집체 창작-이것은 결코 집단에 대한 확고한 예술적 지도자인 연출가(또는 연출적 핵심)의 존재를 거부하는 것은 아니다. 연출가의 개성과 집단의 의견이 한 덩어리로 뭉쳐서 참으로 완벽한 예술적 통일을 이룰 때에 비로소 창조는 성공하게 될 것이며 집단의 개성도 더욱 개화될 것이다.

여기에서 중요하게 제기되는 문제는 우리 연출가들이 맑스-레닌주의 세계관과 우리 당의 사상으로 확고하게 무장하는 것이다. 오직 이렇게 될 때에만 연출가는 창조 집단의 광범한 지혜도 옳게 발동시킬 수 있고 또 제기된 이러저러한 의견들을 옳게 평가하여 자기의 연출 작업에서 구현할 수 있는 것이다.

연출 예술에서의 집체 창작 문제를 말하면서 우리는 몇 명의 연출가가 함께 작업하는 (2~3명) 공동 연출에 대하여 생각하지 않을 수 없다.

그것은 최근에 공동 연출로 된 성과작들도 등장하고 있기 때문이다. 그

대표적인 례를 해주 연극단의 ≪두만강≫(변 경환, 서장식, 박대서 공동 연출, 1962) 연출을 들 수 있다. 그런데 이 때 문제로 되는 것은 공동 연출에 참가하는 각이한 개성의 연출가들이 진실로 원칙적인 동지애로 융합되며 각자의 개성적 특징들에 대한 충분한 리해와 연출 구상의 완전한 통일을 보아야 한다는 것이다. 이리하여 그들 연출가들의 개성의 융합으로 이루어 지는 연출 스탶의 개성이 확립되여야 한다. 만약 이 원칙적인 융합이 다소 라도 약화되는 경우에는 작품의 사상-예술적인 완벽성과 통일을 훼손할 수 있는 위험성이 초래된다.

이러한 위험성이 흔히 연출가들 호상간의 사업 분담을 다음과 같이 하는 데서 더욱 농후하게 조성된다.

1. 막 별로 연출 작업을 뜯어 맡을 때

2. 동일한 장면을 다른 연출가들이 시간 별로 교대하여 작업을 할 때

3. 작가와의 작업과 배우와의 초벌 훈련 및 형상 단계 등을 각각 다른 사람이 담당할때

그러므로 필자의 의견으로는 공동 연출 작업을 진행하는 경우에 있어서 도 원칙상 한 사람의 책임 연출가를 결정하는 것이 옳다고 생각한다.

왜냐하면 모든 예술에서와 마찬가지로 연출 예술도 역시 철저하게 그의 창조적 독자성과 풍만한 개성의 발현을 요구한다. 연출가가 진행하는 구상 과 연출 계획(쁠란)부터가 벌써 연출가의 구체적인 사상 감정-즉 생활에 대한 그의 구체적인 견해와 감각, 창조적 열정들에 의하여 이러우지는 하나 의 독자적이며 개성적인 창조물인 것이다. 이로부터 연출가들이 서택하고 실현하는 연출 방법과 수업의 다양성도 산생된다. 이것은 피지 못할 사실이 며 또한 응당한 일이기도 하다. 만일 이를 기계적으로 통일시키려고 한다면 좋지 못한 결과를 초래할 것이다.

때문에 연출 예술에 대한 우리의 요구는 그에 대한 독단주의적 태도(연출

독재)를 철저히 배격할 뿐만 아니라 동시에 창조에서의 연출가의 구체적이며 비반복적인 개성을 무시하거나 약화시키는 경향들도 역시 허용하지 말아야 한다.

그렇다고 해서 이것은 공동 연출 그 자체를 반대하는 것을 의미하지 않는다.

왜냐 하면 필자가 제기하는 책임 연출 과제가 벌써 연출은 혼자서만 할 수 있다고 주장하는 것이 아니기 때문이다. 공동 연출에 참가하는 다른 연출가들은 책임 연출가의 지도 하에 여전히 자기가 담당한 부분에서 적극적인 구상과 그의 실현의 가능성을 보장 받을 것인바 그로 하여 공동 연출은 한 사람의 연출가가 담당할때보다는 훨씬 더 훌륭한 성과를 달성할 수도 있을 것이다.

이런 의미에서 볼 때 책임 연출가는 공동 연출에 참가하는 개개의 성원과의 사업에서 무리가 없게 하면서 그들의 창조적 구상을 하나의 완성되고 조화된 예술적 총체에로 융합시키며 배우 및 무대 미술 일'군들과의 작업 등 일체의 창조 사업에서 연출적 지도의 통일성과 관통성을 보장할 수 있도록 그들을 유도하며 지도하는 사람으로 되어야 할 것이다.

어쨌든 연출 예술에서의 집체 창작의 원칙 문제는 더 론의를 진행해야 할 문제이다. 그러므로 공동 연출에 참가하였던 연출가들의 귀중한 토론들이 많이 있기를 진실로 바라는 바이다.

리철홍, 「(평론) 의도와 형상」, 『조선예술』 6호(1966), 27~28쪽.

연출가의 의도와 형상-이는 두 개념이지만 하나로 되어야 한다. 헌데 그것을 하나로 통일시키기란 쉬운 일이 아니다. 연출가가 희곡을 연구할 때 그의 창조적인 상상의 나래는 이곳 저곳에서 무질서한 화폭으로 작용한다. 이 모든 화폭 속에서 가장 중요하고 가장 전형적이라고 인정되는 화폭을 선별하고 선택하는 것이 필요하다. 작품에 반영된 사상들에 대한 연출가의 명확한 태도와 여기서 얻어진 그의 의도는 앞으로 무대 우에 형상될 연극의 미학적 가치를 좌우한다.

연출가가 구상과 의도를 다만 연극의 기초로서의 희곡(문학)이나 ≪기본 동력≫으로서의 배우에게만 국한시켜 버린다면 실패를 면치 못 할 것이다. 연출가의 구상은 응당 문학 배우와 함께 미술, 조명, 효과, 의상 및 기타에 이르기까지의 모든 부문을 포괄한 구상으로 되어야 하며 의도와 형상은 이에 기초한 것으로 되어야 한다. 왜냐 하면 현대 연극은 태양 광선 아래서 또는 석유등 밑에서 진행 하던 수세기 이전의 연극과는 달리 고도로 발전된 과학의 성과가 안입된 조화로운 예술이기 때문이다. 또 연출가가 앞으로 형상화할 구상과 연출 의도를 수립함에 있어서 작품의 주제-사상과 그 문제성을 뚜렷하고 확신성 있게 연구하고 발견해 낸다면 그 형상은 의심할 바 없이 표현성이 있고 성공할 것이다.

그러나 만일 연출 의도 자체가 자기 동료들을 기쁘게 해 줄 그 어떤 다른 목적에 근거했다든가 그 의도 속에 관중들을 경탄케 하려는 ≪야심≫이 숨어 있다면 그런 의도는 의도로서 죽어 버리고 말 것이며 형상으로 무르익 지는 못 할 것이다.

연출가가 자기 의도를 형상에까지 무르익히는 ≪비결≫은 단 한 가지가 있는바 그것은 객관적 생활 속에서 탐색하여야 한다는 것이다 이것은 진리 이다. 이 진리에 도달하는 길은 평탄하지 않다. 그러나 이 진리에 도달할 때 우리는 연출가의 의도가 살아 숨쉬는 형상의 결과를 기쁘게, 감동적으로 보게 될 것이다. 그리고 이렇게 연출된 그 진리는 연극을 구성하고 있는 어느 한 장면을 떼여 놓고 관찰하여도 충분히 알 수 있다.

... 눈 덮인 밀림의 밤, 무대는 조용한데 이따금씩 불어오는 눈부라 소리, 박 성룡이 들어 온다. 어디서 들려온느 소릴가? 딱, 딱, 딱딱딱.. 부드럽고 고르로운 마치 소리, 사령부 창문으로 비쳐 나오는 불'빛! 김사장께서 성룡

이가 부러뜨린 총가목을 손수 고치고 계시는 것이다. 성룡은 언덕으로 달려가 우두커니 서서 사령부를 우러러 본다.

≪김사장 동지!!≫

연출가 안영일 동지는 연극 ≪조국 산천에 안개 개인다≫를 연출하면서 이 장면을 통하여 박 성록의 성격 발전 계기를 감동적으로 보여 주려는 의도를 성공적으로 구현하였다.

연출가의 형상적 의도는 그가 연출안에 설계한 구도와 그의 통일에서도 능히 찾아 볼 수 있다. 언덕 우에 위치한 사령부, 그 아래에 서 있는 성룡이의 ≪자리≫(구도), 이 두 위치는 서로 끊을 수 없이 련결된 언덕길 우에 놓여져 있다. 그도 설정에서의 이러한 과학성은 연출가의 사상 정치적 지향과 연출 형상 방향이 명백함으로 하여 이루어진 것이다.

여기에는 찬 바람이 불어 대는 령하 40도의 백두 밀림 속에서도 사령관과 평범한 전사 사이에 오고 가는 뜨거운 정은 어떤 추위도 어떤 난관도 이겨 낼 것이며 승리할 것이라는 연출가의 뜨거운 심장이 불타고 있다. 연출가는 또한 이 장면에서 조명 변화, 음향 효과, 인물의 행동 등을 잘 조직함으로써 생활적인 조화미를 형성했다.

① 효과와 조명…마치 소리가 난다. 사령부 창문에 김사장 동지의 영상이 나타난다.

② 행동…성룡이 들어 와 사령부 쪽을 바라 본다. 놀래는 심장!

③ 효과와 행동…마치 소리 약간 크게 들린다. 김 사장 동지는 허리를 펴시고 총신을 우로 드신다.

④ 행동…성룡이 더 가까이 간다.

⑤ 효과와 조명…불어 오는 눈보라 소리, 밀림이 설레인다. 조명이 두 지점을 포근히 감싼다. 두드리는 마치 소리는 고르롭다. 따뜻하다.

⑥ 행동…성룡 감격하여 손을 모두어 가슴에 대며 사령부 쪽으로 발길을

옮긴다. 언덕길을 오른다.

⑦ 효과…마치 소리 더 빨리 더 크게 울려 온다.

⑧ 행동과 조명…성룡이 올라 간다. 걸어 간다. 한 발자운 두 발'자욱! 나직히 말한다-≪김 사장 동지!≫

무대 천천히 어두워진다.

보는 바와 같이 연출가는 등장 인물의 내재적인 움직임, 그의 속도와 률동, 그의 행동을 자기의 확고한 의도에 근거하여 철저하게 조직하고 있으며 그에 조명 변화, 효과 음향 등 제 요소들을 유기적으로 배합하면서 점차 빠른 속도로 이끌고 나갔다.

우리는 이 장면을 통하여 김 사장 동지에 대한 다함없는 존경으로 가득 찬 연출 언어를 엿볼수 있다. 뿐만 아니라 관람석의 매개 마음과 행동도 바로 성룡이의 그것과 같으며 연출가의 그것과도 같은 것이다.

이런 장면, 이런 군상, 이런 연출 형상은 영원히 관중들의 정신 속에 자기의 자리를 차지하고 있을 것이다 .

연극은 종합 예술이다. 따라서 성격을 형상하는 연출가의 재능은 모든 예술들의 유기적인 련관 속에서 자기의 연출 의도를 형상으로 실현하는 데서 표현되여야 한다.

연출 ≪새살림≫에서 연출가 리 양건은 밝고 명랑하고 생기 발랄한 극적 흐름 속에서 심오한 사색을 불러 일으키기 위하여 노력하였다. 사실상 연출가들이 맑고 명랑하고 웃음이 많은 작품을 연출하면서 깊은 사색을 불러 일으킨다는 것은 쉬운 일이 아니다.

왜냐하면 경희극이나 ≪재미나는≫ 연극인 경우 웃음 속에 사색이 파묻히는가 하면 ≪재미 나는≫ 것 속에 철학적 내용이 용해되여 ≪쭉어 버리기≫가 일수이기 때문이다.

그중 한 장면을 보자

가정 부인들은 제 손으로 돌을 나르고 흙을 발라 집을 세웠고 비록 불충분한 설비지만 보람찬 공장 일을 시작한다.

... 아침 태양이 작업장으로 비쳐 든다. 나무메와 삽 등으로 콩또래를 부스러뜨린다. 어디선가 어린애의 노래소리가 들린다. 지나가던 녀인이 걸음을 멈추고 창문 밖으로 시선을 던진다.

≪형님! 우리 영남이를 좀 봐요, 노래하면서 춤까지 춥니다레...≫

≪원, 저런...≫ 부인들은 앞을 다투어 창'가로 모여 든다. 어린애들의 노래소리 랑랑하게 들려 온다. 저저마다 자/기의 어린 것을 보겠다고 발돋움질 하던 그들은 두 손을 들고 어린애처럼 춤추며 노래한다. (…하략…)

심하담, 「(평론) 잊혀지지 않는 형상」, 『조선예술』 10호(1966), 14쪽.

연기형상에서 의도적인 것이 어떻게 이루어져야 하는가. 지난날 나도 이 문제에 대한 깊은 연구가 없이 연기하였었다. 그런 결과 ≪영원한 청춘≫의 공장당위원장과 ≪산울림≫의 당위원장 형상에서 극히 도식적이고 형식적인 틀에 매달려 관료주의적인 인물형상을 조작해냈다. 그것은 우선 당위원장은 위신이 있어야 한다는데서 그에 부합되는 무게있는 걸음새와 말씨르 ㄹ먼저 찾았고 모든 일에서 결론을 주어야 한다는데서 행동이 적고 말만 하게 되었다. 그리하여 모든 형상은 배우자신의 의도만이 앙상하게 로출되게 되었다. 이러면서 나자신은 체험을 한다고 믿었었다. 그러나 지금에 와서 다시 생각할 때 그것은 내가 보고 느낀 것 들었던것에 대한 흥분에 지나지 않았던 것이다

이로부터 얻어진 결론은 우선 배우가 생각해야 할 것은 당위원장이라는 직책이 아니라 고상한 인간의 풍모를 갖춘 혁명가라는 것이다. 이러한 견지에서 창조한 것이 연극 ≪정성≫의 당위원장역 형상이라고 할수 있다.

역을 맡은 배우들의 모두가 그러한것처럼 우선 나도 역인물의 사상정신

세계의 파악을 위해서 원형을 찾았고 그와의 생활을 하였다. 내가 찾은 원형은 어느 병원의 당위원장이였다. 나는 그와의 생활을 같이하면서 먼저 그 인간을 파악하는데 예봉을 돌렸다. 그리하여 부모처자들을 사랑하고 가정생활에서 근면할뿐만 아니라 모든 면에서 활동적인 품성 등이 하나하나 나의 유기체에 배기 시작했으며 병원내 성원(의사 간호원 등)들과 환자들과의 사업을 더 연구하였다. 어느 당일군이 사람과의 사업을 안하랴만 특히 병원 당위원장은 이 사업을 그야말로 구체적으로 심도있게 잘 하지 않으면 안된다는 것을 느끼게 되었다. 나는 이러한 사업을 내 생활에 구현하도록 의식적으로 노력하였다. 이러는 과정에 다소나마 정치일군다운 생활적 체취가 싹트기 시작했으며 병원 당위원장의 생활이 점차 나의 유기체 속에서 움직이기 시작했다.

이 단계를 거친 다음 작가가 제기한 희곡의 당위원장이 걷고 있는 로정을 그려보고 그 로정을 재확인한 다음에 원형의 심정으로 움직여보았다. 초기에는 무리가 오고 잘 맞지 않는데가 간혹 없지 않았으나 자신은 자유로왔고 편안하였다. 더욱이 자유로울수 있었던 것은 나의 의도적인 행동, 의도적인 강조가 쉽게 풀리여나갔기때문이라고 생각한다.

그중에서 몇 개만 실례를 들겠다.

인간의 생명을 책임진 천리마외과집단은 미제의 만행으로 불루가 된 어린 소녀(선옥)을 고쳐주려고 자기 병원에 입원시켰다. 그러나 외로이 자란 선옥이는 그들을 단순히 직업적인 의사로 대할뿐 자기의 마음을 주지 않는다. 그럴수록 의료집단은 그의 친아버지로 누나로 되려고 노력한다. 더욱이 중요한 것은 선옥이로하여금 미국놈과 싸우는 심정으로 자기 병과 싸우게 하는 투지력을 키워주는것이였다. 이것은 이러한 강한 투지력을 배양해줌으로써만 그가 앞으로 진행될 대수술에서 견디여낼수 있는 의지력을 가질 수 있기 때문이다.

이로부터 침대에 누워있는 선옥이에게 선물을 사다주는 데도 많은 생각을 하지 않으면 안되였다. 우선 선옥이는 커서 무용가로 됐으면 하는 포부를 가지고 있다. 지금 걷지 못하는 어린 선옥이의 이러한 희망, 자기의 현재 처지를 모르고 무용을 하겠다는 욕망, 이것이 꼭 실현된다는 신심을 안겨줘야 하였다. 여기로부터 춤추는 인형과 ≪세 아동단원에 대한 이야기≫책을 선택하여 선물로 줄 것을 결심했다. 이 선물을 통해서 의료집단은 ≪선옥이를 고쳐주는 것은 미국놈들과 싸우는것이며 선옥이의 희망대로 춤을 추게 만들어 놓는 것은 미국놈과의 투쟁에서 승리를 의미한다≫는 사상을 자각해야 한다. 이러한 내면독백을 가지고 의료집단앞에서 선옥이를 놓고 춤을 추며 노래조로 선물을 안겨주었던 것이다.

또 하나는 어려운 전투(선옥에게 뼈이식수술)가 제기됐을 때 누가 어떻게 참가하는가의 문제였다. 물론 이 말을 퍼뜨리면 너나할 것 없이 자기의 뼈를 떼라고 할 것이다. 그렇게 되면 주인공이 하고자하는 수술에 혼란을 줄 것이다. 그렇다면 태근선생이 제기한대로 자기 뼈를 떼면 누가 수술하는가?

이로부터 당위원장인 나는 내자신의 뼈를 선옥이에게 이식해주자. 이것은 선옥이를 위한것이기도 하나(물론 뼈는 누구나 다 내겠다고 하니만큼 많을 것이다) 인테리를 아끼고 사랑하는 우리 당의 의도일 것이다.

그래서 외과집단이 모르게 혈액검사를 하려다가 그만 그들에게 발견되고만다.

≪당위원장동지, 당원인 저희들이 있지 않습니까?≫ 이렇게 하여 태근이는 달수선생과 함께 야간에 수술을 진행한다. 이렇게 되어 이 연극의 주제가 ≪세상에 부럼없어라≫/가 흘러나오는 것이다.

이상과 같은 경험을 종합하면 첫째로 배우의 의도적인 것은 역이 지향하는 그 길에서 스스로 우러나와야 하며 그렇게 조종해야 한다는 것이다 .배우자신의 조종만을 고집하면 많은 경우에 형식적인 것,허황한 것으로 떨어지기 쉽다. 그런데 이를 위해서는 체험의 세계가 아주 높아야 하며 그 심도가 깊어야만 하는 것이다.

둘째로 의도적인 것은 상대역들의 심장에 작용하여 해당한 반작용을 일으킬 때라야 살아날 수 있으며 그의 실효를 얻을수 있다는 것들이다.

북한 연출가와 연출작품(1945~1965)

년도	주영섭	라웅	고기선	안영일	김덕인	한백남	리서향	김순익	정리일	김인	리철홍
1946 ~ 1947	〈홍경래〉 〈춘향전〉	〈뢰성〉 〈갱도〉 〈인민은 조국을 지킨다〉 〈원동력〉									
1948 ~ 1949	〈투쟁의 노래〉 〈푸른대지〉	〈로씨야 사람들〉 〈리순신 장군〉 〈외과의 크레체트〉		〈태양을 기다리는 사람들〉 〈자매〉 〈순이〉			〈을지문덕 장군〉				
1950 ~ 1951		〈흑인 소년 눈송이〉						〈불'길〉			
1953 ~ 1954		〈강화도〉		〈탄광사람들〉				〈우리나라 청년들〉			
1955		〈우리는 언제나 함께 싸웠다〉	〈어선 전진호〉	〈어랑천〉	〈동트는 대지〉 〈강철을 어떻게 단련되었는가〉	〈잊을 수 없는 그날〉					
1956		〈백두산은 어데서나 보인다〉			〈세전사〉	〈우리의 역사〉	〈생명을 위하여〉				
1957					〈크레믈리의 종소리〉						
1958				〈선구자들〉			〈위대한 힘〉		〈백로산의 영웅들〉		
1959			〈검은 그림자〉	〈불사조〉 〈붉은 마음〉		〈와냐 아저씨〉	〈독로강〉	〈로동자〉	〈인민의 이름으로〉		

년도	주영섭	라웅	고기선	안영일	김덕인	한백남	리서향	김순익	정리일	김인	리철홍
1960			〈해바라기〉	〈조국산천에 안개 개인다〉 〈분노의 화산을 터졌다〉							
1961			〈태양의 딸〉				〈붉은 선동원〉 〈해바라기〉	〈산울림〉		〈지평선〉	
1962			〈일편단심〉			〈연암 박지원〉			〈청춘의 활무대〉	〈대하는 흐른다〉	
1963									〈불'새〉		
1964					〈청년전휘〉						〈정성〉

북한 연출가들의 연극 제작법: 해방 이후부터 1960년대까지

〈조선예술〉 연극 관련 목록(1960년대까지)

이름	제목	년도
한형원	사회적 전형과 예술적 전형	1957년 제4호
김덕인	(예술교양) 배우 수업 제강 작성을 위한 나의 초고	1957년 제6호
무대 미술가 강진	무대 장치에 있어서 도식성을 반대한다	1957년 제7호
박태영	해방후 조선 연극에 반영된 조쏘 친선	1957년 제8호
연극 연출가 박찬규	교조주의를 반대하는 길에서	1957년 제8호
	전국 예술가 대회의 새로운 지향	1957년 제9호
안영일	창극 발전에 저애하는 독단적 견해에 대하여	1957년 제9호
장노월	도식주의와 류형성을 반대하여	1957년 제9호
신홍순	신 불출과 그의 풍자 예술	1957년 제10호
	1957년도 극장 예술사업에서의 고귀한 경험	1957년 제12호
연장렬	당 중앙 위원회 1946년 12월 제14차 상무 위원회 결정과 우리 문학 예술	1958년 제8호
강진	당과 인민 주권의 품 안에서 개화 발전하여 온 연극 예술 [1]	1958년 제8호
한중모	북조선 로동당 중앙 위원회 상무 위원회 제29차 회의 결정 ≪북조선에 있어서의 민주주의 민족 문화 건설에 관하여≫ 에 대하여	1958년 제9호
강진	당과 인민 주권의 품안에서 개화 발전 하여 온 연극 예술 [2]	1958년 제9호
강진	자랑스러운 10년: 당과 인민 주권의 품안에서 개화 발전하여 온 연극예술(3)	1958년 제10호
연장렬	조선 로동당 중앙 위원회 1952년 제 5차 전원 회의와 우리 문학 예술	1958년 제12호
리재현	사회주의적 사실주의 연기 체계를 어떻게 발전 시킬 것인가	1958년 제12호

이름	제목	년도
한경수	조선 로동당 중앙 위원회 상무 위원회 제 11차 회의 결정《문학 예술 분야에서 반동적 부르죠아 사상과의 투쟁을 더욱 강화할 데 대하여》와 예술인들의 과업	1959년 제1호
김민혁	문학 예술 분야에서의 부르죠아 사상의 표현을 반대하여	1959년 제2호
	전국 작가 예술가 대회 결정서(1953.9.27)의 내용과 전후 시기의 문학 예술에 대하여	1959년 제3호
김창석	현대적 주제와 예술적 형상: 연극 《강이 풀린다》를 보고	1959년 제4호
리령	연극에서의 류형성과 도식성을 반대하여	1959년 제7호
송영	《불사조》 창작 수기	1959년 제7호
박태영	극적 갈등의 변천	1959년 제7호
리령	8. 15 해방 후 조선 연극 발전에 쏘베트 연극이 준 건대한 영향	1959년 제8호
	현대성 문제를 중심한 토론회	1959년 제8호
본사기자 계훈익	보다 진실한 연기 형상을 위하여: 〈불사조〉 창조자들의 경험 교환회에서 (빈칸, 프린트에는 있음)	1959년 제9호
강성만	예술 작품에서 보다 심오한 형상성을!	1959년 제10호
김인	연기의 성격성	1959년 제10호
리령	혁명 전통을 반영한 연극 창조에서 제기되는 몇 가지 문제	1959년 제12호
김창석	아름다운 미래에 대한 열렬한 갈망: 연극 〈와냐 아저씨〉를 보고	1959년 제12호
안영일	(연단) 연극 형상에서 기량 제고와 다양한 스찔의 창조 문제	1959년 제12호
한백남	배우수업	1959년 제12호
김정순	(평론) 리 순신 장군 연기 창조의 몇 가지 특징들에 대하여	1960년 제5호
	(권두언) 남조선에 대한 미제의 흉포한 침략 정책을 철저히 분쇄하자!	1961년 제6호
한웅만	창극 예술이 달성한 빛나는 성과	1961년 제6호
연출가 구강	혁명적 랑만이 무대 우에 파도 치게	1961년 제6호
공훈 배우 김선영	당에 드리는 나의 마음	1961년 제6호
본사 기자	순회 공연의 하루	1961년 제6호
림철홍	(창조 경험) 국립 연극 극장의 연극 《해바라기》 창조 과정에서	1961년 제6호
공훈 배우 리서향	(수기) 창작 노트에서	1961년 제6호
문정복	원형에 충실하려고 했습니다	1961년 제6호
인민 배우 황철	(신인 소개) 오늘의 신인들	1961년 제6호

이름	제목	년도
리수복	중견들도 신인들을 위해 시간과 노력을 아끼지 말자	1961년 제6호
장영구	함흥 연극 극장의 김 진연 천리마 작업반	1961년 제6호
본사 기자 차균호	기동성 있는 현장 공연: 황북 도립 예술 극장에서	1961년 제6호
국립 연극 극장원응삼	무대의 기계화를 위해 집단이 지혜를 동원하고 있다.	1961년 제6호
개성시립 예술극장 우라좌	아름다운 우리 말을 하기 위하여	1961년 제6호
	권두언,「새해 여섯 개 고지 점령을 위한 무대 예술의 당면 전투적 과업」	1962년 제1호
박영신	(론설) 김일성 원수의 현지 교시와 우리 극장	1962년 제1호
김용완	집단적 현실 침투와 창조	1962년 제1호
신창규	(평론) 연극 ≪태양의 딸≫과 연출 예술	1962년 제1호
본사기자 장영구	성과작은 이렇게 탄생하였다: 연극 ≪붉은 선동원≫ 창조 과정을 중심으로	1962년 제1호
본사기자 박성종	관객 대중과의 긴밀한 련계를 위하여	1962년 제2호
박총은	새 시대의 관객과 드라마뚜르기야	1962년 제2호
김성범	조명 예술에서의 성과와 해결해야 할 점	1962년 제2호
연출가 구강	(창조 경험) 집체 창작에서 얻은 경험	1962년 제2호
진옥섭	(배우의 호소) 넘원	1962년 제6호
인민배우 배용	미제를 몰아내는 투쟁에 나서라	1962년 제6호
편집부	모두가 순실이면서도…	1962년 제7호
편집부	(배우 지식) 배우의 연기안 (쁘란)이란?	1962년 제8호
안영일	(창조 경험) 연극 ≪조국 산천에 안개 개인다≫에 대한 나의 연출 경험	1962년 제8호
	(현지 보도) 알곡 500만 톤 고지 점령에 나선 용사들처럼…	1962년 제9호
	북경 인민 예술 극원 현지 침투 소조 귀국	1962년 제10호
김욱	(평론) 력사물 창작과 현대성	1962년 제10호
장노월	연극의 성과와 배우: 연극 ≪여기도 1211 고지이다≫를 보고	1962년 제10호
오홍남	론쟁을 필요로 하는 문제	1962년 제10호
신창규	(평론) 우리 시대를 보여준 락천적 웃음: 경희극 ≪청춘의 활무대≫를 보고	1962년 제10호
	(배우지식) 체험의 예술이란?	1962년 제10호
박경진	무대의 문화성을 높이자	1962년 제10호

이름	제목	년도
	천리마 시대와 우리 무대예술: 위대한 생활력, 전실한 체험	1962년 제11호
안동학	연극 ≪붉은 선동원≫ 창조 수기: 연출 집단 작업을 중심으로	1962년 제11호
황강	동시대인의 빛나는 형상: 조선 문학 예술 창작 사업의 새로운 성과와 발전	1962년 제11호
	(배우지식) 유기적 행동의 제 요소들	1962년 제11호
정리일	경희극 ≪청춘의 활무대≫의 연출 과정을 더듬어 보면서	1962년 제11호
인민배우 리재덕	(평론) 기술 혁명의 선구자들에 대한 진실한 형상: 연극 〈지평선〉을 보고	1962년 제12호
	(창조수기) 나의 연출적 지향: 연극 ≪지평선≫ 연출을 담당하고	1962년 제12호
한경수	현실의 극적 반영과 극작술 문제	1962년 제12호
강성만	천리마 시대와 희극 창작	1962년 제12호
	배우지식-무대신뢰란?	1962년 제12호
	(좌담회) 무대예술의 풍만한 결실을 위하여	1963년 제1호
문화상 박웅걸	거대한 성과, 긴요한 과업: 8. 15 해방 17주년 연극 부문 예술 축전 총화보고 (요지)	1963년 제1호
권택무	(론설) 로동 계급의 보다 훌륭한 형상화를 위하여	1963년 제1호
강진	새해에 띄우는 편지: 무대 미술가 박 용달 동무에게	1963년 제1호
김봉환	(연단) 배우의 기교와 소박한 연기	1963년 제1호
	(배우지식) 무대 과제란?	1963년 제1호
신고송	(평론) 심오한 주제 사상, 선명한 인물 성격: 창극 〈홍루몽〉의 극적 구성에 대하여	1963년 제1호
박성종	조선 인민군 창건 15주년 기념: 우리의 연극 무대에 반영된 인민 군대 형상	1963년 제2호
인민 배우 리단	(조선 인민군 창건 15주년 기념) 잊지 못할 전사들에 대한 생각: 순회 공연 일지를 펼쳐 보면서	1963년 제2호
본사기자 리덕순	(조선 인민군 창건 15주년 기념) 전사들의 사랑을 받는 공훈 배우	1963년 제2호
	(조선 인민군 창건 15주년 기념) 초병들을 기쁘게 한 조명가 김 룡성 동무	1963년 제2호
홍대룡, 최만순, 남철손	(평론) 진실한 력사적 화폭, 투철한 현대성의 구현: 연극 〈두만강〉에 대하여	1963년 제2호
	(예술 교양) 조선 연극 개관(7) 해방 후 연극	1963년 제2호
	(배우 지식) 무대 교제란?	1963년 제2호
	까. 에쓰. 쓰따니쓸랍쓰기와 그의 예술 활동: 그의 탄생 100주년에 제하여	1963년 제2호

이름	제목	년도
강성만	3월 11일 교시 실천을 위하여: 예술적 혁신성과 현대성의 제 문제	1963년 제3호
김기수	(우리 시대 연출가와 그의 작업) 배우의 성장과 연출가의 역할	1963년 제3호
박대서, 변경환, 서창식	우리 시대 연출가와 그의 작업: 연극 ≪두만강≫ 연출수기	1963년 제3호
신창규	배우 예술과 현대성: 배우와의 담화	1963년 제3호
공훈 배우 엄미화	(배우 예술과 현대성) 희곡의 형상적 특성과 배우 기교	1963년 제3호
신창규	(배우 예술과 현대성) 배우와의 담화	1963년 제3호
리상남	조명에서의 예술성 제고	1963년 제3호
	(배우 지식) 육체 행동의 회상이란?	1963년 제3호
리원곤	남조선 연극의 멸망상, 반동성	1963년 제3호
	조선 연극 개관(8): 1945~1950년의 연극(평화적 건설 시기)	1963년 제3호
본사 기자	(배우 소개) 독창적인 배우 김 동화	1963년 제3호
리히범	나래치는 청산리 정신: ≪붉은 선동원≫의 리 선자의 형상이 가지는 시대적 의의	1963년 제3호
원산 연극 극장총장 박봉호	우리 극장의 두 번째 경희극 ≪청춘의 활무대≫	1963년 제4호
리규득	창조 일기 몇 토막	1963년 제4호
류하룡	웅기와 석철이는 어떻게 다른가!	1963년 제4호
	창조적 결실로 빛나는 15년	1963년 제4호
맹심	(창조 경험) 우리 시대 연출가와 그의 작업: 연극은 대중이 창조한다. - ≪습격≫ 연출 후기 -	1963년 제4호
김인	(연단) 배우 예술과 현대성-배우와 시대 감각	1963년 제4호
송영길	(연단) 사면화와 사면벽 문제	1963년 제4호
	(예술 교양) 조선 연극 개관(9): 1950~1953년의 연극 (위대한 조국 해방 전쟁 시기)	1963년 제4호
신창규	(배우 지식) 배우 예술의 특성	1963년 제4호
	고리끼와 극장	1963년 제4호
	전국 분장 연구 발표회 집행 요강	1963년 제4호
	조선 연극 개관 (12): 1953~1956년의 연극 (전후 인민 경제 복구 시기)	1963년 제4호
리령	(예술 교양) 조선 연극 개관 (끝) 1957년 이후의 연극	1963년 제4호
정리일	(우리 시대 연출가와 그의 작업) 연출가의 위치와 역할 문제	1963년 제5호

이름	제목	년도
최인상	(배우 예술의 현대성) 배우 예술에서의 형상적 기능 제고를 위한 문제	1963년 제5호
김봉환	로동자의 형상과 현지 체험: 연극 〈위대한 힘〉의 창조 수첩에서	1963년 제5호
	국립 민족 예술 극장 창립 15주년 기념회 진행	1963년 제5호
권택무	(평론) 혁명적 기백, 진실한 탐구: 연극 〈습격〉을 보고	1963년 제5호
본사 기자	전국 연출가 강습회 진행	1963년 제5호
성두원	무대 미술에서의 민족적 특성 구현에 대한 문제	1963년 제5호
신창규	(배우 지식) 언어 행동의 주요 요소란	1963년 제5호
	베. 이. 네미로위츠 단체꼬와 극장	1963년 제5호
	(예술 교양) 조선 연극 개관(10): 1950~1953년의 연극	1963년 제5호
본사 기자	평양 연극 영화 대학 제4회 졸업식 진행	1963년 제5호
조백령	(중국 방문기) 전투적 우의, 진정한 교류	1963년 제5호
본사 기자	국립 연극 극장에서 번역극 〈흑인 브렛트 중위〉 공연을 준비	1963년 제5호
원산시 해방동17반박동주	(관객의 목소리) 연극 〈영웅 조 군실〉을 보고	1963년 제5호
본사 기자	(론평) 계급 교양의 기능을 더욱 높이자	1963년 제6호
	(배우지식) 무대 지각이란?	
본사 기자	(우리 시대 연출가와 그의 작업) 어느 한 신인 연출가의 경우	1963년 제6호
박봉익	(배우 예술과 현대성) 계급적 원쑤의 역을 맡고서	1963년 제6호
본사 기자 리수복	어제의 ≪광대≫, 오늘의 인민 배우: 인민 배우 한 진섭의 자선전 중에서	1963년 제6호
최만순, 남철손, 홍대룡	(평론) 백절불굴의 공산주의 투사의 형상: 연극 ≪조국의 아들≫에 대하여	1963년 제6호
배승룡	(창조경험) 력사적 인물 창조에서의 배우의 체험과 체현	1963년 제6호
최순길	우리 시대 연출가와 그의 작업: 행동 분석에 대한 소견	1963년 제7호
강창근	(우리 시대 연출가와 그의 작업) 무대 감독과 그의 역할	1963년 제7호
인민배우 리단	(배우 예술과 현대성) 황철과 그의 화술	1963년 제7호
김근엽	(연단) 현실, 희곡, 화술	1963년 제7호
신영근	(관평) 배우 고 옥성의 단역 형상	1963년 제7호
김선화	배우예술과 현대성, (창조수기) 덕삼역을 형상하기 까지	1963년 제7호
맹우일	인간 성격을 창조하자!	1963년 제7호
박성종	원산시 연극단과 희극 창조	1963년 제7호

이름	제목	년도
리상남	무대 조명의 형상적 제고를 위하여	1963년 제7호
	조선 연극 개관 (12): 1953~1956년의 연극 (전후 인민 경제 복구 시기)	1963년 제7호
한백남	(우리 시대 연출가와 그의 작업) 련습 방법에 대한 생각(1)	1963년 제8호
김인	(우리시대 연출가와 그의 작업) 연출 체계의 과학성	1963년 제8호
김기수	(배우 예술의 현대성) 역 형상과 배우의 창조적 개성	1963년 제8호
김준삼	(평론) 인민 배우 박 영신의 ≪어머니≫ 형상	1963년 제8호
리시영	(평론) 창조적 의도와 극적 구성	1963년 제8호
리령	(예술 교양) 조선 연극 개관 (끝) 1957년 이후의 연극	1963년 제8호
최기룡	(배우 지식) 희곡과 역에 대한 문학 분석이란?	1963년 제8호
	우리 제도 만세!	1963년 제9호
조선연극인 동맹 중앙 위원회 위원장 인민배우 리재덕	사회주의 제도 하에서 전진하는 혁명적인 연극	1963년 제9호
신고송	(평론) 우리 조국에 광명을 가져다 준 공산주의자들의 심오한 형상	1963년 제9호
장영구	(평론) 역의 성격성과 배우의 창조적 독창성	1963년 제9호
본사기자 리덕순	(배우 소개) 다시를 그렇게 될 수 없다	1963년 제9호
김덕인, 조성찬	로동 속에서 꽃 핀 전투적 예술	1963년 제9호
한백남	(우리 시대 연출가와 그의 작업) 련습 방법에 대한 생각(2)	1963년 제9호
남철손	(배우 예술과 현대성) 연기에서의 현대성	1963년 제9호
최기룡	(배우 지식) 희곡의 주제 사상이란?	1963년 제9호
	(권두언) 당의 령도는 우리 승리의 담보	1963년 제10호
변경환	(공화국 창건 15주년 경축 전국 예술 축전) 극과 연출가	1963년 제10호
리시영	(공화국 창건 15주년 경축 전국 예술 축전) 력사적 주제 창작과 현대성	1963년 제10호
김인	(공화국 창건 15주년 경축 전국 예술 축전) 군사물 형상에서의 성격성: 연극 ≪습격≫의 연기, 연출을 중심으로	1963년 제10호
강진	(평론) 계급 교양과 갈등 문제	1963년 제10호
(중국) 리히범, 최규완역	(평론) 남경로에서의 새로운 전투: 연극 ≪네온 등 밑의 초병≫을 보고	1963년 제10호
	체호브와 모쓰크바 예술 극장	1963년 제10호
라세득	(우리 시대 연출가와 그의 작업) 연출 구상에 대한 몇 가지 고찰	1963년 제10호
김수회	연출가의 륜리	1963년 제10호

이름	제목	년도
한동성	(배우예술과 현대성) 원형과 역의 창조	1963년 제10호
강효선	류형성은 어데서 오는가?	1963년 제10호
김형주	(배우 지식) 사건	1963년 제10호
김순익	조선로동당 제4차 대회에서 한 중앙 위원회 사업 총화 보고 중에서	1963년 제11호
김순익	(공화국 창건 15주년 경축 전국 예술 축전 연극평) 흥미와 사색- 연극	1963년 제11호
림백철	≪지하 전선≫의 의지	1963년 제11호
장영구	첫 전투에서의 승리: 연극 〈 샤만호〉를 보고	1963년 제11호
전호섭	그것은 40년 전 일이 아니다.: 연극 〈하늘을 같이 이고 살 수 없다〉를 보고	1963년 제11호
조백령	시대적 군상들, 위대한 사상: 중국 번역극 〈네온등 밑의 초병〉을 보고	1963년 제11호
김순익	우리 시대 연출가와 그의 작업-초과제	1963년 제11호
김정순	배우 예술과 현대성: 공훈 배우 유 경애의 연기의 특성 중에서	1963년 제11호
김순익	예술 교양: 세계 연극 개관(2)	1963년 제11호
송영훈	배우 지식: 호상 관계	1963년 제11호
	(권두언) 우리 무대 예술의 한 해	1963년 제12호
강성만	(평론) 항일 투사들의 영웅적 성격 창조를 위하여	1963년 제12호
신상우	연극 ≪동트는 대지≫의 교훈	1963년 제12호
맹우일	아득령의 정복자들	1963년 제12호
본사 기자	그것이 등장하게 된 까닭	1963년 제12호
김인	우리 시대 연출가와 그의 작업: 연출적 구도	1963년 제12호
리상남	무대 조명의 형상성과 시각적 기능	1963년 제12호
김기수	배우 예술과 현대성: 공훈 배우 최 계식의 자서전 작성과 역 형상	1963년 제12호
김정성	남반부의 연극, 무용계의 침체상	1963년 제12호
정병관	배우 지식: 주어진 환경	1963년 제12호
	(예술 교육)세계 연극 개관(3)	1963년 제12호
김관식	쉑스피어와 극장	1963년 제12호
	(권두언) 무대 예술 분야에서 새로운 대고조를 이룩하자	1964년 제1호
강성만	(평론) 전형 창조를 외곡하는 수정주의 리론을 반대하여	1964년 제1호
	(로동 계급의 전형 창조를 위하여) 설문: 로동 계급의 전형 창조를 위해서 해결해야 할 문제는 무엇이라고 생각하십니까?	1964년 제1호
장영구	(로동 계급의 전형 창조를 위하여) 생활과 연극 창조	1964년 제1호

이름	제목	년도
리양건	(창조경험) 〈새살림〉을 꾸릴 때까지	1964년 제1호
조순조	(로동 계급의 전형 창조를 위하여) 부정 인물 형상이 왜 강해졌는가	1964년 제1호
	(배우 지식) 최고 과제	1964년 제1호
라세득	(연단) 연극창조 체계의 과학성: 그것은 행동 분석법의 잘못이 아니다.	1964년 제2호
리상화	(연단) 립장 문제	1964년 제3호
본사 기자	무대 장치에서의 혁명	1964년 제3호
	(배우 지식) 관통 행동	1964년 제3호
박관면	청년 사회주의 건설자들의 형상: 여기에 연출 예술이 있다.	1964년 제5호
김유근	(평론) 역 인물의 성격 형상과 음향 효과	1964년 제5호
김근엽	(연단) 더 밝혀야 할 것이 있다.	1964년 제5호
김덕인	(연단) 창작 수첩 중에서 (1) 집체 창작 문제	1964년 제5호
리상남	(무대 미술) 조명은 극성 강하에 복무한다.	1964년 제5호
강호	(단상) 배우와 소도구	1964년 제5호
	그는 무엇을 하고 있는가?	1964년 제5호
박재옥	(연출 분과 토론회에서) 연출 준비를 어떻게 해야 하는가?	1964년 제5호
리문철	(배우 지식) 역의 최고 과제와 관통 행동	1964년 제5호
	연극 예술의 사상 예술성을 높이며 동맹의 조직 지도 기능을 높이자: 조선 연극인 동맹 중앙 위원회 제3차 전원 회의 확대 회의 진행	1964년 제6호
박재옥	성격화된 언어 구사가 요구된다.	1964년 제6호
안영일	(단평) 연출 작업에서의 형상성과 과학성	1964년 제6호
	연출 작업 (4월중 연극인 동맹 연출 분과 연구 토론회에서)	1964년 제6호
김관식	(연단) 현실 체험에 대한 소견	1964년 제7호
오향	(연단 연극 창조 체계의 과학성) 사회주의적 사실주의 연출 체계 확립을 위하여	1964년 제7호
리대철	(연극 창조 체계의 과학성) 인민 배우 한 진섭의 형상 창조의 길(1)	1964년 제8호
신형근	(예술인 연단) 무대 뒤에서	1964년 제8호
리대철	(연극 창조 체계의 과학성) 인민 배우 한 진섭의 형상 창조의 길(2)	1964년 제9호
오향	(연단 연극 창조 체계의 과학성) 사회주의적 사실주의 연출 체계 확립을 위하여	1964년 제9호
	(평론) 연출 예술에서의 집체 창작 문제	1964년 제10호
김선영	(화술토론) 무대에서의 말	1964년 제10호

이름	제목	년도
	조선예술 100호 발간에 제하여 좌담회: 혁명적 시대와 연극 예술	1964년 제12호
인민 배우 한진섭	(평론) 성장한 연출 예술	1964년 제12호
공훈예술가 강진	(평론) 발전하는 우리의 무대 미술	1964년 제12호
한백남	(평론) 혁명적 연극과 주인공 형상	1965년 제1호
공훈 예술가 강진	무대 미술 창작에서 제기 되는 몇 가지 문제(1)	1965년 제1호
김성범	(평론) 현대적 미감과 조명 예술	1965년 제1호
	연출 연구실 (3)	1965년 제1호
남철손	원쑤들이 발 붙일 곳은 없다	1965년 제4호
본사기자	(평론) 형상 실기 습작(에츄드)를 읽고	1965년 제4호
김덕인	나의 연출 작업(1): 탁상 련습	1965년 제4호
리철홍	(연출안) 정성의 진수를 탐구하는 길에서(2)	1965년 제4호
리상남	무대 구조와 조명	1965년 제5호
강진	(단상) 다장면 구성에 대한 생각	1965년 제5호
김덕인	(창조 경험) 나의 연출 작업(2)	1965년 제5호
송영길	(연단) 희곡과 무대 미술 창작	1965년 제5호
김선영	(창조경험) 순금이를 찾아서	1965년 제6호
신창규	(배우론) 황 철과 그의 예술(1)	1965년 제7호
박혁	(설문) 어떻게 해야 성격이 극적으로 해명되는가	1965년 제8호
장영길	(연기습작) 공작원(수류탄, 만년필, 집)	1965년 제8호
김순익	(설문) 어떻게 해야 성격이 극적으로 해명되는가: 소원, 행동, 색깔 -자료철 중에서-	1965년 제8호
김덕인	(예술 리론) 연출가와 행동 련습	1965년 제9호
리재덕	연극 운동의 20년	1965년 제10호
김명규	음악 효과의 형상성	1965년 제10호
리령	천리마 시대와 연극 예술	1965년 제11~12호
박선경	(연극축제평) 생각한 것과 보여준 것: 연극 〈불새〉의 연출 형상	1965년 제11~12호
최창섭	(단상) 극에서의 사건	1965년 제11~12호
리묵	(단상) 극적 사건 묘사에서의 몇 가지 요구	1965년 제11~12호
김광현	(단상) 사실의 라렬을 반대하면서	1965년 제11~12호
김순익	(단상) 기본사건	1965년 제11~12호
김순익	(단상) 극에서의 사건	1965년 제11~12호
신창규	(연출 리론) 연출가의 지도예술	1966년 제1호
김순익	(연기 리론) 창조적 의욕-정열	1966년 제1호

이름	제목	년도
라세득	(연기 리론) 믿음은 형상 감득의 기초	1966년 제2호
김덕인	(연출 리론) 연출가와 무대 련습(1)	1966년 제2호
안영일	(단상) 배우의 형상	1966년 제2호
김덕인	(연출리론) 연출가와 무대련습(2)	1966년 제3호
박태식	(창조 경험) 과연 연기안이 필요한가	1966년 제3호
강능수	(평론) 열정과 의지의 충만성	1966년 제4호
부교수 안영일	(체계와 형상) 진실한 창조 심오한 형상	1966년 제4호
남철손	(체계와 형상) 풀어야 할 첫째 고리	1966년 제4호
송영훈	(연기 이론) 작은 역이란 없다	1966년 제4호
김인	(단상) 연출 예술의 문학성을 높이자: 직업의 전 과정에	1966년 제5호
김철성	(연출리론) 정서적 기억과 역 창조	1966년 제5호
박영신	(체계와 형상) 이것이 없이는 안 된다	1966년 제5호
전철현	(창조경험) 〈부정적으로〉 대하지 말라	1966년 제5호
공훈배우 고기선	(연출안) 투쟁만이 행복을 준다: 〈일편 단심〉의 연출안 중에서	1966년 제6호
리철홍	(평론) 의도와 형상	1966년 제6호
정병관	(연기 리론) 역의 파악과 감득	1966년 제6호
성원	(단평) 연극 〈불'새〉 장치의 분수령	1966년 제6호
김순익	(체계와 형상) 초상과 알맹이	1966년 제7호
정병관	(체계와 형상) 호상관계에 근거한 역 형상작업	1966년 제9호
남철손	(평론) 당적 인간들의 다양한 전형들	1966년 제10호
심하담	(평론) 잊혀지지 않는 형상	1966년 제10호
김인	(체계 형상) 역형상 기교를 넘두에 두고(1)	1966년 제10호
라세득	(체계와 형상) -연기리론- 연기형상의 외적표현수단(2)	1966년 제11호
리철홍	(체계와 형상.연단) 연출가의 행동조직	1966년 제11호
김인	(체계와 형상) 역형상기교를 넘두에 두고(2)	1966년 제11호
안영일	(체계와 형상/연출리론) 연출구도	1966년 제12호
변경환	(평론) 연출가의 예술적개성	1966년 제12호
인민배우 리재덕	공연활동의 기동성	1967년 제1호
혜산연극단 총장 김봉엽	혁명적작품을 더 많이	1967년 제1호
리령	우리 당의 문예사상과 혁명적연극예술 (1)	1967년 제1호
권택무	(극평) 정방산성에 오른 해불: 《봉산의병장》을 보고	1967년 제1호
김덕인	(극평) 시대정신과 연출형상: 연극 《청춘의 길》에 대하여	1967년 제1호

이름	제목	년도
정태유	(극평) 애국학도들의 혁명적진출: 연극 《푸른잔디》를 보고	1967년 제1호
정병관	(극평) 당원의 혁명적지조: 연극 《림진강》을 보고	1967년 제1호
박관면	(극평) 립체화된 연출처리	1967년 제1호
고영숙	진실한 연기형상이 요구된다	1967년 제1호
	혁명적연극창조와 우리의 전투적과업	1967년 제2호
리령	우리 당의 문예사상과 혁명적연극예술 (2)	1967년 제2호
리대철	(극평) 성격발전과 극형상: 연극 《아들딸》을 보고	1967년 제2호
최정길	(극평) 새로운 탐구의 열매: 연극 《벗과 원쑤》를 보고	1967년 제2호
김영호	연극 《무지개》를 보고	1967년 제2호
리성덕	(극평) 극적형상이 요구된다: 연극 《포화속의 진달래》를 보고	1967년 제2호
강진	주제의 적극성과 예술적형상성의 통일	1967년 제3호
현인섭	전쟁주제의 연극창조에서 제기되는 몇가지 문제	1967년 제3호
박영태	대담한 시도와 형상	1967년 제3호
리령	우리 당의 문예사상과 혁명적연극예술 (3): 우리 당의 문예사상과 혁명적연극예술 (3)	1967년 제3호
정태유	남조선연극운동의 동향 (2): 남조선연극운동의 동향 (2)남조선연극운동의 동향 (2)	1967년 제3호
리우일	창조에서 놓치지 말아야 할것	1967년 제4호
리훈	청춘의 진정한 보람은 투쟁속에 있다	1967년 제4호
로규환	혁명투사의 역을 맡고	1967년 제4호
리령	극적행동에 대한 몇가지 소견	1967년 제4호
권택무	계급교양과 연극예술 (1)	1967년 제4호
장영구	긴절한 과제	1967년 제5~6호
리상호	희곡 《림진강》의 연출적분석	1967년 제5~6호
류치표	연극 《북극성》의 황씨역	1967년 제5~6호
마성일	첫인상과 성격분석	1967년 제5~6호
정태유	남조선연극운동의 동향(3)	1967년 제5~6호
	항일무장투쟁시기의 혁명적연극은 계급교양에 철저히 복무하였다: 계급교양과 연극예술(2)	1967년 제7호
리시영	혁명적주제와 혁명적랑만성	1967년 제7호
한웅	연출가의 창조적지향과 그의 구현	1967년 제7호
김광현	혁명적신념과 극적구성: 《조국산천에 안개 개인다》에 대하여	1967년 제7호
김봉엽, 리귀영	연극 《북극성》	1967년 제7호

이름	제목	년도
남철손	혁명투사들의 전형적성격창조에서 제기되는 문제	1967년 제8호
김영호	군대내의 상하일치와 혁명적동지우애구현문제	1967년 제8호
리광현	미제의 본질을 드러내자	1967년 제8호
	계급교양과 연극예술 (3): 평화적민주건설시기의 연극들이 수행한 계급교양의 기능	1967년 제8호
김복선	오직 그이의 가르침대로	1967년 제8호
	연극 ≪해바라기≫ 연출작업 (1)	1967년 제8호
박관면	원쑤형상창조과 관련한 몇가지 생각	1967년 제9호
연극인동맹 연출평론분과	연극 ≪해바라기≫ 앉은련습 속기	1967년 제9호

〈문학신문〉 연극 관련 목록(1960년대까지)

이름	제목	년도
	총화와 전망: 개성의 확립을 위하여	1957년 01월 17일
남궁만	≪승냥이≫에 대하여	1957년 01월 24일
김승구	≪한 가정의 이야기≫에 대하여	1957년 02월 28일
	≪카프≫연극이 걸어온 길: 극문학 분과 위원회 연구회에서	1957년 04월 18일
추민	민족 무용과 문학정신: 무용극 ≪심청전≫에 대하여	1957년 07월 04일
리원우	아동극의 주인공과 생활	1957년 10월 24일
오운선	현실과 드라마뚜르기야	1957년 11월 14일
신고송	종파사상은 우리 문학발전을 저해하는 독소이다	1957년 11월 14일
김광현(?)	분과들의 1년간 사업 총화에서: 드라마뚜르기야를 생활에서 찾아 내자! -극 문학 분과 위원회 확대 회의 진행	1957년 11월 21일
오덕순	(작가연단) 생활과 드라마뚜르기야	1957년 12월 05일
한성	≪비극≫에 대한 문제	1957년 12월 05일
	판소리와 창극에 대하여: 조선 작곡가 동맹에서 토론회 진행	1957년 12월 05일
리봉섭	외국 문학 번역 사업의 개선을 위하여: 외국 문학 분과 확대 위원회 진행	1958년 01월 16일
조령출	창극을 발전시키는 길에서	1958년 01월 23일
김하명	남조선에서 추구하는 미제의 식민지 문화 정책	1958년 02월 06일
본사기자	우리 문학 예술의 보다 풍만한 결실을 위하여: 조선 로동당 중앙 위원회 1957년 12월 확대 전원 회의 결정 신천을 위한 각 도 작가, 예술가 열성자 회의 진행	1958년 02월 13일
김희열	국립 예술 극장 창립 10주년을 맞으며 민족 예술의 개화 발전을 위한 길에서	1958년 02월 13일
본사기자	력사물 창작에서 사회주의 사실주의 원칙: 가극 ≪온달과 공주≫를 중심한 고전 문학 분과에서의 합평회	1958년 02월 20일
박경암	경극에서 본 중국 인민 예술	1958년 02월 27일

이름	제목	년도
김갑석	≪신작의 봄≫이 제기하는 문제: 국립 민족 예술 극장 공연	1958년 03월 12일
강능수	새 인간 자질의 탐구: 장막 희곡집 ≪그날 밤의 이야기≫를 읽고	1958년 03월 27일
신고송	극장과 극작가	1958년 03월 27일
본사기자	문학 예술에 우리 시대의 정신을: 작가, 예술가들의 좌담회에서	1958년 04월 03일
박태영	당적 인간의 창조: 드라마뚜르기야	1958년 04월 24일
본사기자	창극의 사상 예술성 제고를 위하여	1958년 05월 08일
윤두헌	현실을 대하는 눈	1958년 05월 22일
본사기자 김동전, 김갑석	혁신이 요구된다.: 국립예술극장 사업에서	1958년 05월 22일
윤홍기	(나의 주장) 극작가와 연출가	1958년 05월 22일
윤두헌	생활과 극적 진실: 연극 ≪태양을 기다리는 사람들≫과 ≪화전민≫에 대하여	1958년 08월 28일
김광현	풍자와 진실: 풍자극 ≪귀하신 몸 행차하옵시다≫를 보고	1958년 09월 18일
류기홍	인간 문제에 대한 심오성: 연극 ≪길은 하나이다≫를 보고	1958년 09월 25일
김광현	진실성의 결여: 무용극 ≪백향전≫을 보고	1958년 10월 30일
통신원 청진 철도 공장 김숙민	로동 계급을 그린 번역 작품을!: 번역 문학 작품에 대한 독자회에서	1958년 10월 30일
	판소리와 창극에 관한 연구 토론회	1958년 10월 30일
박석정	무대 예술에 천리마의 기상을	1958년 10월 30일
류기홍	연극에서의 혁명적 랑만성: 공화국 창건 10주년 기념 전국 연극 축전을 보고	1958년 10월 30일
	창작성과의 비결은? 극작가 리지용 방문기	1958년 11월 13일
김최원	가극 ≪밀림아 이야기하라≫의 음악 드라마뚜르기야	1958년 11월 27일
모택동	문예 평론에 대하여	1958년 11월 27일
본사기자 김◇◇	극 문학의 풍요한 수확을 위하여: 극 문학 분과 1958년도 창작 총화 회의 진행	1959년 01월 25일
	창작에서도 신비성은 깨뜨러지고 있다	1959년 02월 05일
본사기자 김갑석	극장 예술인들의 창조적 열의	1959년 02월 05일
오덕순	극 문학에서의 긍정적 모범의 힘	1959년 02월 19일
홍성우	주인공 형상화에서 두 가지 교훈: 연극 ≪나는 다시 강을 건너 간다≫를 중심으로	1959년 02월 22일
류기홍	연극예술의 질적 제고를 위하여	1959년 02월 26일
본사기자	작품의 질 제고를 위하여: 극문학 분과에서	1959년 03월 01일

이름	제목	년도
김광현	희극에 대하여	1959년 04월 02일
본사기자 김동전	연극 창조에서의 새 성과	1959년 04월 09일
본사기자 조성호	예술 부문에서 공산주의적 발기: 국립 민족 예술 극장 창극단 예술인들 ≪천리마 창작단≫운동을 전개할 것을 결의	1959년 04월 23일
박태영	주제-갈등-성격	1959년 05월 14일
전기영	극적갈등과 동심세계의 탐구	1959년 05월 17일
강성만	현실적 갈등과 예술적 갈등	1959년 06월 07일
오정삼	남조선 극문학의 반동성: 희곡 ≪항의≫에 대하여	1959년 06월 11일
오은렬	풍자와 희극적 성격	1959년 06월 11일
리형운	혁명 전통의 고매한 형상: 량강 도립 예술 극장의 가극 ≪밀림아 이야기하라≫를 보고	1959년 07월 28일
신고송	온 세계에 떨친 사회주의 예술의 찬란한 승리	1959년 08월 21일
신고송	나의 회상(카프 회상기)	1959년 08월 25일
김주명	조선 연극인 동맹 결성	1961년 01월 20일
김주명	천리마 기수 형상화에서의 새 성과: 국립 연극극장의 연극 〈우리는 행복해요〉에 대하여	1961년 02월 03일
박세영	천리마 기수들을 형상하는 길(단상)	1961년 02월 10일
	천리마 시대의 예술	1961년 02월 25일
로금석	생활과 갈등의 문제	1961년 02월 25일
한설야	천리마 시대의 예술: 전국예술축전 농촌써클 경연을 보고	1961년 02월 25일
본사기자 김소향	천리마 기수들 속에서: 평양 견방직 공장에서 창극 〈아름 다운 시절〉 (7장)초고 현지 합평회 진행	1961년 02월 25 일
본사기자 김성원(권?)	사실과 연극	1961년 02월 28일
최일룡	천리마의 현실과 전형 창조	1961년 02월 28일
배용	연극예술에서 천리마 기수들의 형상 탐구	1961년 03월 03일
신고홍	갈등은 언제나 긍정과 부정간의 투쟁이다	1961년 03월 14일
김용완	극과 부정적 인물 형상	1962년 01월 12일
리영	극적 갈등, 극성, 성격	1962년 01월 16일
본사기자	극 문학 분과에서	1962년 01월 23일
강진	긍정적 성격 창조와 극성 문제	1962년 01월 26일 금요일

참고문헌

1. 단행본

김정수, 『북한연극을 읽다』, 경진출판, 2019.

김정수, 『화술로 읽는 우리 연극』, 경진출판, 2019.

서연호, 『한국연극사: 근대편』, 연극과 인간, 2004.

스타니스랍스키, 신은수 역, 『역할창조』, 예니출판사, 2001.

스타니슬랍스키, 신겸수 역, 『배우수업』, 예니출판사, 2001.

스타니슬랍스키, 이대영 역, 『성격 구축』, 예니출판사, 2001.

안민수, 『연극연출: 원리와 기술』, 집문당, 1998.

편자 홍재범, 『스타니슬랍스키 시스템과 『조선예술』』, 호모 루덴스, 2017.

2. 학위·연구논문

김정수, 「해방기 북한의 사실주의 연극론 연구: 주영섭과 라웅의 연극론을 중심
으로」, 『드라마연구』 제71호, 드라마학회, 2023.

김정수, 「한국연극 연기에 있어서 화술표현의 변천양태연구: 1900년대부터
1970년대까지」, 동국대학교 박사논문, 2007.

3. 잡지·신문

박향민, 「중앙무대 공연을 보고」, 『비판』 65, 1938.9.

변기종, 「연극오십년을 말한다」, 『연극원보』 제8집, 1962.

홍해성, 「극예술 운동과 문화적 사명: 조선민족과 신극운동」, 『동아일보』, 1929
　　　년 10월 20일.

4. 북한문헌

「눈물연극을 견한 내지부인의 감상(2)」, 『매일신보』, 1914년 6월 27일.

「(로동 계급의 전형 창조를 위하여) 설문: 로동 계급의 전형 창조를 위해서
　　　해결해야 할 문제는 무엇이라고 생각하십니까?」, 『조선예술』 1호,
　　　1964.

「(예술 교양) 조선 연극 개관(7) 해방 후 연극」, 『조선예술』 2호, 1963.

「(평론) 연출 예술에서의 집체 창작 문제」, 『조선예술』 10호, 1964.

「연극 운동의 20년」, 『조선예술』 5호, 1957.

「조선예술 100호 발간에 제하여 좌담회: 혁명적 시대와 연극 예술」, 『조선예술』
　　　12호, 1964.

「현대성 문제를 중심한 토론회」, 『조선예술』 8호, 1959.

강진, 「당과 인민 주권의 품 안에서 개화 발전하여 온 연극예술(1)」, 『조선예술』
　　　8호, 1957.

강진, 「당과 인민 주권의 품안에서 개화 발전 하여 온 연극예술(2)」, 『조선예술』
　　　9호, 1958.

강진, 「자랑스러운 10년: 당과 인민 주권의 품안에서 개화 발전하여 온 연극예
　　　술(3)」, 『조선예술』 10호, 1958.

강진, 「당과 인민 주권의 품 안에서 개화 발전하여 온 연극예술(1)」, 『조선예술』
　　　8호, 1957.

강진, 「당과 인민 주권의 품안에서 개화 발전 하여 온 연극예술(2)」, 『조선예술』
　　　9호, 1958.

공훈배우 고기선, 「(연출안) 투쟁만이 행복을 준다: 〈일편단심〉의 연출안 중에 서」, 『조선예술』 6호, 1966,

공훈예술가 강진, 「(평론) 발전하는 우리의 무대 미술」, 『조선예술』 12호, 1964.

국립예술극단 편, 『인민희곡집』, 평양: 문화전선사, 1947.

국립출판사, 『생활과 무대』, 평양: 국립출판사, 1956.

권택무, 「(론설) 로동 계급의 보다 훌륭한 형상화를 위하여」, 『조선예술』 1호, 1963.

기자, 「그는 무엇을 하고 있는가?」, 『조선예술』 9호, 1964,

김욱, 「(평론) 력사물 창작과 현대성」, 『조선예술』 10호, 1962.

김인, 「(배우예술과 현대성) 배우와 시대감각」, 『조선예술』 4호, 1963.

김인, 「(우리시대 연출가와 그의 작업) 연출체계의 과학성」, 『조선예술』, 8호, 1963.

김인, 「(평론) 다시 한 번 체험 연기를 론함」, 『조선예술』 6호, 1965.

김인, 「연기의 성격성」, 『조선예술』 10호, 1959.

김근엽, 「(연단) 더 밝혀야 할 것이 있다」, 『조선예술』 5호, 1964.

김덕인, 「(연출 예술 류파) 연출 예술의 발전 과정」, 『조선예술』 1호, 1966.

김덕인, 「(연출리론) 연출가와 무대련습(1)」, 『조선예술』 2호, 1966.

김덕인, 「(예술교양) 배우 수업 제강 작성을 위한 나의 초고」, 『조선예술』 6호, 1957.

김덕인, 「(예술리론) 연출가와 행동 련습」, 『조선예술』 9호, 1965.

김덕인, 「(창조경험) 나의 연출작업(1) 탁상련습」, 『조선예술』 4호, 1962.

김덕인, 「(창조경험) 나의 연출작업(2) 탁상련습」, 〈조선예술〉 5호, 1965.

김명규, 「음악 효과의 형상성」, 『조선예술』 10호, 1965.

김봉환, 「(연단) 배우의 기교와 소박한 연기」, 『조선예술』 1호, 1963.

김성범, 「조명 예술에서의 성과와 해결해야 할 점」, 『조선예술』 2호, 1962.

김순익, 「(설문) 어떻게 해야 성격이 극적으로 해명되는가: 소원, 행동, 색깔—
자료철 중에서—」, 『조선예술』 9호, 1965.

김순익, 「(연기 리론) 창조적 의욕—정열」, 『조선예술』 1호, 1966,

김순익, 「(우리 시대 연출가와 그의 작업) 초과제」, 『조선예술』 11호, 1963.

김순익, 「(체계와 형상) 초상과 알맹이」, 『조선예술』 7호, 1966.

김순익, 「(단상) 기본사건」, 『조선예술』 11~12호, 1965.

김유근, 「(평론) 역 인물의 성격 형상과 음향효과」, 『조선예술』 5호, 1964.

김창석, 「(평론) 아름다운 미래에 대한 열렬한 갈망: 연극 ≪와냐 아저씨≫를
보고」, 『조선예술』 12호, 1959.

남철손, 「(체계와 형상) 풀어야 할 첫째 고리」, 『조선예술』 4호, 1966.

라웅, 「사실주의적 연출 연기 수립을 위하여」, 『문학예술』 9호, 1949.

라세득, 「(연단) 연극창조 체계의 과학성 그것은 행동 분석법의 잘못이 아니다」,
『조선예술』 2호. 1964.

라세득, 「(체계와 형상) 연기리론: 연기형상의 외적표현수단(2)」, 『조선예술』
11호, 1966.

류기홍, 「연극에서의 혁명적 랑만성: 공화국 창건 10주년 기념 전국 연극 축전
을 보고」, 『문학신문』, 1958년 10월 30일.

리령, 「8.15 해방 후 조선 연극 발전에 쏘베트 연극이 준 건대한 영향」, 『조선예
술』 9호, 1959.

리상남, 「(평론)무대 구도와 조명」, 『조선예술』 5호, 1965.

리상화, 「(연단) 립장 문제」, 『조선예술』 3호, 1964.

리재덕, 「연극 운동의 20년」, 『조선예술』 10호, 1965.

리재현, 「사회주의적 사실주의 연기 체계를 어떻게 발전시킬 것인가」, 『조선예
술』 12호, 1958.

리철홍, 「(연출안) 정성의 진수를 탐구하는 길에서(2)」, 『조선예술』 4호, 1965.

리철홍, 「(체계와 형상) 연출가의 행동조직」, 『조선예술』 11호, 1966.

리철홍, 「(평론) 의도와 형상」, 『조선예술』 6호, 1966.

림철홍, 「(창조 경험) 국립 연극 극장의 연극 ≪해바라기≫ 창조 과정에서」, 『조선예술』 6호, 1961.

문화상 박웅걸, 「(거대한 성과, 긴요한 과업) 8.15 해방 17주년 연극 부문 예술 축전 총화보고 (요지)」, 『조선예술』 1호, 1963.

박선경, 「(연극축제평) 생각한 것과 보여준 것: 연극 〈불새〉의 연출 형상」, 『조선예술』 11~12호, 1965.

박재옥, 「(연출 분과 토론회에서) 연출 준비를 어떻게 하는가?」, 『조선예술』 5호, 1964.

본사기자 박성종, 「관객 대중과의 긴밀한 련계를 위하여」, 『조선예술』 1호, 1962.

본사기자 장영구, 「성과작은 이렇게 탄생하였다: 연극 ≪붉은 선동원≫ 창조 과정을 중심으로」, 『조선예술』 1호, 1962.

부교수 안영일, 「(연출리론) 연출구도」, 『조선예술』 12호, 1966.

부교수 안영일, 「(체계와 형상) 진실한 창조, 심오한 형상」, 『조선예술』 4호, 1966.

부교수 안영일, 「(체계와 형상/연출리론) 연출구도」, 『조선예술』 11~12호, 1966.

부교수 안영일, 「배우의 형상」, 『조선예술』 2호, 1966.

북조선총동맹군중문화부, 『군중문화총서: 연극써-클원의 수첩』, 평양: 북조선 직업총동맹 군중문화부, 1949.

성원, 「(단평) 연극 〈불'새〉 장치의 분수령」, 『조선예술』 6호, 1966.

송영훈, 「〈배우지식〉 호상 관계」, 『조선예술』 11호, 1963.

신고송, 「쏘베트 연극에서 우리는 무엇을 배우는가」, 『문학예술』 9호, 1949.

신창규, 「(평론) 연극 ≪태양의 딸≫과 연출예술」, 『조선예술』 1호, 1962.

신창규, 「(평론) 우리 시대를 보여준 락천적 웃음: 경희극 ≪청춘의 활무대≫를
　　　보고」, 『조선예술』 10호, 1962.

심하담, 「(평론) 잊혀지지 않는 형상」, 『조선예술』 10호, 1966.

안영일, 「(평론) 배우 예술의 찬란한 개화」, 『조선예술』 12호, 1964.

안영일, 「연출 작업에서의 형상성과 과학성」, 『조선예술』 6호, 1964,

안영일, 「창극 발전에 저해하는 독단적 견해에 대하여」, 『조선예술』 9호, 1957.

양승국, 『한국근대연극영화 비평자료집』 14, 연극과 인간, 2006.

오덕순, 「극 문학에서의 긍정적 모범의 힘」, 『문학신문』, 1959년 2월 19일.

윤두헌, 「(생활과 극적 진실) 연극 ≪태양을 기다리는 사라들≫과 ≪화전민≫에
　　　대하여」, 『문학신문』, 1958년 8월 28일.

인민배우 한진섭, 「(평론) 성장한 연출 예술」, 『조선예술』 12호, 1964.

인민배우 황철, 「(신인 소개) 오늘의 신인들」, 『조선예술』 6호, 1961.

장영구, 「(로동 계급의 전형 창조를 위하여) 생활과 연극 창조」, 『조선예술』
　　　1호, 1964.

정리일, 「경희극 ≪청춘의 활무대≫의 연출 과정을 더듬어 보면서」, 『조선예술』
　　　11호, 1962.

조선예술사, 『빛나는 우리 예술』, 평양: 국립출판사, 1960.

조선중앙통신사, 『조선중앙년감』, 평양: 조선중앙통신사, 1949~1960.

주영섭, 「연출과 사실주의」, 『문학예술』 2호, 1948.

주영섭, 「스따니쏠라흐스끼와 그의 배우수업」, 『문학예술』 12호, 1949.

편집부, 「(배우지식) 관통행동」, 『조선예술』 3호, 1964.

편집부, 「(배우지식) 최고과제」, 『조선예술』 1호, 1964.

한백남, 「(우리 시대 연출가와 그의 작업) 런습 방법에 대한 생각(1)」, 『조선예술』
　　　8호, 1963.

한백남, 「(우리 시대 연출가와 그의 작업) 련습 방법에 대한 생각(2)」, 『조선예술』
9호, 1963.

황강, 「동시대인의 빛나는 형상: 조선 문학 예술 창작 사업의 새로운 성과와
발전」, 『조선예술』 11호, 1962.

지은이 김정수

이화여자대학교 독어독문학 학사 이후, 동국대학교 연극영화과에서 석사와 박사학위를 취득하고, 대학로에서 작·연출로 활동했다. 이후 단국대학교 한국문화기술연구소에서 연구교수를 역임하면서, 이화여자대학교 북한학과에서 박사를 취득하고, 통일부 통일교육원 교수를 역임했다. 현재는 연세대학교 공연예술연구소 연구원, 이화여자대학교 통일학연구원 객원연구위원, 평화와 문화아카데미 대표이다. 대학과 기관에서는 남북한 문화예술, 북한의 예술정치, 청소년 평화통일교육, 한반도 사회통합 등을 강의하고 있다.

북한학 박사논문으로는 「북한 예술영화의 '행동'과 '감정'분석」(2018), 연극영화학 박사논문으로는 「한국연기에 있어서 화술표현의 변천양태 연구」(2007)가 있다. 최근 연구에는 「해방기 북한의 사실주의 연극론 연구」(드라마연구, 2023), 「21세기 북한 연극 읽기」(한국예술연구소, 2018), 「김정은 시대 예술영화에 나타난 일상정치」(문화정책논총, 2018) 등이 있으며, 단독 저서에는 『권력이행기 북한의 예술정치』(2022), 『화술로 읽는 우리연극: 태동에서 실험까지』(2019), 『북한 연극을 읽다: 김일성에서 김정은 시대까지』(2019), 공동 저서에는 『동아시아의 무대와 연출』(2024), 『동아시아의 연극과 영화: 계승과 도전』(2022), 『동아시아의 여성과 무대』(2021), 『북한 여성, 변화를 이끌다』(2021), 『교류와 소통의 남북문화예술 그리고 춤』(2020), 『21세기 북한의 예술』(2020), 『남과 북, 평화와 공존』(2020) 등이 있다.

북한 연출가들의 연극 제작법
: 해방 이후부터 1960년대까지

© 김정수, 2025

1판 1쇄 인쇄__2025년 04월 01일
1판 1쇄 발행__2025년 04월 10일

지은이__김정수
펴낸이__양정섭

펴낸곳__경진출판
　　　등록__제2010-000004호
　　　이메일__mykyungjin@daum.net
　　　스마트스토어__https://smartstore.naver.com/kyungjinpub
　　　사업장주소__서울특별시 금천구 시흥대로 57길 17(시흥동, 영광빌딩), 203호
　　　전화__070-7550-7776　팩스__02-806-7282

값 28,000원
ISBN 979-11-93985-52-6 93680